21世纪高等院校物流专业创新型应用人才培养规划教材

供应链库存管理与控制

主　编　王道平　侯美玲
参　编　李明芳　沈睿芳　于俊娣

内 容 简 介

本书针对供应链管理中较为重要的库存管理，吸收了国内外相关教材的优点，系统地介绍了供应链库存管理的基本原理和方法，并对供应链安全库存、单级库存系统和多级库存系统的优化建模、分析求解进行了深入浅出的讲解和分析，尽量做到内容全面、适度，重点、难点突出。为了便于学生学习和理解，本书穿插了大量的案例分析，在每章后进行了内容小结，同时配置了一定量的习题。

本书可作为普通高等学校物流管理专业的本科生教材，也可作为从事物流领域工作人员的参考用书。

图书在版编目(CIP)数据

供应链库存管理与控制/王道平，侯美玲主编. —北京：北京大学出版社，2011.1

(21 世纪高等院校物流专业创新型应用人才培养规划教材)

ISBN 978-7-301-17929-1

Ⅰ.①供…　Ⅱ.①王…②侯…　Ⅲ.①库存—仓库管理：物资管理—高等学校—教材　Ⅳ.①F253.4

中国版本图书馆 CIP 数据核字(2010)第 197109 号

书　　　名：供应链库存管理与控制
著作责任者：王道平　侯美玲　主编
策 划 编 辑：李　虎　刘　丽
责 任 编 辑：刘　丽
标 准 书 号：ISBN 978-7-301-17929-1/U・0041
出　版　者：北京大学出版社
地　　　址：北京市海淀区成府路 205 号　100871
网　　　址：http://www.pup.cn　http://www.pup6.com
电　　　话：邮购部 010-62752015　发行部 010-62750672　编辑部 010-62750667
电 子 邮 箱：pup_6@163.com
印　刷　者：北京虎彩文化传播有限公司
发　行　者：北京大学出版社
经　销　者：新华书店
787mm×1092mm　16 开本　15.5 印张　350 千字
2011 年 1 月第 1 版　2021 年 3 月第 4 次印刷
定　　　价：45.00 元

21世纪高等院校物流专业创新型应用人才培养规划教材

编写指导委员会

(按姓名拼音顺序)

丛书总序

物流业是商品经济和社会生产力发展到较高水平的产物，它是融合运输业、仓储业、货代业和信息业等的复合型服务产业，是国民经济的重要组成部分，涉及领域广，吸纳就业人数多，促进生产、拉动消费作用大，在促进产业结构调整、转变经济发展方式和增强国民经济竞争力等方面发挥着非常重要的作用。

随着我国经济的高速发展，物流专业在我国的发展很快，社会对物流专业人才需求逐年递增，尤其是对有一定理论基础、实践能力强的物流技术及管理人才的需求更加迫切。同时随着我国教学改革的不断深入以及毕业生就业市场的不断变化，以就业市场为导向，培养具备职业化特征的创新型应用人才已成为大多数高等院校物流专业的教学目标，从而对物流专业的课程体系以及教材建设都提出了新的要求。

为适应我国当前物流专业教育教学改革和教材建设的迫切需要，北京大学出版社联合全国多所高校教师共同合作编写出版了本套《21世纪高等院校物流专业创新型应用人才培养规划教材》。其宗旨是：立足现代物流业发展和相关从业人员的现实需要，强调理论与实践的有机结合，从“创新”和“应用”两个层面切入进行编写，力求涵盖现代物流专业研究和应用的主要领域，希望以此推进物流专业的理论发展和学科体系建设，并有助于提高我国物流业从业人员的专业素养和理论功底。

本系列教材按照物流专业规范、培养方案以及课程教学大纲的要求，合理定位，由长期在教学第一线从事教学工作的教师编写而成。教材立足于物流学科发展的需要，深入分析了物流专业学生现状及存在的问题，尝试探索了物流专业学生综合素质培养的途径，着重体现了“新思维、新理念、新能力”三个方面的特色。

1. 新思维

(1) 编写体例新颖。借鉴优秀教材特别是国外精品教材的写作思路、写作方法，图文并茂、清新活泼。

(2) 教学内容更新。充分展示了最新最近的知识以及教学改革成果，并且将未来的发展趋势和前沿资料以阅读材料的方式介绍给学生。

(3) 知识体系实用有效。着眼于学生就业所需的专业知识和操作技能，着重讲解应用型人才培养所需的内容和关键点，与就业市场结合，与时俱进，让学生学而有用，学而能用。

2. 新理念

(1) 以学生为本。站在学生的角度思考问题，考虑学生学习的动力，强调锻炼学生的思维能力以及运用知识解决问题的能力。

(2) 注重拓展学生的知识面。让学生能在学习到必要知识点的同时也对其他相关知识有所了解。

(3) 注重融入人文知识。将人文知识融入理论讲解，提高学生的人文素养。

3. 新能力

(1) 理论讲解简单实用。理论讲解简单化，注重讲解理论的来源、出处以及用处，不做过多的推导与介绍。

(2) 案例式教学。有机融入了最新的实例以及操作性较强的案例，并对案例进行有效的分析，着重培养学生的职业意识和职业能力。

(3) 重视实践环节。强化实际操作训练，加深学生对理论知识的理解。习题设计多样化，题型丰富，具备启发性，全方位考查学生对知识的掌握程度。

我们要感谢参加本系列教材编写和审稿的各位老师，他们为本系列教材的出版付出了大量卓有成效的辛勤劳动。由于编写时间紧、相互协调难度大等原因，本系列教材肯定还存在不足之处。我们相信，在各位老师的关心和帮助下，本系列教材一定能不断地改进和完善，并在我国物流专业的教学改革和课程体系建设中起到应有的促进作用。

齐二石

2009 年 10 月

齐二石　本系列教材编写指导委员会主任，博士、教授、博士生导师。天津大学管理学院院长，国务院学位委员会学科评议组成员，第五届国家 863/CIMS 主题专家，科技部信息化科技工程总体专家，中国机械工程学会工业工程分会理事长，教育部管理科学与工程教学指导委员会主任委员，是最早将物流概念引入中国和研究物流的专家之一。

前　言

随着产业全球化和组织一体化的发展，21 世纪企业之间的竞争已演变为供应链之间的竞争，供应链管理也被提到企业的战略高度。企业要实现动态整合全球自然资源，关键是必须提升自身的供应链管理能力。企业应该在世界范围内考虑建立从供应商、分销商、零售商到最终用户的完整供应链，并且以外包等方式建立战略伙伴关系，加强所有加盟企业的长期合作，不断引进新技术，实现供应链的信息集成，与供应链成员共享信息来提高整个供应链的竞争优势。

库存管理是供应链管理的重要内容之一。由于企业组织与管理模式的变化，供应链库存管理同传统的库存管理相比有许多特点和要求。供应链库存管理的目的旨在优化供应链成本，并使合作伙伴的库存成本也得以优化，从而避免“无奈”的库存而造成的浪费，或因缺货而损失利润，更好地实现库存在供应链中的平衡机制。库存管理在供应链管理中的重要性日益得到理论界和企业界的重视。学习和掌握供应链库存管理的理论和方法对于组织高效率、低成本的供应链物流活动具有十分重要的意义。

本书结合作者多年的教学实践，旨在让读者全面了解和掌握供应链库存管理的概念、原理、方法以及相关技术。通过学习，读者能将所学知识应用于实际供应链库存管理中。

本书共分 8 章。第 1 章是供应链库存管理基础理论，概括地介绍供应链、供应链管理、库存管理的基本概念和原理等；第 2 章简要介绍零库存的形式、实施原则和途径，供应商管理库存，联合库存管理和合作计划、预测与补给这 4 种供应链库存管理方法等；第 3 章讲述库存需求预测的基本概念和常用的方法，包括德尔菲法、销售人员意见汇集法、时间序列预测方法、移动平均法、指数平滑法、回归分析预测法和神经网络预测法，以及常用预测方法的比较和库存需求预测方法的选择等；第 4 章介绍供应链安全库存管理，包括安全库存和服务水平的基本概念及其两者之间的关系、安全库存水平的确定和供应链安全库存的聚集效应等；第 5 章介绍库存控制的基本模型，包括单周期库存模型和多周期库存模型等；第 6 章介绍基于供应链提前期的库存模型，包括提前期是唯一决策变量的库存模型、提前期和订货量为决策变量的库存模型、基于随机提前期的(Q, r)库存模型和基于随机提前期的(Q, s)库存模型等；第 7 章是关于供应链多级库存管理，包括非中心化库存控制策略、中心化库存控制策略、供应链多级库存模型、基于成本优化的多级库存控制、基于时间优化的多级库存控制等；第 8 章介绍供应链库存管理中的现代控制技术，重点讲述 MRP 与供应链库存管理、ERP 与供应链库存管理、JIT 生产方式在库存控制中的应用等。

本书建议授课总学时为 72 学时，各章建议授课学时如下：第 1 章为 6 学时；第 2 章为 7 学时；第 3 章为 7 学时；第 4 章为 11 学时；第 5 章为 12 学时；第 6 章为 13 学时；第 7 章为 10 学时；第 8 章为 6 学时。

本书的特点是全面系统、实用性和操作性较强。本书提供了与供应链库存管理有关的大量案例(包括导入案例、阅读链接、案例分析等)和形式多样的习题，供读者阅读和训练，便于读者巩固和灵活应用所学的知识。

本书由王道平、侯美玲担任主编，负责写作提纲、组织编写和最后的统稿工作。参加编写的人员还有李明芳、沈睿芳和于俊娣。

本书在编写过程中，参考了大量相关书籍和资料，特向文献、资料的原著者表示衷心的感谢！

由于作者水平所限，对供应链管理这一领域涉及的知识和内容研究还不够深入，加之供应链库存管理理论和实践的快速发展，教材中难免有不当或错误之处，恳请读者、专家、学者给予批评指正。

王道平

2010年10月于北京科技大学

目　录

第1章 供应链库存管理基础理论

【本章教学要点】

知识要点	掌握程度	相关知识	应用方向
供应链的概念与特征	掌握	供应链的不同定义、特征	掌握供应链的基本概念和特征，在理解的基础上能够在实际中正确辨析供应链的类型和结构模式
供应链的类型	了解	供应链的不同类型	
供应链结构模型	熟悉	供应链网链结构模型	
供应链管理的概念与特点	掌握	供应链管理概念、特点	掌握供应链管理的概念及相关内容，正确理解企业管理模式的发展。在掌握的基础上能明确企业供应链管理内容和目标
供应链管理的内容和目标	了解	供应链管理涉及的领域、主要问题、目标	
供应链管理模式的产生和发展	熟悉	基于单个企业与扩展企业的管理模式	
库存理论	掌握	库存的定义、分类和作用	掌握需求变异放大原理和不确定性对供应链库存的影响并运用到实际供应链管理中，解决供应链库存问题
供应链中的不确定性对库存的影响	了解	衔接不确定性、运作不确定性对库存的影响	
供应链库存管理存在的局限性	了解	供应链库存存在的信息类问题、运作问题、战略与规划问题	

导入案例

沃尔玛的供应链管理①

沃尔玛百货有限公司(以下简称“沃尔玛”)由美国零售业的传奇人物山姆·沃尔顿先生于 1962 年在阿肯色州建立。经过 40 余年的发展，沃尔玛已经成为世界上最大的连锁零售商。目前沃尔玛在全球开设了超过 8 000 家商场，员工总数 210 多万，分布在美国、加拿大、中国、韩国、德国等 10 个国家，连续多年荣登《财富》杂志世界 500 强企业和“最受尊敬企业”排行榜。

沃尔玛的业务之所以能够迅速增长并且成为如此著名的公司，是因为沃尔玛在节省成本以及物流配送系统与供应链管理方面取得了巨大的成就。沃尔玛的供应链管理的组成部分包括：顾客需求管理；供应商和合作伙伴管理；企业内和企业间物流配送系统管理；基于 Internet/Intranet 的供应链交互信息管理。

1. 顾客需求管理

沃尔玛的供应链管理是典型的拉动式供应链管理，即以最终顾客的需求为驱动力，整个供应链的集成度较高，数据交换迅速，反应敏捷。

零售业是直接与最终消费者打交道的行业，顾客决定一切，如果企业不以满足消费者需要为中心是无法生存下去的。该方面沃尔玛公司理解得最为透彻，以推销员出身的沃尔玛创始人山姆深知顾客真正需要什么，因此从在小镇最初经营杂货业，到后来转而经营折扣百货业，山姆一直坚持低价位、标准化服务，坚持以乡村小镇为基地，这都是遵循了“顾客第一”和“让顾客满意”原则的结果。

“让顾客满意”排在沃尔玛公司目标的第一位，“顾客满意是保证我们未来成功与成长的最好投资”是公司的基本经营理念。公司为顾客提供“无条件退货”保证和“高品质服务”的承诺。在美国，只要是从沃尔玛购买的商品，无任何理由甚至没有收据，沃尔玛都无条件受理退货。高品质服务意味着顾客永远是对的，在沃尔玛每周都进行顾客期望和反映的调查，管理人员根据电脑信息系统收集的信息以及直接调查收集到的顾客期望，及时更新商品的组合，组织采购，改进商品的陈列摆放、营造舒适的购物环境，使顾客在沃尔玛不但买到称心如意的商品，而且得到满意的全方位的购物享受。

只要有关顾客利益，沃尔玛总站在顾客的一边，尽力维护顾客的利益。这一点反映在与供应商的关系上尤为突出。沃尔玛始终站在消费者采购代理的立场上，苛刻地挑选供应商，顽强地讨价还价，目的就是做到在商品齐全、品质有保证的前提下向顾客提供价格低廉的商品。沃尔玛不搞回扣，不需要供应商提供广告服务，也不需要送货，唯一需要的就是最低价。

2. 供应商和合作伙伴管理

供应商参与了企业价值链的形成过程，对企业的经营效益有着举足轻重的影响，与合作者建立战略性合作伙伴关系是供应链管理的重点。供应链管理的关键就在于供应链上下游企业的无缝连接与合作。

20 世纪 80 年代末，技术进步提供了更多可督促制造商降低成本、削减价格的手段。沃尔玛开始全面改善与供应商的关系，通过互联网和电子数据交换系统与供应商共享信息，从而建立伙伴关系，其中最典型的例子就是沃尔玛与宝洁的伙伴关系的建立。

在经济萧条时期，作为世界最大的日用品消费公司，宝洁企图控制沃尔玛对其产品的销售价格和销售条件，沃尔玛也不示弱，针锋相对，威胁终止宝洁公司产品的销售或留给其最差的货架位置，彼此之间没有信息共享，没有合作计划，没有系统的协调，关系一度紧张。直到 20 世纪 80 年代中期，这种敌对关系才有所改变。宝洁的高级职员拜访了当时初具规模的沃尔玛，双方就建立一个全新的供应商和零售商关系达成了协议，其中最重要的成果就是建立互联网来共享信息，宝洁公司可以通过互联网监视其产品在沃尔玛各分店的销售及存货情况，然后据此调整其生产和销售计划，从而大幅提高了经营效率。10 多年过去了，沃尔玛和宝洁公司建立的长久伙伴关系已成为零售商和制造商关系的标准。该关系基

① 资料来源：吴志华．《供应链管理——战略、策略与实施》，重庆大学出版社，2009．

于双方成熟的依赖度：沃尔玛需要宝洁的品牌，而宝洁公司需要沃尔玛建立的顾客通道。

沃尔玛与供应商努力建立伙伴关系的另一做法是为关键供应商在店内安排适当的空间，有时还让这些供应商自行设计布置自己商品的展示区，目的是在店内造成一种更吸引人、更专业化的购物环境。

3. 物流配送系统管理

有效的商品配送是保证沃尔玛达到最大销售量和最低成本的存货周转及费用的核心。在沃尔玛折扣百货公司建立之初，由于地处偏僻小镇，几乎没有专业分销商愿意为它的分店送货，沃尔玛的各分店不得不自己向制造商订货，然后再联系货车送货，效率非常低。也就是在这种情况下，一向以节俭著称的山姆为使公司获得可靠的供货保证及成本效率，决定投资建立自己的配送组织。沃尔玛的第一家配送中心于1970年建立，占地6 000平方米，负责供货给4个州的32家商场，集中处理公司所销商品的40%。随着公司的不断发展壮大，配送中心的数量也不断增加。现在，沃尔玛拥有的62家配送中心分别服务于美国18个州，超过2 500家商场，配送中心平均占地面积约10万平方米。整个公司销售8万种商品，年销售额1 300多亿美元，其85%的商品由这些配送中心供应，而其竞争对手只有大约50%的商品采用集中配送方式。

同时，配送中心完全实现了自动化。每种商品都有条码，由十几千米长的传送带传送商品，由激光扫描器和电脑追踪每件商品的储存位置及运送情况。繁忙时，传送带每天能处理20万箱的货物。配送中心的一端是装货月台，可供30辆卡车同时装货，另一端是卸货月台，可同时停放135辆大卡车。每个配送中心有600～800名员工，24小时连续作业，每天有160辆货车开进来卸货，150辆车装好货物后开出，许多商品在配送中心停留的时间不超过 48 小时。沃尔玛的自动补货系统采用条形码(UPC)技术、射频数据通信(RFDC)技术和电脑系统自动分析并建议采购量，使得自动补货系统更加准确、高效，降低了成本，加速了商品流转。

沃尔玛的车队还采用一系列科学的合理的运输策略，如满车(柜)运输、散货装车、晚间送货、按预约准时送货以及配送中心提供回程提货运输折扣，供应商按订单要求备货和按预约时间准时送货，同时降低了沃尔玛和供应商的运营成本。

4. 供应链交互信息管理

信息共享是实现供应链管理的基础。供应链的协调运行建立在节点主体间高质量的信息传递与共享的基础上，因此，有效的供应链管理离不开信息技术的可靠支持。在沃尔玛除了配送中心外，投资最多的便是电子信息通信系统。沃尔玛的电子信息通信系统是全美最大的民用系统，甚至超过了电信业巨头美国电报电话公司。沃尔玛是第一个发射和使用自有通信卫星的零售公司。它在本顿威尔总部的信息中心，1.2万平方米的空间装满了电脑，仅服务器就有200多个。截至20世纪90年代初，沃尔玛在电脑和卫星通信系统上就已经投资了7亿美元。

20世纪80年代初，沃尔玛较早地开始使用商品条码和电子扫描器实现存货自动控制。采用商品条码可代替大量手工劳动，不仅缩短了顾客结账时间，更便于利用互联网跟踪商品从进货到库存、配货、送货、上架、售出的全过程，及时掌握商品销售和运行信息，加快商品流转速度。

20世纪80年代末，沃尔玛开始利用电子数据交换系统与供应商建立自动订货系统。该系统又称为无纸贸易系统，通过互联网向供应商提供商业文件，发出采购指令，获取收据和装运清单等，同时也使供应商及时精确地把握其产品销售情况。1990年沃尔玛已与1 800家供应商实现了电子数据交换，成为全美国电子数据交换技术的最大用户。沃尔玛还利用更先进的快速反应系统代替采购指令，真正实现了自动订货，此系统利用条码扫描和卫星通信与供应商每日交换商品销售、运输和订货信息。正是依靠先进的电子通信手段，沃尔玛才做到了商品的销售与配送中心保持同步，配送中心与供应商保持同步。

讨论题

(1) 在顾客满意度方面沃尔玛具体做了哪些工作？

(2) 根据案例分析供应链管理的源动力。

(3) 谈谈沃尔玛进行供应链管理考虑了哪些因素？

(4) 沃尔玛是如何实现物流配送管理的？

随着经济全球化、市场国际化和电子商务的发展，企业所处的竞争环境发生了根本性的改变。市场竞争由原来的产品、服务的竞争转向文化、技术和品牌的竞争，由单个企业之间的竞争转向企业集团与企业之间形成的供应链之间的竞争。面对用户的需求以及经济不确定性的日益增加，任何一个企业只有建立有效的供应链系统才能取得市场竞争的主动权。著名的供应链专家马丁·克里斯多弗说过："市场上只有供应链，没有企业"，"真正的竞争不是企业与企业之间的竞争，而是供应链与供应链之间的竞争"。

1.1 供应链概述

1.1.1 供应链的概念与特征

1. 供应链的概念

从 20 世纪 80 年代至今，供应链(Supply Chain)的概念尚未形成统一的定义，许多学者从不同的角度给出了不同的定义。

早期的观点认为，供应链是生产企业中的一个内部过程，它是指把企业外部采购的原材料和零部件，通过生产转换和销售等活动，再传递给零售商和用户的一个过程。这种供应链的概念局限于企业内部操作层面上，注重企业自身资源的利用，并没有关注与之相关的企业。

随着供应链理念的发展，有些学者把供应链的概念与采购、供应管理相关联，用来表示与供应商之间的关系，这种观点得到了研究合作关系、JIT(Just In Time，准时采购)关系、精细供应、供应商行为评估和用户满意度等问题的学者的重视。但这样一种关系也仅仅局限在企业与供应商之间，而且供应链中各企业独立运作，忽略了与外部供应链其他成员和企业的联系，往往造成企业之间的目标冲突。

后来，学者们注意到供应链的概念与其他企业的联系和供应链的外部环境，认为供应链是一个"通过链中不同企业的制造、组装、分销、零售等过程将原材料转换成产成品，再到最终用户的转换过程"，这是更大范围、更为系统的概念。例如，美国学者史迪文斯(Stevens)认为："通过增值过程和分销渠道控制从供应商的供应商到用户的用户的流就是供应链，它开始于供应的源点，结束于消费的终点"。

当前，供应链的概念注重围绕核心企业的网链关系，如核心企业与供应商、供应商的供应商乃至与一切上游企业的关系，与用户、用户的用户及一切下游企业的关系。对供应链的认识从线性的单链转向非线性的网链，形成了一个网链的概念。哈里森将供应链定义为："供应链是执行采购原材料，将它们转换为中间产品和成品，并且将成品销售到用户的功能网链。"我国学者马世华认为："供应链是围绕核心企业，通过对信息流、物流、资金流的控制，从采购原材料开始，制成中间产品以及最终产品，最后由销售网络把产品送到消费者手中的将供应商、制造商、分销商、零售商直到最终用户连成一个整体的功能网链结构模式。"它是一个范围更广的企业结构模式，它包含所有加盟的节点企业，从原材料的供应开始，经过链中不同企业的制造加工、组装、分销等过程直到最终用户。它不仅是一条连接供应商到用户的物料链、信息链、资金链，而且是一条增值链，物料在供应链上因加工、包装、运输等过程而增加其价值，给相关企业都带来收益。

在中华人民共和国国家标准《物流术语》(GB/T 18354—2006)中对供应链的定义是："供应链是生产及流通过程中，涉及将产品或服务提供给最终用户所形成的网链结构。"

尽管上述各种定义不尽相同，表述也不尽一致，但还是能够从中理解供应链的基本内容和实质。实际上，供应链的范围比物流要宽，不仅将物流系统包含其中，还涵盖了生产、流通和消费，从广义上涉及了企业的生产、流通，再进入到下一个企业的生产和流通，并连接到批发、零售和最终用户，既是一个社会再生产的过程，又是一个社会再流通的过程。狭义地讲，供应链是企业从原材料采购开始，经过生产、制造，销售到终端用户的全过程。这些过程的设计、管理、协调、调整、组合、优化是供应链的主体；通过信息和网络手段使其整体化、协调化和最优化是供应链的内涵；运用供应链管理实现生产、流通、消费的最低成本、最高效率和最大效益是供应链的目标。

2. 供应链的特征

供应链是从上下游来理解从供应商的供应商到用户的用户的关系。供应链不是单一链状结构，而是一个网链结构，由围绕核心企业的供应商、供应商的供应商和用户、用户的用户组成。一个企业是一个节点，节点企业和节点企业之间是一种需求与供应关系。一般来说，供应链具有以下特征。

(1) 复杂性。因为供应链节点企业组成的跨度和层次不同，供应链往往由多个、多类型甚至多国企业构成，它们之间的关系错综复杂，关税往来和交易多。所以供应链结构模式比一般单个企业的结构模式更为复杂。

(2) 增值性。供应链的特征还表现在其是增值的。企业的生产运营系统是将一些资源进行转换和组合，增加适当的价值，然后把产品分送到顾客手中。

(3) 需求性。供应链的形成、存在、重构都是基于一定的市场需求而发生的。在供应链的运作过程中，用户的需求拉动是供应链中信息流、产品/服务流、资金流运作的驱动源。

(4) 交叉性。在供应链的网链结构中，节点企业可以是这个供应链的成员，同时又是另一个供应链的成员，众多的供应链形成交叉结构，增加了协调管理的难度。

(5) 动态性。供应链管理因企业战略和适应市场需求变化而变化，其中节点企业需要动态地更新和调整，这就使得供应链具有明显的动态性。

(6) 风险性。供应链上的消费需求和生产供应始终存在时间差和空间的分割。通常，在实现产品的数周和数月之前，制造商必须先确定生产的款式和数量，这一决策直接影响到供应链系统的生产、仓储、配送等功能的容量设定，以及相关成本的构成。因此，供应链上供需匹配隐含着巨大的财务风险和供应风险。

(7) 集成性。供应链的节点企业之间应建立起合作伙伴关系，而且伙伴之间的能力不是简单相加，而是集成。集成不是简单地把两个或多个单元连在一起，而是将原来没有联系或联系不紧密的单元组成为有一定功能的、紧密联系的新系统，企业在集成的基础上达到相互充分信任。

1.1.2 供应链的类型

由于供应链是一个复杂系统，存在产品、功能、导向、结构形态、涉及的范围等方面的差异，因而从不同角度考察，供应链呈现出不同类型。

1. 内部供应链和外部供应链

根据供应链所涉及的范围，供应链可分为内部供应链和外部供应链。内部供应链是指企业内部产品生产和流通过程中所涉及的原材料采购、产品生产、原材料及产品存储、产品销售等环节组成的网络；外部供应链则是指企业外部的，与企业相关的产品生产和流通过程中所涉及的供应商、运输商、销售商以及消费者所组成的供需网络。内部供应链和外部供应链共同组成了企业产品从原材料、半成品、产成品到消费者的完整供应链。可以说，内部供应链是外部供应链的浓缩，如对于制造厂商，其采购部门就可看作外部供应链中的供应商。它们的区别在于外部供应链范围大，涉及企业众多，企业间的协调更困难。

2. 平衡的供应链和倾斜的供应链

根据供应链容量与用户需求的关系，供应链可以划分为平衡的供应链和倾斜的供应链，如图 1.1 所示。一个供应链具有一定的、相对稳定的设备容量和生产能力(所有节点企业能力的综合，包括供应商、制造商、运输商、分销商、零售商等)。用户需求处于不断变化的过程中，当供应链的容量能满足用户需求时，供应链处于平衡状态，而当市场变化加剧，造成供应链成本增加、库存增加、浪费增加等现象时，企业不是在最优状态下运作，供应链则处于倾斜状态。平衡的供应链可以实现各主要职能(采购/低采购成本、生产/规模效益、分销/低运输成本、市场/产品多样化和财务/资金运转快)之间的均衡。

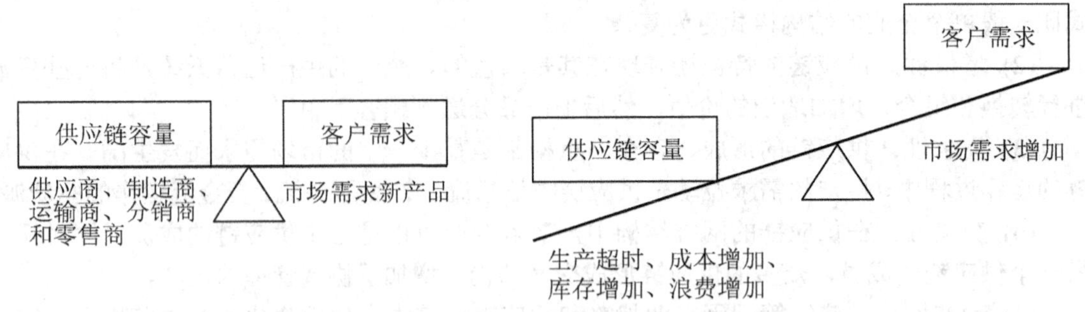

图 1.1 平衡的供应链和倾斜的供应链

3. 有效性供应链和反应性供应链

根据供应链的功能模式(物理功能、市场中介功能和客户需求功能)可以把供应链划分为有效性供应链(Efficient Supply Chain)和反应性供应链(Responsive Supply Chain)。

有效性供应链以实现供应链的物理性能为主要目标，即以最低的成本将原材料转化为零部件、在制品和产品，并最终运送到消费者手中。有效性供应链面对稳定的市场需求，提供的产品和相关技术具有相对稳定性。

反应性供应链以实现供应链的市场功能为主要目标，即对市场需求变化做出快速反应。这类供应链所提供的产品具有以下特点：市场需求有很多不确定性；产品本身发展很快；产品说明周期较短；产品价格随着季节的不同而有很大变化。因此，反应性供应链需要保持较高的市场应变能力并实现柔性化生产，从而降低产品过时或失效的风险。

两种类型的供应链的比较见表 1-1。

表 1-1 有效性供应链与反应性供应链的比较

项　目	有效性供应链	反应性供应链
产品特性	产品技术和市场需求相对稳定	产品技术和市场需求变化大
基本目标	以最低的成本供应可预测的需求，提高服务水准，减少缺货等	对不可预测的需求变化做出快速反应，使缺货和库存最小化
制造的核心	保持高的平均利用率	配置多余的缓冲库存
库存策略	产生高收入而使整个链的库存最小化	部署零部件和成品的缓冲库存
提前期	在不增加成本的前提下，尽可能缩短提前期	大量投资以缩短提前期
供应商的标准	以成本和质量为核心	以速度、柔性、质量为核心
产品设计策略	绩效最大化而成本最小化	用模块化设计以尽可能延迟产品差别

1.1.3 供应链的结构模型

按照供应链的定义，产品从生产到消费的全过程是一个非常复杂的网链模式，覆盖了从原材料供应商、零部件供应商、产品制造商、分销商、零售商直至最终用户的整个过程。

根据供应链的实际运行情况，在一个供应链系统中，有一个企业处于核心地位。该企业起着对供应链上的信息流、资金流和物流进行调度和协调的作用。从这个角度出发，供应链系统的结构可以具体地表示为图 1.2 所示的形状。

从图 1.2 中可以看出，供应链由所有加盟的节点企业组成，其中一般有一个核心企业，可以是产品制造企业，也可以是大型零售企业，节点企业在需求信息的驱动下，通过供应链的职能分工与合作，以资金流、物流和服务流为媒介实现整个供应链的不断增值。

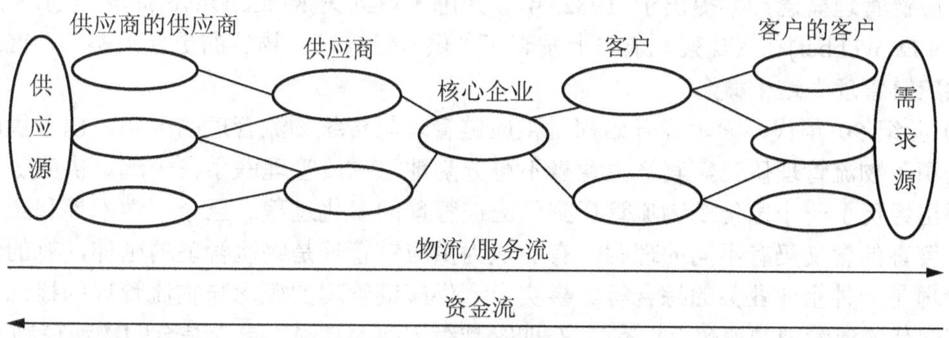

图 1.2 供应链网链结构模型

1.2 供应链管理基础理论

1.2.1 供应链管理概述

对供应链这一复杂系统，要想取得良好的绩效，必须找到有效的协调管理方法，供应链管理的思想就是在这种背景下提出的。对于供应链管理，有许多不同的定义，如有效用户反应(Efficient Consumer Response，ECR)、快速反应(Quick Response，QR)、虚拟物流

(Virtual Logistics，VL)或连续补充(Continuous Replenishment，CR)等。这些定义是从不同层次和角度来考虑的，它们都是通过计划和控制来实现企业内部和外部之间的合作，在一定程度上它们都集成了供应链和增值链两个方面的内容。

阅读链接 1-1

企业生产的价值链

现代企业的生产经营已经不再是当企业独立完成其全部业务流程的纵向一体化模式，而是把上游供应环节和下游销售环节紧密连接在一起，来实现企业的经营目标，创造价值和实现价值增值。任何一个社会组织都不可能出色地单独完成其全部业务流程。促进上下游合作者协同工作，产生远大于单个组织独立完成所有工作流程的乘数效应，已成为现代组织生存和发展的重要基础。把企业内部生产与外部上下游的供应和销售环节看作一个不可分割的整体价值链，从整个价值链共赢的视角来安排和实施企业的经营与管理，是现代企业的经营哲学，是供应链管理理念。因此，价值链有以下3层含义。

(1) 企业的每项价值活动能给企业创造价值。从理论上讲，企业每一项的价值活动都应该对最终的产品有所贡献，都能成为企业的利润源泉。当然，企业因资金、技术等原因，会使得相同的价值活动创造的价值不同。

(2) 企业各项价值活动之间是密切联系的。企业的价值活动不是相互独立的，而是相互依存的，任何一项价值活动的发生都会对价值链中的其他价值活动产生影响。

(3) 价值链不仅包括企业内部的价值活动，而且还包括企业与供应商、制造商、零售商和用户之间的价值联系。

1. 供应链管理的概念

供应链管理概念最早提出于 1982 年。开思·奥立夫(Keith Oliver)和麦考尔·威波尔(Michael D. Webber)在《观察》杂志上发表了“供应链管理：物流的更新战略”，首次提出了“供应链管理”这个概念。

20 世纪 90 年代，学术界开始探讨供应链管理与传统物流管理的区别。由于供应链管理理论源于物流管理研究，其产生背景不可分割地与物流管理联系在一起。供应链管理思想的提出经历了一个由传统物流管理到供应链管理的演化过程。至今，学术界和企业对于供应链管理的含义仍有不同的理解，有的认为供应链管理是物流管理的延伸，有的认为供应链管理是一种企业业务的综合等。事实上，供应链管理的概念与物流管理的概念密切相关，在现代物流管理的理解上，有广义(即跨越组织间的界限、寻求综合的物流控制和管理)和狭义(即企业内部的库存、运输管理)的区分，显然广义的物流管理与供应链管理是一致的。

通行的看法是供应链管理并不仅仅是物流管理的扩展，它除了包括与物品实体运动相关的活动外，还包括组织间的协调活动和业务流程的整合过程，正是在这个意义上才称之为供应链管理。比如在新产品开发过程中，营销、研发、生产、物流和财务等不同的供应流程都需要统一起来。此外，为了提高市场的应对能力，还需要与外部的企业寻求合作，由供应链构成的多数企业间业务流程的整合被看做是供应链管理。与以上观点相类似，Handfield 和 Nichools 将供应链定义为确保原材料到最终消费者的整个过程中所发生的与物流和信息流相关的所有活动，而供应链管理则是为获得持续的竞争优势，在供应链关系基础上种种活动的整合。显然，从这一定义可以看出，供应链的构成是以生产者为中心，由位于上游的供给阶段和下游的流通渠道中所有企业所组成的。伊文斯(Evens)认为："供应链管理是通过前馈的信息流和反馈的物料流及信息流，将供应商、制造商、分销商、零售商，直到最终用户连成一个整体的模式。"这些定义都体现了供应链的完整性，考虑了供应链中所有成员操作的一致性(链中成员的关系)。供应链的活动包括信息系统的管理、采购管理、生产管理、订货管理、在库管理、顾客服务以及废弃物处理等。

在中华人民共和国国家标准《物流术语》(GB/T 18354—2006)中，对供应链管理是这样定义的："供应链管理(Supply Chain Management，SCM)是对供应链所涉及的全部活动进行计划、组织、协调和控制。"

国外学者对供应链管理的理解，大体可以分为物流型、信息型和整合型这 3 种观点。表 1-2 中列举了关于供应链管理的不同看法。

1) 物流型

Jones 和 Riley 认为，"所谓供应链管理，是指从供应商到最终使用者整个过程中对物体流动的所有管理活动。"

Houlihan 认为，"供应链管理是对从供应商开始，经过生产者或流通业者，到最终消费者的所有物质流动进行管理的活动。"

Stevens 认为，供应链管理是对于"从供应商开始，经附加价值(生产)过程或流通渠道，到顾客的整个过程中，物质流动的管理。"

2) 信息型

John Mon 认为，"供应链管理是为实现商品到达而使用的手段，这种手段追求的是供应链参与者之间的信息的恰当提供，供应链管理中各种成员间的信息流，对供应链全体的绩效而言是极其重要的。"

3) 整合型

Ellram 和 Cooper 认为，"所谓供应链管理，就是为取得系统全体最高的绩效，面对供应商开始到最终用户整个网络的分析、管理。"

表 1-2 供应链管理的若干定义

类 型	学 者	具体定义
物流型	Houlihan(1988)	供应链管理是对从供应商开始，经生产者或流通业者，到最终消费者所有物质流动进行管理的活动
	Langeley 和 Houlcomb(1991)	供应链管理是为提供能给最终消费者带来最高价值的产品或服务，而开展的渠道成员间的相互作用
	Cavinato(1991)	供应链管理是对从企业到最终顾客整个过程中所发生的购买活动、附加值活动和营销活动
	Navack(1991)	供应链管理是以从供应商开始，经生产者或流通业者，到最终消费者的所有物质流动作为管理对象
	Stevens(1990)	供应链管理是对从供应商开始，经附加价值(生产)过程或流通渠道，到顾客的整个过程中，物质流动的管理
	Tumer(1993)	供应链管理是对从原材料供应商开始，经过生产、保管、流通等各种手段，到最终顾客等整个过程的连接

续表

类　型	学　者	具体定义
信息型	Joha Mon(1994)	供应链管理是为实际商品采购而使用的手段，这种手段追求的是供应商参与者之间的信息的恰当提供，供应链管理中种种成员之间所产生的信息流，对供应链全体的绩效而言是极其重要的
整合型	Ellram(1993)	供应链管理就是为取得系统全体最高的绩效，面对从供应商开始到最终用户整个网络的分析、管理
	Cooper(1990)	供应链管理是对从供应商开始到最终使用者流通渠道流的全面管理
	Farmer(1995)	供应链管理这个概念更应该用无缝隙性需求整合(Seamless Demand Pipeline)来取代

综合以上定义，对于供应链管理的概念，可以从以下几个方面来把握。

(1) 供应链管理把对成本有影响和在产品满足顾客需求的过程中起作用的每一方都考虑在内，从供应商和制造工厂经过仓库和配送中心到批发商和零售商以及商店。

(2) 供应链管理的目的在于追求效率和整个系统的费用有效性，使系统总成本达到最小，这个成本包括从运输和配送成本到库存成本。因此，供应链管理的重点不在于简单地使运输成本达到最小或减少库存，而在于用系统方法来进行供应管理。

(3) 供应链管理是围绕“把供应商、制造商、分销商(包括批发商和零售商)有效率地结合成一体”这一问题来展开的，它包括公司许多层次上的活动，从战略层次到战术层次一直到作业层次。

2. 供应链管理的特点

1) 管理目标呈现多元化

在传统的管理活动中，管理目标一般是针对现有问题来制定的，因此管理的目标比较单一，以最终能解决问题为管理的追求。供应链管理的目标则较复杂，它不仅追求问题的最终解决，而且关注解决问题的方式，要求以最快的速度、最优的方式、最佳的途径解决问题。这就使得管理的目标既有时间方面的要求，也有成本方面的要求，同时还有效果方面的追求，例如，“在最合适的时间，将合适的产品，以最低的价格送到合适的消费者手中”。这就说明了供应链管理目标的多元化。

在供应链管理的各项目标中，有些目标以常规眼光来看是相互矛盾和冲突的。传统管理目标的定位主要是建立在企业自身可以利用的资源基础之上，即企业在确定管理目标时，是以现有的资源条件作为决策依据，强调目标的现实可行性。在供应链管理中，企业的管理目标却往往较少受到自身资源实力的限制。这是因为通过内外资源的集成使用，企业可以超越自身实力来进行管理目标定位，从而延伸企业的目标，显示出超常的性质。

2) 管理视域极大拓宽

管理视域代表着管理主体行为的活动范围。管理视域越窄，管理行为就越受限制，管理的影响力度必然也就越小。在集成思想指导下，供应链管理的视野得到极大的拓宽，过去那种围绕企业内某具体部门或某个企业，或某个行业的点、线或面式的管理疆域，现在已被一种更加开放的全方位、立体式的管理空间所取代。管理的触角从一个部门延伸到另

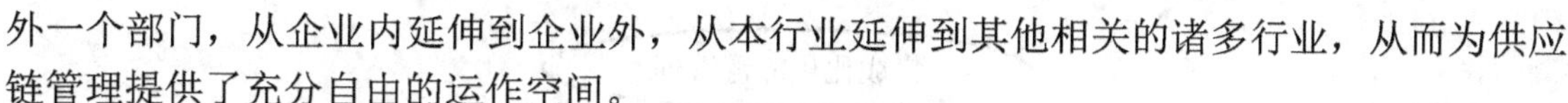

外一个部门，从企业内延伸到企业外，从本行业延伸到其他相关的诸多行业，从而为供应链管理提供了充分自由的运作空间。

3) 管理要素更加多样

在过去的管理活动中，人、财、物是基本的管理要素。随着社会科技的进步，一方面，上述管理要素的内容不断演化更新；另一方面，各种新的管理要素也大量涌现，各种管理要素的重要性也相继发生转换。由于科技已上升为经济增长的主要推动力量，所以它在管理中的地位也变得至关重要。在供应链管理中，管理要素的种类和范围都比以往有更大的拓展。从人、财、物到信息、知识、策略等，管理对象无所不包，几乎涵盖了所有的软、硬件资源要素，因而使得管理者的选择余地大大增加，同时管理难度也进一步加大，尤其应引起管理人员注意的是，软性要素在供应链管理中的作用日渐重要。由于供应链管理中知识、智力的含量大大增加，在许多情况下，信息、策略和科技等软性要素常常是决定供应链管理成败的关键。

4) 管理系统更加复杂

从本质上来看，企业供应链管理行为既是由企业内在本质所决定的并受企业支配的各项活动的总和，又是随着外界环境的变化而变化并受外在环境刺激所做出的各种决策和对策的反应。供应链管理行为所涵盖的不只是企业内部的技术行为，而是涉及一系列广泛而又复杂的社会经济行为。它融合了宏观与微观、纵向与横向、外部环境与内部要素的交互作用，并且彼此之间形成一个密切相关的、动态的、开放的有机整体，而且，其中的各项要素之间又交织成相互依赖、相互制约、相互促进的关系链，从而使得供应链管理行为极其复杂，难以把握。此外，由于供应链管理打破了传统管理系统的边界限制，追求企业内外资源要素的优化整合，即企业的内部资源、功能及优势与外界的可以相互转化、相互协调、相互利用，形成一种“内部优势外在化、外部资源内在化”的态势，从而使管理的系统边界越来越难以确定。因此，在供应链管理中，必须运用非常规的分析方法，才有可能较好地把握管理系统的内在本质。

1.2.2 供应链管理的基本内容和目标

1. 供应链管理的基本内容

1) 供应链管理涉及的主要领域

供应链管理覆盖了从供应商的供应商到客户的客户的全过程。从供应链管理的运作角度来看，供应链管理研究的内容涉及5个主要领域：供应(Supply)、生产计划(Schedule Plan)、物流(Logistics)、需求(Demand)、回流(Return)，如图1.3所示。

供应链管理是以同步化、集成化生产计划为指导，以各种技术手段为支持，尤其以Internet/Intranet为依托，围绕供应、生产作业、物流、满足顾客需求来实施的。供应链管理主要包括计划、合作、控制、从供应商到用户的物料(零部件和成品等)和信息。供应链管理的目标在于提高用户服务水平和降低总的交易成本，并且寻求两个目标之间的平衡。

在以上5个领域的基础上，可以将供应链管理细分为职能领域和辅助领域。职能领域主要包括产品工程、产品技术保证、采购、生产控制、库存控制、仓储管理、分销管理；辅助领域主要包括客户服务、制造、设计工程、会计核算、人力资源、市场营销。

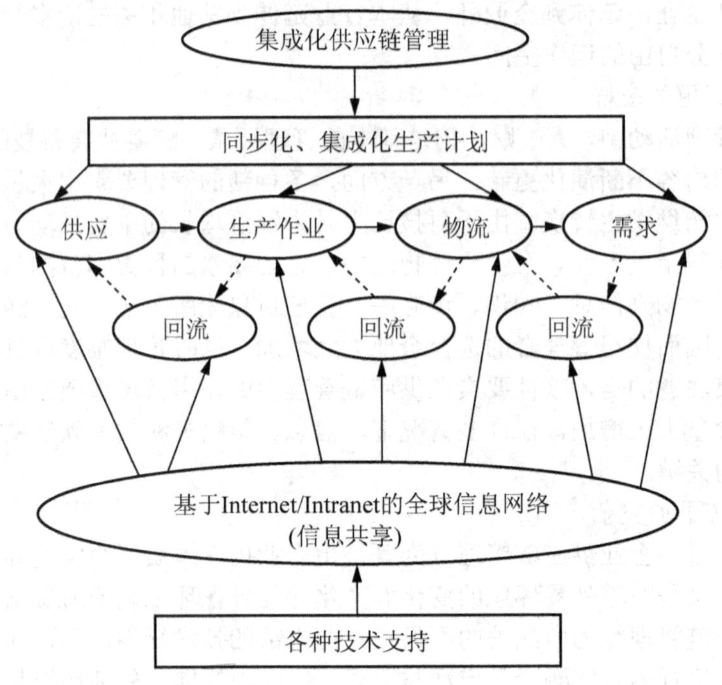

图 1.3　供应链管理涉及的领域

2) 供应链管理涉及的主要问题

供应链管理涉及的不仅仅是物料实体在供应链中的流动，还注重以下主要问题。

(1) 随机性问题，包括供应商可靠性、运输渠道可靠性、需求的不确定性、价格不确定性、汇率变动影响、随机固定成本、提起期的确定、顾客满意度的确定等研究。

(2) 供应链结构性问题，包括规模经济性、选址决策、生产技术选择、产品决策、联盟网络等研究。

(3) 供应链全球化问题，包括贸易壁垒、税收、政治环境、产品各国差异性等研究。

(4) 协调机制问题。如供应—生产协调，生产—销售协调，库存—销售协调等。

2. 供应链管理的目标

供应链管理使成员企业在分工基础上密切合作，通过外包非核心业务、资源共享和协调整个供应链，不仅可以降低成本、减少社会库存、增强企业竞争力，而且通过信息网络、组织网络，实现生产与销售的有效连接和物流、信息流、资金流的合理流动，使社会资源得到优化配置。因此，供应链管理的目标就是要在总成本最小化、客户服务最优化、总库存最小化、总周期最短化以及物流质量最优化等目标之间寻找最佳平衡点，以实现供应链绩效的最大化。

1) 总成本最小化

供应链管理的目标在于提高用户服务水平和降低总的交易成本，并且寻求两个目标之间的平衡。采购成本、运输成本、库存成本、制造成本以及供应链的其他成本费用都是相互联系的。因此，实现有效的供应链管理必须将供应链各成员企业作为一个有机整体来考虑，并使整个供应链的供应物流、制造装配物流与实体分销物流之间达到高度平衡。从这一意义出发，总成本最小化目标是指整个供应链运作与管理的所有成本的总和最小化。

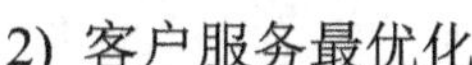

2) 客户服务最优化

供应链管理的本质在于为整个供应链的最终客户提供高水平的服务，由于服务水平与成本费用之间的背反关系，要建立一个效率高、效果好的供应链网络结构系统就必须考虑总成本费用与客户服务水平的均衡。供应链管理以最终客户为中心。因此，供应链管理的主要目标就是要以最小化的总成本费用实现整个供应链客户服务的最优化。

3) 总库存最小化

在实现供应链管理目标的同时，要使整个供应链的库存控制在最低的程度，零库存反映的是这一目标的理想状态。因此，总库存最小化目标的达成有赖于实现对整个供应链的库存水平与库存变化的最优控制，而不只是单个成员企业库存水平的最低。

4) 总周期最短化

当今的市场竞争不再是单个企业之间的竞争，而是供应链之间的竞争。从某种意义上说，供应链之间的竞争实质上是基于时间的竞争。如何实现快速有效的客户反应，最大限度地缩短从客户发出订单到获取满意交货的整个供应链的总周期时间，已成为决定企业成功的关键因素之一。

5) 物流质量最优化

在生产经济条件下，企业产品或服务质量的好坏直接关系到企业的成败。同样，供应链管理下的物流服务质量的好坏直接关系到供应链的存亡。如果在所有业务过程完成以后发现提供给最终客户的产品或服务存在质量缺陷，就意味着所有成本的付出将不会得到任何价值补偿，供应链的所有业务活动就会变为非增值活动，从而导致无法实现整个供应链的价值。因此，达到与保持物流服务质量的高水平是供应链物流管理的重要目标。而这一目标的实现，必须从原材料、零部件供应的零缺陷开始，直至供应链管理全过程、全人员、全方位质量的最优化。

从传统的管理思想来看，上述目标相互之间呈现出互斥性：客户服务水平的提高、总周期时间的缩短、交货品质的改善，必然以库存、成本的增加为前提，否则无法达到最优。然而，通过运用供应链一体化的管理思想，从系统的观点出发，改进服务、缩短时间、提高产品质量与减少库存、降低成本是可以兼得的。

1.2.3 供应链管理模式的产生和发展

管理模式是一种系统化的指导与控制方法，它将企业中人、财、物和信息等资源，高质量、低成本、快速及时地转换为市场所需要的产品和服务。因此，一般情况下，质量、成本和时间是一个企业活动的 3 个核心内容，企业管理模式也是围绕着这 3 个方面不断发展的。

实际上，人们很早就注意到外部环境的变化对管理模式的影响问题，并从技术和组织的角度采取了许多措施，提出了许多适应竞争环境变化的有效方法。例如，已在企业中得到较为广泛应用的产品设计、柔性制造系统、计算机集成制造系统、物料需求计划Ⅱ/企业资源计划、准时生产方式、精细生产等，都可以认为是为企业提高对用户需求的有效响应而采取的措施。归纳起来，从管理模式的发展过程来看，其发展可分为三大阶段。

1. 基于单个企业的管理模式

所谓基于单个企业的管理模式，是指管理模式的设计以某一个企业的资源利用为核心，资源的概念仅局限于本企业。比较典型的管理模式有如下几种形式。

1) 成组技术

成组技术(Group Technology，GT)的概念始于20世纪50年代，由前苏联米特洛凡诺夫首先提出。当时称为成组工艺，目的是解决零件品种多、批量小带来的问题。他把结构、工艺路线相似的零件构成一个零件组，在零件组中选择一个典型零件，并根据典型零件选择配套的设备和工艺装备，通过扩大零件组的“组批量”来降低单件小批生产的成本。经过德国、美国、英国、日本等国许多学者的研究和推广应用，后又与数控技术和计算机技术、生产管理、产品设计、资源配置等结合起来，将成组的概念扩展至生产计划、生产作业计划及生产管理整个系统，发展成为成组技术。

2) 柔性制造系统

随着计算机技术的发展和在企业中应用的不断深化，首先由英国人创造了柔性制造单元(Flexible Manufacturing Cell，FMC)。所谓FMC，就是在成组技术的基础上引入计算机控制和管理，提高加工的自动化和柔性，从而进一步发展了成组技术的概念和应用。在FMC中又增加了计算机控制和调度功能，通过计算机可以实现24小时连续工作，实现了不停机转换零件品种和批量，同时，在加工中心之间通过自动导向小车或传送带运输零件。人们称这种系统为柔性制造系统(Flexible Manufacturing System，FMS)。FMS实现了柔性生产流水作业，使多品种、小批量生产取得了类似大量流水生产的效果。FMS在世界上发展很快，目前全世界已有许多国家的企业使用了FMS。

3) 减少零件变化

减少零件变化(Variety Reduction Program，VRP)是20世纪80年代后期出现的一种系统方法。它源于模块化设计，但方法和技术具有系统性；它运用统计方法，区分产品中不变部分与变动部分，使变动部分尽可能减少；它研究各种组合技术，如基本部分加附加部分方式、公共模块的组合方式以及各种基本模块的组合方式，以简化设计。

4) 计算机集成制造系统

计算机集成制造(Computer Integrated Manufacturing，CIM)是由美国的约瑟夫·哈林顿(Joseph Harrington)博士在1974年首次提出的，其中有两个基本观点：企业生产的各个环节，即从市场分析、产品设计、加工制造、经营管理到售后服务的全部生产活动是一个不可分割的整体，要紧密连接、统一考虑；整个生产过程实质上是一个数据的采集、传递和加工处理的过程，最终形成的产品可以看做是数据的物质表现。

CIM是信息技术和生产技术的综合应用，目的在于使企业更快、更好、更省地制造出市场需求的产品，提高企业的生产效率和市场响应能力。从生产技术的观点看，CIM包含了一个企业的全部生产经营活动，是生产的高度柔性自动化，它比传统的加工自动化的范围要大得多；从信息技术的观点看，CIM是信息系统在整个企业范围内的集成，主要是体现以信息集成为特征的技术集成、组织集成乃至人的集成。因此，CIM是生产组织的一种哲理、思想和方法。当一个企业按CIM组织整个企业的生产经营活动时，就构成了计算机集成制造系统(Computer Integrated Manufacturing System，CIMS)。

2. 基于扩展企业的管理模式

20 世纪 80 年代后期，美国意识到了必须夺回在制造业上的优势，才能保持在国际上的领先地位，于是就向日本学习精细生产方式，并力图在美国企业中实施。但是由于文化背景和各种社会条件的差别，其效果总是不尽如人意。1991 年美国国会提出要为国防部拟定一个较长期的制造技术规划，要能同时体现工业界和国防部的共同利益。于是，委托里海大学的艾科卡研究所编写了一份“21 世纪制造企业战略”的报告。里海大学邀请了国防部、工业界和学术界的代表，建立了以 13 家大公司为核心的、有 100 多家公司参加的联合研究组。前后耗资 50 万美元，花费了 7 500 多人时，分析研究了美国工业界近期的 400 多篇优秀报告，提出了“敏捷制造”(Agile Manufacturing，AM)的概念，描绘了一幅在 2006 年以前实现敏捷制造模式的图画。报告提出了以虚拟企业(Virtual Enterprise，VE)或动态联盟为基础的敏捷制造模式，认为敏捷制造是一次战略高度的变革。

敏捷制造面对的是全球化激烈竞争的买方市场，采用可以快速重构的生产单元构成的扁平组织结构，以充分自治的、分布式的协同工作代替金字塔式的多层管理结构，注重发挥人的创造性，变企业之间你死我活的竞争关系为既有竞争又有合作的“共赢”(Win-Win)关系。敏捷制造强调基于互联网的信息开放、共享和集成。

于是，美国提出了基于敏捷制造的虚拟企业概念。虚拟企业是一种新的指导思想，如何具体付诸实施则还没有确定的模式，正在此时兴起的供应链管理模式从这个方面满足了实现敏捷制造所寻找的具体途径的要求。

3. 供应链管理模式的产生与发展

20 世纪 90 年代，“横向一体化(Horizontal Integration)”思想开始兴起，即利用企业外部资源快速响应市场需求，本企业需抓住核心的东西为产品方向和市场。至于生产，只抓关键零部件的制造，甚至全部委托其他企业加工。例如，福特汽车公司的 Festiva 轿车，车型由美国人设计，在日本的马自达工厂生产发动机，由韩国的制造厂生产其他零件和装配，最后在美国市场上销售。制造商把零部件生产和整车装配都放在了企业外部，这样做的目的是利用其他企业的资源促使产品快速上马，避免自己投资带来的基建周期长等问题，从而赢得产品在成本、质量、上市速度诸方面的竞争优势。“横向一体化”形成了一条从供应商到制造商再到分销商的贯穿所有企业的链。由于相邻节点企业表现出一种需求与供应的关系，当把所有相邻企业依此连接起来，便形成了供应链。这条链上的节点企业必须达到同步、协调运行，才有可能使链上的所有企业都能受益。于是便产生了供应链管理这一新的经营与运作模式。

供应链管理利用现代信息技术，通过改造和集成业务流程，与供应商以及客户建立协同的业务伙伴联盟，实施电子商务，大大提高了企业竞争力，使企业在复杂的市场环境下立于不败之地。因此 21 世纪的竞争不是企业之间的竞争，而是供应链之间的竞争。日本一名学者将其比喻为足球比赛中的中场争夺战，他认为谁能拥有这些具有独特优势的供应商，谁就能赢得竞争优势。显然，这种竞争优势不是哪一个企业所具有的，而是整个供应链的综合能力。

1.3 供应链库存管理

库存管理始终是企业管理面临的一个问题。传统的库存管理主要是从单个企业的角度来考虑，如经济订货批量模型等。随着企业外部环境对企业影响的日益扩大，库存问题的解决必须从一个更为广义的角度来考虑。国外学者从 20 世纪 60 年代就开始了对多阶段库存控制的探索，进入 20 世纪 90 年代至今，从供应链的角度来研究库存管理成为供应链研究中的一个热点。研究供应链上的库存管理，就是要研究如何按照需求合理地降低整个供应链上的库存量，获得最优的订货策略，合理配置企业资源，达到最低占用资金和取得最大收益的目的。

1.3.1 库存理论基础

物料的储存现象由来已久，但是把储存问题作为一门学科来研究，还是进入 20 世纪以后的事情。早在 1915 年哈里斯就提出“经济批量”问题，它研究如何从经济的角度确定最佳的库存数量。“经济批量”的提出，从根本上改变了人们对库存问题的传统认识，是对库存理论研究的一个重大突破，可以说，是现代库存理论的奠基石。

“第二次世界大战”之后，由于运筹学、数理统计等理论与方法的广泛应用，特别是 20 世纪 50 年代以来，人们开始应用系统工程理论来研究和解决库存问题，从而逐步形成了系统的库存理论，亦称“存储论”。由于电子计算机的问世，又进一步提高了库存控制的工作效率，促使库存理论成为一门比较成熟的学科。

1. *库存的概念*

库存是为了满足未来需求而暂时闲置的有价值的资源。关于库存的定义有很多说法，概括起来主要有以下两种。

(1) 库存是指企业在生产经营过程中为现在和将来的耗用或者销售而储备的资源，包括原材料、材料、燃料、低值易耗品、在制品、半成品、产成品等。

(2) 库存是指企业用于今后生产、销售或使用的任何需要而持有的所有的物品的材料。

企业接到顾客订单后，当顾客要求的交货时间比企业从采购材料、生产加工，到运输货物到顾客手中的时间(供应链周期)要短时，就必须预先储存一定数量的产成品来弥补这个时间差。

一般来说，企业在销售阶段，为了能及时满足顾客的要求，避免发生缺货或延迟交货的现象，需要有一定的成品库存；在生产阶段，为了保证生产过程的均衡性和连续性，需要有一定的在制品、零部件；在采购生产阶段，为了防止供应市场的不确定性给生产环节造成的影响，保证生产过程中原材料、材料以及外购件的供应，需要有一定的原材料、外购件库存。

由于诸多方面的原因，企业库存物料的库存数量是经常变动的，为了使库存量保持在合理的水平上，就要进行合理的、科学的库存控制。当库存物料的储备数量过少时，则不能满足企业生产或经营的需要；而储备数量过多时，不仅要占用大量资金，影响流动资金的周转，而且要占用大量的生产面积和仓库面积，还可能由于长期积压而使存货损坏变质。

企业为了生产或经营活动能够持续进行，需要库存量维持在合理的水平上，从而降低库存成本，提高企业的经济效益。

阅读链接 1-2

关于库存的不同理解

1. 蓄水池与流动的河流

对于库存的理解，习惯上认为它是资源的储备或暂时性的闲置，因此，长期以来对库存作用的理解就针对库存是因“储备”而存在。库存就像“蓄水池”一样发挥它的作用。持库存是储备的观点，认为库存是维持正常生产、保持连续、应付不测需求所必需的。

“流动的河流”这种观点类似于“蓄水池”的观点，但“蓄水池”观点是静态的，而“流动的河流”观点是动态的。在这种观点中将产品的流动比成水流，在流动的过程中，水并不是匀速流动的。水有时在深水池中停留，有时被隐藏在水面下的岩石或被其他障碍物阻塞。在物流中，水的流动变成了物品的流动，深水池变成了库存，而岩石和障碍物则是运作中的各种缺陷。如果要使物流迅速流动就必须移走岩石和障碍物，而要移走岩石和障碍物就要降低水面(库存)，使岩石能够显露出来。

2. 闲置

另一种观点认为库存是“闲置”，是一种浪费，它掩盖管理中的问题，因此主张消除库存。通过无库存生产方式不断地降低库存水平，暴露管理问题，然后解决问题，使管理工作得到改进，达到一个新的水平。这是一个循环往复、不断改进的过程，JIT 思想集中体现了这种理念。

3. 无缝连接

库存处于供需之间，这一观点表示了库存是“持续流动”或是“批量或排队”。库存一般应该按其使用的概率来确定，如一个时期的需求时常会超过可用的生产能力，这时就有必要持有库存。日益发展的供应链正在通过基于根据客户实际销售数据进行生产和销售的方式寻求“拉式”库存，即用客户的需求来拉动库存。

从深层次的研究发现，库存并不是简单的资源储备或闲置的问题，而是一种组织行为问题。这是关于库存管理新的理解：“库存是企业之间或部门之间没有实现无缝连接的结果，因此，库存管理的真正本质不是针对物料的物流管理，而是针对企业业务过程的工作流管理”。通过整合工作流程来实现“拉式”库存，可以最大限度地降低库存。

2. 库存的分类

在企业物流活动中，企业持有的库存有不同的形式，从不同的角度可以对库存进行多种不同的分类。

1) 按库存在生产和配送中所处的状态分类

按库存在生产和配送中所处的状态进行分类，库存可分为原材料库存、在制品库存、维修库存和产成品库存，如图 1.4 所示。

(1) 原材料库存(Production Inventory)。它是指企业通过采购和其他方式取得的用于制造产品并构成产品实体的物品，以及供生产耗用但不够成产品实体的辅助材料、修理用备件、燃料以及外购半成品等，用于支持企业内制造或装配过程的库存。它存在于企业的供应物流阶段中。

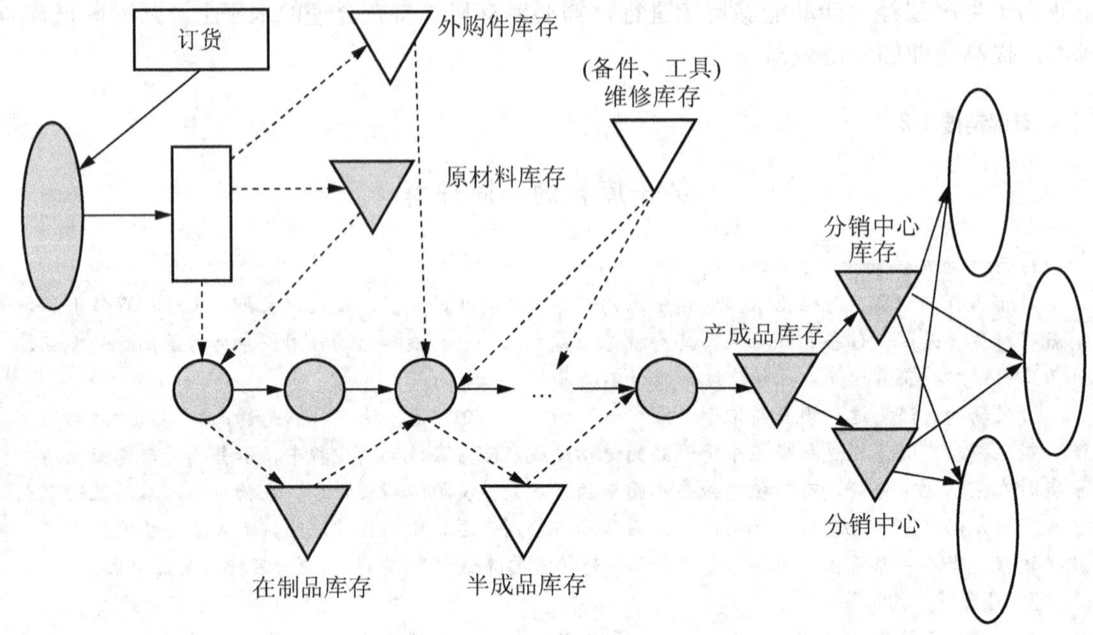

图 1.4　库存的分类

(2) 在制品库存(In-process Inventory)。它是指已经过一定生产过程，但尚未全部完工，在销售以后还要进一步加工的中间产品和正在加工中的产品，包括产品生产的不同阶段的半成品。它存在于企业的生产物流阶段中。

(3) 维修库存(Maintenance/Repair/Operating Inventory)。它是指用于维修与养护的、经常消耗的物品或部件，如石油润滑脂和机器零件，不包括产成品的维护活动所用的物品或部件。它存在于企业的生产物流阶段中。

(4) 产成品库存(Finished Goods Inventory)。它是指准备运送给消费者的完整的或最终的产品。这种库存通常由不同于原材料库存的职能部门来控制，如市场或物流部门。它存在于企业的销售物流阶段中。

生产企业有原材料库存、在制品库存、维修库存和产成品库存。商业企业如储运商、配送商、批发商与零售商，通常只有产成品库存。公用事业单位一般是提供服务的，因此比较常见的是维修库存(如用于地铁列车的车辆零配件)。这几种库存可以存放在一条供应链上的不同位置。原材料库存可以放在两个位置：供应商或生产商之处。原材料进入生产企业后，依次通过不同的工序，每经过一道工序，附加价值都有所增加，从而成为不同水准的在制品库存。当在制品库存在最后一道工序被加工完后，变成完成品。完成品也可以放在不同的储存点，生产企业内、配送中心、零售点直至转移到最终消费者手中。

2) 按库存的作用分类

按库存的作用，库存可分为周转库存、安全库存、调节库存和在途库存。

(1) 周转库存的产生是基于采购批量或生产批量的。采购批量或生产批量越大，单位采购成本或生产成本就越低(节省订货费用或作业交换费用得到数量折扣)，因而采用批量购入或批量生产。这种由批量周期性地形成的库存就称为周转库存。这里有两个概念，一个是订货周期，即两次订货之间的间隔时间；再一个是订货批量，即每次订货的数量，这两者之间的关系是显而易见的，每次订货批量越大，两次订货之间的间隔也越长，周转库存量也越大。由于周转库存的大小与订货的频率成反比，因此，如何在订货成本和库存成本之间进行权衡选择是决策时主要考虑的因素。

(2) 安全库存是为了应付需求、生产周期或供应周期等可能发生的不测变化而设置的一定数量的库存。例如，供货商没能按预订的时间供货，生产过程中发生意外的设备故障导致停工等。

(3) 调节库存是用于调节需求或供应的不均衡、生产速度与供应速度不均衡、各个生产阶段的产出不均衡而设置的。例如，季节性需求产品(如空调等一些家用电器)，为了保持生产能力的均衡，在淡季生产的产品置于调节库存，以备满足旺季的需求。有些季节性较强的原材料或供应商的供应能力不均衡时，也需设置调节库存。

(4) 在途库存指正处于运输以及停放在相邻两个工作地之间或相邻两个组织之间的库存，这种库存是一种客观存在，而不是有意设置的。在途库存的大小取决于运输时间以及该期间内的平均需求。

3) 按库存物品所处的状态分类

按库存物品所处的状态，库存可分为静态库存和动态库存。

(1) 静态库存是指长期或暂时处于储存状态的库存，这是一般意义上的库存概念。

(2) 动态库存是指处于制造加工状态或运输状态的库存。

4) 按库存物品的来源分类

按库存物品的来源，库存可分为外购库存和自制库存。

(1) 外购库存是指企业从外部购入的库存，如外购材料等。

(2) 自制库存是指由企业内部制造的库存，如自制材料、在制品和制成品等。

3. 库存的作用

由于库存是将有价值的资源暂时闲置起来，直观地看，如果没有库存，产品可以立即实现其应有的价值，而且可以减少一些库存管理成本。其实不然，库存存在的理由具体可以从以下几个方面来分析。

1) 平衡供求关系

由于物资数量、价格和市场政策的变化等原因，导致供求在时间和空间上出现不平衡，企业为了稳定生产和销售，必须准备一定数量的库存以避免市场震荡。客户订货后要求收到物资的时间比企业从采购物资、生产加工、运送产品至客户的时间要短，为了弥补时间差也必须预先库存一定数量的物资。

2) 减少运输的复杂性

由于企业供应商的所在地不同，企业拥有的生产厂或车间也可能在不同的地点，企业的客户更是遍布各地。所以，企业如果不设立中转仓库，就会出现非常复杂的运输系统，而通过中转仓库，再加上配送这一物流功能，企业可以大大简化运输的复杂性。

3) 降低运输成本

企业有时会面临原材料和产成品的零担运输问题，长距离零担运输的费用比整车运输要高得多。通过将零担物资运到附近的仓库后再从仓库运出，这样仓储活动就能够使企业将少量运输结合成大量运输，有效减少运输费用。

4) 提高服务水平

企业工厂(车间)发出的用料需求和客户发出订单需求通常都是各种物资的组合。如果这些原料或产品被存放在不同的地点，企业就必须从各个地点分别运货来履行供应和服务的功能，可能会出现运达时间不同，物资弄混等问题。因此，企业可以通过建立混合仓库，用小型交通工具进行集货和交付，并在最佳时间安排这些活动以避免交通阻塞，从而提高服务水平。

5) 应对不确定性因素

一个企业在经营过程中，往往要面对许多不确定因素，如需求不确定、供应商交货不确定、产品质量不确定，现实中，这些不确定性因素是不可避免的。当市场产生了需求而企业无法及时满足时，可能会导致需求的损失。因此，企业为了不失去更多的客户，一个可行的办法是预备一定量的库存来应对这些不确定因素。

1.3.2 供应链中不确定性对库存的影响

美国著名的供应链管理专家豪・L・李(Hua L. Lee)教授在对需求量放大现象进行深入研究的基础上，提出了需求变异加速放大原理，该原理是对需求信息扭曲在供应链中传递的一种形象描述。其基本思想是：当供应链的各节点企业只根据来自其相邻的下级企业的需求信息进行生产或供应决策时，需求信息的不真实性会沿着供应链逆流而上，产生逐级放大的现象，达到最上游的供应商时，其获得的需求信息和实际消费市场中的顾客需求信息发生了很大的偏差，需求变异系数比分销商和零售商的需求变异系数大得多。由于这种需求放大效应的影响，上游供应商往往维持比下游供应商更高的库存水平。在供应链中，如果每一个节点企业的信息都发生了扭曲，这样逐级向上，即产生信息扭曲的放大。

从需求放大效应中可以看出，供应链的库存与供应链的不确定性有着很密切的关系，通常，供应链上主要有两种基本的不确定性表现形式，即衔接的不确定性和运作的不确定性。不确定性的来源主要有 3 个方面：供应商的不确定性、制造商的不确定性和顾客的不确定性。供应商的不确定性主要表现为提前期和订货量的不确定性，其原因是多方面的，如供应商的生产系统故障而延迟生产、供应商的供应商的延迟、运输意外等。制造商的不确定性主要表现在自身生产系统的可靠性上，如机械故障、计划执行偏差等。顾客的不确定性原因主要在于需求预测的偏差、购买力的波动、从众心理和个人性格特征等，这些不确定性会对库存带来较大的影响。

1) 衔接的不确定性对库存的影响

在目前的供应链运作中，衔接的不确定性集中表现为企业之间存在的独立信息体系的现象。很多时候供应链合作者从各自的利益出发进行资源的自我封闭(包括物质资源和信息资源)，企业之间的合作难以摆脱短期利益的束缚，从而增加了企业之间的信息壁垒和沟通障碍，企业不得不为应付不测而建立库存，库存的存在实际上就是信息的堵塞和封闭的结果。

企业各个部门和企业之间都有信息的交流与沟通，一些对于双方流程衔接必要的重要信息，在很多企业之间并没有实现真正的共享。信息共享程度差是供应链不确定性存在的一个主要原因。目前在供应链上的信息传递有两种形式：一是传统的逐级传递，即上游供应链企业依据下游供应链企业的需求信息做生产或供应决策；二是在集成的供应链系统中，每个供应链企业都能够共享顾客的需求信息，信息不再是线性的传递过程而是网络的传递过程和多信息源的反馈过程。尽管非线性的网络信息传递必将替代线性的逐级信息传递，但在目前情况下，对支持合作的重要共享信息仍然存在人为的限制因素，这势必通过连锁反应造成对库存的影响。

随着基于信任的合作伙伴关系和跨组织的信息平台的建立，信息障碍将逐渐消除。信息平台为供应链的各个合作企业提供共同的需求信息，有利于企业之间的信息交流与沟通。企业有了确定的需求信息，在制订生产计划时，就可以减少为吸收需求波动而设立的库存，使生产计划更加精确、可行，对于下游企业而言，合作性伙伴关系的供应链或供应链联盟可为企业提供综合的、稳定的供应信息，无论上游企业能否按期交货，下游企业都能预先得到相关信息而采取相应的的措施，这样企业无须过多设立库存。

2) 运作的不确定性对库存的影响

建立战略伙伴关系的供应链联盟或供应链协作体可以减少供应链企业之间的衔接不确定性，同样，这种合作关系也可以消除运作不确定性对库存的影响。当企业之间的合作关系得以改善后，企业的内部生产管理也会得到极大改善。因为企业之间的衔接不确定性因素减少后，企业的生产控制系统就能摆脱这种不确定性因素的影响，使生产系统的控制达到实时、正确，也只有在供应链的条件下，企业才能获得对生产系统进行有效控制的有利条件，消除生产过程中不必要的库存现象。

在传统的企业生产决策过程中，供应商或分销商的信息是生产决策的外生变量，因而无法预见到外在需求或供应变化的信息，至少是延迟的信息。同时，库存管理的策略也是考虑独立的库存点而不是采用共享的信息，因而库存成了维系生产正常运行的必要条件。在这种情况下，当生产系统形成网络时，不确定性就会像瘟疫一样在生产网络中传播，几乎所有的生产者都希望拥有库存来应付生产系统内外的不测变化。在不确定性较大的情形下，为了维护一定客户服务水平，企业常常维持一定的库存，以提高服务水平。在不确定性存在的情况下，高服务水平必然带来高库存水平，因此，为了减少不确定性因素对库存的影响，减少企业的库存水平，企业需要增加与供应链成员之间的信息交流与共享，增加库存决策信息的透明性、可靠性与实时性，这都需要企业之间的诚信合作与协调。

1.3.3 供应链库存管理存在的局限性

过去的库存理论集中在单个企业的库存管理上，而很少从供应链角度来系统解决库存问题，也很少提高到企业的战略高度。经济的全球化、顾客需求的个性化、迅速变化的市场需求使得库存管理越来越复杂。过去供应链管理研究的重点一般集中在各环节内部的有效性管理，包括存储、组装等，它们之间的相互关系是以大量库存的缓冲区为中介的。现在的研究除了考虑环节内部的优化之外，还必须涉及整个供应链的全局优化效应。目前供应链管理模式下的库存管理存在的主要局限性有 3 个方面：信息类问题、供应链的运作问题、供应链的战略与规划问题。这些问题可以综合成以下几个方面的内容。

1. 缺乏供应链的系统观念

虽然供应链管理的整体绩效取决于各个供应链节点企业的绩效，但是各个节点企业都是相互独立的市场主体，都有各自独立的目标与使命，有些目标和供应链的整体目标是不相干的，甚至可能是冲突的。因此，这种各自为政的行为必然导致供应链整体绩效的降低。另外，一般的供应链系统都没有建立针对全局供应链的绩效评价指标，供应链上不同节点企业可能采用不同的绩效指标，有些企业采用库存周转率作为供应链库存管理的绩效评价指标，但是没有考虑对客户的反应时间与服务水平。实际上，客户满意度应该始终是供应链绩效评价的一项重要指标。

2. 客户服务水平理解上的偏差

供应链管理的绩效好坏最终应该由客户来评价。由于各个企业对客户服务水平的理解与定义各不相同，导致了客户服务水平的差异。许多企业采用订货满足率来评价客户服务水平的高低，但客户满足率并不等于客户满意度，而且客户满足率本身并不保证运作问题。企业的经营目标是较高的客户满意度，即使企业能够提供95%的订货满足率，某些客户也不一定满意。因此，就需要根据客户的不同要求确定相应的服务水平。另外，传统的订货满足率评价指标也不能评价订货的延迟水平。同样具有90%的订货满足率的供应链企业，在如何补给余下的10%的订货要求方面差别是很大的，且其他的服务指标也常常被忽略。

3. 缺乏准确的交货状态信息

当客户下了订单后，他们希望知道供应商能准时交货的时间，在等待交货的过程中，也可能会对订单交货状态进行修改，特别是当交货被延迟以后。一次性交货非常重要，但必须看到许多企业并没有及时准确地把推迟的订单交货的修改数据提供给客户，这当然会导致客户的不满和再订货率的下降。

4. 低效率的信息传递系统

在供应链中，各个节点企业之间的需求预测、库存状态、生产计划等都是供应链管理的重要数据，这些数据分布在不同的供应链节点企业之间，要实现快速高效的响应客户需求，就必须实时传递这些数据。为此，需要改善供应链信息系统模型，通过系统集成的方法，使供应链中的库存数据能够实时、快速地传递。但目前许多企业之间还缺少必要的协调与联系，各个节点企业的信息系统并没有很好地集成起来，当上游企业需要了解下游企业和用户的需求信息时，得到的常常是延迟的和不准确的信息，影响了库存的精确度，短期生产计划的实施也会遇到困难。时间越长，预测误差就越大，制造商对最新订货信息的有效反应能力也就越差，从而导致库存量的增加。

5. 库存控制策略简单化

无论是生产性企业还是物流企业，库存控制的目的都是为了保证企业生产运作的连续性和应付不确定性的需求。这就要求企业首先要了解和跟踪影响企业生产经营的不确定性因素，然后利用掌握的信息去制定相应的库存控制策略。库存控制策略制定的过程是一个动态过程，而且应该反映不确定性动态变化的特性。另外，企业的库存控制策略除了要能够应付外界不确定性的影响以外，还要考虑企业自身方面的影响，发挥自身的优势，以实现有效的库存管理。在传统的库存控制策略中，多数是面向单个企业的，采用的信息基本上是来自企业内部，其库存控制没有体现供应链管理的思想。因此，如何建立有效的库存控制方法，并能体现供应链管理的思想，是供应链库存管理的重要内容。

6. 缺乏有效的合作与协调机制

供应链是一个整体，需要协调各节点企业的活动才能取得最佳的整体绩效。协调的目的是使满足一定服务质量要求的信息可以无缝地、流畅地在供应链中传递，从而使整个供应链能够实时地响应客户的需求，形成更为合理的供需关系、适应复杂多变的市场环境。

如果企业间缺乏协调与合作，就会导致交货期的延迟和服务水平的下降，同时库存水平也会因此而增加。为了应付不确定性，供应链上各个节点企业都设有一定的安全库存，这是企业采取的一种应急措施。但在多厂商特别是全球化的供应链中，组织的协调涉及很多利益群体，相互之间的信息透明度不高，这就使企业不得不维持一个较高的安全库存。由于各企业互不相同的目标和绩效评价尺度都使得库存控制变得更加困难。

供应链各个节点企业要实现有效的协调，各个节点企业之间就要有一种有效的激励机制。在企业内部，一般有各种各样的协调激励机制来加强部门之间的合作，但当扩大到企业之间的协调激励时，困难就很大。因此，供应链各节点企业之间缺乏有效的监督和激励机制是供应链企业之间合作不稳固的重要原因。

7. 产品制造过程缺乏灵活性

现代产品设计与先进制造技术的出现，使产品的生产效率大幅度提高而且具有较高的成本效益，却常常忽视供应链库存的复杂性。结果所有节省的成本都被供应链上的分销与库存成本抵消了。同样，在引进新产品时，如果不进行供应链的规划，也会产生如运输时间长、库存成本高等原因而无法获得成功。另一方面在供应链的结构设计中，同样需要考虑库存的影响以及网络变化对运作的影响因素，如库存投资、订单的响应时间等。

8. 忽视不确定性对库存的影响

供应链运营过程中存在很多的不确定性因素，如订货提前期、货物运输状况、原材料的质量、生产过程的时间、运输时间、需求的变化等。为减少不确定性因素对供应链的影响，企业应了解不确定性的来源和影响程度。供应链中的不确定性来源主要有 3 个方面：供应商供应的不确定性、制造商生产过程中的不确定性以及顾客需求的不确定性。很多企业并没有认真研究和跟踪其不确定性因素的来源和影响，结果造成供应链中企业有的库存积压而有些库存不足的现象。

本章小结

供应链管理理念是一种新的管理思想和管理哲学，是企业最重要的战略竞争资源。在供应链管理理念的不断发展中，可以看到不同管理阶段的管理理念和管理理论对它的支撑，它包含了许多新的管理思想，并在实践中逐步形成了自己的学科体系。

过去的库存理论集中在单个企业的库存管理，而很少从供应链角度来系统解决库存问题，也很少提高到企业的战略高度。经济的全球化、顾客需求的个性化、迅速变化的市场需求使得库存控制变得越来越复杂。因此，供应链库存管理越来越得到重视。

关键术语

供应链	供应链管理	倾斜供应链	反应性供应链
库存	柔性制造系统	动态库存	外购库存
需求放大现象		计算机集成制造系统	敏捷制造

习 题

1. 选择题

(1) 供应链不仅是一条连接供应商到用户的物料链、信息链、资金链，而且是一条_______。

A. 生产链　B. 运输链　C. 分销链　D. 增值链

(2) 供应链从上下游关系来理解，不可能是单一的链状结构，而是呈现出交错链状的_______。

A. 网状结构　B. 环状结构　C. 星状结构　D. 总线结构

(3) 市场反应性供应链的基本目标是_______。

A. 使缺货、降价、库存最小化　B. 以最低的成本供应可预测的需求

C. 保持高的平均利润率　D. 配置多余的缓冲库存

(4) 企业内部供应链管理的核心是_______。

A. 内部集成化供应链管理的效率问题

B. 内部集成化供应链管理的利益问题

C. 满足顾客需求问题

D. 最低成本和最快速度问题

(5) 根据供应链容量与用户需求的关系可以将供应链划分为平衡的供应链和_______。

A. 功能性供应链　B. 推动式供应链

C. 倾斜供应链　D. 反应性供应链

(6) 新型供应链模式的生产方式可概括为_______。

A. 强调大规模生产　B. 大规模定制、为客户定制产品或服务

C. 完全为客户量身定做　D. 多批次小批量生产

(7) 按库存物品所处的状态库存可分为静态库存与_______。

A. 循环库存　B. 波动库存　C. 动态库存　D. 预期库存

(8) 供应商管理库存体现的思想是_______。

A. 供应链的集成化管理思想　B. 供应链的分散化管理思想

C. 各自为政的库存管理模式　D. 预期库存

2. 简答题

(1) 供应链的基本概念和特征是什么？

(2) 简述反应性供应链与有效性供应链的区别和联系。

(3) 简述供应链管理的基本思想。

(4) 供应链管理的特点是什么？

(5) 简述供应链管理涉及的主要问题。

(6) 供应链管理的目标是什么？

(7) 供应链库存有哪些分类方法？

(8) 简述供应链中的不确定性对库存的影响。

3. 判断题

(1) 供应链是一条从供应商的供应商到用户的用户的物流链。 ( )

(2) 如果一个企业是完全纵向一体化，供应链管理就不重要。 ( )

(3) 英国著名供应链专家马丁·克里斯多夫说：“21 世纪的竞争不是企业和企业的竞争，而是企业与供应链之间的竞争。” ( )

(4) 根据供应链存在的稳定性，可以将供应链分为内部供应链和外部的供应链。( )

(5) 供应链管理覆盖了从供应商到客户的全过程，主要涉及供应、生产计划、物流、需求和资金主要领域。 ( )

(6) 供应链的目标就是要在总成本最小化、客户服务最优化、总库存最小化、总周期最短化以及物流质量最优化等目标之间寻找最佳平衡点，以实现供应链绩效的最大化。 ( )

(7) 在途库存的大小取决于运输时间以及该期间内产品的运输速度。 ( )

(8) 自动库存补给法主要适用于制造业和工程中有多种用途、低价值的商品库存管理。 ( )

4. 思考题

(1) 企业内部的供应链管理关注的核心是什么？

(2) 如何才能更好地推进我国企业的供应链管理？

(3) 在实际库存管理中，企业应如何避免不确定性对库存的影响？

案例分析

像送鲜花一样送啤酒——青岛啤酒公司供应链管理案例①

随着啤酒市场的逐渐扩大，混乱的物流网络成为青岛啤酒公司进一步发展的瓶颈。青岛啤酒销售分公司的销售人员说：“当时我们在运输的环节上，简直可以用‘失控’来形容。由于缺乏有效管理，送货需要走多长时间我们弄不清楚，司机超期回来我们也管不了。最要命的是，本应送到甲地的货物被送到了乙地，这一耽误又是好几天……有时候仓库里明明没有货物了，还要签条子发货。而到了旺季，管理人员更是不知道仓库里还有没有货……”在销售旺季前方需要大量供货的时候，不能及时调配车辆可谓是青岛啤酒公司的心头之痛。而运输的混乱，使啤酒的新鲜度受到了极大的考验。

新鲜是啤酒品牌的竞争利器，注重口感的消费者如果碰上了过期酒，品牌忠诚度绝对会大打折扣。而在青岛啤酒原产地青岛，由于缺乏严格的管理监控，外地卖不掉的啤酒竟流回了青岛，结果不新鲜的酒充斥市场，使青岛啤酒的美誉度急剧下跌，销量自然上不去。北京商业管理干部学院副院长杨谦说，整个物流网络的规划和设计，与快速消费品销售的顺利进行密切相关。青岛啤酒公司在运输上的混乱，肯定会带来窜货、损耗过多等一系列问题。而事实验证了杨谦的说法，青岛啤酒公司不仅内耗严重，对市场终端的管控也力不从心。这样的结果是对销售计划的预估极其不准确，使安全库存数据的可信度几乎为零。

“当时对仓储的管理都是人为管理，没有信息化。有时候仓库里明明没有货物了，还要签条子发货。而到了旺季，管理人员更是不知道仓库里还有没有货……”一位曾经参与过仓储管理的员工说。那位员工

---

① 资料来源：刘伟，王文，赵刚.《供应链管理》，上海人民出版社，2009.

这样描述当时的仓库：陈旧、设备设施非常落后。不仅总部有仓库，各个分公司也有仓库。高居不下的库存成本占压了相当大的流动资金。有时局部仓库爆满，局部仓库空闲，同时没有办法完全实现先进先出，这样使一部分啤酒储存期过长，新鲜度下降甚至变质。如果没有合适的解决办法，青岛啤酒制订的“新鲜度战略”根本无法实施。而此时，供应链管理的概念被引入到青岛啤酒公司，企业的变革也随之开始。

在 3 年的改革摸索中，青岛啤酒管理人员意识到，供应链管理给予企业的影响是巨大的。它不是简单地调整物流配送网络那么简单，在没实施之前，大家都认为只要拥有以物料需求计划为核心的 ERP 系统就足够解决问题。不少制造业的企业都认为，ERP 等软件能解决以下的问题：制造什么样的产品？生产这些产品需要什么？需要什么原料，什么时候需要？还需要什么资源和具备什么生产能力，何时需要它们？而这些问题解决完了，制造商们似乎就可以高枕无忧了。可以说，企业从原材料和零部件采购、运输、加工制造、分销直至最终送到顾客手中的这一过程被看成是一个环环相扣的链条。供应链管理是从原始供应商到终端用户之间的流程进行集成，从而为客户和其他所有流程参与者增值。在整个供应链中，良好的供应链系统必须能快速准确地回答这些问题：什么时候发货？哪些订单可能被延误？为什么造成这种延误？安全库存需要补充多少？进度安排下一步还存在什么问题？现在能够执行的最佳的进度计划是什么？

上面的问题几乎个个都切中了青岛啤酒公司的要害。可以说在以前，一想起何时能发货，仓库里还有多少的货品，管理人员不由得“头皮发麻”，因为他们对这些都不能做到心中有数。但现在，情况在逐渐好转。每个环节都希望能改进，如果能从采购—生产—营销进行全部改革，形成一个完整的供应链，这当然是最佳的。但在研究后发现，营销供应链是当时最短的一块“短板”，所以，由运输和库存为主的变革迫在眉睫。而操刀这次变革的陆文金和吕大海，对供应链管理的认识也在摸索中逐渐清晰。“可以说我们以前 80%的精力都在处理物流的问题上，但现在，我们可以把精力完全放到营销上了”。

从变革一开始，青岛啤酒就狠心在服务商和经销商上“动刀子”。虽然青岛啤酒自己拥有进口大型运输车辆 46 台，但实际上是远远不够用的，必须拥有大批的运输服务商来解决运力问题。而以前这些服务商都由青岛啤酒自己管理，精力有限。现在评估筛选以后，青岛啤酒挑选了最优质的服务商，然后交给招商物流来运作。由于有严格的监控，现在每段路线都规划了具体的时间，从甲地到乙地，不仅有准确的时间表，而且可以按一定的条件、客户、路线、重量、体积自动给出车辆配载方案，提高配车效率和配载率，这都是之前不能做到的。

而对于区域的经销商的要求，则是要有自己的仓库。青岛啤酒由于将各销售分公司改制为办事处，取消了原有的仓库及物流职能，形成统一规划的 CDC－RDC 仓库布局。该布局重新规划了青岛啤酒在全国的仓库结构。青岛啤酒的员工解释说，青岛啤酒原本在各地设立了大量的销售分公司，而每家分公司都租有一定规模的仓库并配备车辆、人员、设备来负责当地的物流配送。让人感到不可思议的是，这些仓库的管理方式仍是传统的人工记账，所以出错率高，更无法保证执行基本的先进先出原则。这样直接导致的原因就是总部对分公司仓库的情况无法进行监控，成为管理盲点。而 CDC－RDC，则是设立了中央分发中心(Central Distribution Center，CDC)、多个区域物流中心(Region Distribution Center，RDC)和前端物流中心(Front Distribution Center，FDC)，一改以前仓库分散且混乱的局面。

青岛啤酒公司通过对原来的仓库重新整合，变成了由中央分发中心至区域物流中心，再到直供商，形成了“中央仓—区域仓—客户”的配送网络体系。吕大海说，全国设置了 4 个 RDC，分别是在北京、宁波、济南和大连。在地理上重新规划企业的供销厂家分布，以充分满足客户需要，并降低经营成本。而 FDC 方面的选择则是考虑了供应和销售厂家的合理布局，从而能快速准确地满足顾客的需求，加强企业与供应和销售厂家的沟通与协作，降低运输及储存费用。不仅仓储发生了变化，库存管理中还采用信息化管理，提供商品的移仓、盘点、报警和存量管理功能，并为货主提供各种分析统计报表，例如，有进出存报表、库存异常表、商品进出明细查询、货卡查询和跟踪等。对比以前，分公司不仅要做市场管理和拓展工作，还要负责所在范围内的物流运作。由于全部的精力投入到了市场终端，销售人员对终端的情况能及时掌控，所以缺货的要求能步步紧跟，青岛啤酒的销量也就慢慢往上走了。“物”与“流”的相辅相成在实施供应链管理后明显产生了效果。

在供应链管理里面，有一个难题来自于市场方面需求的不确定因素。匹配供应与需求如何达到平衡，是每个快速消费品企业都深感头痛的问题，尤其到了销售旺季，供应链中库存和缺货的波动也比较大。但由于终端的有效维护，青岛啤酒能较为准确地做好每月的销售计划，然后报给招商物流。而对方根据销售计划安排安全库存，这样也就减少了库存过高的危险。可以说，从运输到仓储，青岛啤酒逐步理清头绪，并通过青岛啤酒的ERP系统和招商物流的SAP物流管理系统的自动对接，借助信息化改造对订单流程进行全面改造，"新鲜度管理"的战略正在有条不紊地实施中，努力做到"要像送鲜花一样送啤酒"。

讨论题

(1) 实施供应链管理对青岛啤酒公司产生了怎样的影响？

(2) 青岛啤酒公司对物流各环节进行了哪些有效的优化整合？

(3) 青岛啤酒公司的"新鲜度管理"是如何运作和实现的？

石化企业供应链配件库存管理①

石化企业的生产装置多、流程复杂，温度为零下100多度到300多度，有些部位压力高达3 000磅，这就决定了配件的种类、规格、材质的多样化和广泛性，同时体现出配件对安全、稳定、长久生产的影响力和重要性。因此，保障生产和控制成本构成了物资供应两大职能的矛盾焦点。库存问题，在石化企业尤为突出。以中国石化库存为例，2004年所有五十家企业库存物资(不含原油)共107.66亿元，年平均周转次数为8.63。不仅影响到企业的运行效率，而且削弱了企业的核心竞争力，严重影响了我国石化企业挑战世界先进石化巨头的实力。

1. 石化企业配件的库存问题

(1) 传统的库存管理观念。传统的管理模式认为，库存可以预防不确定性的、随机的需求变动，保持生产的连续性、稳定性。保障供给是供应部门的首要职能。以前石化企业为应对不确定性，往往准备了大量的库存。

(2) 企业内部各自为政。之前石化企业很少考虑供应链的影响，产、供、销没有形成"链"，企业各部门独立分隔，信息沟通体制不完善，壁垒重重，至使内部信息流动受阻，甚至扭曲、变形。车间、二级单位、供应、机动和计划部门各自掌握的信息是不完全的，车间不了解供给状况，供应部门不清楚生产经营特点，往往凭经验决策。

(3) 企业外部关系松散。传统的库存管理，习惯于注重表层工作，对库存的生成、控制等机制上的深层原因，乃至工作流程的改进缺乏系统、深入的研究。企业与众多的供应商、客户没有一种固定的紧密"链"状关系，彼此是孤立的，利益是分割的，缺乏一种战略思考和共赢思想，没有资源和信息共享。

(4) 库存控制策略过于单一。石化企业对配件的库存采用统一的控制策略，没有对千差万别的物资根据其特性和使用规律进行细分，基本都是采用传统单一的订货方式，从而也不能反应供给与需求的不确定性。如弯头、法兰等石化配件，在装置检修中用量十分大而在装置正常生产时却使用极少；化工原辅料却正好相反。

2. 供应链环境下石化企业配件库存管理

石化企业配件管理部门认识到传统的库存管理是站在单个企业的立场上，缺乏对于供应链整体的考虑，导致出现"牛鞭效应"等严重危害供应链有效运作的现象。而供应链管理模式下的库存管理的最高目标是实现供应链企业或部门间的无缝连接，消除供应链内部高库存现象。于是，他们采用了以下配件库存策略。

① 资料来源：邹辉霞. 《供应链管理》，清华大学出版社，2009.

1) 企业内部供应链的构建

按照供应链管理理念实现内部流程重组，在石化企业内部撤并二级供应机构，实行一级供应管理体制，建立物资供应中心，企业所有生产建设物资统一由它组织采购、储备、配送。同时，建立企业内部跨职能的物资供应联合团队，物资供应过程充分吸收机动、技术、设计、工程、财务及使用单位等，实现内部信息共享。开发和完善包括物资供应管理在内的 ERP 信息系统，实现企业范围内生产经营信息的自由流动和共享，做到车间、机动、技术、设计、工程能及时了解库存信息，发布需求信息，供应部门能实时掌握车间的生产状况，共同参与需求预测，及时组织供应。

2) 制定有针对性的库存控制策略

对石化配件进行 ABC 分类。ABC 分析法是储存管理中常用的分析方法，80/20 曲线的概念在制订库存计划时会特别有用。在此基础上再针对每一类别的产品，可以采取不同分拨策略，比较容易取得以下成效：压缩总库存量，解放被积压的资金，使库存结构合理化，节约管理资源。

3) 采取有效的库存控制策略

根据 3 类物资的资金占用和特性，采取相应的供应链方法，控制库存取得了较好结果。

(1) 对 A 类物资的库存控制策略。该类物资资金占用大，使用频率不高，但对装置安全、稳定、长久生产十分关键。从该类物资以上特性来分析，适合运用供应商管理库存(VMI)的理念来管理库存。

供应商管理 A 类备件库存的策略可以分为以下步骤。

① 建立 A 类备件需求数据库。供应商能够掌握需求变化的有关情况，A 类备件的需求信息要与供应商无缝共享。

② 建立销售网络管理系统，保证需求信息流和物流畅通。

③ 签订与供应商的合作框架协议。

④ 组织机构的变革，供应商增加了一个新职能负责控制客户的库存，实现库存补给和提高服务水平。

(2) 对 B 类配件的库存控制策略。该类物资资金占用较大，使用频率高，通用性强。从该类物资以上特性来分析，适合运用联合库存管理(JMI)的理念来管理库存。

运用联合库存管理 B 类配件的策略可以分为以下步骤。

① 供需两方签订框架协议。确定配件类别、双方的责任、结算方式等。

② 供需两方在产地建立库存管理联合机构。负责整合各类信息，收集用户配件的需求计划，研究配件的应用规律，最终实现周而复始地维持满足需求方生产的有效库存。

③ 建立信息共享系统。要将条码技术、扫描技术、POS 系统和 EDI 集成起来，并充分利用互联网在供需双方之间建立一条畅通的信息高速公路。

(3) 对 C 类配件的库存控制策略。该类物资资金占用少，使用频繁，通用性强，市场发育成熟，加工周期短，而且能够朝发夕至。从该类物资以上特性来分析，适合运用准时化库存控制(JIT)的理念来管理库存。

运用准时化库存控制 C 类配件的策略可以分为以下步骤。

① 与实力雄厚、信誉优良的供应商签订长期合作协议。筛选出值得信赖的供应商，建立长期稳定合作关系。

② 定量订货，控制库存。该类物资消耗是随机的，可运用蒙特卡罗的数学模型根据历史数据对需求预测，确定库存水平、提前期和订货量。

③ 保障沟通渠道畅通。双方要紧密联系，及时反馈信息。

对于以上 3 类物资，还可以用下面方法来保障生产和降低库存。

(1) 联合储备、区域协同。供应链管理中一个很重要的概念就是风险分担。石化系统在全国按企业分布地区性整合仓储资源，合理配置物流网络，建立几个大的仓储配送中心，按区统一储备，按需统一配送。这对降低整个系统的库存水平、减少仓储成本、保障生产供应，实现系统的效益最大化都有好处。

(2) 签订灵活合同。对新采购物资，签订允许风险分担的合同。一是回购合同。供应商同意以协议价(比原价低一些)买回我方剩余的物资，一方面我方不占用储备资金；另一方面供应商从返销中也能有所盈利。二是数量灵活合同。供应商规定退货数量的上限，只要剩余物资数量不大于此上限，就可退货。

石化企业运用供应链管理思想中的适用理念，针对不同配件特点，采用相应供应链库存管理模式，使供需双方供应链库存管理在整体上得到优化，达到双赢。

讨论题

(1) 根据该案例，举例阐述我国企业供应链库存管理中存在的主要问题。

(2) 石化企业采用了哪3种库存控制策略？有什么好处？

(3) 结合案例分析，企业内部供应链是如何构建的。

第2章　供应链库存管理方法

【本章教学要点】

知识要点	掌握程度	相关知识	应用方向
零库存的产生背景和含义	掌握	零库存的产生背景；零库存的含义；零库存与传统库存的区别	掌握零库存的基本知识，在掌握的基础上才能根据实际情况灵活运用
零库存的形式和实施原则	熟悉	零库存的7种形式和综合平衡原则	
零库存的实施途径	了解	实施零库存的4个途径	
VMI的概念和实施原则	重点掌握	概念的阐述和4个原则	掌握VMI的基本知识，在掌握的基础上才能根据实际情况灵活运用
VMI的构成	熟悉	构成VMI的两个模组：需求预测计划模组和配销计划模组	
VMI的实施方法和实施步骤	掌握	VMI的2种实施方法和4个实施步骤	
VMI的支持技术	了解	EDI/ Internet、ID代码、条码、条码应用标识符、连续补给程序	
VMI的模型	掌握	VMI策略要求建立企业战略联盟	
VMI的优点与局限性	熟悉	VMI的6个优点与3个局限性	
JMI的概念、基本思想及管理优势	熟悉	风险共担的库存管理模式的管理优势	掌握JMI的基本知识的基础上，根据实际情况灵活运用
JMI的实施策略、实施步骤及动态运作模式	了解	JMI的4个实施策略、实施步骤，动态运作模式	
CPFR的产生和发展、基本内容及模型	熟悉	CPFR的概念、指导原则合作伙伴关系和合作价值观	掌握CPFR的基本知识的基础上，根据实际情况灵活运用
CPFR的实施方法和局限性	重点掌握	解决CPFR实施过程中的问题，从组织方法、数据组织、业务规则和软硬件标准4个方面入手	

沃尔玛的合作计划、预测与补给管理[①]

山姆·沃顿于1962年在美国阿肯色州的罗杰斯设立了第一家沃尔玛商店。如今这家公司提供4种不同概念的零售模式：沃尔玛折扣店、购物广场、社区店和山姆会员店。

沃尔玛也是很早采用合作计划、预测与补给(CPFR)的企业，提供全盘管理，网络化运营的方式来管理供应链中的贸易伙伴。CPFR帮助沃尔玛建立起一套针对每件商品的短期预测方案，用来指导订货。这种由相互协商确立的短期预测成为改进需求管理的动力，实现了对供给和库存水平的更好控制。CPFR项目的实施帮助沃尔玛和供应商节约了大量的库存维护水平，并促使沃尔玛逐步形成准时制系统。

沃尔玛实施了一个数据仓库项目，在一台中央服务器上汇总历史数据并进行分析，从数据中更好地了解商业环境，并做出最好的决策。最初系统只收集销售点和运输的数据，之后数据仓库包括了65周的库存数据、预测数据、人口统计数据、降价数据、退货和市场数据，这些数据按照每件商品、每个商店和每一天进行归类。数据仓库中除了沃尔玛的运用数据以外，还包括竞争对手的数据。这些数据向沃尔玛的买家、中间商、物流提供商和预测相关人员以及3 500家合作伙伴开放。沃尔玛应用的数据挖掘软件是由Neco Vista Software公司开发的，用来分析1年来的销售点销售数据，并向美国的商店展示购进各种商品的贸易伙伴。

预测过程是这样运转的：沃尔玛的买家提交一份初步的预测，这个数据会显示在华纳—兰伯特(一家世界一流的制药公司，2000年与辉瑞合并)实施CPFR的服务器上。华纳—兰伯特的计划人员将意见和建议分享给沃尔玛的计划制定者，最后经协调统一的每件产品的预测结果用于华纳—兰伯特的生产和沃尔玛的仓库管理。沃尔玛和它的供应商使用同样的系统。沃尔玛将7亿种商品进行数据组合分析，实现了将正确的商品、在正确的时间、以合适的价格运送到正确的商店，卖给顾客。沃尔玛通过不断提高预测的准确性，取得了零售行业内无法比拟的竞争优势。

讨论题

(1) 结合本案例分析CPFR的主要特点。

(2) 实施CPFR给沃尔玛带来了怎样的效益？

(3) 结合快速响应说明实施CPFR的基本步骤。

供应链管理是21世纪管理的新宠。随着经济全球化的发展，市场竞争越来越激烈，从单个企业之间的竞争转变为供应链之间的竞争。供应链是相互间通过提供原材料、零部件、产品、服务的厂家、供应商、零售商等组成的网络。库存以原材料、在制品、半成品、成品的形式存在于供应链的各个环节之中。在供应链中，从供应商、制造商、批发商到零售商，每个环节都有库存，库存是各个环节联系的纽带。因此，供应链中的库存控制是十分重要的。本章从供应链库存的特征分析供应链库存的控制问题，介绍了4种常见的供应链环境下的库存管理方法：零库存管理、供应商管理库存、联合库存管理和合作计划、预测与补给。

① 资料来源：中国交通运输协会.《供应链管理应试指南》，电子工业出版社，2007.

2.1 零库存管理

2.1.1 零库存的产生背景和含义

1. 零库存的产生背景

零库存管理(Zero Inventory)的概念产生于 20 世纪 60 年代，当时汽车生产主要以福特汽车公司的“总动员生产”方式为主。伴随能源危机，再加上日本国内资源贫乏，丰田公司的大野耐一等考察美国汽车工业之后，结合公司的实际情况提出了准时制(Just In Time，JIT)生产，指在正确的时间用正确的方式将正确的数量和正确的货物交给正确的人，这称为“5R”。当时的日本丰田汽车公司实施准时制生产，在管理手段上采用看板管理、单元化生产等技术实行拉式生产，以实现在生产过程中基本上没有积压的原材料和半成品。这不仅大大降低了生产过程中的库存及资金的积压，而且提高了相关生产活动的管理效率。需要说明的是，丰田汽车公司只是在生产领域实现了零库存，在原材料供应和产品销售领域并没有实现零库存。JIT 生产方式是丰田汽车公司在逐步扩大其生产规模、确立规模生产体制的过程中诞生和发展起来的。

JIT 生产方式作为一种在多品种小批量混合生产条件下，高质量、低消耗地进行生产的方式，是在实践中摸索、创造出来的。在 20 世纪 70 年代发生石油危机以后，市场环境发生巨大变化，许多传统生产方式的弱点日渐明显。从此，采用 JIT 生产方式的丰田汽车公司的经营绩效与其他汽车制造企业的经营绩效开始拉开距离，JIT 生产方式的优势开始引起人们的关注和研究。

随着零库存理论在日本丰田汽车公司的成功实施，越来越多的日本企业加入到了实行零库存管理的行列中。经过几十年的发展，零库存管理在日本已经拥有了供、产、销的集团化作业团队，形成了以零库存管理为核心的供应链体系。而美国的企业从 20 世纪 80 年代开始逐步了解并认识了零库存管理理论。现在，零库存管理已从最初的一种减少库存水平的方法，发展成为内涵丰富，包括特定知识、技术、方法的管理科学。

此后，零库存管理不仅应用在生产过程中，而且延伸到原材料供应、物流配送、产成品销售等各个环节。特别是计算机技术、网络信息技术在零售商业和物流业中的应用，使“信息代替库存”、“动态代替静态”等与零库存异曲同工的概念被提出，而且正在被企业实践着。JIT 的核心思想总结起来有两点：避免浪费和消灭库存。JIT 生产方式为日本丰田公司渡过第一次能源危机起到了重要作用。后来 JIT 生产方式被世界各国所重视，并应用于各行各业，物流领域也提出了 JIT 物流的理念，即 JIT 思想对物流活动进行管理。

2. 零库存的含义

从物流运动合理化的角度来看，零库存概念包含两层含义：其一，库存对象物的数量趋于零或等于零(即近乎无库存物资)；其二，库存设施、设备的数量及库存劳动耗费同时趋于零或等于零(即不存在库存活动)。而后一种意义上的零库存，实际上是社会库存结构合理调整和库存集中化的表现。就其经济意义上而言，它远大于通常意义上的仓库物资数量的合理减少。

但是，零库存并不等于不要储备和没有储备。对某个具体企业而言，零库存是在有充分社会储备前提下的一种特殊存储形式，其管理核心在于有效地利用库存材料，尽快地生产更好的产品，并有一个反应迅速的营销系统把它们交到消费者手中，将生产、销售周期尽可能地压到最短，竭力避免无效库存。因此，作为一个生产企业，并不能真正实现所谓的库存为零，只能是库存沉淀为零；或者说，一切库存都是在按照计划流动，而“零库存”只是一个“零库存”的思想和“零库存”的管理制度。从全社会来看，不可能也不应该实现零库存。为了应付可能发生的各种自然灾害和其他意外事件，为了调控生产和需求，通常国家都以各种形式(包括库存形式)储备一些重要物资(如粮食、战略物资、抢险救灾物资等)。因此，在微观领域内，一些经营实体可以进行零库存式的生产和无库存式的销售，但整个国家或社会不能没有库存。

因此，要全面了解“零库存”的含义，还需要了解零库存管理与传统库存管理的区别。零库存管理思想的实质是通过不断地降低库存以暴露问题，不断地改进、提高管理水平和效率，从而增加企业的经济效益。单纯的“零库存”指标不是目的，暴露问题—解决问题—提高管理才是零库存的意义所在。由于零库存是一种最高标准，因此企业总处于不断发现问题、不断进步的永无休止的动态改进过程中。零库存管理是在传统库存管理思想上的一次变革，是实现库存合理化的必然趋势。表 2-1 分析了零库存管理与传统库存管理的区别。

表 2-1 两种不同库存管理比较

比较项目	传统库存管理	零库存管理
库存行为认识	认为库存对企业极为重要，保持一定数量的库存有助于使企业提高效率	认为库存是一种浪费，是为掩盖管理工作失误提供方便
库存管理区域	只控制企业内部的物流	应对整个供应链系统的存货进行控制
库存管理重点	强调管理库存成本	强调存货质量和生产时机

2.1.2 零库存的形式

“零库存”是通过在生产和流通领域按照 JIT 组织物品供应来实现的，但它并不限定于某种特定形式，因为许多现代生产库存管理制度都会降低库存总体水平，有的也实现了某些环节、某些部门的零库存。

因此，零库存的具体形式很多，主要有以下几种。

(1) 委托保管方式：接受企业的委托，由受托方代存代管所有权属于企业的物资，从而使企业不再保有库存，甚至可不再保有保险储备库存，从而实现零库存。受托方收取一定数量的代管费用。这种零库存形式优势在于：受委托方利用其专业的优势，可以实现较高水平和较低费用的库存管理，用户不再设库，同时减去了仓库及库存管理的大量事务，集中力量于生产经营。但是，这种零库存方式主要是靠库存转移实现的，并不能使库存总量降低。

(2) 协作分包方式：即美国的“SUB-ON”方式和日本的“下请”方式，主要是制造企业的一种产业结构形式，这种结构形式可以以若干企业的柔性生产准时供应，使主企业的供应库存为零；同时主企业的集中销售库存使若干分包劳务及销售企业的销售库存为零。

主企业主要负责装配和产品开拓市场的指导，分包企业各自分包劳务、分包零部件制造、分包供应和分包销售。

(3) 轮动方式：轮动方式也称同步方式，是在对系统进行周密设计前提下，使每个环节速率完全协调，从而根本取消甚至是工位之间暂时停滞的一种零库存、零储备形式。这种方式是在传送带式生产基础上，进行更大规模延伸形成的一种使生产与材料供应同步进行，通过传送系统供应实现零库存的形式。

(4) 准时供应方式：在生产工位之部或在供应与生产之间完全做到轮动，这不仅是一件难度很大的系统工程，而且需要很大的投资，同时，有一些产业也不适合采用轮动方式。因而，很多企业广泛采用比轮动方式有更多灵活性、较易实现的准时方式。准时方式不是采用类似传送带的轮动系统，而是依靠有效的衔接和计划达到工位之间、供应与生产之间的协调，从而实现零库存。如果说轮动方式主要靠“硬件”，那么准时供应系统则在很大程度上依靠“软件”。

(5) 看板方式：看板方式是即时方式中的一种简单有效的方式，也称“传票卡制度”或“卡片”制度，最早在日本得到了完善和发展。准时化生产是要求在需要的时候生产出需要的产品和数量，而看板方式却是实施拉动式准时化的一种非常有效的手段，它以“彻底消除无效劳动和浪费”为指导思想，以市场需求作为整个企业经营的初始拉动点，以市场需求的品种、数量、时间和地点来准时地组织各环节生产，前工序仅生产后工序所要取走的品种和数量，不进行多余的生产，不设置多余的库存，使企业形成一个逆向的、环环相扣的物流链。

(6) 水龙头方式：这是一种像拧开水龙头就可以取水无须自己保有库存的零库存形式，是日本索尼公司首先采用的。这种方式经过一定时间的演进，已发展成即时供应制度，用户可以随时提出购入要求，采取需要多少就购入多少的方式，供货者以自己的库存和有效供应系统承担即时供应的责任，从而使用户实现零库存。

(7) 配送方式：这是一种综合运用上述若干方式，采取配送制度保证供应，从而实现零库存的一种管理方法。在该方法中，将企业划分成若干个小部分，依据每个部分的特征，分别实施不同的管理方法，再从宏观的角度考虑统一的调配，整体的管理，最终使企业不论是在内部还是在全局都达到高效而流畅的供—产—销一体化模式。

2.1.3 零库存的实施原则和途径

企业要想实现零库存，首先应该解决的问题在于企业是否适合采用零库存策略，然后才是如何实施的问题。

1. 实施零库存的原则

一个企业是否能采用零库存，要根据综合平衡的原则，即企业必须根据自身所处的行业、商业环境、管理水平综合加以判断和决策。例如，物流的社会化程度、企业信息化水平，企业生产的产品特点等。

关于是否采用零库存，关键是要找到一个平衡点，在这一点上，增加单位库存量所增加的库存费用等于因为增加这个库存所减少的生产、交换和消费成本，也就是经济学上所讲的边际成本等于边际收益，这个平衡也是一个最优化点。

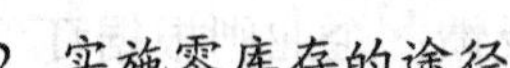

2. 实施零库存的途径

1) 充分利用第三方物流服务

前面已经论述库存成本不能消灭，只能转嫁，采用委托第三方物流服务的方式实现零库存具有如下两点好处。其一，受托方(第三方)可以充分发挥其专业化高水平的优势，开展规模经营活动，从而能够做到以较低费用的库存管理提供较高水平的后勤活动。其二，可以大量减少委托方的后勤工作。由此，委托方能够集中精力从事生产经营活动。

2) 推行配套生产和分包销售的经营制度

配套生产和分包销售多出现于制造业。实践证明，采用上述方式去从事生产经营活动，也可以在一定程度内实现零库存。其原因如下。

其一，在协作、配套的生产方式下，企业之间的经济关系更加密切，从而在一些企业之间(如在生产零配件的企业和组装产品的主导企业之间)能够自然地构筑起稳定的供货(或购货)渠道，供货渠道稳定，则意味着可以免除生产企业在后勤保障工作上存在着的后顾之忧，进而可促使其减少物资库存总量，甚至取消产品库存，实现零库存。

其二，在分包销售的体制下，实行统一组织产品销售、集中设库储存产品的制度，并通过配额供货的形式将产品分包给经销商，因此，在各个分包(销售)点上是没有库存的，也就是说，在分包销售制度下，分包者的“销售品库存”是等于零的。

发达国家的制造业中，许多生产商的零库存在很大程度上都是通过推行上述生产方式和产品销售制度而实现的。在有些国家，生产汽车和家用电器等机电产品的企业都是集团性的组织，在结构上由少数几家规模很大的主导企业和若干家小型协作企业组成的。其中，主导企业主要负责完成产品装配和市场开发等任务，协作企业则负责自己的生产活动，并且能在指定的时间内送货到位。由于供货有保障，因此，主导企业都不再另设一级库存，从而使其库存呈现零的状态。

3) 实施库存集中管理

在保生产、保供应的思想主宰下，相当部分企业采用多级分散采购、分散管理库存的体制。这种分散管理体制使企业层层设库、层层设账，造成车间有小库、分厂设中库、总厂建大库的小而全、大而全的库存管理体系。这种体制虽然能满足二级单位使用方便和应付紧急需要，但却造成企业的人力、物力、财力的大量浪费，更为严重的是增加了企业总库存，占用了大量的企业流动资金。

库存集中管理就是由企业的一个部门对企业库存物流物资统一协调、统一指挥、统一调度和总量控制，达到既保证企业的物资供应，又能使库存最小化和降低库存成本。库存集中管理体制不仅有利于企业节约仓库设施，减少库存管理费用，进行库存物资统一调度，而且可以实现库存资源信息共享，提高企业应变能力。

4) 采用供应链管理模式

采用供应链管理模式实现零库存，就是从生产到消费的过程中，供应链企业之间通过信息交流与共享来增加库存决策信息的适时性、准确性、透明性，并减少不确定因素对库存的影响，达到供应链各成员单位的无缝连接，确保库存量最大限度的降低。

采用供应链管理模式实现零库存，需要从以下几个环节入手。

(1) 整合供应链业务流程，为订单而采购，减少库存。这就要求企业以顾客的需求为生产经营的起点，企业的采购、存货储备、生产和销售都由顾客的订单来支配，并围绕订单而运作。库存管理是以客户订单为依据，根据需求信息向前反馈；企业则根据订单将销售计划、生产计划和采购计划编制成整体计划。

(2) 充分利用供应商库存和联合管理库存来降低库存水平。采用供应商管理库存加强了供应商的责任，使供应商根据需求状况和变化趋势，确定库存水平和补给策略，以对市场需求实现快速响应，而需求方不设库存或少设库存，可以减少资金占用。联合管理库存是供需双方同时参与，共同制定库存计划，使供应链各成员单位之间对需求的预期保持一致，从而消除需求变异放大现象，提高供应链同步化程度和整体运作水平，从而降低库存规模。

(3) 强化库存定额管理。供应链上的供应商和需求方，根据需求物资的重要性、使用频率快慢、价值高低、采购难易程度、制造周期长短、可替代程度等对物料进行分类，并对不同类别的物料进行综合分析，确定库存定额和订货周期，并严格按照库存定额编制采购订单，避免无计划采购。

(4) 加强信息化基础建设。通过计算机和信息网络的信息，及时掌握并反馈库存信息，实现供应链内外信息系统集成和信息共享，从而有效地控制库存。

2.2 供应商管理库存

长期以来，库存是由库存拥有者管理，即库存拥有与控制是由同一组织完成的，因此，供应链上的库存是各自为政的。供应链各环节中的每一个部门都是各自管理自己的库存，零售商、批发商、供应商都有各自的库存，都有自己的库存控制策略。但是，各自的库存控制策略不同，因此不可避免地产生需求的扭曲现象，出现“牛鞭效应”，无法使供应商快速地响应用户的需求。

在供应链管理环境下，供应链的各个环节的活动都应该是同步进行的，为了寻求整个供应链全局的最低成本，供应链的各个环节的活动都应该是同步进行的，而传统的库存控制方法无法满足这一要求。近年来，出现了一种新的供应链库存管理模式——供应商管理库存(Vendor Managed Inventory，VMI)，这种库存管理模式打破了传统的各自为政的库存管理模式，体现了供应链的集成化管理思想，适应市场变化的要求，是一种新兴的有代表性的库存管理思想。

2.2.1 VMI 的基本概念

1. VMI 的概念

20 世纪 80 年代，VMI 已开始运用；20 世纪 90 年代，相关文献大量涌现，但由于各学者研究对象和目的不同，至今对 VMI 的定义并未达成一致。VMI 是一种供应链集成化运作的决策代理模式，以双方都获得最低成本为目标，在一个共同框架协议下将用户库存决策权代理给供应商，由供应商代理分销商或批发商行使库存决策权力，并通过对该框架协议经常性监督和修正使库存得到持续改进。这一定义将供应链理念引入 VMI，体现了供应链集成化思想，是目前比较公认的 VMI 定义。我国学者马士华借鉴此定义，将 VMI 表述为“一种以用户和供应商双方都能获得最低成本为目的，遵守一个共同的协议，由供应商管理库存，并不断监督协议执行情况和修正协议内容，使库存管理得到持续改进的库存管理方法。”

VMI 的主要思想是供应商在用户的允许下设立库存，确定库存水平和补给策略并拥有库存控制权。精心设计与开发的 VMI 系统，不仅可以降低供应链的库存水平、降低成本、改善资金流，而且用户还可获得高水平的服务，与供应商共享需求变化的透明性和获得更高的用户信任度。

综上，VMI 的概念可概括如下：VMI 是指供应商库存管理在供应链环境下，由供应链上的制造商、批发商等上游企业对众多分销商、零售商等下游企业的流通库存进行统一管理和控制的一种新型管理方式；其主要思想就是实施供应厂商一体化，在这种方式下，供应链的上游企业不再是被动地按照下游订单发货和补充订货，而是根据自己对众多下游经销商需求的整体把握，主动安排一种更合理的发货方式，既满足下游经销商的需求，同时又使自己的库存管理和补充订货策略更合理，从而使供应链上供需双方成本降低，实现 VMI 下的双赢。

2. VMI 系统的构成

VMI 系统可分成两个模组：第一个是需求预测计划模组，可以产生准确的需求预测；第二个是配销计划模组，可根据实际客户订单、运送方式，产生客户满意度高及成本低的配送。

1) 需求预测计划模组

需求预测的最主要的目的就是要协助供应商做库存管理决策。准确预测可让供应商明确了解应该销售何种商品、销售给谁、以何种价格销售、何时销售等。

预测所需参考的要素包括：客户订货历史资料，即客户平常的订货资料，可以作为未来预测的需求；非客户历史资料，即市场情报，如促销活动资料等。

需求预测程序为：第一，供应商收到用户最近的产品销售资料，然后做需求历史分析；第二，使用统计分析方法，以客户的平均历史需求、客户的需求动向、客户需求的周期做参考，产生最初的预测模式；第三，由统计工具模拟不同的条件，如促销活动、市场动向、广告、价格异动等，产生调整后的预测需求。

2) 配销计划模组

配销计划最主要是有效地管理库存量， VMI 可以比较库存计划和实际库存量并得知目前库存量尚能维持多久。所产生的补货计划是依据需求预测模组得到的需求预测、与用户约定的补货规则(如最小订购量、配送提前期、安全库存)、配送原则等。至于补货订单方面，VMI 可以自动完成最符合经济效益的建议配送策略(如运送量、运输工具的承载量)及配送进度。

2.2.2 VMI 的实施方法与步骤

1. VMI 的实施方法

1) 改变订单的处理方式，建立基于标准的托付订单处理模式

由供应商和批发商一起确定供应商的订单业务处理过程所需要的信息和库存控制参数，然后建立一种订单的处理标准模式，如 EDI 标准报文。最后把订货、交货和票据处理各个业务功能集成在供应商一边。

2) 库存状态透明性(对供应商)是实施供应商管理用户库存的关键

供应商能够随时跟踪和检查到销售商的库存状态，从而快速地响应市场的需求变化，对企业的生产(供应)状态做出相应的调整。为此需要建立一种能够使供应商和用户(分销商、批发商)的库存信息系统透明连接的方法。

VMI 使用 EDI 使供应商与客户彼此交换资料。交换的资料包括产品活动、计划进度及预测、订单确认、订单等。每个交换资料包含的主要项目见表 2-2。

表 2-2 供应商与客户交换资料项目

项　目	资料内容
产品活动资料	可用产品、被订购产品、计划促销产品、零售产品
计划进度及预测资料	预测订单量、预定或指定的出货日期
订单确认资料	订单量、出货日期、配送地点
订单资料	订单量、出货日期、配送地点

3) VMI 补货作业过程

VMI 的作业流程如图 2.1 所示，具体过程如下。

(1) 批发商每日或每周送出正确的商品活动资料给供应商。

(2) 供应商接收用户传送来的商品活动资料并根据此资料与商品的历史资料做预测。

(3) 供应商使用统计方法，针对每种商品做出预测。

(4) 供应商根据市场情报、销售情形对上述产生的预测进行适当调整。

(5) 供应商按照调整后的预测再修订补货系统预先设定的条件、配送条件、客户要求的服务等级、安全库存量等，产生出最具效益的订单量。

(6) 供应商根据现有的库存量、已订购量做出最佳的补货计划。

(7) 供应商根据自动货物装载系统计算得到最佳运输配送。

(8) 供应商根据以上得到的最佳订货量，在供应商内部产生用户所需的订单。

(9) 供应商产生订单后确认资料并传送给用户，通过用户补货。

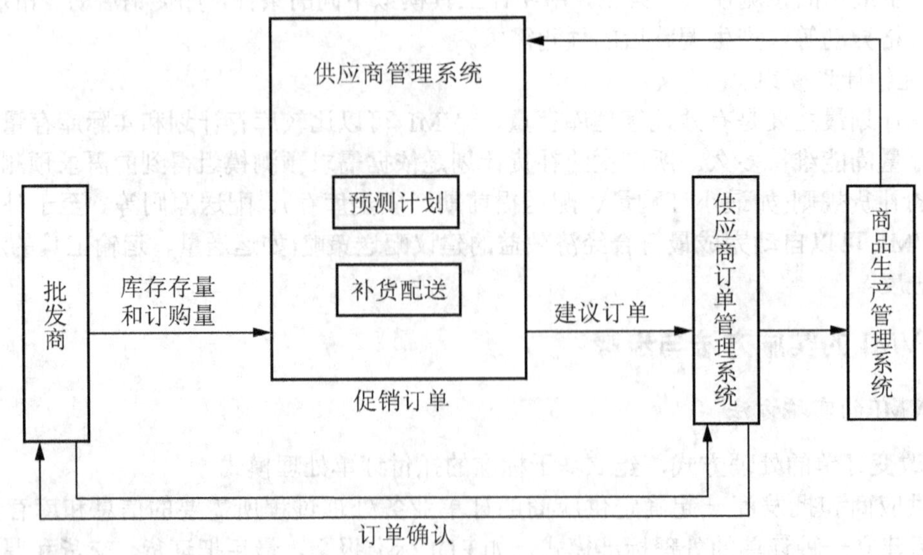

图 2.1 VMI 的作业流程

2. VMI 的实施步骤

供应商管理库存的策略可以分为以下步骤。

1) 建立顾客情报信息系统

供应商要有效地管理销售库存，必须能够获得顾客的有关信息。通过建立顾客的信息库，供应商能够掌握需求变化的有关情况，把由批发商(分销商)进行的需求预测与分析功能集成到供应商的系统中来。

2) 建立销售网络管理系统

供应商要很好地管理库存，必须建立起完善的销售网络管理系统，保证自己的产品需求信息和物流畅通。为此，必须保证产品条码的可读性和唯一性；解决产品分类、编码的标准化问题；解决商品存储运输过程中的识别问题。

目前已有许多企业开始采用 MRPⅡ或 ERP 企业资源计划系统，这些软件系统都集成了销售管理的功能。通过对这些功能的扩展可以建立完善的销售网络管理系统，保证企业的产品需求信息流和物流畅通。

3) 建立供应商与分销商(批发商)的合作框架协议

供应商和销售商(批发商)一起通过协商，确定处理订单的业务流程以及控制库存的有关参数(如再订货点、最低库存水平等)、库存信息的传递方式(如 EDI 或 Internet)等。

4) 组织机构的变革

组织机构的变革很重要，因为 VMI 策略改变了供应商的组织模式。过去一般由财务部处理与用户有关的事情，引入 VMI 策略后，在订货部门产生了一个新的职能负责用户库存的控制，库存补给和服务水平。

根据 Carlyn 和 Mary 的研究，VMI 主要存在以下 4 种管理存货方式。

(1) 供应商提供包括所有产品的软件进行存货决策，用户使用软件执行存货决策，用户拥有存货所有权，管理存货。

(2) 供应商在用户的所在地，代表用户执行存货决策、管理存货，但是存货的所有权归用户。

(3) 供应商在用户的所在地，代表用户执行存货决策、管理存货，拥有存货的所有权。

(4) 供应商不在用户的所在地，但是定期派人代表用户执行存货决策、管理存货，供应商拥有存货的所有权。

2.2.3 VMI 的支持技术

VMI 的支持技术主要包括：EDI/Internet、ID 代码、条码、条码应用标识符、连续补给程序等。

1. EDI/Internet

EDI 是一种在处理商业或行政事务时，按照一个公认的标准，形成结构化的事务处理或信息数据格式，完成计算机到计算机的数据传输。

供应商要有效地对用户(分销商、批发商)的库存进行管理，采用 EDI 进行供应链的商品数据交换是一种安全可靠的方法。为了能够实现供应商对用户的库存进行实时的测量，供应商必须每天都能了解用户的库存补给状态。因此采用基于商业和运输电子数据交换管理(Electronic Data Interchange for Administration Commerce and Transport，EDIFACT)，是联合国所确认的全球电子数据交换的通信标准的库存报告清单能够提高供应链的运作效率，每天的库存水平(或定期的库存检查报告)、最低的库存补给量都能自动地生成，这样大大提高了供应商对库存的监控效率。分销商(批发商)的库存状态也可以通过 EDI 报文的方式通知供应商。

在 VMI 管理系统中，供应商一方有关装运与发票等工作都不需要特殊的安排，主要的数据是顾客需求的物料信息记录、订货点水平和最小交货量等，需求一方(分销商、批发商)唯一需要做的是能够接受 EDI 订单确认和配送建议，以及利用该系统发放采购订单。

2. ID 代码

供应商要有效地管理用户的库存，必须对用户的商品进行正确识别，为此对供应链商品进行编码，通过获得商品的标识(ID)代码并与供应商的产品数据库相连，以实现对用户商品的正确识别。目前国外企业已建立了应用于供应链的 ID 代码的标准系统，如 EAN-13(UPC-12)、EAN-14(SCC-14)、SSCC-18 以及位置码等，我国也建有关于物资分类编码的国家标准，届时可参考使用。实现 ID 代码标准化，有利于采用 EDI(电子数据交换)系统进行数据交换与传送，有利于提高供应商对库存管理的效率。

供应商应尽量使自己的产品按国际标准进行编码，以便在用户库存中对本企业的产品进行快速跟踪和分拣。因为用户(批发商、分销商)的商品多种多样，有来自不同的供应商的同类产品，也有来自同一供应商的不同产品。实现 ID 代码标准化有利于采用 EDI 系统进行数据交换与传送，提高了供应商对库存管理的效率。目前国际上通行的商品代码标准是国际物品编码协会(EAN)和美国统一代码委员会(UCC)共同编制的全球通用的 ID 代码标准。

3. 条码

条码是 ID 代码的一种符号，是对 ID 代码进行自动识别并将数据自动输入计算机的方法和手段，条码技术的应用解决了数据录入与数据采集的“瓶颈”，为供应商管理用户库存提供了有力支持。表 2-3 为 ID 代码与条码的对应关系。

表 2-3　ID 代码与条码的对应关系

代　　码	国际条码标准	国家条码标准
EAN-13 (UCC-12)	EAN-13	GB 12904—2003《商品条码》
EAN-14 (SCC-14)	ITF-14	GB/T 16830—1997《储运单元条码》
	EAN/UCC-128	GB/T 15425—2002《贸易单元 128 码》
SSCC-18	EAN/UCC-128	GB/T 15425—2002《贸易单元 128 码》
条码应用标识符	EAN/UCC-128	GB/T 15425—2002《贸易单元 128 码》

条码是目前国际上供应链管理中普遍采用的一种技术手段。为有效实施 VMI 管理系统，应该尽可能使供应商的产品条码化。条码技术对提高库存管理的效率是非常显著的，是实现库存管理电子化的重要工具手段，它使供应商对产品的库存控制一直可以延伸到和销售商的 POS 系统，实现用户库存的供应链网络化控制。

4. 条码应用标识符

条码应用标识符是EAN和UCC划定的用于传输那些无法在计算机文件中查到或无法用EDI方式传输的数据的标准。应用标识符与数据库、EDI的整合为供应链上信息处理和传输提供了有效的技术支撑。

中国物品编码中心已根据EAN和UCC应用标识符规范制定了条码应用标识符标准《条码应用标识》(GB/T 1698—1997)。条码应用标识符是一个2～4位的代码，用于定义其后续数据的含义及格式。例如，应用标识符00所定义的后续数据的含义为SSCC-18代码，数据长度为18位(不包括应用标识符本身)；应用标识符01所定义的后续数据的含义为EAN-14代码，数据长度为14位。应用标识符还可以用于传送商品单元的附加信息，如批号、保质期、重量、生产日期等。使用应用标识符可以将不同内容的数据表示在一个EAN/UCC-128条码中且不需分隔，既节省空间，又为数据的自动采集创造了条件。

5. 连续补给程序

连续补给程序是零售商向供应商发出订单时，将传统订货方法改为供应商根据用户库存和销售信息决定商品的补给数量。这是一种实现VMI管理策略的有力工具和手段。为了快速响应用户降低库存的要求，供应商通过和用户(分销商、批发商或零售商)建立合作伙伴关系，主动提高向用户交货的频率，使供应商从过去单纯的执行用户的采购订单，变为主动为用户分组补充库存。这既使供应商快速响应了用户对补充库存速度的需求，也使用户减少了库存水平。

2.2.4 VMI的模型

在供应链体系中的VMI，并不是要建立“上游组织—下游组织”一对一的管理模式，储存于某个下游组织内的VMI，作为上游组织和该组织的共享资源，可以辐射周边的相关组织。因此，VMI模式作为一种建立供应链的有效的方式，形成了物流、资金流和信息流的集成应用，为科学管理供应链的库存设计了一套合理的解决方案。VMI在供应链管理中具有集成化管理和营销的功能，如图2.2所示的VMI的集成结构，表明了VMI成为供应商和企业之间相互联系和沟通的直接纽带，是提供供应链节点企业之间共同利益的汇集点。可见，借助VMI，供应链上企业的价值联系在一起，形成一个资源和利益互动的体系。

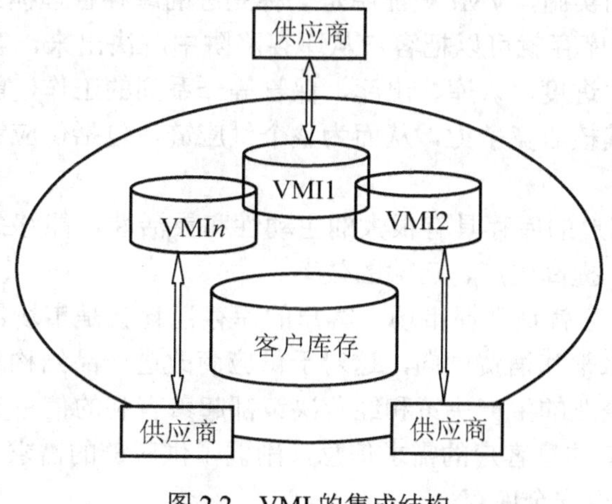

图2.2 VMI的集成结构

虽然VMI由供应商管理，但企业是将VMI作为一项资源来应用的，从VMI的运行结构来看，企业与供应商交换的信息不仅仅是库存信息，还包括企业的生产计划、需求计划和采购计划，以及供应商的补库计划和运输计划等，如图2.3所示的VMI的运行结构。

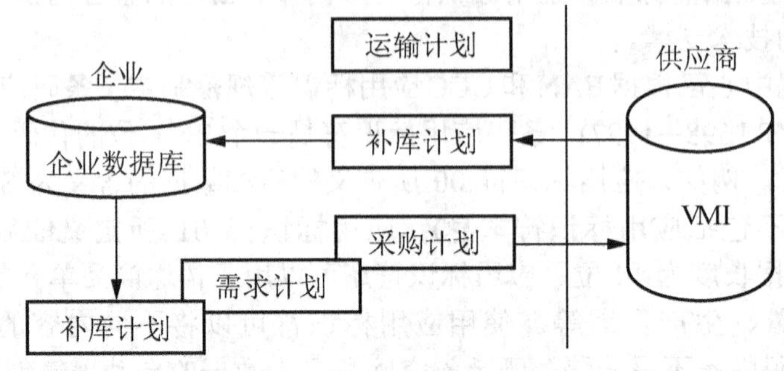

图2.3　VMI的运行结构

采用VMI管理策略要求建立企业战略联盟，并从组织上促进企业间的信息共享，在信息、库存和物流等方面进行系统管理，实施供应商管理库存主要包括以下内容。

(1) 把在行业中占主导地位和实施供应链管理模式的企业称为核心企业，在核心企业的主导下完成供应链的构建，核心企业与核心企业之间联结成供应链网络。

(2) 建立法律和市场环境下的合作框架协议，实现贸易伙伴间密切合作，共享利益，共担风险，共同确定补充订货点、最低库存水平参数、库存信息传递方式等。

(3) 充分利用信息技术实现供应链上的信息集成，达到共享订货、库存状态、缺货状况、生产计划、运输安排、在途库存、资金结算等信息。按照商定的协议订单、提单、送货单和入库单等商业文件标准化和格式化，在贸易伙伴的网络系统间进行数据交换和自动处理。

(4) 建立完备的物流系统，对储存、分销和运输货物进行综合管理，使自动化系统、分销系统、存储系统和运输系统同步实现数字化管理。迅速反馈物流各个环节的信息、组织进货、指导仓储，为经营决策提供信息依据，有效地降低物流成本。

2.2.5　VMI的优点与局限性

通过国内外几年的实施，VMI被证明是一种先进的库存管理模式，它具有以下优点。

(1) 由供应商掌握库存就可以把客户从库存陷阱中解决出来，客户不需要占用库存资金，不需要增加采购、进度、入库、出库、保管等一系列的工作，能够集中更多的资金、人力、物力用于提高其核心竞争力，从而为整个供应链，包括供应链企业制造一个更加有利的局面。

(2) 供应商掌握客户的库存具有很大的主动性和灵活性，能够提高资源的利用率，减少浪费及非增值活动，提高生产、运输的效率。

(3) 供应商管理库存就是掌握市场。客户的库存消耗就是市场需求的组成部分，它直接反映了客户的消费水平和消费倾向，这对于供应商改进产品结构和设计、开发销售对路的新产品，以及对于企业的生产决策和经营决策都起着有利的信息支持作用。

(4) 供应商通过IT共享客户的需求信息，削弱了供应链的需求波动逐级放大效应——“牛鞭效应”，从而减少安全库存。

(5) 降低交易成本。在 VMI 模式下，供需双方是基于互信的合作伙伴关系，客户将其库存的补货决策权完全交给了供应商，从而减少了传统补货模式下协商、谈判等事务性工作，大大节约了交易费用。

(6) 提高服务水平。VMI 通过供应商将供需双方的信息及职能活动集成，使得企业访问的界面更加友好，业务活动同步运作，从而提高供需双方的柔性及顾客响应能力。如当需求异常波动时，供应商能够及时获取需求信息，并快速调整补货策略。同时，生产、运输部门也同步做出快速反应，调整作业计划。

尽管 VMI 是一种非常有效的库存管理模式，但也有以下局限性。

(1) 企业间缺乏信任，合作意识不强。VMI 是跨企业边界的集成与协调，要求供需双方建立互信的合作伙伴关系。如果企业缺乏信任，要实现信息共享和企业间的集成与协调是不可能的。供需双方互信与合作是 VMI 成功的必备条件。VMI 对于企业间的信任要求较高，而且由于供应商和客户实行库存信息共享，也存在滥用信息和泄密的可能。

(2) VMI 中的框架协议虽说是双方协议，但供应商处于主导地位，是单行的过程，决策过程中缺乏足够的协商，难免造成失误。

(3) 责任与利益不统一。在 VMI 模式下，供应商承担了客户的库存管理及需求预测分析的责任，但它比其客户获取更少的利润，而未承担库存管理责任的客户却获得更多的利润，造成了责任与利益不统一，从而影响了供应商实施 VMI 的积极性。因此，购买方应从长远利益来考虑，采取一些激励措施来激发供应商的积极性，如通过合约将一定比例的利润支付给供应商。VMI 的实施减少了库存总费用，但在 VMI 系统中，供应商比以前承担更多的管理责任，如库存费用、运输费用和意外损失(如物品损坏)不是由客户承担，而是由供应商承担，由此可见，VMI 实际上是对传统的库存控制策略进行“责任倒置”后的一种库存管理办法，这无疑加大了供应商的风险。

由上述分析可以看出，实施 VMI 必须慎重，既要看到 VMI 所带来的利益，也要考虑其存在的问题，绝不能草率行事。

2.3 联合库存管理

为了克服 VMI 系统的局限性，同时避免或者减少“牛鞭”效应，联合库存管理(Jointly Managed Inventory，JMI)随之而出。不同于 VMI 集成化运作的决策代理模式，联合库存是一种风险分担的库存控制模式。JMI 体现了战略供应商联盟的新型企业合作关系，强调了供应链企业之间的双方互利合作关系。适合实施联合库存的核心企业是零售业以及连锁经营企业中的地区分销中心(或在供应链上占据核心位置的大型企业)。

2.3.1 JMI 的概念及基本思想

联合库存管理，顾名思义，就是供应链上的各类企业(供应商、制造商、分销商)通过对消费需求的认识和预测的协调一致，共同进行库存的管理和控制，利益共享、风险同担。

VMI 是一种供应链集成化运作的决策代理模式，它把用户的库存决策权代理给供应商，由供应商、代理分销商或批发商行使库存决策的权力。而 JMI 是一种风险分担的库存管理模式，它使得供应链环节中的各类企业共同对库存问题进行管理。因此，在供应链企业之间的合作关系中，JMI 更强调双方的互利合作关系，更集中地体现了战略供应商联盟的新型企业合作思想。

JMI 的思想可以从分销中心的联合库存功能谈起。地区分销中心体现了一种简单的联合库存管理思想。传统的分销模式是分销商根据市场需求直接向工厂订货，比如汽车分销商(或批发商)，根据用户对车型、款式、颜色、价格等的不同需求向汽车制造厂订货，需要经过一段较长时间才能达到，因为顾客不想等待这么久的时间，各个分销商不得不进行库存备货，这样大量的库存使分销商难以承受，以致破产。

JMI 旨在解决供应链系统中由于各节点企业的相互独立库存运作模式导致的需求放大现象，是提高供应链的同步化程度的一种有效方法。和 VMI 不同，JMI 强调供应链中各个节点同时参与、共同制定库存计划，使供应过程中的每个库存管理者(供应商、制造商、分销商)都从相互之间的协调性考虑，使供应链相邻的两个节点之间的库存管理者对需求的预期保持一致，从而消除了需求变异放大现象。JMI 把供应链系统管理进一步集成为“上游”和“下游”两个协调管理中心，从而部分消除了由于供应链环节之间的不确定性和需求信息扭曲现象导致的供应链的库存波动。通过协调处理中心，供需双方共享需求信息，使供应链的运行更加稳定。图 2.4 为基于协调中心联合库存管理的供应链系统模型。

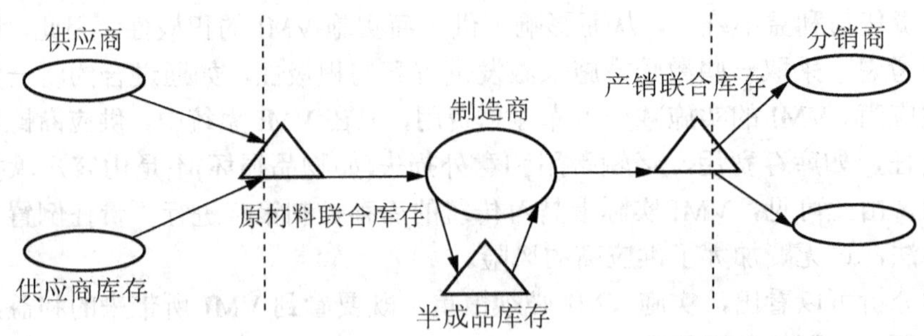

图 2.4　基于协调中心联合库存管理的供应链系统模型

2.3.2　JMI 的管理优势

基于协调中心的库存管理和传统的库存管理模式相比，具有以下几个方面的优势。

(1) 为实现供应链的同步化运作提供了条件和保证。

(2) 减少了供应链中的需求扭曲现象，降低了库存的不确定性，提高了供应链的稳定性。

(3) 库存作为供需双方的信息交流和协调的纽带，可以暴露供应链管理中的缺陷，为改进供应链管理水平提供依据。

(4) 为实现零库存管理、准时采购以及精细供应链管理创造了条件。

(5) 进一步体现了供应链管理的资源共享和风险分担的原则。

2.3.3　JMI 的实施策略

1. 建立供需协调管理机制

为了发挥联合库存管理的作用，供需双方应从合作的精神出发，建立供需协调管理的机制，明确各自的目标和责任，建立合作沟通的渠道，为供应链的联合库存管理提供有效的机制，没有一个协调的管理机制，供需双方就不可能进行有效的联合库存管理。图 2.5 为供应商与分销商协调管理机制模型。

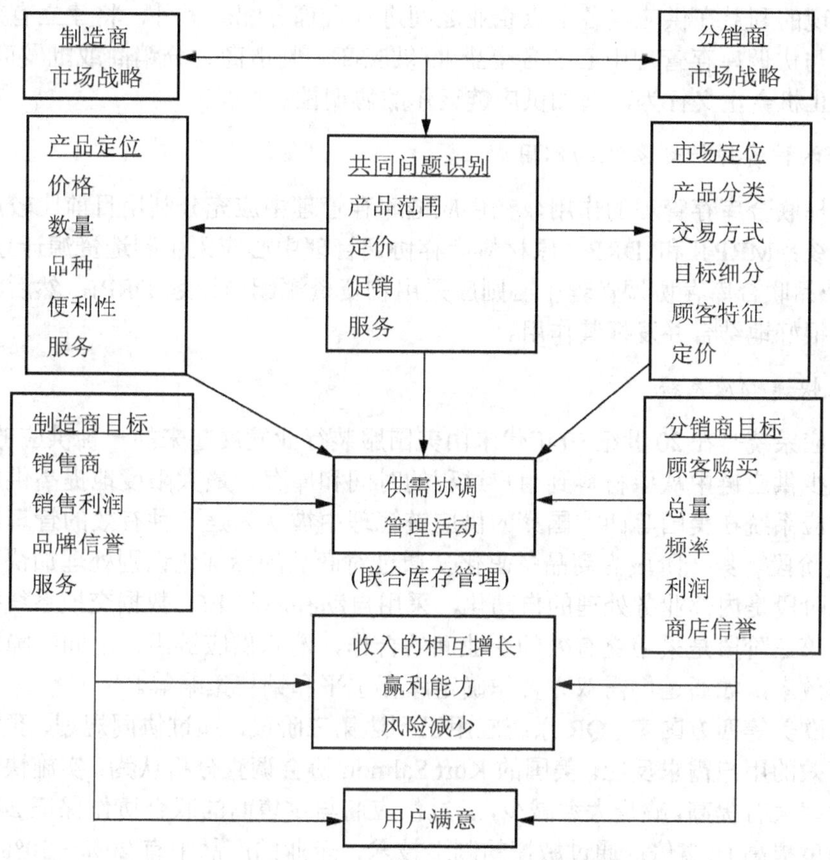

图 2.5　供应商与分销商的协调管理机制

建立供需协调管理机制，要从以下几个方面着手。

1) 建立共同合作目标

要建立联合库存管理模式，首先供需双方必须本着互惠互利的原则，建立共同的合作目标。为此，要理解供需双方在市场目标中的共同之处和冲突点，通过协商形成共同的目标，如用户满意度、利润的共同增长和风险的减少等。

2) 建立联合库存的协调控制方法

联合库存管理中心担负着协调供需双方利益的角色，起协调控制器的作用。因此，需要对库存优化的方法进行明确确定。这些内容包括库存如何在多个需求商之间调节与分配，库存的最大量和最低库存水平、安全库存的确定，需求的预测等。

3) 建立一种信息沟通的渠道或系统

信息共享是供应链管理的特色之一。为了提高整个供应链的需求信息的一致性和稳定性，减少由于多重预测导致的需求信息扭曲，应增加供应链各方对需求信息的获得的及时性和透明性。为此，应建立一种信息沟通的渠道或系统，以保证需求信息在供应链中的畅通性和准确性，要将条码技术、扫描技术、POS 系统和 EDI 集成起来，并且要充分利用因特网的优势，在供需双方之间建立一个畅通的信息沟通桥梁和联系纽带。

4) 建立利益的分配和激励机制

要有效运行基于协调中心的库存管理，必须建立一种公平的利益分配制度，将通过供应链管理实现的利益在供应链各节点企业之间进行合理分配。另外，将建立有效的激励机制，并对参与协调库存管理中心的各个企业(供应商、制造商、分销商或批发商)进行有效的激励，防止机会主义行为，增加供应链运作的协调性。

2. 发挥两种资源计划系统的作用

为了发挥联合库存管理的作用，在供应链库存管理中应充分利用目前比较成熟的两种资源管理系统：MRPⅡ和 DRP。原材料库存协调管理中心应采用制造资源计划系统(MRPⅡ)，而在产品联合库存协调管理中心则应采用物资资源配送计划(DRP)，然后将这两种资源计划系统很好地结合并发挥其作用。

3. 建立快速响应系统

快速响应系统是在20世纪80年代末由美国服装行业发展起来的一种供应链管理策略，目的在于减少供应链中从原材料到用户过程的时间和库存，最大限度地提高供应的运作效率。快速响应系统在美国等西方国家的供应链管理中被认为是一种有效的管理策略，经历了 3 个发展阶段。第一阶段为商品条码化，通过对商品的标准化识别处理加快订单的传输速度；第二阶段是内部业务处理的自动化，采用自动补库与 EDI 数据交换系统提高业务自动化水平；第三阶段是采用更有效的企业间的合作，消除供应链组织之间的障碍，提高供应链的整体效率，如通过供需双方合作确定库存水平和销售策略等。

目前在欧美等西方国家，QR 系统应用已到达第三阶段，通过协同规划、预测和补给等策略进行有效的用户需求反应。美国的 Kurt Salmon 协会调查分析认为，实施快速响应系统后供应链效率大有提高，缺货大大减少，通过供应商与零售商的联合协作保证 24 小时供货；库存周转速度提高 1～2 倍；通过敏捷的制造技术，企业的产品中有 20%～30%是根据用户的需求而制造的。快速响应系统需要供需双方的密切合作，因此协调库存管理中心的建立为快速响应系统发挥更大的作用创造了有利的条件。

4. 发挥第三方物流系统的作用

第三方物流系统(Third Party Logistics，TPL)是供应链集成的一种物流管理方法。TPL也叫做物流服务提供者(Logistics Service Provider，LSP)，它为用户提供各种服务，如产品运输、订单选择、库存管理等。第三方物流系统的产生是由一些大的公共仓储公司通过提供更多的附加服务演变而来的，另外一种产生是由一些制造企业的运输和分销部门演变而来。

把库存管理的部分功能代理给第三方物流系统管理，可以使企业更加集中精力于自己的核心业务，第三方物流系统起到了供应商和用户之间联系的桥梁作用，为企业获得诸多好处。

(1) 减少成本。

(2) 使企业集中于核心业务。

(3) 获得更多的市场信息。

(4) 获得一流的物流咨询。

(5) 改进服务质量。

(6) 快速进入国际市场。

面向协调中心的第三方物流系统使供应与需求双方都取消了各自独立的库存，增加了供应链的敏捷性和协调性，并且能够大大改善供应链的用户服服务水平和运作效率。第三方物流在供应链中的作用如图 2.6 所示。

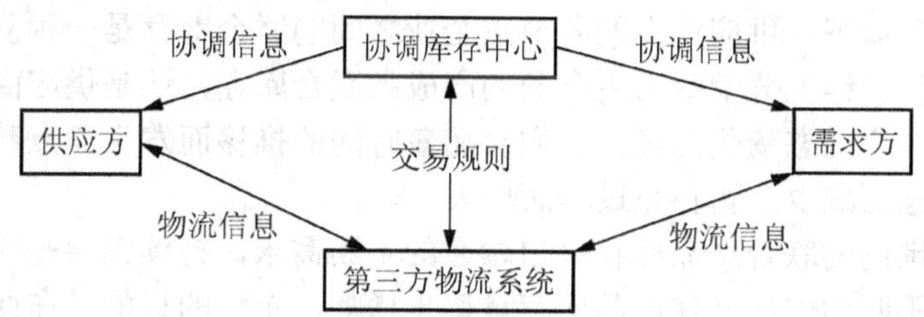

图 2.6　第三方物流系统在供应链中的作用

2.3.4　JMI 的实施步骤

为了充分发挥联合库存的优势，建立供需协调管理机制，供需双方应从充分合作的精神出发，明确各自的目标和责任，建立合作和沟通的渠道，为供应链的联合库存管理机制提供条件；针对企业的供应链结构，有关联合库存的供应链管理实施步骤有以下建议。

(1) 分析物料供应商的现状，如利用现存的关键表现指数(Key Performance Indicator，KPI)对供应商评级。

(2) 选取级别最高的若干个物料供应商，建立联合库存管理模式。供需双方应本着互惠互利的原则，树立共同的合作目标。采用 SWOT 法(优势、弱势、机会、威胁)，通过协商形成共同的目标。

(3) 建立联合库存的协调控制方法：通过供需双方的固定部门，利用 EDI 技术可以建立一个共用的工作平台，将双方的库存信息，最大、最小库存，安全库存，需求的预测等实现实时共享，升级优化。

(4) 在供需双方的资源管理系统(如 MRPⅡ/DRP)之间建立系统间的共享，增强供需双方的协调机制。

(5) 定期召开供需双方见面会，就联合库存的协调问题、数据处理和共享的问题、双方工作流程的沟通等进行面对面的交流，增进了解，促进合作。联合库存管理协调机制因能对需求变化做出快速响应，从而能提升供应链各个节点企业的运行效率，降低库存成本、赢得竞争优势。图 2.7 所示为建立联合库存的步骤。

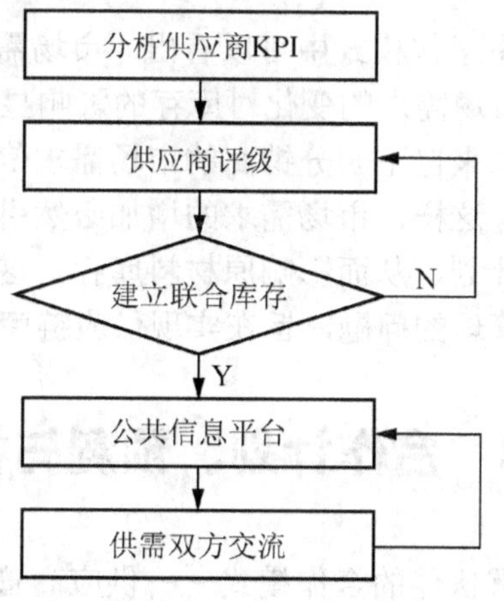

图 2.7　企业建立联合库存步骤

2.3.5 JMI 的动态运作模式

供应链管理环境下，供应链上的各节点企业之间的联合库存是一种复杂的动态循环过程。不管是处于供应链上分销商与生产商的产成品联合库存，还是供应商与生产商的原材料库存水平都是一个动态变化的量，它们会随着时间的推移而发生盘点数量的变化，库存水平随着需求过程而减少，随补充过程而增大。

生产商与分销商的联合产品库存来自顾客的不断需求，持续销售是引起产品库存量逐渐减少的动力，不断的生产又使产品库存量逐步增加，企业的目的是在此动态过程，即销售与生产过程中，使产品库存保持一个平衡的最优状态。在此最优库存状态下，一方面企业的交货水平使得顾客满意度可以达到一个设定值(如 95%)；另一方面产品库存又不是很大，不会占用过多资金，有利于降低产品成本及资金的机会成本。但实际上，市场需求会表现出诸如市场需求突然增加或突然减少的特点。市场需求的这种不确定性增加了保持库存水平在一个比较优的状态的难度。

由于原材料需求为非独立性需求，市场需求的不确定性会通过产成品传导给原材料，从而影响原材料联合库存水平。比如，当产成品需求增加时，若要继续保持 95%的顾客满意度，势必提高公司的生产能力，及时安排生产。处于供应链上的核心生产商根据市场需求量，指导生产计划的制订及生产能力的调整。生产计划安排好以后，就可以根据生产计划来计算原材料需求并定购原材料，从而会增加原材料联合库的库存水平。供应链管理环境下，联合库存动态运作模式如图 2.8 所示。

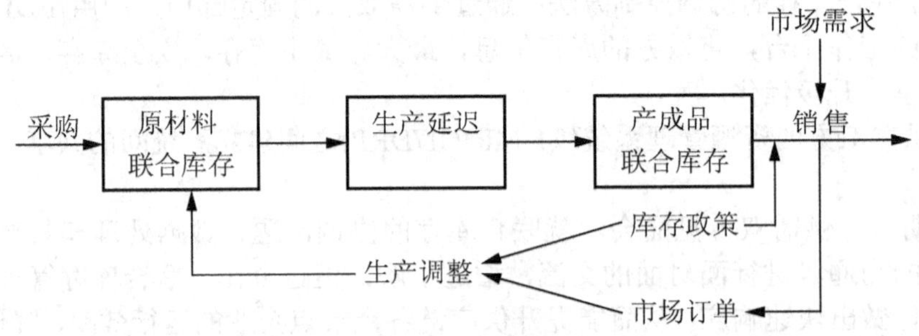

图 2.8　联合库存动态运作模式

从图 2.8 的联合库存动态运作模式中可以看出，市场需求对产成品库存及原材料库存起着主导作用，因此，研究市场需求的变化对库存的影响显得非常重要。

处于供应链上的生产商以来自下游分销商的市场需求信息作为产品需求的依据，并据此安排生产计划或供应计划。这样，市场需求的增加必然引起产成品库存的变化，并且直接影响核心企业的生产调整计划，从而影响原材料库存。这是一个在动态的系统中综合解决产成品库存及原材料库存管理的问题，旨在实现供应链库存整体优化的目标。

2.4　合作计划、预测与补给

前两节提到了关于供应链伙伴的合作模式——供应商管理库存和联合管理库存，但这两种模式都存在局限性，VMI 和 JMI 都没有调动下级节点企业的积极性，过度地以客户为

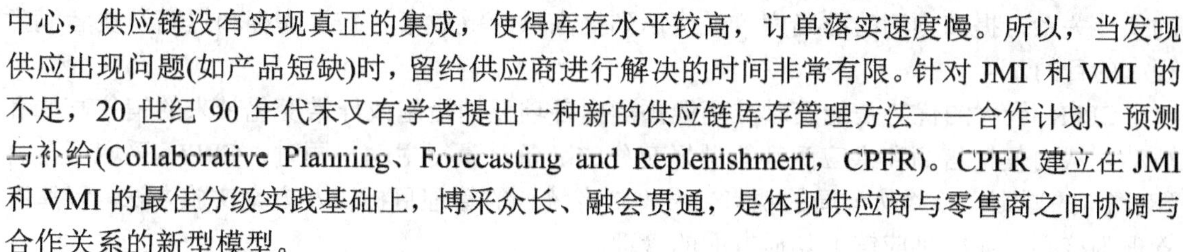

中心，供应链没有实现真正的集成，使得库存水平较高，订单落实速度慢。所以，当发现供应出现问题(如产品短缺)时，留给供应商进行解决的时间非常有限。针对 JMI 和 VMI 的不足，20 世纪 90 年代末又有学者提出一种新的供应链库存管理方法——合作计划、预测与补给(Collaborative Planning、Forecasting and Replenishment，CPFR)。CPFR 建立在 JMI 和 VMI 的最佳分级实践基础上，博采众长、融会贯通，是体现供应商与零售商之间协调与合作关系的新型模型。

2.4.1 CPFR 的产生和发展

1980 年，位于美国俄亥俄州辛辛那提市的宝洁公司接到密苏里州圣路易市一家超市的要求，说能不能自动补充货架上的 Pamper 牌尿布，而不必每次再经过订货的手续，只要货架上一卖完，新货就到，可以每月付一张货款的支票。两家公司就将双方计算机连接起来，做出一个自动补充纸尿布的雏形系统，结果试用良好，两家公司不必再为“尿布”发愁了。由此，自动化的供应链管理也就开始了。

1987 年，宝洁公司副总裁 Rolph Drayer 解释说，零售业上下游买卖的手续过于繁琐，尤其是对多家、多样商品的买卖，不但复杂，而且费时耗力，要付出很高的成本。

这件事面临的第一个挑战就是要树立真正的榜样。宝洁公司与沃尔玛公司一拍即合，开始了自动送货的合作，“连续补充”(Continuous Replenishment，CR)的概念就因此产生了。

宝洁公司与沃尔玛公司这两家最大的卖主和买主，彼此信任，不断试用更有效率的做法来降低存货、运费和其他不确定的因素。事实证明，自从宝洁公司与沃尔玛实行产销联盟以后，沃尔玛店铺中宝洁公司的纸尿布商品周转率提高了 70%，与此相对应，宝洁公司的纸尿布销售额也提高了 50%，达到了 30 亿美元，宝洁公司与沃尔玛公司之间的产销联盟所产生的另一个重大积极作用是：以这两个企业为中心，彻底打破了当时在美国流通领域占统治地位的以双环节为主的多环节流通体制。

当时，有两家大型百货零售连锁店试用，一家是沃尔玛公司，一家是 Kmart 公司。沃尔玛公司在 1988 年买了宝洁公司的“尿布”系统，然后充分运用该系统的特点，将企业发展成为拥有 4 700 家大卖场的全球最大百货零售企业，而另一家 Kmart 公司，在试用了宝洁公司的系统以后，就没再继续使用，结果企业申请破产保护。现在宝洁公司的产品，占了沃尔玛公司商品的 20%，而且还在继续增长，而宝洁公司这套系统理念，也就成了供应链管理的准则了。

宝洁公司与沃尔玛公司的合作改变了两家企业的营运模式，实现了双赢。为了实现对供应链的有效运作和管理，以及对市场变化的科学预测和快速反应，一种面向供应链的策略——合作计划、预测与补给应运而生，并逐渐成为供应链管理的一个成熟商业流程，斩掉了纠缠工商关系的一条“毒龙”——高昂的补货费用和低效率的沟通方式。与此同时，他们合作的这 4 个理念，也演变成供应链管理的标准。

2.4.2 CPFR 的基本内容

1. CPFR 的概念

CPFR 既是一种哲理，又是一系列的活动过程。它应用一系列的处理和技术模型，提供覆盖整个供应链的合作过程，通过共同管理业务过程和共享信息来改善零售商和供应商的伙伴关系，提高预测的准确度，最终达到提高供应链效率、减少库存和提高消费者满意程度的目的。

CPFR 最大的优势是能及时准确地预测由各项促销措施或异常变化带来的销售高峰和波动，从而使销售商和供应商都能做好充分的准备，赢得主动。同时，CPFR 采取了一种“双赢”的原则，始终从全局的观点出发，制定统一的管理目标以及方案实施办法，以库存管理为核心，兼顾供应链上其他方面的管理。

虽然 CPFR 是建立在供应商管理库存和联合库存管理的最佳分级实践的基础上，但它摒弃了两者中的主要的缺点，即没有一个适合所有贸易伙伴的业务过程、未实现供应链的集成等，通过供应链企业共同建立的一个适合所有贸易伙伴的业务过程来实现供应链集成，将协同行为渗透到预测、作业层次等。具体的讲，CPFR 有以下 4 个方面的特征。

1) 协同

美国战略理论研究专家依戈尔·安索夫首次提出了协同的概念。所谓协同效应，是指在复杂大系统内各子系统的协同行为产生出的超越各要素自身的单独作用，从而形成整个系统的统一和联合作用。在 CPFR 中，供应链上下游企业就是各个子系统，协同效应可以使整个供应链系统发挥的功效大于各个子系统功效简单相加。供应链上下游企业只有确立起共同的目标，才能使双方的绩效都得到提升，取得综合性的效益。CPFR 这种新型的合作关系要求双方长期承诺公开沟通、信息分享，从而确立其协同性的经营战略，尽管这种战略的实施必须建立在信任和承诺的基础上，但是这是买卖双方取得长远发展和良好绩效的唯一途径。

2) 计划

1995 年沃尔玛公司与 Warner-Lambert 公司的 CPFR 为消费品行业推动双赢的供应链管理奠定了基础，此后，当 VCIS 定义项目公共标准时，认为需要在已有的结构上增加“P”，即合作规划以及合作财务。此外，为了实现共同的目标，还需要双方指定促销计划、库存政策变化计划、产品导入和终止计划等。

3) 预测

CPFR 中的预测强调买卖双方必须做出最终的协同预测，协同预测可以大大降低整个供应链体系的低效率、死库存，提高产品销量、节约供应链的资源。与此同时，最终实现协同促销计划是实现预测精度提高的关键。CPFR 所推动的协同预测还有一个特点，就是它不仅关注供应链双方共同做出最终预测，同时也强调双方都应参与预测反馈信息的处理和预测模型的制定和修正，特别是如何处理预测数据的波动等问题。只有把数据集成、预测和处理的所有方面都考虑清楚，才有可能真正实现共同的目标，使协同预测落在实处。

4) 补货

根据指导原则，协同运输计划也被认为是补货的主要因素，此外，例外状况的出现也需要转化为存货的百分比、预测精度、安全库存水准、订单实现的比例、前置时间以及订单批准的比例，所有这些都需要在双方公认的计分卡基础上定期协同审核。潜在的分歧，比如基本供应量、过度承诺等，双方应加以解决。

CPFR 针对合作伙伴的战略和投资能力不同、市场信息来源不同的特点建成一个方案组。零售商和制造商从不同的角度收集不同层次的数据，通过反复交换数据和业务情报改善制定需求计划的能力，最后得到基于 POS 的消费者需求的单一共享预测。这个单一共享

需求计划可以作为零售商和制造商的与产品有关的所有内部计划活动的基础，换句话说，它能使价值链集成得以实现。以单一共享需求计划为基础能够发现和利用许多商业机会，优化供应链库存和改善客户服务，最终为供应链伙伴带来丰厚的收益。CPFR 给零售商、生产商及整个供应链带来的利益见表 2-4。

表 2-4 实施 CPFR 的利益

零售商	生产商	供应商
增加销售 较高的订单满足率 较快的订单响应时间 降低产品库存、产品过时及变质	增加销售 较高的服务水平(库存水平) 降低产品库存 较快的循环周期 减少产能需求	引导物料流向(减少存货点的数量) 提高预测的准确度 降低系统费用

2. CPFR 的指导原则

CPFR 有以下 3 条指导原则。

(1) 贸易伙伴框架结构和运作过程以消费者为中心，并且面向价值链的成功运作。合作伙伴构成的框架及其运行规则主要根据消费者的需求和整个价值链的增值来制定。

(2) 贸易伙伴共同负责开发单一、共享的消费者需求预测系统，这个系统驱动整个价值链计划。

(3) 贸易伙伴均承诺共享预测并在消除供应过程约束上共担风险。

不难发现，CPFR 最大的优势是能及时准确地预测由各项促销措施或异常变化带来的销售高峰和波动，从而使销售商和供应商都能做好充分的准备，赢得主动。同时 CPFR 采取了一种“双赢”的原则，始终从全局的观点出发，制定统一的管理目标以及方案实施办法，以库存管理为核心，兼顾供应链上的其他方面的管理。因此，CPFR 能实现伙伴间更广泛深入的合作，它主要体现了以下思想。

(1) 合作伙伴构成的框架及其运行规则主要基于消费者的需求和整个价值链的增值。由于供应链上各企业的运作过程、竞争能力、信息来源等不一致，在 CPFR 中设计了若干运作方案供各合作方选择，一个企业可选择多个方案，各方案都确定了核心企业来承担产品的主要生产任务。

(2) 供应链上企业的生产计划基于同一销售预测报告。销售商和制造商对市场有不同的认识。销售商直接和最终用户见面，他们可根据 POS 数据来推测消费者的需求，同时销售商也和若干制造商有联系，并可了解他们的市场销售计划。制造商和若干销售商联系，并了解他们的商业计划。根据这些不同，在没有泄露各自商业机密的前提下，销售商和制造商可交换他们的信息和数据，来改善他们的市场预测能力，使最终的预测报告更为准确、可信。供应链上的各公司则根据这个预测报告来制定各自的生产计划，从而使供应链的管理得到集成。

(3) 消除供应过程的约束限制。这个限制主要是由于企业的生产柔性不够。一般来说，销售商的订单所规定的交货日期比制造商生产这些产品的时间要短。在这种情况下，制造商不得不保持一定的产品库存，但是如果能延长订单周期，使之与制造商的生产周期相一致，那么生产商就可真正做到按订单生产及零库存管理。这样制造商就可减少甚至去掉库存，大大提高企业的经济效益。另一个有望解决的限制是贯穿于产品制造、运输及分销等过程的企业间资源的优化调度问题。

3. 基于 CPFR 的合作伙伴关系

基于 CPFR 的合作伙伴关系如图 2.9 所示，可分为 4 个职责层。第 1 层为决策层，主要职责是零售商和供应商领导层的关系管理，包括企业联盟的目标和战略的制定、跨企业的业务过程的建立、共享的领导层和执行、企业联盟的信息交换和共同决策。第 2 层为运作层，主要职责是 CPFR 的实施和运作，包括制订联合业务计划，建立单一共享需求预测，共担风险和平衡合作企业能力。第 3 层为内部管理层，主要职责是负责企业内部的运作和管理，在零售环境中，主要包括商品或分类管理、库存管理、商店运作和后勤等；在供应环境中，主要包括顾客服务、市场营销、制造、销售和分销等。第 4 层系统管理层，主要负责供应链运作的支撑系统和环境管理及维护。

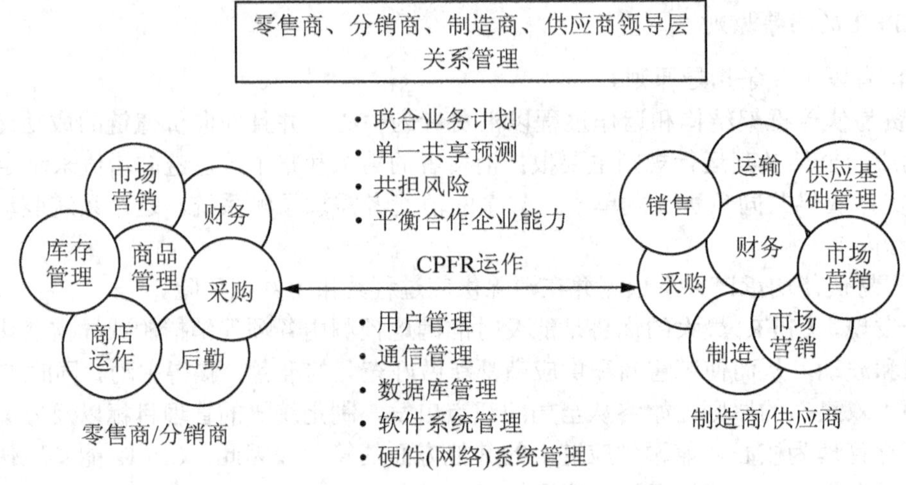

图 2.9　基于 CPFR 的供应链合作伙伴关系

4. 基于 CPFR 合作的价值观

在基于 CPFR 的供应链中，企业需要转变对自己、顾客和合作伙伴的价值观，主要表现在以下几个方面。

(1) 以“双赢”的态度看待合作伙伴和供应链的相互作用。企业必须了解整个供应链的过程，以发现自己的信息和能力在何处有助于供应链，进而有益于最终消费者和供应链合作伙伴。

(2) 为供应链成功运作提供持续保证，共同承担责任。这是基于 CPFR 的供应链成功运作所必需的企业价值观。每个合作伙伴对供应链的保证、权限和能力不同，合作伙伴应能够调整其业务活动以适应这些不同。无论在哪个职责层，合作伙伴坚持其保证和责任，将是供应链成功运作的关键。

(3) 正确处理长期利益与转向机会的关系。合作企业可能遇到来自供应链之外的一些机会，这些机会要求企业将重点转向其他的产品。由于产品转向会较大地抑制合作伙伴的协调需求和供应计划的能力，它不能与 CPFR 共存，因此，合作企业应该拒绝这种产品转向的机会。

(4) 实现跨企业、面向团队的供应链。团队成员可能参与其他团队，甚至与他们的合作伙伴的竞争对手合作。这些竞争对手互相具有“赢利/损失”关系，团队联合的深度和交换信息的类型可能造成多个 CPFR 团队中人员的冲突。在这种情况下，必须有效地构建支持完整团队和个体关系的公司价值系统。

(5) 制定和维护行业标准。公司价值系统的另一个重要组成部分是对行业标准的支持。每个公司有一个单独开发的过程，这会影响公司与合作伙伴的联合。制定行业标准必须具有便于实行的一致性，又允许公司问题不同，这样才能被有效应用。开发和评价这些标准有利于合作伙伴的信息共享和合作。

2.4.3 CPFR 的模型

CPFR 的业务模型中，其业务活动可划分为计划、预测和补给 3 个阶段，包括 9 个主要流程活动。第 1 个阶段为计划，包括第 1～2 步；第 2 个阶段为预测，包括第 3～8 步；第 3 个阶段为补给，包括第 9 步，具体如图 2.10 所示。

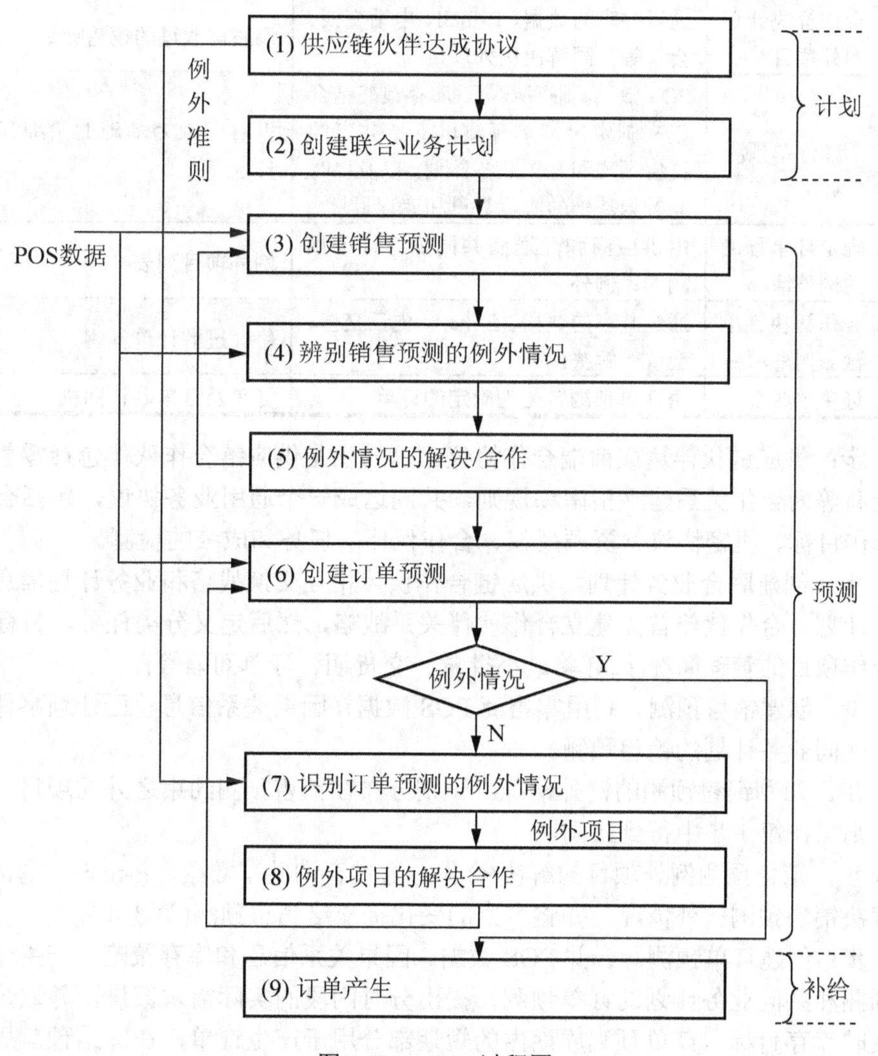

图 2.10 CPFR 过程图

表 2-5 是 CPFR 各步骤的目的和结果的详细解释。

表 2-5　CPFR 的步骤、目的和输出结果

序　号	步　骤	目　的	输出结果
1	达成前端合作协议	建立制造商、分销商或配送商合作关系的指导文件和游戏规则	制定符合 CPFR 标准并约定合作关系的蓝本，蓝本约定合作方交换的信息和分担风险的承诺
2	建立合作业务计划	合作方交换公司策略和业务计划信息以建立合作业务计划，从而有效地减低例外情况的发生	制订业务计划书并在业务计划书上明确规定策略、具体实施方法
3	建立销售预测	POS 数据、临时信息和计划事件方面的信息采集并建立销售预测	共同建立销售预测
4	确定销售计划的例外情况	由制造商和配送商共同确定销售计划约束的例外情况	例外项目列表
5	合作解决计划例外项目	通过共享的数据、E-mail、电话交谈、会议等共同解决例外项目	调整修改过的销售计划
6	创建订单预测	POS 数据、临时数据、库存策略结合起来制定出订单预测以支持共享的销售预测和合作业务计划，以及以时间数为基础的实际数量和库存目标	以时间数为基础的精细订单预测和安全库存
7	确定订单预测的例外情况	由供应商和配送商共同确定订单预测约束例外	例外项目列表
8	合作解决订单预测例外项目	通过共享的数据、E-mail、电话交谈、会议等解决例外	修改过的订单预测
9	订单生成	由订单预测转化为确定的订单	订单及订单确认回执

第 1 步：供应链伙伴达成前端合作协议。这一步是供应链合作伙伴包括零售商、分销商和制造商等为合作关系建立指南和规则，共同达成一个通用业务协议，包括合作的全面认识、合作目标、机密协议、资源授权、合作伙伴的任务和成绩的检测。

第 2 步：创建联合业务计划。供应链合作伙伴相互交换战略和业务计划信息，以发展联合业务计划。合作伙伴首先建立合作伙伴关系战略，然后定义分类任务、目标和策略，并建立合作项目的管理简况(如订单最小批量、交货期、订单间隔等)。

第 3 步：创建销售预测。利用零售商 POS 数据、因果关系信息、已计划事件信息创建一个支持共同业务计划的销售预测。

第 4 步：识别销售预测的例外情况。识别分布在销售预测约束之外的项目，每个项目的例外准则需在第 1 步中得到认同。

第 5 步：销售预测例外项目的解决/合作。通过查询共享数据、E-mail、电话、交谈、会议等解决销售预测例外情况，并将产生的变化提交给销售预测(第 3 步)。

第 6 步：创建订单预测。合并 POS 数据、因果关系信息和库存策略，产生一个支持共享销售预测和共同业务计划的订单预测，提出分时间段的实际需求数量，并通过产品及接收地点反映库存目标。订单预测周期内的短期部分用于产生订单，在冻结预测周期外的长期部分用于计划。

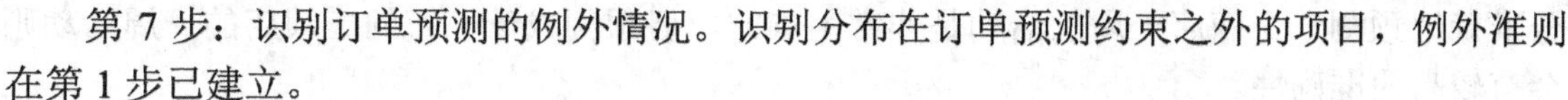

第 7 步：识别订单预测的例外情况。识别分布在订单预测约束之外的项目，例外准则在第 1 步已建立。

第 8 步：订单预测例外项目的解决/合作。通过查询共享数据、E-mail、电话、交谈、会议等调查研究订单预测例外情况，并将产生的变化提交给订单预测(第 6 步)。

第 9 步：订单产生。将订单预测转换为已承诺的订单，订单产生可由制造厂或分销商根据能力、系统和资源来完成。

CPFR 的模型可用于创建一个消费者需求的单一预测，协同制造厂和零售商的订单周期，最终建立一个企业间的价值链环境，在获得最大赢利和消费者满意度的同时减少浪费和降低成本。

2.4.4 CPFR 的实施方法

在 CPFR 的实施过程中必须解决以下 3 个问题。

(1) 企业内部流程的改变。

(2) 缺乏合作伙伴之间的信任。

(3) 实施 CPFR 的费用。

解决上述问题主要从组织方法、数据组织、业务规则和软硬件标准等几方面入手。

1) 组织方法

在组织方面，严密性、一致性、可行性和协调性非常关键。

(1) 严密性。首先要注意责、权、利的清晰界定，制定严密的游戏规则；其次，注意流程分析，并制定严密的业务流程。业务流程是供应链管理的成败所在，一般来说，新方法、新系统等的应用首先要进行的就是流程分析与再造。

(2) 一致性。注意各合作伙伴之间制造计划、配送计划、订单计划、销售计划的相互衔接，遵守共同标准。

(3) 可行性。对计划的层次维数要划分恰当，一般分为三维，即地区维、产品维和时间维。地区维包括大区、国家、小区、配送商、商店；产品维包括产品大类、品种；时间维包括年度、季度、月度、周。层次维数过多会导致复杂性增加。

(4) 协调性。CPFR 的主要特点之一就是对例外事件的合作解决，这就是说合作伙伴之间要相互信任，合作解决问题，从而实现双赢乃至多赢。

2) 数据组织

通过对制造商、配送商、零售商的产能、销售计划、订单计划、库存计划、促销计划等详细数据的收集，对数据进行加工整理。

(1) 对供应商和零售商之间供需的数据进行比较与匹配。比较的目的就是供需的匹配，以便补充计划的制订与实施，这种比较必须是 SKU(存储单位)层次，这样可以比较清楚地得出其间的差值。

(2) 时间跨度的吻合。时间同步是产能、销售计划、订单计划、库存计划、促销计划等数据相互吻合的重要因素，只有时间上的同步才能有助于提高计划的准确性和有效性。

3) 业务规则

业务规则主要针对例外处理和计划稳定期。

(1) 通过对历史数据的回顾和分析来判定例外事件。

(2) 遵守大数原则。当具备各种各样的数据样本时，统计结果才比较准确，如果想十分准确地预测一个商店一周的活动是非常困难的，但预测成千上万的连锁店的一周活动则会有较高的准确性。

(3) 简单化原则。确定几种主要的业务评估目标，如果评价指标过多就会失掉重点。

(4) 计划稳定期。在计划稳定期中计划是不能改变的，如果没有一定的稳定期就会导致计划的不确定性。

4) 软硬件标准

软硬件标准主要是指实现 CPFR 需要的文件传输与安全保密、系统的结构。

(1) 主件传输协议，主要有超文本文件传输协议和安全的超文本文件传输协议(HTTP/S)，另外，文件传输协议(File Transfer Protocol，FTP)用于日常文件传输，简单信件传输协议(Simple Email Transfer Protocol，SMTP)用于 E-mail 文件的传输，SOCEKT(套件)和 OMGCORBA 的互联网对象协议(Internet Inter Object Protocol，IIOP)也是常用的协议。

(2) 数据格式。采用 ANSI X12 电子数据交换(Electronic Data Interchange，EDI)和标准交换语言(Standard Inter-change Language，SIL)，另外 XML(脚本编程语言)的不断成熟也可用于 CPFR 的信息传输。

(3) 信息安全，主要包括分级授权、数据的一致性检查、定期稽查、数据备份等方面的严格安全管理体系。

(4) 系统结构。在系统结构中主要考虑集中服务器和分布服务器结构，集中服务器管理造价低、易于集中管理、速度慢、交互性差，而分布服务器结构则正好相反。

(5) 系统集成。客户关系管理(Customer Relationship Management，CRM)，ERP 和先进计划与调度(Advanced Planning and Scheduling，APS)等系统的有机集合更有助于 CPFR 的有效实施，而且这些系统的有效应用会提高 CPFR 计划的准确性。图 2.11 是零售商和供应商应用环境示意图。

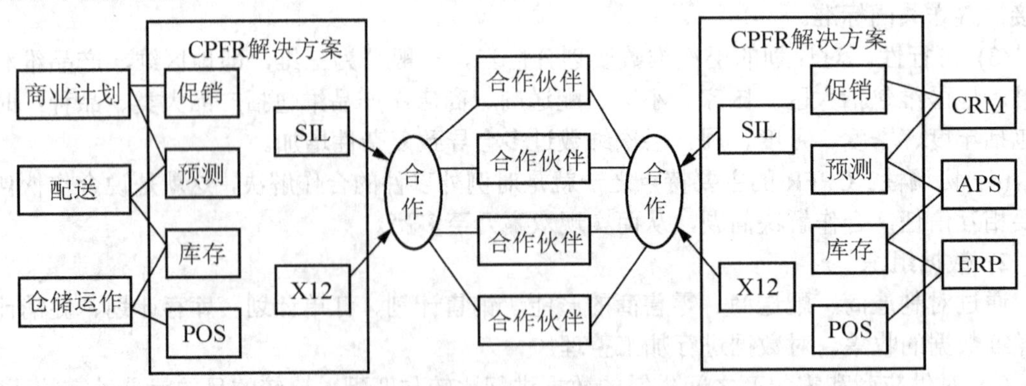

图 2.11　零售商和制造商应用环境示意图

2.4.5　CPFR 的局限性

同传统的供应链库存管理模式相比，CPFR 在改善供应链合作关系、提高消费者满意度和供应链整体运作效率方面，无疑取得重大的进步，具有重要的理论和应用价值，但是，它存在局限性，具体表述如下。

(1) 以消费者为中心的思想未能完全实现，主要是因为缺乏最主要的当事人消费者的积极参与和密切配合。由于合作过程是在消费者缺席的情况下展开的，缺乏与消费者的互动和交流。而POS只能提供关于过去的统计数据，不能真正反映消费者未来需求的真实情况。所以在POS基础上的需求预测难免存在偏差，以此扭曲信息驱动的供应链效率则不能完全令人满意。

(2) CPFR始于需求预测，终于订单产生，因此合作过程不是十分完善。CPFR的工作重点是产品的生产领域和流通领域的良好对接，但这种合作性仍集中于流通领域，通过群体性更加接近实际的消费预测以驱动生产过程。

供应链管理涉及一系列错综复杂的业务活动，它不仅跨越供应商、制造商、零售商及消费者等不同组织组成的供应链的“空间通道”，还经历了计划、执行订单、供货等“时间通道”。尽管计划工作在供应链运营过程中居于重要地位，但供应链运营效果不能单单取决于计划制订过程中的合作行为，还决定于另外的(如计划执行等)全过程中全体供应链成员的群策群力。所以，供应链成员之间的合作过程应该从计划工作开始，一直持续到生产出顾客满意的产品，并送到顾客手中为止。虽然CPFR也相应对供应链企业之间的合作关系进行了一定的安排，但远远不够。

本章小结

从整个供应链的角度来看，快速变化的竞争环境所产生的高度不确定性，使基于时间、柔性等要素的运作战略的实现已经不是单个企业所能做到的，而必须依赖供应链中各个节点企业之间的相互合作和协调，形成基于供应链协同的管理方法。基于供应链协同的库存管理重点关注企业之间的合作关系，着眼于供应链和企业自身的长远目标，通过充分发挥多方的优势，集成更多的可用资源，最终实现供应链企业的双赢甚至多赢。

本章对目前出现的几种供应链管理方法进行了详细的介绍，包括零库存管理、VMI、JMI和CPER。无论是何种管理策略或技术，所要解决的核心问题是：如何保证让足够多的库存在正确的时间到达正确的地点以快速满足客户的需求，并保证合适的成本和服务水平。在供应链环境下，每个企业应当根据市场环境和自身的现实条件，以开放的姿态与供应链中其他节点企业展开广泛和深入的协作，并形成切实可行的协作机制和流程，确定最合适本企业和所在供应链整体的库存管理解决方案，以形成自己的竞争优势。

关键术语

零库存　供应商管理库存　联合库存管理　合作计划、预测与补给
集成化　实施策略　合作伙伴　支持技术

习　题

1. 选择题

(1) 以下_______不属于CPFR指导性原则。

A. 贸易伙伴框架结构和运作过程以消费者为中心，并且面向价值链的成功运作

B. 需求和供应结合在一起，利用信息规划整个供应链的库存配置

C. 贸易伙伴共同负责开发单一、共享的消费者需求预测系统，这个系统驱动整个价值链计划

D. 贸易伙伴均承诺共享预测并在消除供应过程约束上共担风险

(2) VMI 的支持技术不包括_______。

A. EDI/Internet　　B. ID 代码

C. ERP 系统　　D. 条码应用标识符

(3) 下列_______是对 VMI 概念的最佳表述。

A. 委托库存　　B. 库存水平的目测管理

C. 库存的垂直分组　　D. 由供应商对逐日的库存水平进行管理

(4) 以下_______不属于 VMI 的实施步骤。

A. 建立客户情报信息系统

B. 建立销售网络系统

C. 建立供应商和分销商(或者供应商与制造商)的合作框架协议

D. 维持原组织结构不变

(5) 供应链中的成员在竞争中应建立_______。

A. 你死我活的输赢关系

B. 有各自利益的一般合作关系

C. 双赢策略指导下的战略合作伙伴关系

D. 不断变动的合同关系

(6) 以下_______不是 VMI 策略所体现的原则。

A. 互惠原则　　B. 独立性原则

C. 目标一致原则　　D. 连续改进原则

(7) 目前市场的供应链系统_______。

A. 正朝着拉式市场的方向进行改革

B. 正朝着推式市场的方向进行改革

C. 既不是推式市场，又不是拉式市场

D. 是推式市场和拉式市场的结合

(8) CPFR 这种经营理念是建立在_______基础上的。

A. 供应链整体计划　　B. 贸易伙伴之间密切合作和标准业务流程

C. 目标和策略的先进性　　D. 整个供应链是可扩展的

2. 简答题

(1) 零库存的含义及零库存管理与传统库存管理有什么区别？

(2) 零库存的具体形式和实施原则是什么？

(3) 供应商管理库存的基本思想、含义和原则是什么？

(4) 供应商管理库存的实施原则和系统构成有哪些？

(5) 供应商管理库存的优点和局限性是什么？

(6) 联合库存管理的管理优势和实施策略是什么？

(7) 合作计划、预测与补给的特征和指导性原则有哪些？

(8) 合作计划、预测与补给的模型及实施步骤是怎样的？

3. 判断题

(1) 生产企业并不能真正实现所谓的零库存，所以“零库存”管理概念的提出没有意义。 (　　)

(2) 零库存仅应用于生产过程中，其他环节没必要考虑零库存管理。 (　　)

(3) 库存集中管理，就是由企业的一个部门对企业库存物资统一协调、统一指挥、统一调度和总量控制，达到既保证企业的物资供应，又能使库存最小化和降低库存成本。 (　　)

(4) 供应商管理库存是指一种在顾客和供应商之间的合作性策略，在一个双方协定的目标框架下由供应商来管理库存，以通过双方密切合作形式的交付货物的方式为基础，体现了供应链集成化管理思想。 (　　)

(5) 供应商管理库存就是要建立“上游组织—下游组织”一对一的管理模式。 (　　)

(6) 供应商管理库存是一种先进的库存管理模式，所以在实际生产运作中要推而广之。 (　　)

(7) 适合实施联合库存管理的企业是零售业以及连锁经营企业中的地区分销中心(或在供应链上占据核心位置的大型企业)。 (　　)

(8) CPFR 最大的优势是能及时准确地预测由各项促销措施或异常变化带来的销售高峰和波动，从而使销售商和供应商都能做好充分的准备，赢得主动。 (　　)

(9) CPFR 的工作重点是产品的生产领域和流通领域的良好对接，但这种合作性仅集中于流通领域，通过群体性更加接近实际的消费预测以驱动生产过程。 (　　)

(10) 解决 CPFR 实施过程中的问题主要从组织方法、数据组织、业务规则和软硬件标准几方面入手。 (　　)

4. 思考题

(1) 基于协调中心的库存管理和传统的库存管理模式相比较有哪些优点？

(2) CPFR 与 VMI、JMI 之间是什么关系？

(3) 简要叙述零库存管理、VMI、JMI、CPFR 的定义和主要思想。

案例分析

雀巢与家乐福的供货商管理库存系统[①]

雀巢公司为世界最大的食品公司，由亨利·雀巢(Henri Nestle)设立于 1867 年，总部位于瑞士威伟市，行销全球超过 81 国，200 多家子公司，超过 500 座工厂，员工总数全球约有 22 万名，主要产品涵盖婴幼儿食品、乳制品及营养品类、饮料类、冰淇淋、冷冻食品及厨房调理食品类、巧克力及糖果类、宠物食品类与药品类等。中国台湾雀巢成立于 1983 年，为国内最大的外商食品公司，产品种类包括婴幼儿奶粉、米麦粉、奶粉、乳制品、咖啡、即溶饮品、冰品、快餐汤及粥、厨房调理食品、巧克力及糖果与宠物食品等。中国台湾雀巢的销售渠道主要包括现代型渠道(特别是量贩店)、军公教代送商(23 家)与专业经销商(14

① 资料来源：沈默.《现代物流案例分析》，东南大学出版社，2006.

家)，以及非专业经销商(如餐饮业者，约 100 多家)等渠道。

家乐福公司为世界第二大的连锁零售集团，设立于 1959 年，总部位于法国，全球有 9061 家店，24 万名员工。中国台湾家乐福为台湾量贩店的龙头，拥有 23 家分店。

雀巢与家乐福公司在全球均为流通产业的领导厂商，对有效的消费者快速响应(ECR)方面的推动更是不遗余力。1999 年两家公司协商在 ECR 方面做更密切的合作，中国台湾地区分公司也被指示进行供货商管理库存(VMI)示范计划，并要把相关成果移转至其他厂商。中国台湾雀巢也在同年 10 月积极开始与家乐福公司合作，建立整个计划的运作机制，总目标是增加商品的供应率、降低顾客(家乐福)库存持有天数、缩短订货前置时间以及降低双方物流作业的成本。

就雀巢与家乐福既有的关系而言，只是单纯的买卖关系，唯一特别的是家乐福对雀巢来说是一个重要的顾客，所以设有相对应专属的业务人员，买卖方式也仍是家乐福具有十足的决定权，决定那些购买产品与数量。在系统方面，双方各自有独立的内部 ERP 系统，彼此间不兼容，在推动计划的同时，家乐福也正在进行与供货商以 EDI 联机方式的推广计划，雀巢的 VMI 计划也打算以 EDI 的方式进行联机。

VMI 是 ECR 中的一项运作模式或管理策略，主要的概念是供货商依据实际销售及安全库存的需求，替零售商下订单或补货，而实际销售的需求则是供货商依据由零售商提供每日的库存与销售资料并以统计等方式预估而来的，整个运作上通常供应商具有一套管理的系统来做处理。如此的做法将大幅改进供货商面对市场的响应时间，而较早得知市场确切销售情报，从而降低供货商与零售商用以因市场变化的不必要库存，进一步提早引进与生产市场所需商品，降低缺货率。但实际在实施与运用上，因供货商与零售商的价格对立关系以及系统和运作方式的不同，很难有具体的合作运用。

整个计划主要是在一年之内建立一套 VMI 的运作环境并且可以顺畅地不断执行下去，具体而言，分为系统与合作模式建立阶段以及实际实施与改善阶段，在第 1 个阶段约占半年的时间，包括确立双方投入资源、建立评估指针或评量表、分析与协议所需的条件，确立整个运作方式以及系统设置。第 2 个阶段为后续的半年，以先导测试方式不断修正使系统与运作方式趋于稳定，并以评估指针不断进行问题寻找与改善，一直到达不需人工介入为止。

在人力投入方面，雀巢与家乐福双方分别设置有一个全职的对映窗口，其他包括如物流、业务或采购、信息等部门则是以协助的方式参与计划，并逐步转变物流对物流、业务对采购以及信息对信息的团队运作方式。

经费的投入上，家乐福方面主要是在 EDI 系统建置的花费，雀巢方面除了 EDI 建置外，还引进了一套 VMI 的系统，花费约 250 万新台币。

计划目标除了建置一套可行的 VMI 运作模式及系统之外，还要依据自行订定的评量表以达到：雀巢对家乐福物流中心产品到货率达 90%，家乐福物流中心对零售店面产品到货率达 95%，家乐福物流中心库存持有天数下降至预设标准，以及家乐福对雀巢建议订货单修改率下降至 10%等具体的目标。另外雀巢也期望将新建立的模式扩展至其他渠道上，特别是对其占有重大销售比率的军公教渠道，以加强掌控能力并获得更大规模的效益。相对地，家乐福也会持续与更多的主要供货商来进行相关的合作。

在计划的实际执行上，除了有两大的计划阶段外，还可细分至 5 个子计划阶段。①评估双方的运作方式与系统在合作上的可行性：合作前双方评估各自的运作能力与系统整合与信息实时程度等以及彼此配合的步调是否一致，来判定合作的可行性。②高阶主管承诺与团队建立：双方在最高主管的认可下，由部门主管出面协议细节以及取得内部投入的承诺，并且建立初步合作的范畴和对映的窗口，开始进行合作。③密切的沟通与系统建立：双方合作的人员开始进行至少每周一次密集会议讨论具体细节，并且逐步建置合作方式与系统，包括补货依据、时间、决定方式、评量表建立、系统选择与建置等。④同步化系统与自动化流程：不断地测试，使双方系统与作业方式与程序趋于稳定，成为每日例行性工作，并针对特定问题做处理。⑤持续性训练与改进：回到合作计划的本身，除了使相关作业人员熟练作业方式和不断改进作业程序外，对库存的管理与策略也不断思考问题根本性以求改进，而长期不断进行下去，进一步会针对促销产品做策略研究。

在系统配置方面，针对数据传输部分，雀巢与家乐福公司双方都通过采用泛伦公司所提供的EDI加值网络的方式来进行传输，而在雀巢公司的VMI管理系统部分，则是采取外购产品的方式来配置。雀巢先前有评估过Manugistics和Infule等公司的产品，最后选用Infule的EWR的产品，主因包括：一是家乐福推荐；二是法国及其他国家雀巢公司的建议，三是系统可以满足其计划需求等因素所做的决定。

目前整个VMI运作方式分为如下5个步骤。①每日9:30前家乐福用EDI方式传送结余库存与出货资料等信息至雀巢公司；②9:30～10:30雀巢公司将收到的资料合并至EWR的销售数据库系统中，并产生预估的补货需求，系统将预估的需求量写入后端的BPCS ERP系统中，依据实际库存量计算出可行的订货量，产生所谓的建议订单；③10:30前雀巢公司以EDI方式传送建议订单给家乐福；④10:30～11:00家乐福公司在确认订单并进行必要的修改(量与品项)后回传至雀巢公司；⑤11:00～11:30雀巢公司依照确认后的订单进行拣货与出货。

虽然两家公司在国际上均承诺要推动VMI计划，但落实在执行层面，却存在许多问题。首先是彼此的执行人员习惯于过去的买卖关系而较难有对等及互信的态度，再者在VMI计划本身大部分的参与人员并未有完整的相关知识与实务经验，再加上彼此既有的运用方式与系统的显著差异，都增加了计划执行的复杂与困难度。漫长的发展过程中，历经了冷漠、争吵与对立等过程，直到彼此有共同的认知与乐意分享，而计划就在这种过程中逐步推展，参与人员也从中彼此学习，并取得成果。然而针对未来进一步的计划发展上，仍需要双方组织运作与系统的调整配合，才有可能顺利达成。

在成果上，除配置了一套VMI运作系统与方式外，对于具体目标达成上也已有显著的成果，雀巢对家乐福物流中心产品到货率由原来的80%左右提升至95%(超越目标值)，家乐福物流中心对零售店面产品到货率也由70%左右提升至90%左右而且仍在继续改善中，库存天数由原来的25天左右下降至目标值以下，在订单修改率方面也由60%～70%的修改率下降至现在的10%以下。

除了在具体成果的展现上，对雀巢来说最大的收获是在与家乐福的合作关系上，过去与家乐福是单向的买卖关系，顾客要什么就给他什么，甚至是尽可能的推销产品，彼此都忽略了真正的市场需求，导致销售好的商品经常缺货，而不畅销的商品却有很高的库存量，经过这次合作，双方更为相互了解，也愿意共同解决问题，并使原本各项问题的症结点一一地浮现，有利于根本性改进供应链的整体效率。另一方面雀巢也开始推动了将VMI系统运用到军公教代送商的计划，在原来与家乐福的VMI计划上也进一步考虑针对各店降低缺货率，以及促销合作等计划的可行性。

如果信息的运用与电子商务只是单纯地将既有作业电子化与自动化，只能带来作业成本的减少，其本身意义并不大，唯有针对经营的本质做改善，才能产生较大幅度的效益提升。对流通业而言这种本质改善就是ECR，雀巢与家乐福的VMI计划就是其中的一种应用，通过经营模式的改变而逐步改善库存管理与配置的效益，就供应链的角度而言，ECR更可能影响整个后端的工厂制造与前端店面生产以及库存效率的提升。然而这些应用最难的仍在创造合作的第一步，唯有上下游双方均有宏观的思考，愿意共同合作，才会有进步的可能，雀巢与家乐福的合作计划虽然仍有很长的路要发展下去，但是一个很好的示范，值得其他公司与产业效法。

讨论题

(1) 实施VMI给雀巢与家乐福带来了哪些好处？

(2) 为了实施VMI，雀巢与家乐福做了哪些工作？

(3) 上述案例中供应商库存管理系统的特点有哪些？有什么启示？

第3章 供应链库存需求预测

【本章教学要点】

知识要点	掌握程度	相关知识	应用方向
库存需求预测的基本概念	掌握	预测的概念；需求预测和库存需求预测的概念	学习库存需求预测的基本概念、预测内容及预测流程，为选择预测方法并实施预测提供理论基础
库存需求预测的分类	熟悉	按预测的期限和预测方法本身的特征两个方面进行分类	
库存需求预测的内容	了解	库存需求的分类及库存需求预测的具体内容	
库存需求预测的流程	熟悉	库存需求预测的5个步骤	
定性预测方法	掌握	定性预测方法的概念、特点及使用时应注意的问题	学习常用的库存需求预测方法基本原理的基础上，能在实际的库存需求预测中灵活选择并使用
德尔菲法和销售人员意见汇集法	重点掌握	德尔菲法和销售人员意见汇集法的特点、预测过程及应用举例	
时间序列预测方法	熟悉	时间序列预测方法的概念和原理	
移动平均法和指数平滑法	重点掌握	移动平均法和指数平滑法的原理、预测过程及应用举例	
回归分析预测法和神经网络预测法	熟悉	回归分析预测法和神经网络预测法的预测步骤及预测模型	
常用预测方法的比较	掌握	常用预测方法的特点比较	比较预测方法，掌握各自优缺点，能在实际需求预测中使用正确的方法
库存需求预测方法的选择	了解	库存需求预测方法的选择原则及预测注意事项	

导入案例

夏普公司的库存需求管理[①]

夏普公司是一家总部位于日本大阪的大型综合性的电子信息公司，自1912年创业以来，夏普已经在世界25个国家、62个地区开展业务，从收音机、电视到微波炉、计算器、太阳能电池、再到液晶显示器，夏普相继推出了多个“日本首次”、“世界首次”的产品。夏普公司作为推出电子计算器和液晶显示器等电子产品的创始者，始终勇于开创新领域，运用领先世界的液晶、光学、半导体技术，在家电、移动通信、办公自动化等领域体现出了丰富多彩的“新信息社会”。

但是，面对竞争日益复杂的电子消费品市场，夏普公司越来越感觉到市场的快速变化，特别是电子消费品的生命周期越来越短，其市场普及率越来越接近饱和状态，企业的经营风险也越来越大。与此同时，客户对电子消费品个性化的需求也越来越高。因此，如何在竞争激烈和快速变化的市场中寻求一套实时的决策系统就显得尤为重要，特别是通过提高对商品的预测准确率来降低企业的库存、减少交货期的延误、保住了大量有价值的客户。

传统的库存需求预测过程如下：企业首先对市场进行粗略预测，当了解到市场对某产品有较大需求后，就开始启动供应链进行生产。由于预测的粗略，生产的数量不可能与市场的真正需求完全一致。因此，当供过于求时，就会造成产品的滞销与积压，给企业带来损失；当供不应求时，由于分销商与零售商一直处于被动推销产品的地位，对市场潜在需求的反应迟钝，只有当产品在零售商店脱销时，才向制造商发出订单，开始计划新的生产，而当新的产品上市时可能已经错过了商机。

为了避免出现以上问题，夏普对整个供应链上的需求体系进行了全面诊断，提出了包括订单管理、生产制造、仓库管理、运输和开票等全流程在内的整体无缝链接，并结合信息系统的实施，建立起供应和需求一体化的结构，尤其是通过对系统数据的分析，定时连接及灵活的处理，使决策者能够比过去更加方便和有效地协调人员、设备资源和流程配置，从而更加准确地满足市场的需求。

夏普公司通过企业信息平台的建立，使得企业各部门之间可以及时便捷地共享各种采购信息和销售数据，以便在进行库存需求预测时选择最优的预测模型，不仅降低了库存的水平，降低了物料管理的成本，加快了库存的周转率，而且大大地提高了企业的效益。另外，由于对销售量及库存需求较准确的预测，使得夏普公司对客户的交货承诺性得到很大程度的提高，货物的支付比过去更加及时和准确；同时，通过对需求链的有效管理可以充分考虑各方面因素，如运输成本、订单执行等，从而制定资源平衡和优化的需求预测。

讨论题

(1) 为降低库存成本，夏普采取了哪些措施？

(2) 通过对整个供应链上的需求体系进行全面诊断，夏普发现了什么问题？

(3) 有效准确的库存需求预测给夏普带来了哪些好处？

库存需求预测是供应链库存管理中的重要环节，有效的库存需求预测有助于供应链中的成员企业降低库存水平，减少库存管理及处理成本，从而取得竞争优势。由于在库存管理过程中存在补货提前期，即在发出货物补充请求后要滞后一段时间才能到货，另外在货物补充过程中存在批量规模效应，即一次尽可能大批量补货，以降低相关成本。所以，在进货补货之前应提前做好对未来库存的需求预测，分析库存需求的趋势和规律，以确定最优的补货时机并进行批量补货，从而提高供应链库存管理的效率并减少库存管理的成本。由于供应链中的企业在进行库存需求预测时，采用的仍然是传统的库存需求预测方法，因

① 资料来源：牛鱼龙. 《日本物流经典案例》，重庆大学出版社，2006.

此本章主要介绍了传统的库存需求预测方法的概念及其预测步骤，这些预测方法均适用于供应链库存管理中的库存需求预测。

3.1 库存需求预测概述

3.1.1 库存需求预测的基本概念

1. 预测的概念

预测就是人们对某一不确定的或未知事件做出预计和推测。在供应链管理中，储存物资的目的就是为了应对生产经营过程中的不确定性。如果未来需求是已知的，供货商也能及时供货，则这种物资不需要储存，可以实行零库存，实现库存成本最低。

预测包含以下 4 个基本要素。

(1) 预测信息。预测信息是预测的基础，是指调查研究收集得到的关于研究对象的背景资料、统计数据、动态情报以及预测者的经验和认识。预测信息大体上分为两类：一类是经过记录和整理的资料；另一类是未经记录或未经过处理的资料，这些资料是不完整的，甚至有主观的成分。预测信息的质量直接关系到预测后阶段工作的有效性。

(2) 预测技术。预测技术是指在预测过程中对预测对象进行质和量的分析时所采用的各种方法和手段的总称。这些方法和手段也可以分为两类：一类是直观的方法；另一类为统计的方法。

(3) 预测分析。预测分析是指预测者根据自己的经验和有关理论所进行的思维研究活动，它贯穿于预测活动的整个过程。

(4) 预测判断。预测的过程中自始至终都离不开判断，如收集选用哪些信息资料、选用何种预测方法进行预测、对于预测结果是否合理或是否需要对预测结果进行修正等都需要判断。

2. 库存需求预测的概念

需求预测是企业制订战略规划、生产安排、销售计划，尤其是物流管理计划的重要依据。现代化企业的管理离不开对未来的准确把握。需求预测的准确性影响着企业对未来市场的理解，决定着企业的经营决策，也在一定程度上决定了企业的经营绩效。

在库存管理过程中通常库存需求是不确定的，因此为了减少管理和处理成本，就需要对未来的库存需求进行准确预测，从而尽量降低企业的库存水平，以降低企业的生产和经营成本。库存需求预测就是对未来经营活动对库存物资需求的预测，也是对市场需求变化的预测。具体来说，它是基于对生产、装运、销售等方面以及客户需求的预测或估计而对未来货物的需求地点、需求品种、需求时间进行的预测。有效的库存需求预测可以在降低库存水平的基础上，降低库存持有成本，提高企业的经济效益，对企业以及供应链上企业联盟的正常运营具有重要意义。

3. 库存需求预测的分类

库存需求预测可以从预测期限以及预测方法的特征两个方面进行分类。

1) 根据预测期限分类

按照预测期限，库存需求预测可分为短期预测、中期预测、长期预测3种。

(1) 短期预测。时间跨度通常少于3个月，最多不会超过一年。该预测主要是针对一个产品或生产计划的需求进行描述的。其预测目的主要是为制定适当的库存管理策略、适时调整产销、适应市场需求提供依据，从而安排相应的配送和库存作业。

(2) 中期预测。时间跨度通常为3个月到两年，有时也被称为季节预测，这是进行产品更替或组织资源所需的时间。其预测目的主要是完善企业的销售计划、生产计划和预算，分析不同的作业方案，为企业未来生产提供相关设施计划。

(3) 长期预测。时间跨度通常为两年及两年以上，往往是建立新的工厂或开始新的生产周期、组织新设备需要的时间。其预测目的一般是对企业的整体需求进行预测，以掌握库存量的变化趋势，为库存管理制定重大决策提供科学的依据。

2) 根据预测方法特征分类

根据方法本身具有的特征，可将需求预测方法分成两大类，即定性预测方法和定量预测方法。

(1) 定性预测。定性预测也称为“直观预测法”，是指预测者依靠熟悉的业务知识、丰富的经验和综合分析能力，根据已掌握的历史资料和直观材料，对事物的未来发展做出性质和程度上的判断；然后再通过一定的形式综合各方面的意见，作为预测未来的主要依据。

定性预测常用于预测一般商业趋势，或长时期内对某类产品或服务的潜在需求，主要为高层管理者使用。此外，因为定性预测对数据要求少，所以在历史数据稀少的新市场或新产品预测中使用较多。对社会经济生活中的一些突变因素，如政策调整对市场影响，由于无适当变量或模型作量化分析，也大多采用定性预测法。定性预测方法有很多种，目前在长期经济预测和技术预测中使用得较多的是专家调查法。

(2) 定量预测。定量预测也叫统计预测，是指主要依靠历史统计数据，运用数学的概念、理论和方法，对预测对象的量的关系、量的变化进行推导和演算，定量地表示出预测对象未来的发展状态的方法。进行定量预测时，通常需要积累和掌握历史统计数据。

定量预测具有以下优点。

① 偏重于数量方面的分析，重视预测对象的变化程度，能做出变化程度在数量上的准确描述。

② 它主要把历史统计数据和客观实际资料作为预测的依据，运用数学方法进行处理分析，受主观因素的影响较少。

③ 它可以利用现代化的计算方法，来进行大量的计算工作和数据处理，求出适应工程进展的最佳数据曲线。定量预测的缺点是比较机械，不易灵活掌握，对信息资料质量的要求较高。

定量预测适应了在企业管理中量化未来需求的要求，在生产经营，尤其是物流管理领域起着重要作用。但由于远期预测误差过大，使得预测本身失去价值，所以定量预测法大多数用在近期预测上。

(3) 综合预测。综合预测是指两种以上预测方法的组合运用。通常是定性方法和定量方法的组合运用，或者两种以上定量预测方法的综合运用。综合预测法的预测结果较为可靠和精确，这是因为各预测方法都有其相应的适用范围和优点，综合预测法兼有多种预测方法的长处。

定性预测主观性很强，受人为因素影响较大，通常只对实践起指导作用，适合用作战略决策的依据；定量预测比较客观，而且量化的数据可以直接用来帮助制订物流计划，在管理中应用广泛。定性预测和定量预测并不是相互排斥的，而是可以相互补充的，在实际预测过程中应该把两者结合起来正确地使用。

库存管理是物流系统中的一个重要环节，影响库存需求的因素众多，为了提高经济预测质量，在进行定量预测时，也要进行定性预测。库存需求预测应将定性分析作为出发点，定量预测应以定性分析为基础。定量预测虽可使定性分析深入和具体化，起到心中有“数”的作用，但是只能测定主要因素的影响，其余因素的影响，特别是无法定量的因素的影响，则难以包含。因此，在定量预测之后，也要进行定性分析，对其结果进行必要的调整，才能使预测结果与实际接近。

3.1.2 库存需求预测的内容

1. 库存需求的分类

为了进行科学合理的库存需求预测，需要先对库存的需求进行分类。按照库存需求的特性来划分，可分为独立需求库存与相关需求库存。独立需求库存是指用户对某种库存物品的需求与其他种类的库存无关，表现出对这种库存需求的独立性。从库存管理的角度来说，独立需求库存是指那些随机的、企业自身不能控制的，由市场所决定的需求。独立需求库存无论是从数量上还是在时间上都有很大的确定性，但可以通过预测方法粗略地估算。

相关需求库存是指与其他需求有内在相关性的需求，根据这种相关性，企业可以精确地计算出其需求量和需求时间，是一种确定型需求。如顾客对某一商品(如汽车)需求，对于生产该产品的企业来说就是独立需求，因为这种需求与其他种类物品需求无关，而且是随机的、企业不能控制的。而对于构成该产品的零部件及原材料(如轮胎、车门等)的需求，则是相关需求，因为一旦这种产品需求确定了，生产该产品所需的零部件及原材料的数量是确定的，是可以精确计算的。对于相关需求可以采用 ERP 系统的物料需求计划计算，不需要进行需求预测。

按物品需求的重复程度可将库存需求划分为单周期库存和多周期库存。单周期需求也称为一次性订货，这种需求的特征是偶发性或物品生命周期短，因而很少重复订货。有两种情况：一是偶尔发生的某种物品的需求，如某些大型活动的纪念章或节日贺卡等；另一种是易腐物品或时效性很强物品的需求，如鲜鱼、鲜肉、杂志、报纸等。对于单周期需求物品的库存控制称为单周期库存问题。多周期需求是在长时间内反复发生，库存需要不断补充的需求。对多周期需求物品的库存控制称为多周期库存问题。与单周期库存相比，在供应链库存管理中多周期库存问题更为普遍。

2. 库存需求预测的内容

按照物资在生产和配送过程中所处的状态将库存划分为原材料库存、在制品库存、维修库存和成品库存。原材料库存是为了保证生产过程的连续正常而进行的储存，包括原材料和外购零部件，其库存水平主要受生产计划的不确定性和供应商供货的不确定性的影响。在制品库存是为了维持生产连续进行所需的必备物资的储存，包括处在产品生产不同阶段的半成品，其库存水平取决于生产工艺、生产过程连续性以及管理水平。维修库存主要指维修备件，包括用于维修与养护的经常消耗的物品或部件，其库存需求取决于故障的可预测性。产成品库存是准备运送给消费者完整的或最终的产品，其库存水平取决于组织生产类型与生产组织方式以及市场需求情况。

在对不同种类的库存需求进行预测时，主要有 5 个方面的因素必须考虑：库存需求的数量、需求时间和频率、进出货的范围及其可预测性。需求数量的预测是库存需求分析的关键，可以用精确的数字来表达，也可以表达为一个范围或频率。需求时间是指预测的时间跨度，可分为短期预测、中期预测和长期预测 3 种情况。一般情况下，对需求变化快的事件采用短期预测以减少预测误差，提高其准确性和可靠性；对于战略性或趋势性的预测，多采用中、长期预测。需求频率是指特定时间内满足需求的次数，如一年要送达货物几次或每个季节要送达几次。需求范围是指特定需求数量的变化范围，可以是宏观预测，也可以是微观预测。宏观预测是为全局发展规划提供库存管理决策和依据，主要从比较广的角度去研究市场变化；微观预测是从企业的角度出发，研究市场变化，是为客户提供服务的重要手段。通常可以通过考察历史消耗量和补充库存数据来进行库存需求预测，而这些数据和趋势可能是可预测的、随机的、无序的、周期性的或非周期性的。因此如果未来的库存量和历史库存消耗量及趋势联系较紧密，则其可预测性较强；若联系不大，则其可预测性较弱。

3.1.3 库存需求预测的流程

库存需求预测是一个系统工程，基本预测过程如下：①输入有关库存需求的数据资料；②通过各种预测技术方法的应用，处理各种需求数据资料；③根据预测结果，输出所需要预测的数据。

具体预测步骤如下。

(1) 确定预测的目的。预测不是研究的最终目的，它是为决策服务的。因此，必须首先根据决策任务的要求确定预测目的，包括预测指标、预测对象和预测期限。只有目的明确，才能有的放矢地去收集数据、选择预测方法和预测精度。

(2) 选择预测对象，收集预测所需的数据。明确预测的对象，根据影响需求的因素尽可能多地搜集影响预测对象各种历史数据和统计资料，并对其进行归纳整理和综合分析，去伪存真，填平补齐，形成合格的数据样本。特别注意不要被历史上发生的某些偶然现象蒙蔽，充分掌握市场状况、广泛搜集历史资料。这里还需确定预测时间的跨度，即为短期、中期还是长期预测。

(3) 建立预测模型。预测模型是预测对象发展规律的近似模拟。这一步骤包括 3 个方面的内容：选择预测方法、建立预测模型、利用模型进行预测。根据选定的预测方法，寻找各种经济变量之间的数量关系，建立起能反映研究对象变化规律的模型。如采用数学模型，就需确定模型的形式，并用收集到的资料进行必要的参数估计，求出模型的有关参数。

(4) 验证预测模型。实际的系统会受到多种确定因素和随机因素的影响，因此预测结果与实际值有一定差距，即会产生预测误差，如果误差太大，就失去了预测的意义。因此，必须对建立的预测模型的有效性和合理性进行检验。一方面要对有关假设进行检验；另一方面要对模型精度即预测误差进行检验，如果预测结果与实际值之间有显著的误差，则说明预测模型不合理。这时就必须对原有的预测模型进行修正或重新设计。若实际情况发生较大变化，则原有的预测方法也必须重新选择。

(5) 判断并做出结论，然后做出需求预测。运用通过检验的预测模型，使用相关历史数据，得出预测结果；并运用有关理论和经验对结果进行分析；必要时还可以运用不同的模型，同时对预测结果加以分析对比，以便做出更加可靠的判断，为系统决策提供科学依据。

上述 5 个程序只是一般步骤，实际工作时，应根据具体情况灵活运用。实际上，要完全达到目的，往往需要若干次的迭代和多次修正。因此，在实际的库存需求预测中，要根据企业各部门的实际运行情况，整个预测过程是不断认识和深化的动态过程，这一动态过程如图 3.1 所示。

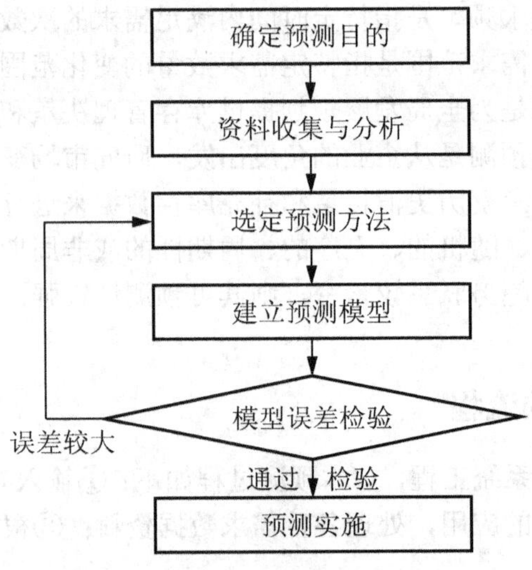

图 3.1 库存需求预测的一般过程

3.2 库存需求预测方法

如上节所述，库存需求预测方法可分为两大类：定性预测方法和定量预测方法。本节将对这两种方法的特点和预测步骤进行详细介绍。

3.2.1 常用的定性预测方法

定性预测的方法有很多，但从库存需求应用的广泛性、实用性和有效性角度来看，主要有德尔菲法、销售人员意见汇集法、市场调查法、各部门主管集体讨论法和历史类比法等。本节重点介绍德尔菲法和销售人员意见汇集法。

1. 德尔菲法

德尔菲法又称专家调查法，起源于 20 世纪 40 年代末，最初用于美国早期空军部门为创造新的军事技术而开发的一种方法。首先美国兰德公司使用，之后很快就在世界上盛行起来。德尔菲一词来自于希腊神话的口语谐音，意为对未来的预示具有绝对可靠的准确性的能力。该方法一般适用于长期预测，广泛应用于经济、社会、工程技术等各个领域，已成为需求预测中普遍采用的流行方法之一。

1) 德尔菲法的特点

(1) 匿名性。在德尔菲法的每一轮征询中，均采用背靠背的办法向专家征询意见，这样可以保证每位专家不制约、影响其他人的意见。所以，匿名性可以创造一种平等、自由的气氛，鼓励专家发表自己的见解。

(2) 反馈性。采用德尔菲法需要多次轮番征询意见，每次征询都必须把预测主持者的要求和上一轮专家意见的统计结果反馈给专家。因此，德尔菲法具有信息反馈沟通的特点。这样经过多次反馈，可以不断修正预测意见，使预测结果比较准确可靠。

(3) 集思广益。在整个预测过程中，每一轮调查都将上一轮的许多意见与信息进行汇总和反馈，这样可以使专家们在背靠背的情况下，能充分了解更多得客观情况和其他专家的意见，从而有助于专家们开拓思路，集思广益。

(4) 趋同性。德尔菲法注意对每一轮的专家意见做出定量的统计归纳，使专家们能借助反馈意见，最后使预测意见趋于一致，即德尔菲法能使专家的预测结果“趋同”，而且这种“趋同”不带有集体讨论中盲目屈从权威的色彩。

2) 德尔菲法的预测过程

首先由主持预测的单位选定与预测课题有关的领域和专家，专家人数一般为 20 人左右，可视具体问题而定。之后与专家建立直接的联系，联系的主要方式是函询。通过函询收集专家的意见，加以综合、整理后匿名反馈给各位专家，再征求意见。这样反复经过 4～5 轮，逐步使专家的意见趋向一致，作为最后预测的根据。具体包括以下步骤。

(1) 准备阶段。该阶段主要完成两项工作：成立专家小组和制定调查表。

具体来说，专家的选择应遵循以下两个基本原则：一是这里的“专家”是对该项业务非常熟悉的人员，而并不一定是对该项业务并不熟悉的著名学者；二是任何一个专家不知道专家小组中的其他成员，所有的工作过程都是采取匿名的方式进行的。另外，专家的人数要适宜。人数过少，缺乏代表性，信息量不足；人数过多，组织工作困难，预测成本增加。一般以 20～50 人为宜。

接着根据预测的目的和要求，拟定需要调查了解的问题，制成调查表。调查表是把调查项目有次序排列的一种表格形式。调查项目是要求专家回答的各种问题。调查项目要紧紧围绕预测的题目，应该少而精，含义要具体明确，使回答人都能正确理解。同时可编制填表说明，并提供背景材料。

(2) 逐轮征询阶段。准备阶段的工作完成以后，就进入向专家们进行正式调查的阶段。这一阶段主要是通过反复地征询专家意见来实现的。

第一轮，预测主持者首先向专家寄送调查表，请专家在限定时间内寄回结果。接到专家的结果之后，主持者要将各种不同意见进行综合整理，汇总成表，然后再“反馈”给各位专家，进行第二轮征询。在这次征询中，每位专家都能了解其他人的意见，以及其他人对自己意见的评价，并有助于专家们对上一轮的各种意见进行比较，据此修正自己的意见和判断。第二轮答案寄回后，主持者还要加以综合整理，并进行下一轮征询。一般情况下，专家意见经过 3～4 轮征询，就会基本趋于一致。

每一轮都把上轮的回答用统计方法进行综合整理，计算出所有回答的平均数和离差，在下一轮中告诉各个专家。平均数一般用中位数，离差一般用全距或四分位数间距。

例如，调查问题是“某种产品下季度的库存大约为多少吨？”，选择 11 个专家调查，回答是 10、11、12、14、14、15、18、19、20、22、23，则中位数为 15(吨)，全距为 23-10=13(吨)。上四分位数的位置为$\frac{11+1}{4}=3$，数值为 12；下四分位数的位置为$\frac{3\times(11+1)}{4}=9$，数值为 20。四分位数间距为 20-12=8(吨)。经过每次反馈后，每个参加预测的专家可以修改自己原来的推测，也可坚持他原来的推测。

(3) 做出预测结论阶段。在经过多次反馈后，取得了大体上一致的意见，或者对立的意见已经非常明显。最后要根据几次征询所得到的全部资料，进行分析整理，做出预测结论。

3) 德尔菲法的优缺点

德尔菲法的优点表现在：①既能充分发挥每个专家的经验和判断能力，又能发挥专家的集体智慧，提高预测质量，为决策者提供可靠的信息；②简单易行，且操作成本低。因此，德尔菲法是一种科学性较强、适用范围广、可操作性强的定性预测方法。

德尔菲法的缺点表现在：①预测需要的时间较长；②主要凭专家的主观判断，缺乏客观标准。该方法适用于对于总体目标的预测，对于不同分类预测项目预测的可靠性较低。另外，对于难以用精确数学模型处理，需要征求意见的人数较多、成员较分散、经费有限，或某种原因不宜当面交换意见的问题，用该种方法预测效果较好。

值得注意的是，此法与我国传统使用的调查分析法是有区别的。德尔菲法的 3 个明显的特征是在使用时必须坚持，即匿名性、反馈性和趋同性。经过数轮征询后，专家们的意见相对收敛，趋向一致。一旦有个别专家与众观点不同，则要求他详细说明理由。我国传统使用的调查分析法，既没有反馈性、匿名性的要求，更没有趋同性的要求。

4) 德尔菲法应用举例

【例 3.1】某品牌服装企业打算在北方地区推广新设计出的某系列服装，为对该系列服装的库存、销售和配送做出安排和计划，需要对品牌服装未来一年的销售量做出预测。预测采用德尔菲法进行，具体过程如下。

(1) 提出问题：用德尔菲法预测该系列服装未来一年的日均销售量。

(2) 邀请专家：邀请了 4 位经济学家、3 位研究人员、4 位领导人员、6 位业务人员、3 位客户代表，发放意见征询表，要求每人对该系列服装未来一年的日均销售量进行预测。

(3) 意见汇总、整理、计算、分析，经过 3 轮的意见反馈，得到该系列服装销售量的预测统计情况，见表 3-1。

(4) 根据统计表，采用适当的计算方法得出预测结果。

表 3-1　服装销售量的预测统计表　　单位：件

专　家	第 1 轮意见	第 2 轮意见	第 3 轮意见
经济学家 A	220	260	300
经济学家 B	180	180	180
经济学家 C	220	240	280
经济学家 D	58	88	170
研究人员 A	190	198	198

续表

专　家	第 1 轮意见	第 2 轮意见	第 3 轮意见
研究人员 B	200	160	150
研究人员 C	90	130	130
领导人员 A	150	176	180
领导人员 B	76	112	112
领导人员 C	116	126	126
领导人员 D	98	100	138
业务人员 A	120	130	170
业务人员 B	130	140	180
业务人员 C	110	130	130
业务人员 D	120	138	138
业务人员 E	150	165	163
业务人员 F	140	140	152
客户代表 A	78	100	112
客户代表 B	226	220	220
客户代表 C	139	150	151
合计			3 380

解：方法一：用平均数计算。

预测结果=3 380/20=169(件)

方法二：用中位数计算。

首先把 20 位专家的第三轮预测意见从小到大依次排列，从而得到以下数列：112，112，126，130，130，138，138，150，151，152，163，170，170，180，180，180，198，220，280，300。中位数为第十个数和第十一个数的平均数=(152+163)/2=157.5≈ 158(件)，即系列服装的日销售量预测结果为 158 件。

2. 销售人员意见汇集法

1) 销售人员意见汇集法的概念

所谓销售人员意见汇集法，就是充分利用销售人员对本地区经济发展状况和市场需求的熟悉以及服务人员对市场需求变动的敏感，首先做出局部的估计，然后通过汇总各地区的预测值来形成对全国范围库存需求的总预测。

这种预测方法是建立在如下假设前提之上的：处于最底层的那些离顾客最近、最了解产品最终用途的销售人员最清楚产品未来的需求情况。这一假设尽管并不总是正确，但在很多情况下仍不失为一个有效的假设。该方法多在一些统计资料缺乏或不全面的情况下采用，对短期市场预测效果较好。

2) 销售人员意见汇集法的优缺点

(1) 销售人员意见汇集法的优点：简单明了、容易操作；销售人员对客户有较全面深刻的了解，对市场比其他人有更敏锐的洞察力，因此预测值可靠性较大，风险性较小；适用范围广；对商品销售量、销售额和花色、品种、规格都可以进行预测，能比较实际地反映当地需求；销售人员直接参与公司预测，从而对公司下达的销售配额有较大信心去完成；运用这种方法，也可以按产品、区域、顾客或销售人员来划分各种销售预测值。

(2) 销售人员意见汇集法的缺点：销售人员可能对宏观经济形势及企业的总体规划缺乏了解；销售人员受知识、能力或兴趣的影响，其判断总会有某种偏差，有时受情绪的影响，也可能估计过于乐观或过于悲观；有些销售人员为了能超额完成下年度的销售配额指标，获得奖励或升迁机会，可能会故意压低预测数字。

3) 销售人员意见汇集法的应用举例

销售人员意见汇集法使用时，由于个人判断的局限性，有的估计乐观一些，预测值大；有的估计悲观一点，预测值较小。为克服这一缺陷，可以通过计算推定平均值加以矫正。其计算公式为

库存需求推定平均值=(最乐观估计值+4×最可能估计值+最悲观估计值)/6

另一种方法是让每个销售人员对需求的最高值、最可能值及最低值进行分别预测，并给出出现结果的概率，然后再根据不同人员的预测值求出平均需求预测值。具体统计表见表 3-2。

表 3-2　销售人员意见汇集法的预测统计表

销售人员	预测项目	需求预测值	发生概率	需求×概率	期望值
A	最高需求量	2 500	0.2	500	2 050
	最可能需求量	2 000	0.7	1 400	
	最低需求量	1 500	0.1	150	
B	最高需求量	2 500	0.2	500	1 900
	最可能需求量	1 800	0.6	1 080	
	最低需求量	1 600	0.2	320	
C	最高需求量	2 300	0.3	690	1 690
	最可能需求量	1 600	0.5	800	
	最低需求量	1 000	0.2	200	

由此，企业平均需求预测值为：(2 050+1 900+1 690)/3=1 880(单位)。

3. 使用定性预测方法应注意的问题

定性预测方法能集思广益，且简便易行。这种方法一般不需要建立高深的数学模型，在缺乏足够统计数据或原始资料的情况下，可以做出定量预测尚未反映的信息。由于缺乏客观标准，易受主观因素的影响，为了提高定性预测的准确程度，应注意以下 3 个问题。

(1) 企业应加强库存需求的调查研究，努力掌握影响库存量的各种有利条件、不利因素和处于变化状态的各种情况，从而使库存需求的分析判断更加贴近实际。

(2) 进行经济调查研究，搜集资料时，数据和情况并重，使定性分析数量化。也就是通过质的分析进行量的估计，进行有数据有情况的分析判断，提高定性预测的说服力。

(3) 应将定性预测和定量预测相结合，提高经济预测的质量。在库存需求预测过程中，应先进行定性分析，然后再进行定量预测，使库存需求预测具体化；最后再进行定性分析，对库存需求预测进行调整定案。这样才能深入地判断企业运营发展过程中的阶段性和重大转折点，提高库存需求预测的质量，为物流决策和计划管理提供依据。

3.2.2 定量预测方法

定量预测方法是使用历史数据或因素变量来预测需求的数学模型。常用的定量预测方法主要有时间序列预测方法、回归预测方法以及神经网络预测方法等。这里重点介绍时间序列预测方法和回归预测方法两大类。

1. 时间序列预测方法的原理

时间序列是按一定的时间间隔和事件发生的先后顺序排列起来的数据构成的序列。通过时间序列分析事物过去的变化规律并推断事物的未来发展趋势，就是时间序列预测法。基于时间序列的预测方法总是假设通过过去的数值可估计它们未来的数值。

时间序列预测法基于这样的原理，一方面承认事物发展的延续性，因为任何事物的发展都与其过去有着密切的联系，所以，通过对过去时间序列的数据进行统计分析，就能够推测出事物发展的趋势；另一方面，又充分考虑到事物发展会因偶然因素的影响而产生随机性波动，利用历史数据进行统计分析，并用加权平均等方法加以适当的处理，进行趋势预测。总的来说，通常包括 4 种变化成分，即长期趋势、季节性变动、周期性波动和不规则变动。

(1) 长期趋势。这是时间序列变量在较长时间内的总势态，即在长时间内连续不断地增长或下降的变动势态。它反映预测对象在长时期内的变动总趋势，这种变动趋势可能表现为向上发展，如劳动生产率提高，也可能表现为向下发展，如物料消耗的降低，也可能表现为向上发展转为向下发展，如物价变化。长期趋势往往是市场变化情况在数量上的反映，因此它是进行分析和预测的重点。

(2) 季节变动是指一年以内的有一定周期规律的、每年重复出现的变动，如服装有季节性消费，各种农产品上市存在季节性等。值得注意的是，如果序列按年值表列，就不存在季节性变动。为了分析问题的方便，本章所举例子假定不存在季节性变动。

(3) 周期性波动是指围绕着长期趋势出现的、具有一定循环起伏形态的变动，如一个国家或地区的经济发展因为各种错综复杂的原因而出现的周期性波动。在这里，为了论述、研究问题的方便，在进行时间序列预测分析时假定：物流需求变动现象只是随时间的变化而变化，本身不受周期变动的影响。

(4) 不规则变动又称随机变动，其变化无规则可循。对于不规则变动，虽然没有科学的分析方法将它计算出来，但由于不规则变动是一种受随机因素的影响而出现的变动，所以从长期看，可以期望这些随机因素的影响会互相抵消，物流现象一般会呈现出由主要因素影响的长期趋势。但是也有一些不规则变动是预见不到的但影响较明显的变动，如战争、自然灾害、大罢工等，这些重大的事故应与一般的偶然因素区别对待。

时间序列预测法具有简单易行、便于掌握、能够充分利用原时间序列的各项数据及适于短期预测的特点。它是以一个指标本身的历史数据的变化趋势去寻找市场的演变规律，作为预测的依据，即把未来作为过去历史的延伸，主要包括以下几种：①移动平均法；②指数平滑法；③灰色模型预测法；④马尔柯夫时序预测法等。本节重点介绍移动平均和指数平滑法。

2. 移动平均法

移动平均法是取最近时期库存量的平均值进行库存需求预测的方法。平均值是指算术平均值，“移动”是指参与平均的实际值随预测期的推进而不断更新。移动平均法的优点是便于计算且易于理解，但其缺陷在于赋予各期数值以相同的权重，因而只是在需求较稳定且对变化反应迟钝时才有效。所以使用移动平均法必须更新大量的历史数据以使预测更加准确。

移动平均法可分为简单移动平均法和加权移动平均法两种。简单移动平均法中一次移动平均法最为典型，适用于资料数据呈水平趋势变动的短期预测，本节将重点介绍。加权移动平均法不像简单移动平均法那样在计算平均值时对移动期内的数据同等看待，而是根据越是近期数据对预测值影响越大这一特点，不同地对待移动期内的各个数据。对近期数据赋予较大的权数，对较远的数据赋予较小的权数，这样来弥补简单移动平均法的不足。

1) 一次移动平均法

一次移动平均预测是对原时间序列按一定的时间跨度逐项移动，形成一个新的时间序列，以消除短期的、偶然的因素引起的变动，显现出长期趋势。其过程可表述为：首先计算观察期的移动平均值；然后以上年的移动平均值为基准，计算各年移动平均值的趋势变动值；最后，将最后一年的移动平均值加上趋势增长值求出预测期的预测值。因此，移动平均法从数列中所取数据点数一直不变，只是包括最新的观察值。

(1) 一次移动平均法预测的原理。

设 X_t 为时间序列中时间点 t 的观测值，则在第 t 时点的移动平均值为 $S_t^{(1)}$，其一次移动平均预测模型为

$$Y_{t+1}=\frac{X_t+X_{t-1}+\cdots+X_{t-n+1}}{n}=S_t^{(1)} \tag{3.1}$$

$$Y_{t+1}=\frac{\sum_{k=0}^{n-1}X_{t-k}}{n}=\frac{\sum_{k=0}^{n-1}X_{t-k}+X_{t-n}-X_{t-n}}{n}=\frac{\sum_{k=1}^{n}y_{t-k}}{n}+\frac{X_t-X_{t-n}}{n}=Y_t+\frac{X_t-X_{t-n}}{n} \tag{3.2}$$

式中：X_t——最新观察值；X_{t-n}——最早观察值；Y_{t+1}——下一期的预测值；$S_t^{(1)}$——第 t 期的一次移动平均值；n ——移动平均的项数。

式(3.2)说明，第 $t+1$ 期的预测值 Y_{t+1} 是在第 t 期预测值 Y_t 的基础上加上一个修正项 $(X_t-X_{t-n})/n$，修正项的作用和 n 的大小有关。对于同样大小的变化量 X_t-X_{t-n}，n 越大，则 $|(X_t-X_{t-n})/n|$越小，修正作用越小，对数据的平滑能力强。反之，若 n 越小，则修正作用越大，但平滑能力减小。因此，对 n 的选择不同，其预测的结果是不同的。一次移动平均预测法认为各期数据对将要发生的数据的影响是同等的。每次只能预测最近一期的数值，逐期移动，逐期预测。而且 n 值的选取有很大的随意性，预测精度较差，适合数据变化不大的近期预测。

在实际应用中，移动平均时段 n 的选择十分关键，它取决于预测目标和实际数据的变化规律。因此，不妨多取几个 n 值，对取不同的 n 值得出的预测结果分别同实际值相比较，计算其预测误差，最后选用预测误差最小的 n 值。从式(3.1)中可以看到，第 t 期的移动平均数只能作为 $t+1$ 期的预测值，如果要预测数期以后的值，这种方法就无能为力了。但是在实际预测中，当企业要逐月预测下个月的成百上千种产品的进货或销售情况时，这种方法还是很适用的。

一次移动平均法有两个优点：一是计算量少，二是能较好地反映时间序列的趋势及其

变化。因此，尽管预测精度较低，目前在各种物流需求的预测中仍有较广泛的应用。

(2) 一次移动平均法应用举例。

【例 3.2】 某产品逐月需求量见表 3-3，试用一次移动平均法预测该产品下个月的需求量。分别取 n=3 和 n=5 计算，并进行比较。

解：应用式(3.1)计算各时期的平均值，求出各预测值的绝对误差值和平均绝对误差值，见表 3-3。

表 3-3 一次移动平均法预测计算结果表

实际值(X_t)	预测值(Y_t)		绝对误差值 $\lvert X_t-Y_t \rvert$	
	n=3	n=5	n=3	n=5
342	—	—	—	—
340	—	—	—	—
343	—	—	—	—
345	341.67	—	3.33	—
346	342.67	—	3.33	—
348	344.67	343.2	3.33	4.8
348	346.33	344.4	1.67	3.6
350	347.33	346	2.67	4
348	348.67	347.4	0.67	0.6
350	348.67	348	1.33	2
	349.33	348.8	—	—
合计			16.33	15
平均绝对误差			2.33	3

由表 3-3 的计算结果可知：n 值不同，各期的预测值也不同，预测误差也不同。当 n=3 时，预测误差较小，因此，应选 n=3 时的移动平均值作为预测值，即下一期的销售量预测值为 349.33。

从例 3.2 的计算结果可以看出，简单移动平均预测对时间序列有修匀平滑的作用，但是它只能预测下一期的数值，对于远期数值的预测则无能为力，因此预测能力不强。另外，一次移动平均预测的结果存在滞后偏差，特别是在时间序列数据呈现线性趋势时，移动平均值总是落后于观察值数据的变化。因此，有必要引进二次移动平均预测，二次移动平均法可以纠正这一滞后偏差，建立预测目标的线性时间关系数学模型，求得预测值。

二次移动平均法是对一次移动平均数再进行第二次移动平均，再以一次移动平均值和二次移动平均值为基础建立预测模型，计算预测值的方法。二次移动平均预测不仅保留了一次平均移动预测的优点，还解决了一次移动平均预测只能预测下一期的局限性，它可以做近、短期的预测，适用于资料数据呈明显线性变化趋势的情况，其预测原理在这里不再赘述。但是，二次移动平均预测将近、远期的数据的重要性同等看待，这使预测精度受到了影响，为克服这个不足，引入加权移动平均法。

2) 加权移动平均法

该方法与一次移动平均法相类似，不同的是在移动平均数的基础上，对统计数按重要程度赋予不同的权数：一次移动平均法认为各个时期的历史数据对将要发生的数据的影响是等同的，而实际上，这种影响往往是不同的。一般可以认为最新观察值较早期观察值包含了更多的信息。

加权移动平均预测法就是对各个时期的历史数据以不同的权值来反映对将要发生的数据所起的作用。一般来说，距预测期较近的数据，对预测值的影响也较大，因而其权值也较大；距预测期较远的数据，对预测值的影响也较小，因而其权值也较小。其预测模型为式(3.3)。

$$Y_{t+1}=\alpha_t X_t+\alpha_{t-1}X_{t-1}+\cdots+\alpha_{t-n+1}X_{t-n+1}=\sum_{i=t-n+1}^{t}\alpha_i X_i \tag{3.3}$$

【例 3.3】 用加权移动平均法预测值。取 n=3，α_t，α_{t-1}，α_{t-2} 分别取 1/2，1/3，1/6 和 5/7，1/7，1/7。

解：分别对权值为 1/2，1/3，1/6 和权值为 5/7，1/7，1/7 的两组取值，应用式(3.2)计算各时期的加权平均值，求出各预测值的绝对误差值和平均绝对误差值，见表 3-4。

表 3-4　加权移动平均预测计算结果表

实际值(X_t)	预测值(Y_t)		绝对误差值$\lvert X_t-Y_t\rvert$	
	权值为 1/2,1/3,1/6	权值为 5/7,1/7,1/7	权值为 1/2,1/3,1/6	权值为 5/7,1/7,1/7
342	—	—	—	—
340	—	—	—	—
343	—	—	—	—
345	341.497	341.857	3.503	3.143
346	341.83	341.143	4.17	4.857
348	344.17	343.715	3.83	4.285
348	345.83	345.572	2.17	2.428
350	347	346.571	3	3.429
348	348.33	348.284	0.33	0.284
350	348.67	348.284	1.33	1.716
—	349.33	349.714	—	—
平均绝对误差			2.619	2.877

由表 3-4 的计算结果可知：当取 n=3，权系数为 1/2、1/3、1/6 时，下个月的货运量预测值是 349.33；当权值为 5/7、1/7、1/7 时，下个月的货运量预测值是 349.714；比较两组预测值的平均绝对误差值，可认为当权值取 5/7、1/7、1/7 时的预测模型较好。

加权移动平均预测法同一次移动平均法一样，只能预测最近一期的数据；而且由于权系数的选择有较大的随机性，使得预测的精度也较差。二次移动平均预测解决了一次移动平均预测只能预测下一期的局限性，它可以做近、短期的预测。但是，当需要做中、长期的预测时，二次移动平均法仍然不够理想，因为当预测期限拉长时，a_t、b_t 值一直没有变化。为了克服这个不足，引进指数平滑预测方法。

3. 指数平滑法

指数平滑预测法是对加权移动平均法和一次移动平均法的改进，会给过去的观测值不一样的权重，它赋予近期数据更大的权值。该方法操作简单，只需要本期的实际值和本期的预测值便可预测下一期的数据，当预测数据发生根本性变化时还可以进行自我调整，适用于数据量较少的近短期预测。指数平滑法分为一次指数平滑、二次指数平滑、三次指数平滑。其中二次指数平滑用于实际数据序列具有较明显的线性增长倾向，三次指数平滑用于实际数据有非线性增长倾向，选择原则同移动平均法。

1) 一次指数平滑

(1) 一次指数平滑法预测原理。

当时间序列观察值的发展趋势单纯围绕某一水平作随机变动，可采用一次指数平滑法，一次指数平滑的预测模型为

$$Y_{t+T}=S_t^{(1)} \tag{3.4}$$

式中：$S_t^{(1)}$——t 期一次指数平滑预测值。

其中，$S_t^{(1)}$ 的计算公式为

$$S_t^{(1)}=\alpha X_t+(1-\alpha)S^{(1)}_{t-1} \tag{3.5}$$

式中：X_t——t 期实际观察值；α——平滑常数，即权重系数，$0\leqslant\alpha\leqslant1$。

从式(3.5)可以看出，新的平滑值等于权数α乘以 t 期观察值加上$(1-\alpha)$乘以上一期的预测值，α 取值越大，说明近期观察值的作用也越大。

式(3.5)可以化为

$$Y_{t+1}=Y_t+\alpha(X_t-Y_t) \tag{3.6}$$

式(3.6)中，(X_t-Y_t)表示 t 期观察值与预测值的差即预测误差。当α 取值大时，误差也被放大，所以α 取值要适当。

指数平滑预测时，确定合适的α 值非常关键，既能实现不同时期数据的非等权处理，又直接影响到预测的准确度。α 取值的大小体现了 t 期的观察值与预测值之间的比例关系。α 值越大，t 期的实际值对新预测值的贡献就越大，如当α=1 时，t 期的实际值就是 t+1 期的预测值；而α 值越小时，t 期的实际值对新预测值的影响就越小，如当α=0 时，t+1 期的预测值就是 t 期的预测值，此时并没有考虑 t 期的最新信息，而只考虑以往的影响。因此，如果时间序列的长期趋势比较稳定，应取较小的α 值(0.05～0.2)；如果时间序列具有迅速明显的变动倾向，则应取较大的α 值(0.2～0.7)，使时间序列中最近数据的作用更多地反映在预测中。

采用指数平滑预测模型时，要用到初始平滑值 $S_0^{(1)}$，$S_0^{(1)}$ 的确定有 3 种方法：①用第一期观察值 $S_0^{(1)}=X_1$；②取 1、2、3 期观察值加权平均；③专家评估。如果资料数据点较多(在 50 个以上)，可以用实际值 X 来代替。如果数据点较少，则初始值的影响不能忽略，此时可以采用前几个数据的平均值作为初始值。

(2) 一次指数平滑法应用举例。

【例 3.4】用一次指数平滑预测法预测表 3-5 所示的第 11 期的某产品的销售量，分别取α=0.3 和α=0.7 进行计算。

解：取初值为前 3 期的平均值，应用式(3.5)对α=0.3 和α=0.7 计算各时期的一次指数平滑预测值，求出各预测值的绝对误差值和平均绝对误差值，计算结果见表 3-5。

表 3-5 一次指数平滑预测计算结果表

时期 t	实际值(X_t)	预测值(Y_t)		绝对误差值 $\|X_t-Y_t\|$	
		α=0.3	α=0.7	α=0.3	α=0.7
0					
1	345	350.33	350.33	5.33	5.33
2	350	348.731	346.599	1.269	3.401
3	356	349.111 7	348.979 7	6.888 3	7.020 3
4	380	351.178 2	353.893 9	28.821 8	26.106 1
5	374	359.824 7	372.168 2	14.175 3	1.831 8
6	355	364.077 3	373.450 5	9.077 3	18.450 5
7	362	361.354 1	360.535 1	0.645 9	1.464 9
8	370	361.547 9	361.560 5	8.452 1	8.439 5
9	373	364.083 5	367.468 2	8.916 5	5.531 8
10	384	366.758 5	371.340 4	17.241 5	12.659 6
平均绝对误差				10.081 77	9.023 55

由表 3-5 的计算结果可知：当取α=0.3 时，下一期的销售量预测值是 366.758 5；当取α=0.7 时，下一期的销售量预测值是 371.340 4。比较两组预测值的平均绝对误差值，可认为当α=0.7 时的预测效果较好。

从上面两组计算结果的平均绝对误差值可见，平滑系数α的取值对一次指数平滑法的预测误差起着重要的作用。一次指数平滑法力图找到最佳的α值，以使平均绝对误差(或均方差)最小。通常α的值可通过反复试验来确定，如取α为 0.1、0.3、0.5 或 0.9 等，也可根据时间序列的数值变化来确定，即若时间序列较平稳时，则α的取值较小；若时间序列波动较大时，则α的取值也就越大，以使预测值能够敏感地跟踪实际值的变化，如图 3.2、图 3.3 所示。

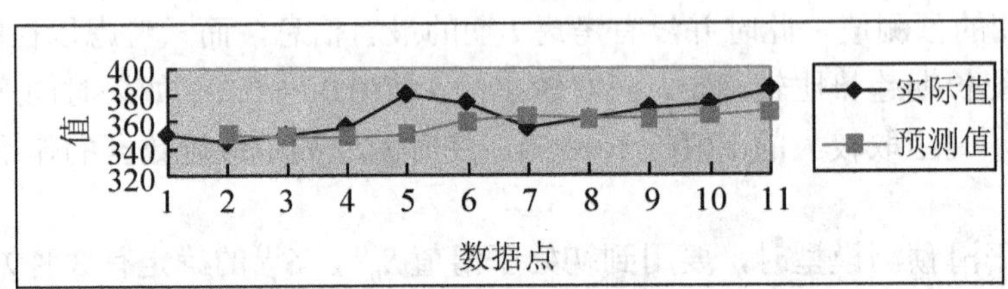

图 3.2 α=0.3 一次指数平滑预测曲线示意图

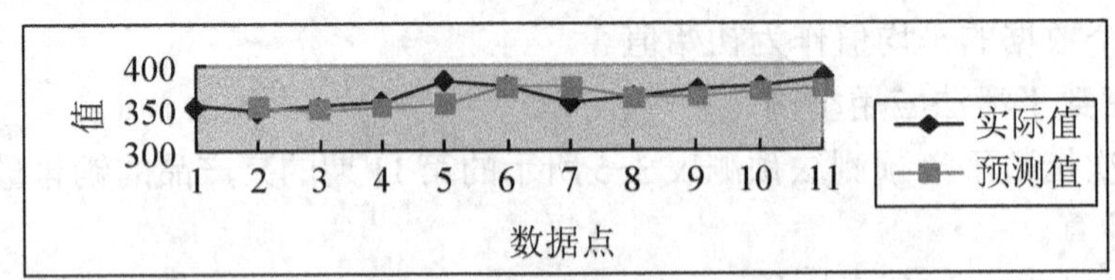

图 3.3 α=0.7 一次指数平滑预测曲线示意图

由图 3.2 和图 3.3 可以看出，一次指数平滑预测的结果存在滞后偏差，即当时间序列呈下降趋势时，预测值往往偏高；反之，预测值偏低。另外，一次指数平滑预测只能做下一期的预测。

2) 二次指数平滑法

当时间序列观察值的发展趋势包含某种线性持续增长或下降趋势时，则应采用二次指数平滑预测模型。二次指数平滑是以相同的平滑系数α对一次指数平滑数列$S_t^{(1)}$再进行一次指数平滑，构成时间序列的二次指数数列$S_t^{(2)}$

$$S_t^{(1)}=\alpha X_t+(1-\alpha)S_{t-1}^{(1)} \tag{3.7}$$

二次指数平滑法是对一次指数平滑值再进行一次指数平滑，计算公式为

$$S_t^{(2)}=\alpha S_t^{(1)}+(1-\alpha)S_{t-1}^{(2)} \tag{3.8}$$

3) 三次指数平滑法

当时间序列观察值的发展趋势出现较大曲率时，宜采用三次指数平滑法。它是在二次指数平滑法的基础上进行的。在二次指数平滑基础上对时间序列进行三次指数平滑，得到$S_t^{(3)}$的计算公式

$$S_t^{(3)}=\alpha S_t^{(2)}+(1-\alpha)S_{t-1}^{(3)} \tag{3.9}$$

式(3.7)、式(3.8)、式(3.9)中：α——权系数；$S_{t-1}^{(1)}$——第 t-1 期的一次指数平滑值；$S_t^{(1)}$——第 t 期的一次指数平滑值；$S_t^{(2)}$——第 t 期的二次指数平滑值；$S_t^{(3)}$——第 t 期的三次指数平滑值。

二次和三次指数平滑预测是一种十分有效的预测模型，所需的数据量小、精度高，适合做近短期预测。值得注意的是，在用指数平滑进行预测计算时，各次指数平滑值中的平滑系数α的取值须保持一致。

【例 3.5】 某厂产品的销售量见表 3-6，试计算该厂销售量的一次、二次、三次指数平滑法值，取α=0.3。

解：利用式(3.4)、式(3.7)、式(3.9)计算一次、二次、三次指数平滑值，取初始值$S_0^{(1)}$为第一期的销售量(2.3)，计算结果列入表 3-6。

表 3-6 指数平滑法预测实例表

年 份	t	销售量/千台	$S_t^{(1)}$	$S_t^{(2)}$	$S_t^{(3)}$
	0		2.3	2.3	2.3
2001	1	2.3	2.3	2.3	2.3
2002	2	3.4	3.07	2.53	2.37
2003	3	5.1	3.68	2.88	2.52
2004	4	7.2	4.74	3.44	2.80
2005	5	9.0	6.02	4.21	3.22
2006	6	10.6	7.39	5.17	3.80
2007	7	12.0	8.77	6.25	4.54
2008	8	14.3	10.43	7.50	5.43

由表 3-6 的计算结果可知：一次、二次和三次平滑值都会滞后于实际值，在物流需求预测中，一般不直接将指数平滑值作为需求预测值，而是对其进行修正。观察实际数值的分布，若呈线性趋势，则可用二次指数平滑线性预测模型进行预测；若实际观察值的分布呈

非线性趋势，一般情况下二次指数平滑法不适用，要用三次指数平滑法，即非线性预测模型。

4) 指数平滑预测模型

一次指数平滑的预测模型为

$$Y_{t+T}=S_t^{(1)} \tag{3.10}$$

二次指数平滑的预测模型为

$$Y_{t+T}=a_t+b_tT \tag{3.11}$$

三次指数平滑的预测模型为

$$Y_{t+T}=a_t+b_tT+c_tT^2 \tag{3.12}$$

式中：Y_{t+T}——第 $t+T$ 期的预测值；a_t、b_t、c_t——平滑系数。

模型中参数 a_t，b_t，c_t 可按下述关系得到。

(1) 二次指数平滑中，a_t，b_t 可按 $a_t=2S_t^{(1)}-S_t^{(2)}$，$b_t=\dfrac{\alpha}{1-\alpha}(S_t^{(1)}-S_t^{(2)})$ 进行计算。

(2) 三次指数平滑中，$\begin{cases} a_t=3S_t^{(1)}-3S_t^{(2)}+S_t^{(3)} \\ b_t=\dfrac{\alpha}{1-\alpha}[(6-5\alpha)S_t^{(1)}-2(5-4\alpha)S_t^{(2)}+(4-3\alpha)S_t^{(3)}] \\ c_t=\dfrac{\alpha^2}{2(1-\alpha)^2}[S_t^{(1)}-2S_t^{(2)}+S_t^{(3)}] \end{cases}$

【例 3.6】 试计算例 3.5 中 2009 年和 2010 年的销售量，计算线性预测值和非线性预测值。

解：①由表 3-6 求二次平滑系数。

$a_{2008}=2S_t^{(1)}-S_t^{(2)}=2\times10.43-7.5=13.36$

$b_{2008}=\alpha/(1-\alpha)(S_t^{(1)}-S_t^{(2)})=0.3/(1-0.3)\times(10.43-7.5)=1.26$

所以 $Y_{2008+T}=13.36+1.26T$

②由表 3-6 求出三次平滑系数。

$a_{2008}=3S_t^{(1)}-3S_t^{(2)}+S_t^{(3)}=3\times10.43-3\times7.5+5.43=14.22$

$b_{2008}=\alpha/(1-\alpha)$ $[(6-5\alpha)]$ $S_t^{(1)}-2(5-4\alpha)S_t^{(2)}+(4-3\alpha)S_t^{(3)}=2.90$

$c_{2008}=\alpha^2/2(1-\alpha)^2\left(S_t^{(1)}-2S_t^{(2)}+S_t^{(3)}\right)=0.08$

所以 $Y_{2008+T}=14.22+2.07T+0.08T^2$

③ 利用模型求解预测值。

2009 年线性预测值为 $Y_{2008+1}=13.36+1.26\times1=14.62$(千台)

2010 年线性预测值为 $Y_{2008+2}=13.36+1.26\times2=15.88$(千台)

2009 年非线性预测值为 $Y_{2008+1}=14.22+2.90\times1+0.08\times1^2=17.2$(千台)

2010 年非线性预测值为 $Y_{2008+2}=14.22+2.90\times2+0.08\times2^2=20.34$(千台)

4. 回归分析预测方法

回归分析预测方法是在分析市场现象自变量和因变量之间相关关系的基础上建立的变量之间的回归方程，并将回归方程作为预测模型，根据自变量在预测期的数量变化来预测因变量的预测方法。回归分析预测法是一种重要的市场预测方法，在对企业库存未来的发展状况和水平进行预测时，如果能将影响库存需求的主要因素找到并且能够取得其数量资料，建立定量关系，就可以采用回归分析预测法进行预测。回归分析预测方法的预测步骤如下。

(1) 根据预测目标，确定自变量和因变量。明确预测的具体目标，也就确定了因变量。如预测具体目标是下一年度的销售量，那么销售量 Y 就是因变量。通过市场调查和查阅资料，寻找与预测目标的相关影响因素，即自变量，并从中选出主要的影响因素。

(2) 建立回归预测模型。依据自变量和因变量的历史统计数据进行计算，在此基础上建立回归分析方程，即回归分析预测模型。

(3) 进行相关分析。回归分析是对具有因果关系的影响因素(自变量)和预测对象(因变量)所进行的数理统计分析处理。只有当变量与因变量确实存在某种关系时，建立的回归方程才有意义。因此，作为自变量的因素与作为因变量的预测对象是否相关，相关程度如何，以及判断这种相关程度的把握性多大，就成为进行回归分析必须要解决的问题。进行相关分析，一般要求出相关关系，通常以相关系数的大小来判断自变量和因变量的相关程度。

(4) 检验回归预测模型，计算预测误差。回归预测模型是否可用于实际预测，取决于对回归预测模型的检验和对预测误差的计算。回归方程只有通过各种检验，且预测误差较小，才能将回归方程作为预测模型进行预测。

(5) 计算并确定预测值。利用回归预测模型计算预测值，并对预测值进行综合分析，确定最后的预测值。

1) 一元线性回归模型

一元线性回归模型说明库存需求因变量与某一自变量之间存在某种线性关系。即

$$Y = a + bX \tag{3.13}$$

式中：Y——库存需求量；X——影响因素；a、b——回归方程中的待定系数。

$$b = \frac{\sum_{i=1}^{n} x_i y_i - n\overline{xy}}{\sum_{i=1}^{n} x_i^2 - n\overline{x}^2} \tag{3.14}$$

$$a = \overline{y} - b\overline{x} \tag{3.15}$$

式中：$\overline{x} = \frac{1}{n}\sum_{i=1}^{n} x_i$；$\overline{y} = \frac{1}{n}\sum_{i=1}^{n} y_i$。

采用该模型时，预测人员首先应收集并整理有关因变量 Y 和自变量 X 的相关数据资料，建立一元线性回归模型并解出该方程，从而对库存需求进行预测。整个预测过程均可通过计算机软件轻松完成。但在建立回归方程时，应对其准确性进行仔细考察，其中系数 a、b 可采用最小二乘法进行估计。将搜集的历史数据代入方程还可解得相关系数 r，其取值为-1.00～1.00，r 值为负说明 Y 和 X 之间呈现负相关关系，r 值为正说明 Y 和 X 之间呈现正相关关系，同时 r 的绝对值越大说明变量之间的相关程度越高。

在进行实际的库存需求预测时，Y 和 X 之间是否呈现线性关系，除了需要预测人员的专业知识和实践经验来判断，还应根据实际观察得到的数据运用假设检验的方法来判断。也就是说，求得的线性回归方程是否具有实用价值，一般还需要经过假设检验才能确定。

【例 3.7】 为了预测我国薄钢板的年需求量，有关物资企业研究并收集了国外汽车制造业发达国家几年间的汽车产量与薄钢板消耗量的数据，见表 3-7。假设可以预见 2006 年汽车产量将达到 20.06 万辆，试用一次线性回归预测 2006 年薄钢板消耗量。

表 3-7　汽车产量与薄钢板消耗量的数据表

年　　份	汽车销售量 x/万辆	薄钢板消耗量 y/万吨
2001	13.98	19 180
2002	13.52	19 937
2003	12.54	21 719
2004	14.91	30 262
2005	18.60	30 399

解：由表 3-7 中提供的国外汽车业薄钢板的消耗量 Y 随汽车产量 X 的增加而增加，因而得到第一个结论是：变量 X 与变量 Y 之间有相关关系，通过绘制散点图可以看出汽车产量 X 与薄钢板消耗量 Y 的关系能够近似地用一条直线表示，这样又得到第二个结论：在国外汽车制造业发达国家中，汽车的产量与薄钢板的消耗量存在着线性关系。如果能求出这条直线的方程，那么就可以参照这一方程来预测我国薄钢板的年需求量。

设变量 X 与变量 Y 之间有线性相关关系，其相关方程为 $Y = a + bX$ ，由式(3.14)和式(3.15)，可得出 $b = \dfrac{\sum_{i=1}^{n} x_i y_i - n\overline{xy}}{\sum_{i=1}^{n} x_i^2 - n\overline{x}^2}$=1 807.047 6，$a = \overline{y} - b\overline{x}$=−2 282.270 8。

即有 $y = -2\ 282.270\ 8+1\ 807.047\ 6\ x$

当 x=20.06 时，$y = -2\ 282.270\ 8+1\ 807.047\ 6\times 20.06=33\ 967.104$

即 2006 年薄钢板的消耗量约为 33 967 吨。

2) 多元线性回归模型

在进行库存需求预测时，通常库存需求量 Y 不仅与单个因素相关，还存在多个因素变量同时影响库存需求的情况。因此需要用多元回归分析方法进行相关预测。多元线性回归分析方法是一元线性回归理论和技术在多变量线性关系系统中的重要延伸，也是最常使用的回归预测方法。

多元回归分析预测法是指通过对两上或两个以上的自变量与一个因变量的相关分析，建立预测模型进行预测的方法。当自变量与因变量之间存在线性关系时，称为多元线性回归分析。与一元线性回归预测类似，也应首先对因变量 Y 和 n 组自变量的统计数据进行分析，即($X_1, X_2, \cdots, X_i \quad i = 1, 2, \cdots, n$)，明确因变量 Y 和自变量 X 的相关关系，再建立多元线性回归方程并解方程，从而对库存需求量 Y 做出预测。因此，建立准确的回归方程是多元线性回归预测的关键。其回归预测模型可表示如下：

$$Y = b_0 + b_1 X_1 + b_2 X_2 + \cdots + b_n X_n \tag{3.16}$$

其中待定系数 $b_0, b_1, \cdots, b_n$ 均可通过最小二乘估计或者利用计算机软件求得。多元线性回归模型与一元线性回归模型一样，在计算出回归模型之后，要对模型进行各种检验。多元线性回归模型的检验方法有：判定系数检验(R 检验)，回归系数显著性检验(T 检验)，回归方程显著性检验(F 检验)。

3) 非线性回归模型

当因变量和自变量之间并不存在线性相关关系时，可采用非线性回归预测模型进行预

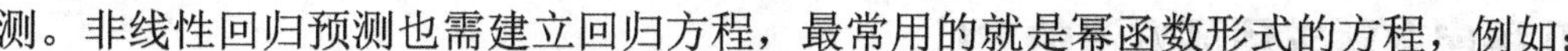

测。非线性回归预测也需建立回归方程，最常用的就是幂函数形式的方程，例如：

$$Y = aX_1^{e_1} \cdot X_2^{e_2} \cdots X_n^{e_n} \tag{3.17}$$

其中，$X_1, X_2, \cdots, X_n$ 是影响库存需求的若干因素变量，$a, e_1, e_2, \cdots, e_n$ 为待估系数。解该方程时可对方程的两端取对数，即可将方程转换为线性方程：

$$\lg Y = \lg a + e_1 \lg X_1 + e_2 \lg X_2 + \cdots + e_n \lg X_n \tag{3.18}$$

再依据线性回归预测模型的计算方法模拟出该函数的具体形式，从而进行库存需求预测。

5. 神经网络预测法

人工神经网络(简称神经网络)是人工智能学科中的一个分支。对人工智能的研究主要分为两个方向，一个是基于人类思维活动的所谓符号(逻辑)主义，专家系统的成功开发与应用，为人工智能走向工程实际和理论联系实际作出了重要贡献；另一个是模拟大脑微观结构、神经网络的连接机制和学习算法的连接主义。前者一度成为AI研究的主流，而后者由于技术条件的限制曾经一度徘徊不前，直到20世纪80代中期，Hopfield网络和BP算法的成功，才为其注入了新的活力。目前对人工神经网络的研究和应用正方兴未艾。

BP网络是一种多层前馈神经网络，名字源于网络权值的调整规则。采用的是后向传播学习算法，即BP学习算法，反向传播的本质是有导师的学习，即通过学习不断修正网络的权值和阈值，直到网络输出误差平方和达到最小。BP学习算法是Rumelhart等在1986年提出的。BP算法理论依据坚实，推导过程严谨、物理概念清晰并且通用性好，使它至今仍是前馈网络的主要算法。其不足之处是学习过程收敛速度慢，并且容易出现局部极值，因而是非完备的。

在神经网络的实际应用中，BP网络广泛应用于函数逼近、模式识别/分类、数据压缩等，80%～90%的神经网络模型采用了BP网络或者它的变化形式，它也是前馈网络的核心部分，体现了神经网络最精华的部分。

BP网络是一种单向传播的多层前向网络，其结构如图3.4所示。由图可见，BP网络是一种具有3层或3层以上的神经网络，包括输入层、中间层(隐层)和输出层。上下层之间实现全连接，而每层神经元之间无连接。

一般来说，神经网络预测的步骤如下：①样本的预处理，由于各种神经网络的激活函数、学习规则等不同，所以在输入之前需对输入样本作归一化处理；②输入预处理后的样本 y；③使用选定的神经网络训练算法，训练网络的连接强度；④还原处理。

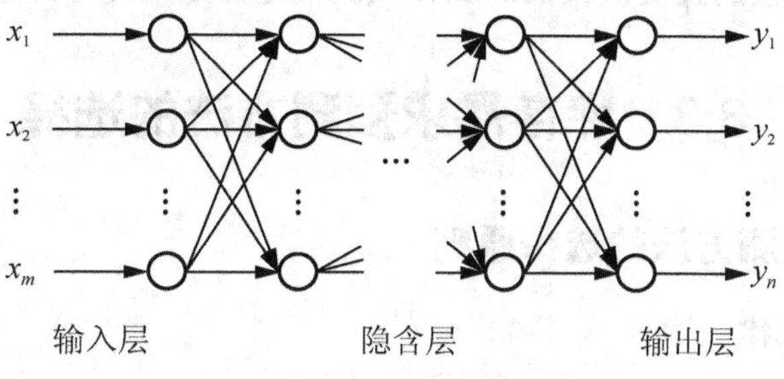

图3.4　BP网络结构

3.2.3 几种库存需求预测方法的对比

任何一种预测方法都是建立在一定的假设条件之上的，而任何一种假设条件都无法囊括企业实际运行过程中错综复杂的关系。因此，在选择预测方法时，必须考虑预测方法的适用条件。

1. 常用预测方法的特点

一个合适的方法不仅要适合被预测对象的影响因素，同时也要适合预测的环境和条件。每种预测方法有不同的预测有效时间范围、预测精度和工作量，选择预测方法时应综合考虑这些因素。表 3-8 列出了常用预测方法的一些特点。

表 3-8 常用预测方法的特点对比

方法名称	时间范围	适用情况	前期工作
定性预测法	短、中、长期	对缺乏历史统计资料或趋势面临转折的事件预测	需做大量的调查研究工作
一元线性回归预测法	短、中期	自变量与因变量之间存在着线性关系	需要大量时间为两个变量收集历史数据
多元线性回归预测法	短、中期	因变量与两个或两个以上的自变量之间存在着线性关系	需要大量时间为所有变量收集历史数据，通常借助于计算机进行计算
非线性回归预测法	短、中期	因变量与一个或多个自变量之间存在着某种非线性关系	需收集历史数据，并用几个非线性模型试验，需借助于计算机计算
时间序列平滑预测法	短期	只适用于进行短期预测	只需时间序列历史数据

短期、中期、长期等术语是相对于所讨论的问题而言的。在商业预测中，短期通常指 3 个月以内，中期指 3 个月到两年，长期指两年以上。一般而言，短期模型补偿了随机波动并对短期变化(如顾客对新产品的响应)进行了调整。中期预测模型适用于受季节波动性影响的情况。长期预测模型用于探测总体趋势走向，特别在识别主要拐点时具有重要意义。

企业选用预测模型一般取决于：①预测的时间范围；②能否获得相关数据；③所需的预测精度；④预测预算的规模；⑤合格的预测人员。

选择预测模型时，需考虑其他一些问题，如企业的柔性程度(企业的柔性越好，即企业对变化的快速反应能力越强，预测模型所需的精度就越低)和不良预测所带来的后果。如果是根据预测进行大规模的投资决策，那么该预测一定得是个良好的预测。

3.3 库存需求预测方法的选择

3.3.1 库存需求预测方法的选择原则

1. 预测的一般规律

1) 预测总会有误差

预测是根据现在推知未来，在实际预测过程中误差是不可避免的。一般地，预测误差=

预测值-实际观测值。外部环境的变化、预测模型的选择都会对预测误差的大小产生影响。反过来，预测误差的大小也成为选择合适预测工具的重要依据。为更好地利用预测做出决策，通常在预测的同时对误差进行估计。在预计外部经济环境将发生大幅度变化时，还要对预测结论重新分析，避免对预测数据的盲目迷信。

2) 对一组产品的需求预测比对单一产品更准确

即使一个群体行为呈现非常明显的统计特征，其变化规律也十分稳定，但群体内部个别单位的行为也会表现为极强的随机性和不可预测性。因此，对一组产品的预测通常都会比对单一产品的预测更准确些。正因为如此，当衬衣厂对包装材料进行需求预测时，因为所有男式衬衣使用同样的包装盒，所以管理者就可以不考虑不同型号、不同颜色衬衣需求的差异，而只考虑衬衣需求的总量，并制订相应的原料采购、库存管理计划。这样，由于采用成组预测，个别产品预测中出现的预测误差部分地相互抵消，增加了预测的精度。

3) 近期预测更准确

假设预测能力确定，则由当前至未来，预测误差就像一个张开的喇叭口，会越来越大。出现这种情况的原因很多，一方面，随着时间的推移，不确定因素会增多；另一方面，预测总会有误差，根据近期预测值做出远期预测，预测误差会逐渐累计，也会使结果偏离程度加大。因此，虽然人们会做远期预测，但往往会随着时间的推移，定期根据实际观测值对以前的预测作进一步的调整，以使得预测结果更加准确。

2. 选择库存需求预测方法时应考虑的因素

1) 预测成本和预测精度

当选定预测目标后，企业应首先做出预测的预算，包括因预算不准可能导致的损失，以及准确的预测可为企业带来的利润。成本最低或精度最高的预测方法不一定是最好的预测方法，最优的预测方法应该是综合考虑成本和精度两方面因素，以达到总体最佳的效果。

2) 预测的周期

由于不同的预测方法具有各自的特点，它们适合预测的时间周期也不同。例如，移动平均法和指数平滑法均适合短期预测；当选择时间序列预测方法时，应首先分析预测对象的变动趋势；当需做长期预测或缺乏历史数据时可选用定性的预测方法。

3) 其他因素

预测方法的选择还应考虑以下因素：①历史资料数据的获得及数据的变动特点；②预测所需的硬件及软件条件；③预测人员的知识水平；④预测所需的时间；⑤是否具有某种预测方法的使用经验。

3. 选择库存预测模型的原则

库存预测模型的选择应遵循以下原则。

(1) 精度优先原则。用预测模型进行需求预测时，在预测期间所预测的结果与实际值相比较误差较小则精度较高。预测误差可以用绝对误差或平均绝对误差来表示。所谓精度优先，是指在选择预测模型时，首先要考虑的就是预测的精度要求。

(2) 简洁性原则。在具有同样精度情况下，结构越简单的模型，其简洁性越好。

(3) 适应性原则。当实际环境发生变化时，模型的精度变化越小，就说明模型的适应性越强。

(4) 实用性原则。模型易于得到使用者的理解和接受，模型使用条件不太苛刻，实用性较好。

3.3.2 供应链库存需求预测的注意事项

除了经济系统运动的偶然性，人们对规律认识的相对性和所能使用数学工具的限制使得经济系统的运动规律只能在摸索中逐步实现，而且经济学科又不可能像自然学科那样进行实验，逐一找出每一个因素的单独影响，所以经济规律比自然规律更难把握、更难预测。供应链中的库存需求预测涉及的因素较多，预测流程较复杂。而目前所使用的数学工具还难以将所有的影响因素之间错综复杂的非线性关系都用恰当的数学公式表示出来，所以只能舍弃次要因素，选择最优的预测方法。

通过应用现有的预测方法，积极运用可靠的历史资料，加以科学整理。在考虑尽可能多的影响因素，分析供应链库存需求的特性及构成的基础上，预测人员在实际进行预测活动时，还应注意以下几个问题。

(1) 预测结果的可信度。本章介绍的各种预测模型中，只有回归模型提供了可信度结论，而其他模型都没有给出结果的可信度。当对预测结果做组合处理后，最终预测值的可信度的估计更加复杂。

(2) 预测方案。实际预测活动中尽量给出多个预测方案，以增加决策的适应性和调整性，避免因单一方案造成决策的刚性。

(3) 拟合度与精度。拟合度是指预测模型对历史观察值的模拟程度。一般地讲，对既定的历史数据总可以找到拟合程度很高的模型。但预测人员也不应过分相信“拟合度越高，预测结果就越准确”的结论。预测准确性的高低属于精度问题，拟合度好，不一定精度高。

(4) 预测的期限。预测按预测时间可分为长期预测和中短期预测。一般地说，对短期预测较好的模型，不一定对长期预测也好；反之亦然。这两类预测从精度上讲，短期预测的精度要求应高于长期预测。

(5) 预测模型。现在有将预测模型复杂化、多因素化的趋势，虽然这种发展趋势一般有利于提高预测精度，因为其中包括了更多因素的影响。但有时复杂模型不一定比简单模型好，而且由于影响因素过多，对这些因素的未来值也不易判断。

(6) 数据处理与模型调整。如果某个模型的预测误差较大，人们通常采取对原始数据进行平滑处理和修改模型的方法去解决。这种对原始数据进行平滑处理的方法实际上是在回避矛盾，数据异常的原因有很多，预测人员应首先对此加以研究，以便在预测活动中考虑这些因素的影响。

(7) 实际与想象。很多预测人员在预测活动开始时就对预测对象的未来发展作了想象，并以此想象来不断地修正预测结果。这是一种本末倒置的做法，尤其是中间预测值的取舍及组合处理时，应力求避免犯这一错误。

除以上问题外，对预测的复杂性还应有更为深入的认识，即预测总是在假定未来的发展和现在已知或过去发生的事物有关的基础上进行的，但又不是简单的数学方程式推断。预测无法回避社会经济发展中同时带有规律性和偶然性的矛盾。由于社会经济运动具有一定规律性，从过去的变化和估计将会产发生的影响去推断未来，这正是事物可以预测的理由；当然社会经济的发展也有偶然性，特别是人为因素在其中所起的作用，又使得在进行库存需求预测时具有很大的不确定性，可能预测效果不甚理想。因此，只能根据经济发展的规律，结合供应链中的企业本身的具体情况，在某一可能的范围内大体预测某一时期的库存需求量，以期对企业的采购、配送、销售等环节提供有利的决策依据。

本章小结

有效的库存需求预测在供应链上的企业具有重要的参考意义，为企业进行产品设计、制造、销售、配送等环节需要订货和补货时提供重要的参考依据。针对不同的变化规律，本章在介绍库存需求预测的相关基本概念的基础上，重点介绍了常用的库存需求预测的方法，主要可分为定性预测方法和定量预测方法两大类。定性预测方法在较大程度上依赖于人的判断，经验占有一定比重，具有较大的柔性和灵活性。定量预测方法更适合科学的管理，如果所选定的方法与市场的变化规律相吻合，则可获得较高的预测精度。

值得注意的是，有些情况下库存的需求不一定具有明显的规律性，此时可考虑将定性方法与定量方法相结合来进行需求预测，或将本章所介绍的方法作适当的改造，然后进行预测。例如，产品在市场上的寿命周期一般具有 4 个阶段：导入期、增长期、成熟期和衰退期，由于在各个阶段市场的需求可能会表现出不同的规律，因此在不同的阶段选用的方法要视具体情况而定。

关键术语

需求预测	库存需求预测	需求预测方法	定性预测
定量预测	预测模型	时间序列预测	指数平滑预测

习　题

1. 选择题

(1) 库存管理的责任是测量特定地点的现有库存量，其中库存需求量的确定需要在________的基础上进行。

A. 需求识别和需求预测　　B. 了解客户要求
C. 服务水平预测　　D. 供货周期变化

(2) 资金占用成本、存储空间成本、库存服务成本和库存风险成本属于________。

A. 库存成本　B. 固定成本　C. 变动成本　D. 订购成本

(3) ________是预测的基础，是指调查研究收集得到的关于研究对象的背景资料、统计数据、动态情报以及预测者的经验和认识。

A. 预测技术　B. 预测分析　C. 预测判断　D. 预测信息

(4) ________的时间跨度通常为 3 个月到两年，有时也被称为季节预测。

A. 短期预测　B. 中期预测　C. 长期预测　D. 跨期预测

(5) _______常用于预测一般商业趋势，或长时期内对某类产品或服务的潜在需求，主要为高层管理者使用。

A. 定性预测　B. 定量预测　C. 组合预测　D. 季节预测

(6) _______是指用户对某种库存物品的需求与其他种类的库存无关，表现出对这种库存需求的独立性。

A. 相关需求库存　B. 安全库存

C. 独立需求库存　D. 变动库存

(7) _______是为了维持生产连续进行的生产所需的必备物资的储存，包括处在产品生产不同阶段的半成品，其库存水平取决于生产工艺、生产过程连续性以及管理水平。

A. 原材料库存　B. 在制品库存

C. 维修库存　D. 成品库存

(8) _______预测法是指通过对两个或两个以上的自变量与一个因变量的相关分析，建立预测模型进行预测的方法。

A. 一元回归分析　B. 时间序列分析

C. 指数平滑法　D. 多元回归分析

2. 简答题

(1) 简述库存需求的分类。

(2) 在对不同种类的库存需求进行预测时，应考虑哪些因素？

(3) 简述库存需求预测的流程。

(4) 简述定性预测和定量预测的概念及特点。

(5) 简述德尔菲法的预测过程。

(6) 简述销售人员汇集法的优缺点。

(7) 什么是时间序列预测法？常用的时间序列预测方法有哪些？

(8) 在指数平滑预测法中，如何选择 α 值？

3. 判断题

(1) 在库存管理过程中通常库存需求是确定的。 (　　)

(2) 综合预测通常是指定性方法和定量方法的组合运用，或者两种以上定量预测方法的综合运用。 (　　)

(3) 与多周期库存相比，单周期库存更为普遍。 (　　)

(4) 需求数量的预测是库存需求分析的关键，可以用精确的数字来表达，也可以表达为一个范围或频率。 (　　)

(5) 宏观预测是从企业的角度出发研究市场变化，是为客户提供服务的重要手段。 (　　)

(6) 移动平均法是取最近时期库存量的平均值进行库存需求预测的方法。 (　　)

(7) 当时间序列观察值的发展趋势包含某种线性持续增长或下降趋势时，则应采用一次指数平滑预测模型。 (　　)

(8) 回归分析是对具有因果关系的影响因素(自变量)和预测对象(因变量)所进行的数理统计分析处理。 (　　)

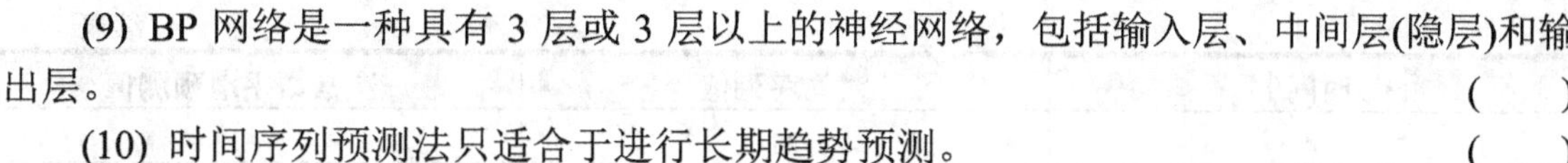

(9) BP 网络是一种具有 3 层或 3 层以上的神经网络，包括输入层、中间层(隐层)和输出层。 ( )

(10) 时间序列预测法只适合于进行长期趋势预测。 ( )

4. 计算题

(1) 某物资企业统计了某年度 1～11 月的钢材实际销售量，统计结果见表 3-9，分别用一次平均法和二次平均法预测其 12 月的钢材销售量。

表 3-9 某年度 1～11 月的钢材实际销售量

月 份	实际销售量/吨	月 份	实际销售量/吨
1	22 400	7	25 700
2	21 900	8	23 400
3	22 600	9	23 800
4	21 400	10	25 200
5	23 100	11	25 400
6	23 100	12	24 800

(2) 某公司 3 个销售员对明年的销售量作表 3-10 所示的估计。

表 3-10 销售人员意见统计表

销售人员	预测项目	需求预测值	发生概率	需求×概率	期望值
A	最高需求量	1 000	0.3	300	730
	最可能需求量	700	0.5	350	
	最低需求量	400	0.2	80	
B	最高需求量	1 200	0.2	240	900
	最可能需求量	900	0.6	540	
	最低需求量	600	0.2	120	
C	最高需求量	900	0.2	180	570
	最可能需求量	600	0.5	300	
	最低需求量	300	0.3	90	

另外，公司还有两位销售经理，根据自己的经验、观察、判断、已分别指出预测值：经理甲为 1 000 单位，经理乙为 800 单位。因经理是部门负责人，意见的权威性与销售人员相比，采取 2∶1 加权。试求出明年销售的预期值。

(3) 表 3-11 为某零售商的彩电销售量情况，根据一次指数平滑模型计算预测销售量并将表 3-10 填写完整，已知 Y_1=20，α=0.2。

表 3-11 彩电销售预测表

时间/t	时间序列值	一次指数平滑预测值
1	20	20
2	19	
3	22	

续表

时间/t	时间序列值	一次指数平滑预测值
4	21	
5	24	
6	25	

5. 思考题

(1) 举例说明定性预测与定量预测适用于哪些场合。

(2) 企业在进行库存管理的需求预测时应考虑哪些因素？

(3) 预测人员在选择库存需求预测方法时应遵循哪些原则？

案例分析

上海通用汽车公司通过有效的库存需求预测降低物流成本[①]

据统计数据显示，即使在发达国家，全年流通费用的支出也占到GDP的10%。而我国由于流通技术水平低、流通效率低、物流成本高，每年全社会支出的流通费用约占GDP的20%。因此通过库存环节降低物流成本就成为各公司的工作重点。下面介绍上海通用公司通过建立供应链预警机制，实现了有效的库存需求预测，从而降低库存成本。

上海通用汽车有限公司成立于1997年6月12日，由上海汽车工业(集团)总公司、通用汽车公司各出资50%组建而成。上海通用汽车位于上海市浦东金桥出口加工区，占地面积80万平方米。企业坚持“以客户为中心，以市场为导向”的经营理念，不断以高质量、全系列的产品和高效优质的服务，以丰富、差异化的产品线满足日益增长的市场需求，成为“多品牌、全系列”汽车公司。上海通用汽车基于精益生产理念建立了一套完整的采购、物流、制造、销售与售后服务体系和质量管理体系，并在生产和管理中大量采用计算机控制技术。

上海通用所有的车型国产化都达到了40%以上，有些车型已达到60%甚至更高。“这样可以充分利用国际、国内的资源优势，在短时间内形成自己的核心竞争力。”因此，上海通用非常注意协调与供应商之间的关系。

上海通用采取的是“柔性化生产”，即一条生产流水线可以生产不同平台多个型号的产品。例如，它可以在同一条生产流水线上同时生产别克标准型、较大的别克商务旅行型和较小的赛欧。这种生产方式对供应商要求极高，即供应商必须时常处于“时刻供货”的状态，这样就会给供应商带来很高的存活成本。而供应商一般不愿意独自承担这些成本，就会把部分成本打在给通用供货的价格中。如此一来，最多也就是把这部分成本赶到了上游供应商那里，并没有真正地降低整条供应链的成本。

为了克服这个问题，上海通用与供应商时刻保持着信息沟通。企业的管理人员介绍：“我们有1年的生产预测，也有半年的生产预测，我们的生产计划是滚动式的，基本上每个星期都有一次滚动，在滚动生产方式的前提下我们的产量在做不断的调整，这个运行机制的核心是让供应商也要看到我们的计划，让其能根据通用的生产计划安排自己的存货和生产计划，减少对存货资金的占用。如果供应商在原材料、零部件方面有种种原因造成问题，他也要给我们提供预警，这是一种双向的信息。万一某个零件预测出现了问题，在什么时候跟不上需求了，我们就会利用上海通用的资源，甚至全球的资源来做响应。”上述运行机

① 资料来源：中国交通运输协会.《供应链管理应试指南》，电子工业出版社，2007.

制的基础是企业和供应商之间信息系统的无缝链接，以便使得库存和采购部门及时便捷地得到相关零部件产品的历史数据和相关信息，并根据数据和信息的特点采用合适的预测模型，对每个生产周期的原材料和零部件进行相对准确的需求预测，以达到降低库存水平，节省物流成本的目的。

讨论题

(1) 简述在此案例中得到的启示。

(2) 分析上海通用汽车公司是如何通过库存需求预测节省物流成本的。

泛美公司忽视预测案例①

泛美航空公司曾经是美国一家航线最长、历史最久的航空企业巨头，但最后却落败到一蹶不振，竟然以宣布破产倒闭而告终。究竟是什么导致了泛美公司的失败呢？

20世纪70年代，泛美航空公司着手淘汰陈旧且耗油量大的波音707客机，但当时市场上并没有与波音707的载容量及续航能力等指标相当的机种。泛美的决策者并没有征询专家的意见，直观上做了一些粗略比较后，就选择了一家公司的L1105-500型飞机。然而，随后的事实表明这是一个错误。由于该型飞机油耗大、单位飞行成本高，使泛美的竞争力大打折扣。之后不久，美国那家生产商便停止了这种飞机的生产，于是L1105-500型飞机的维修又成了问题，只能在几年之后再次遭淘汰。

为了争夺国内航线，泛美又开始了新一轮的“大采购”，这次购入的是欧洲“空中客车”A300型飞机，同时还交换了一批不同型号的飞机。这给公司带来更大的麻烦。繁杂的机种给航空人员的培训、机械故障的排除、平日的维修、机场的管理等都造成了很大压力，无形中增加了公司的支出。更为严重的是美国国内航空禁令的解除，使得更多其他航空公司有机会在美国国内航空市场上一展身手。此时的泛美公司早已失去了与对手竞争的能力，高成本经营使其不堪重负，而大量职员所享受的高薪与福利愈发让泛美公司感到腹背受敌。1994年，泛美航空公司无奈宣告破产。

讨论题

(1) 从上述案例可以看出，需求预测对于企业的重要性表现在哪些方面？

(2) 分析泛美公司破产的原因。

(3) 根据此案例我们得到了哪些启示？

① 资料来源：中国交通运输协会.《供应链管理应试指南》，电子工业出版社，2007.

第4章 供应链安全库存管理

【本章教学要点】

知识要点	掌握程度	相关知识	应用方向
供应链安全库存	熟悉	安全库存的背景、概念和影响因素	掌握安全库存和服务水平的概念，能正确利用两者的关系解决实际安全库存管理问题
服务水平	了解	服务水平的定义；服务水平三的3种度量方法；供应链安全库存与服务水平的关系	
供应链库存订货点的确定	掌握	供应链库存订货点的计算	掌握安全库存水平的确定方法，能合理的使用方法确定企业安全库存量
安全库存水平的确定	掌握	根据需求和提前期确定和随机的4种不同情况，计算安全库存水平	
需求不确定性的安全库存	重点掌握	标准的安全库存计算方法；基于时间的MAD统计方法的安全库存	掌握季节性需求显著产品的安全库存计算方法，并能正确运用到库存管理中
提前期不确定性的安全库存	重点掌握	提前期变化对安全库存的影响；提前期均值和方差同时变化时的安全库存	掌握提前期变化时安全库存的计算方法，通过对提前期的变化有效控制安全库存
供应链安全库存与聚集效应	了解	聚集效应、信息集中化和专业化分工对供应链安全库存的影响	掌握聚集效应、信息集中化和专业化分工对安全库存的影响，能在供应链库存管理中正确运用这些管理杠杆

导入案例

安科公司的安全库存管理①

安科公司是一家专门经营进口医疗用品的公司，2001年该公司经营的产品有26个品种，共有69个客户购买其产品，年营业额为5 800万元人民币。对于安科公司这样的贸易公司而言，因为进口产品交货期较长，库存占用资金大，所以，库存管理显得尤为重要。

安科公司按销售额的大小，将其经营的26个产品排序，划分为A、B、C三类。排序在前3位的产品占到总销售额的97%，因此把它们归为A类产品；第4～7种产品每种产品的销售额为0.1%～0.5%，把它们归为B类；其余的19种产品(共占销售额的1%)归为C类。

对于A类的3种产品，安科公司实行了连续性检查策略，每天检查库存情况，随时掌握准确的库存信息，进行严格的控制，在满足客户需要的前提下维持尽可能低的经常量和安全库存量，通过与国外供应商的协商，并且对运输时间做了认真的分析，计算出该类产品的订货前置期为2个月(也就是从下订单到货物从安科公司的仓库发运出去，需要2个月的时间)。即如果预测在6月份销售的产品，应该在4月1日下订单给供货商，才能保证在6月1日可以出库，其订单的流程见表4-1。

表4-1 订单的流程

4月1日	4月22日	5月2日	5月20日	5月30日	6月30日
下订单给供应商(按6月份预测的销售数量)	货物离开供应商仓库，开具发票	船离开美国港口	船到达上海港口	货物进入安科公司的仓库，发货给客户	全部货物销售完毕

由于该公司的产品每个月的销售量不稳定，所以，每次订货的数量就不同，要按照实际的预测数量进行订货。为了预防预测的不准确和工厂交货的不准时，还要保持一定的安全库存，安全库存是下一个月预测销售数量的1/3。该公司对该类产品实行连续检查的库存管理，即每天对库存进行检查，一旦手中实际的存货数量加上在途的产品数量等于下两个月的销售预测数量加上安全库存时，就下订单订货，订货数量为第3个月的预测数量。因其实际的销售量可能大于或小于预测值，所以，每次订货的间隔时间也不相同。这样进行管理后，这3种A类产品库存的状况基本达到了预期的效果。由此可见，对于货值高的A类产品应采用连续检查的库存管理方法。

对于B类产品的库存管理，该公司采用周期性检查策略。每个月检查库存并订货一次，目标是每月检查时应有以后两个月的销售数量在库里(其中一个月的用量视为安全库存)，另外在途中还有一个月的预测量。每月订货时，再根据当时剩余的实际库存数量，决定需订货的数量。这样就会使B类产品的库存周转率低于A类。

对于C类产品，该公司采用了定量订货的方式。根据历史销售数据，得到产品的半年销售量为该产品的最高库存量，并将其两个月的销售量作为最低库存。一旦库存达到最低库存时就订货，将其补充到最高库存量，这种方法比前两种更省时间，但库存周转率更低。

该公司实行了产品库存的ABC管理以后，虽然A类产品占用了最多的时间和精力进行管理，但得到了满意的库存周转率。而B类和C类产品，虽然库存的周转率较慢，但相对于其很低的资金占用和很少的人力支出来说，这种管理也是个好方法。

接着，该公司又对其客户按照购买量进行了分类。发现在69个客户中，前5位的客户购买量约占

① 资料来源：http://courses.cqjtu.edu.cn/jpkc/yszzx/al.

全部购买量的75%，将这5个客户定为A类客户；到第25位客户时，其购买量已达到95%，因此，把6～25位的客户归为B类；其他的26～69位客户归为C类。对于A类客户，实行供应商管理库存，一直保持与他们密切的联系，随时掌握他们的库存状况；对于B类客户，基本上可以用历史购买记录做出他们的需求预测作为订货的依据；而对于C类客户有的是新客户，有的一年也只购买一次，因此，只在每次订货数量上多加一些，或者用安全库存进行调节。这样一方面可以提高库存周转率，同时也提高了对客户的服务水平，尤其是A类客户对此非常满意。

讨论题

(1) 安科公司对A、B、C三类产品进行库存控制的具体方法是什么？

(2) 安科公司是如何实施周期性检查策略的？

(3) 安科公司是如何提高库存周转率和客户的服务水平的？

企业为了提高客户服务水平，稳住现有顾客，拓展潜在客户，就必须在仓库中设有合理的安全库存量。利用安全库存作为缓冲，吸收供应链中需求和供应的不确定性。安全库存可以保证企业实现一定的客户服务水平，但是过多的安全库存量同样会增加企业的成本负担。企业最优的目标是利用最低的安全库存成本保证预期客户服务水平的实现。

4.1 供应链安全库存与服务水平

4.1.1 供应链安全库存

在供应链中，企业都会面临每日需求量、交货时间、供应商的配合程度等较多的不确定因素，如果协调不好这些因素，企业就会很容易因为断货影响生产，进而影响企业的交货，给企业带来损失。这种不确定性来源各异，从需求或消费者一方来说，不确定性涉及消费者购买多少和什么时候进行购买。处理不确定性的一个习惯做法是预测需求，企业很难准确地预测出需求的大小。从供应来说，不确定性是满足零售商或厂商的需要，以及完成订单所需要的时间。就交付的可靠性来说，不确定性来源于运输时间的改变、运输方式的变更和运输公司的营运状况改变等。为了应对这些不确定性，防止缺货的发生，企业要备有安全存货来进行缓冲处理。安全库存在正常情况下不动用，只有在库存量过量使用或者送货延迟时才能使用。

1. 安全库存的概念

企业在生产过程中会使用原材料、半成品和成品的库存，库存对于各种类型的企业，都是不可忽视的问题。库存管理起着缓冲作用，它能在每一库存点吸收掉需求量和补给周期中的正常变化。因此库存的这种调节作用使整个系统能够相对独立有效地进行各项工作。如果库存太少，企业就必须改进协调工作和计划进度，以进行补偿。在大多数生产活动中，库存补给是有限的。当产品和成品零部件生产出来检验合格后，就可以交给仓库，不论何种仓库补给方式，一般生产需求量总是低于总订货量。当工厂内部生产活动具有为整个装配线提供零件的特点时，就属于这种情况。仓库经常需要适应各种变化情况。大多数企业的大多数货物某些天的需求量超过平均值，而另一些天的需求则低于平均值。即使产品没有变化的企业，由于多种因素的影响，也会发生实际需求和平均需求不一致的情况，实际的需求并不是严格按照平均需求变化的，而是围绕着平均需求上下波动。

当实际的需求率比预期的需求高的时候，就会发生产品供给不足、库存短缺的现象。当然，上游交货误期也会出现库存短缺的情况。这时会导致失去销路、退货或造成停工损失，并可能失去客户。合理的库存系统在处理这类问题时，可以增加或建立预防的方法，最简单的办法是设置安全库存量。

安全库存是指为了防止由于不确定性因素(如大量突发性订货、交货期突然延长等)而准备的缓冲库存。安全库存是企业额外持有的库存，它作为一种缓冲器用来补偿在订货提前期内实际需求量超过期望需求量，或实际提前期超过期望提前期所产生的需求。

一方面，提高安全库存水平能满足顾客对产品的满意度，增加来自顾客的边际效益，缩短顾客的响应时间；另一方面，提高安全库存水平的同时，也增加了供应链中的库存持有成本，这一点对于产品寿命周期短、需求不确定的高科技产业尤为重要，较高的安全库存可抵消需求不确定性的影响，但也会产生副作用。随着新产品的上市，对老产品的需求降低，现有库存可能成为过时产品。安全库存的作用表现为当需求量较高时，安全库存量弥补了高需求所引发的库存短缺情况，保障了产品的交货时间和维护了企业的信誉。当订货过程中由于某些原因导致货物不能如期到达，安全库存此时可以保障生产的继续进行，减轻企业因原材料不能如期到达而发生的停工现象。

2. 影响安全库存的因素

随着生产规模的扩大和产品需求的多样化，越来越多的企业意识到通过加大库存来保障客户服务水平的做法给企业带来了沉重的成本负担，企业必须建立科学合理的安全库存量，在保证企业服务水平的同时，尽量地降低企业的库存成本和资金占用。为了更准确地确定安全库存水平，首先需要了解决定安全库存水平的重要因素，并对这些重要因素对安全库存水平的影响程度进行分析和评估。影响安全库存水平因素有以下两个。

(1) 需求和供给的不确定性。供求不确定性的增加会导致安全库存水平的增加。例如，某电脑制造商，刚推出某款新电脑时，由于市场需求不确定，而保持较高的安全库存，当产品被市场接受时，需求趋于稳定，不确定性降低，安全库存就应随之而降低。

(2) 顾客服务水平。如果企业的目标是保证新产品对市场的满足率，就应该保持较高的库存水平；反之，可适当降低。随着产品供给能力的增强，要求的安全库存水平也会提高。例如，如果某公司保有的新产品的库存水平高于其老产品，它必须有能力通过库存来满足顾客对新产品更高水平的需求。

4.1.2 服务水平

虽然安全库存的设置能够避免企业缺货的可能，然而基于成本的考虑，企业不可能持有过多的安全库存。很多情况下会出现这样的情形：当补充订货到来时，剩余的库存不是过多积压就是短缺。因此，企业就必须根据一个指标来确定安全库存量的设置，这个指标为服务水平。

服务水平是指企业从订货到收到货物的提前期内用库存来能满足顾客需求所占的比率。服务水平反映一个公司的产品供给能力。一般情况下，衡量一个企业产品供给能力是在一个特定的时间周期内，如一天、一周、一个月、一年等，采用平均方法来确定的。主要的度量方法如下。

1. 订单满足率

订单满足率是指在所有的订单需求中，用库存来满足订单需求所占的比率。它与产品的市场需求中由库存可提供的市场需求的概率相等。例如，某冰箱销售商向96%的顾客提供所需冰箱产品来自库存，剩余的4%由于库存不足而丢失订单，则该公司的订单满足率为96%。当订单包括一种产品时，则可用订单满足率来确定企业的服务水平。在订单包括多种产品的情况下，只有当库存能够提供订单中所有产品时，库存才能满足该订单的要求。例如，国外的一些企业采用订单满足率这一指标来表示企业的客户服务水平，这一指标具有两个优点。一是物理意义清晰，容易理解。该指标清晰地表明了企业设置的库存水平能够满足的市场需求，又有多少订单因为库存不足而丢失，容易被企业管理者所理解和接受。二是这一指标的计算与补货量无关，间接反映了服务水平与库存成本的关系。然而，该指标也有其不足之处，计算比较复杂，需要查阅相关的状态分布表，推导过程也比较抽象，较难理解。

2. 补给周期供给水平

补给周期供给水平是指在所有的补给周期中，能满足顾客所有需求的补给周期所占的比率。补给周期是指连续两个补充订货交付点的时间间隔。它测量的是在一个补给周期中不出现货物短缺的概率。例如，某公司的库存经理将其库存控制在补给周期供给水平为90%，指的是在给定的10个补给周期中，有9个补给周期能够满足市场所有的需求，不会出现缺货。这期间，库存可以满足所有客户的产品需求，而另外10%的补给周期会出现货物短缺情况。

目前，国内企业通常会使用补给周期供给水平作为服务水平的测量工具，该方法的优点是计算简单，从概率的角度易于理解。但是该方法有两个缺点：一是物理意义不明显，不能准确反映库存管理的客户服务水平。如前面所说的供给水平为90%，指的是10个补给周期中有9个不发生缺货，而在可能出现的缺货的1个补给周期中，并不是指所有的顾客需求都没有得到满足，实际上大部分的客户需求都满足了，只是在补给周期的最后阶段到达的客户需求没有得到满足。因此，一个90%的补给周期供给水平其对应的订单满足率往往能超过90%。二是这一指标与每次补货量无关，而小批量多批次的补货与大批量少批次的补货所引起的库存成本是不同的，因此该指标不能准确反映出客户服务水平与成本的关系。

3. 累计服务水平

累计服务水平是指所有产品中能够满足所有需求的比例，也就是指满足所有需求的概率，是一个累计的服务水平。一个产品满足所有的需求不能代表服务水平为100%，只有当所考察的产品都满足市场对每个产品的需求时才代表服务水平为100%。例如，某个产品由A和B两种零部件组装成，由于对各个零部件的需求数量不同，其库存设置也就不同，当零部件A能够满足对其需求的75%，而零部件B能满足对其需求的90%时，零部件A、B的累积服务水平为67.5%。

在按订单装配环境中，为了能够最大限度地满足到达的订单需求，往往需要根据需求预测设置一定水平的零部件层库存。这就涉及不同种类的零部件库存的设置问题。由于一些零部件可以用于多种情况，这就给库存的设置工作增加了困难。因此，为了实现某种产品一定的服务水平，需要把相关的零部件的库存水平维持在一定的范围内，满足一定的订单需求。此时就可以根据累计服务水平指标来确定库存。

以上介绍的度量方法都可以用来衡量企业对于客户的需求所达到的服务水平。在具体实践中，企业应当选取哪种方法进行度量则应当根据企业自身的需求和各种测量方法的特点而定。

4.1.3 供应链安全库存与服务水平的关系

安全库存是为了满足补货周期内出现的不确定需求，通过设置一定水平的安全库存来预防缺货。然而，安全库存虽然能够缓解缺货现象，但企业要支付库存成本；另一方面，当发生缺货时，顾客需求因此得不到满足而转向竞争者购买或寻找其他代替品等，企业就存在着缺货损失。于是企业就必须进行权衡，在库存积压所带来的成本和库存缺货所损失的销售量之间进行权衡，在此基础上设定合适的安全库存水平。然而在实践中，这两个目标经常发生冲突：一方面，为了达到客户服务水平要求保有大量的库存，而大量的库存往往会增加供应链总成本；另一方面，为降低供应链成本，尤其是库存成本，又要求减少库存，然而盲目地减少库存却容易导致客户服务水平的下降。

显然，服务水平越高，安全库存越大，所花费的成本也越大，但服务水平过低又将失去顾客，减少利润。因而确定适当的服务水平是十分重要的。在服务水平较低时，稍稍增加一点安全库存，服务水平提高的效果就会明显。但是，当服务水平增加到比较高的水平(如95%)，再提高服务水平就需大幅度增加安全库存。因此，在服务水平较低时增加安全库存，服务水平提高效果显著，此时的安全库存增加量相对减少。而当服务水平增加到一定程度(如 95%)时，在提高服务水平就需要大幅度增加安全库存量来实现，即安全库存的边际增加量随着产品供给水平的增大而增加。这一现象使得选择适当的客户服务水平显得更为重要。在实际运营过程中，只有保有高水平的安全库存量，才能提高产品供给水平。

4.2 供应链安全库存水平的确定

安全库存的确定是建立在数理统计理论基础上的。首先，假设库存的变动是围绕着平均消费速度发生变化，大于平均需求量和小于平均需求量的可能性各占一半，缺货概率为50%。

安全库存越大，出现缺货的可能性越小；但库存越大，会导致剩余库存出现的可能性也越大。企业应根据不同物品的用途以及客户的要求，将缺货保持在适当的水平上，允许一定程度的缺货现象存在。安全库存的量化计算可根据顾客需求量固定、需求量变化、提前期固定、提前期发生变化等情况，利用正态分布图、标准差、期望服务水平等来求得。

4.2.1 供应链库存订货点的确定

确定订货点实际上就是确定订货提前期内的需求。如果需求是确定的，即库存需求率不发生变化，订货提前期也是确定的，订货点就等于订货提前期与需求率之积。如果订货提前期是随机变化的，其分布规律是可掌握的，则订货点就等于订货提前期的期望值与需求率之积，这时就有缺货的风险。若需求率是随机变量，并能掌握其分布规律，同时订货提前期是确定的，则订货点等于订货点提前期与需求率的期望值之积，这时也有缺货的风险。如果需求率和订货提前期均为随机变量，并且具有分布规律，则订货点等于订货提前期期望值与需求率的期望值之积，当然也存在缺货风险。管理者为了减少缺货风险，在设定订货点时需要考虑安全库存。

在需求与提前期都是常数的情况下，订货点可以根据经济订货批量模型计算得出。在需求或提前期发生变化(成为随机变量)时，实际需求就有可能超过期望需求。因此，为了减少缺货风险，企业应持有额外库存即安全库存。这时，订货点为

$$R = SS + \mathrm{E}(D_L) \tag{4.1}$$

式中：R——订货点；SS——安全库存；$\mathrm{E}(D_L)$——提前期内需求的期望值。

安全库存是一种额外持有的库存，它作为一种缓冲器用来补偿在订货提前期内实际需求超过期望需求量，或者实际提前期超过期望提前期所产生的需求。在随机库存系统中，需求率和订货提前期的随机变化被预订的安全库存所吸收。安全库存对企业的成本有双重的影响：一方面降低库存维持费用，会增加缺货损失费，降低服务水平；另一方面，降低缺货损失费，提高服务水平，但会增加维持库存费用。即使有安全库存的存在，仍不能保证顾客的每一次需求都能得到保证，因此缺货是不可避免的。

服务水平是衡量随机型库存系统的一个重要指标，它关系到库存系统的竞争者能力。衡量服务水平有以下几种方法。

(1) 整个周期内供货的数量/整个周期的需求量。

(2) 提前期内供货的数量/提前期的需求量。

(3) 顾客订货得到完全满足的次数/订货发生的总次数。

(4) 不发生缺货的补充周期数/总补充周期数。

(5) 目前存货可供的时间/总服务时间。

把提前期内的需求 D 不超过订货点 R 的概率作为服务水平，可得

$$SL = P(D \leqslant R) \tag{4.2}$$

式中：SL——服务水平；R——订货点；D——提前期内需求。

如果提前期内需求符合正态分布，式(4.1)可以改写为

$$R = SS + \mathrm{E}(D_L) = \mathrm{E}(D_L) + z\sigma_D \tag{4.3}$$

式中：SS——安全库存量；$\mathrm{E}(D_L)$——提前期内需求的期望值；z——服务水平 $P(Z)$的标准正态分布系数，也称安全因子；σ_D——订货提前期内，需求的标准差。

如果提前期内各单位时间内需求分布相互独立，则有

$$\sigma_D = \sqrt{(LT)\sigma_p^2} \qquad (P = 1,\ 2,\ \cdots,\ n) \tag{4.4}$$

式中：LT——提前期内所含单位时间数；σ_p——提前期内各单位时间需求量的标准差。

【例 4.1】 某公司产品每月的需求呈正态分布，提前期内的平均值为 200 台，标准差为 15 台，$P(Z)$=0.95，求在服务水平为 95%的订货点。

解：由题意可知 $\mathrm{E}(D_L)$=200 台，查表 4-2 得 Z=1.65，σ_D=15 台，在服务水平为 95%的订货点为

$$R = SS + \mathrm{E}(D_L) = \mathrm{E}(D_L) + z\sigma_D = 200 + 1.65 \times 15 \approx 225(\text{台})$$

表 4-2 常用的顾客服务水平对应的需求变化安全系数

顾客服务水平/%	安全系数 Z
100.00	3.09
99.00	2.33
98.00	2.05
97.00	1.88
96.00	1.75
95.00	1.65
90.00	1.28
85.00	1.04
80.00	0.84

对于需求率或提前期的实际分布不是正态分布，利用式(4.3)可以得到近似的订货点，但如果提前期内的需求数据不充分，就不能用式(4.3)来确定订货点。

当需求和提前期均为常数时，设置订货点仅仅是满足提前期内的市场平均需求，这只是一种理想的状况。现实中，企业经常需要在需求和提前期都不确定的条件下做出决策。为了占有一定的市场份额，企业就需要满足一定的客户服务水平，此时就需要通过安全库存来缓冲，以吸收需求或提前期的不确定因素。而安全库存的存在使得企业的再订购水平在原来的基础上提高了安全库存的数值。仅当市场需求或由于提前期延迟而引起的需求超过预计的平均水平时，安全库存才发挥作用。

4.2.2 需求确定提前期随机的安全库存水平

当市场的需求相对稳定，而由于供应商的技术水平、设备故障、运输等原因导致提前期变化不稳定，出现波动的趋势。此时，为了能够满足提前期内达到的客户订单，就需要通过设置安全库存进行缓冲来满足客户需求。

假设提前期服从均值为L、标准差为δ_L的正态分布，而市场的需求是稳定的，单位时间内的需求为d，则安全库存的设置是为了应对由于一些突发状况引起的提前期延迟所需的市场需求。对于这种情形，在某一特定的服务水平下安全库存的计算公式为

$$SS = z\sigma_D = zd\delta_L \tag{4.5}$$

式中：SS——安全库存量；d——单位时间内需求量；z——服务水平 $P(Z)$的标准正态分布系数，也称安全因子；σ_D——订货提前期内，需求的标准差；δ_L——订货提前期的标准差。

【例 4.2】 已知 A 公司某产品的市场需求是稳定的，每天为 130 个单位。针对该产品的订货提前期服从正态分布，其平均值为 5 天，标准差为 2 天。当服务水平为 98%时，求安全库存。

解：根据题意，有d=130，提前期均值为L=5，标准差为$\delta_L = 2$，查表得 98%的服务水平所对应的z=2.05，则

$$SS = z\sigma_D = (2.05\times130\times2)\text{个产品单位}=533\text{个产品单位}$$

企业为了在经营过程中满足一定程度的服务水平，通过设置缓冲安全库存来减缓由于

需求或者提前期的变化造成的缺货损失。根据安全库存与服务水平之间的这种关系，当需求稳定提前期随机时，也可以通过服务水平推导出安全库存。此时，服务水平为

$$SL = p(D \leqslant R) = p(Ld < R) = p(L < R/d)$$

【例 4.3】 已知某公司 A 产品的市场需求是稳定的，每天为 130 个单位。针对该产品的订货提前期服从正态分布，其平均值为 5 天，标准差为 2 天。当服务水平为 98%时，求安全库存。

解：由于所需达到的服务水平为 98%，则有 $p(L < R/d) = 0.98$。查表得 $z = 2.05$，这表明在一个补货周期中，实际提前期有 98%的概率小于平均值。

则订购点

$$R = (5 + 2.05 \times 2) \times 130\text{个单位产品}=1\,183\text{个单位产品}$$

而平均的提前期 $L = 5$ 天，则在提前期内的平均需求 D 为

$$D = Ld = 5 \times 130\text{个单位产品}=650\text{个单位产品}$$

安全库存

$$SS = (1183 - 650)\text{个单位产品}=533\text{个单位产品}$$

4.2.3 提前期确定需求随机的安全库存水平

假设单位时间内的产品市场需求服从均值为 d，标准差为 σ 的正态分布，订货至交货的提前期为 L，各个时期的市场需求是相互独立的，即 $\text{cov}(i, j) = 0$。当 D 表示提前期内需求均值，标准差为 σ_D 时，则根据正态分布的性质，有 $D = Ld$，$\sigma_D = \sqrt{L\sigma^2}$。

通过服务水平，可以计算出订货至交货周期内需求低于再订货水平的概率，利用正态分布的特点计算安全库存 SS 为

$$SS = z\sigma_D = z\sqrt{L\sigma^2} = z\sigma\sqrt{L} \tag{4.6}$$

式中：SS——安全库存量；L——订货至交货的提前期；z——服务水平 $P(z)$的标准正态分布系数，也称安全因子；σ_D——订货提前期内，需求的标准差。

【例 4.4】 根据历年资料，C 公司的 A 产品每天的需求服从均值为 320 台、标准差为 50 的正态分布。已知订货提前期为 4 天，公司所提供的服务水平为 95%，试确定该公司应当持有的安全库存量。

解：根据题意，可得 $d = 320$，$\sigma = 50$，$L = 4$，查表可得，95%的服务水平所对应的 $z = 1.65$，则 $SS = z\sigma\sqrt{L} = 1.65 \times 50 \times \sqrt{4} = 165$台。

可见，当市场需求具有不确定性，企业无法很好地进行准确预测时，为了能够实行一定的客户服务水平的目标，企业需要通过持有一定的安全库存来完成。从式 4.6 可以看出，需求的波动性越大，即需求偏离平均值越多，则需要的安全库存水平越高。然而，市场上的各种产品的需求分布是各不相同，有的产品需求比较稳定，有的波动比较大，有的季节性明显，此时企业就应当区别对待，设定合理的安全库存。

4.2.4 需求和提前期均随机的安全库存水平

前面讨论了提前期确定下需求为随机和需求确定下提前期随机的情况，但现实生活中企业面对的是提前期和需求均不确定的环境。接下来研究当提前期和需求均不确定的情况

下，如何确定安全库存水平。

假设需求和提前期均服从正态分布，其中需求均值为d，标准差为σ；订货至交货的提前期平均值为L，标准差为σ_L；当D表示提前期内需求均值，标准差为σ_D时，安全库存可以表示为

$$SS = z\sigma_D = z\sqrt{L\sigma^2 + \delta_L^2 d^2} \tag{4.7}$$

式中：SS——安全库存量；d——单位时间内需求均值；σ——单位时间内需求标准差；δ_L——提前期标准差；L——订货至交货的提前期；σ_D——订货提前期内，需求的标准差；z——服务水平$P(z)$的标准正态分布系数，也称安全因子。

【例 4.5】 已知某公司的A产品每天的需求服从均值为400台，其标准差为30台的正态分布。由于更换供应商或技术改进，提前期也服从均值为7天，标准差为3天的正态分布，要想保证95%的服务水平，需要设定什么样的订购策略？此时的安全库存水平为多少？

解：根据题意，可得：$d = 400$，$\sigma = 30$，$L = 7$，$\delta_L = 3$，查表得 95%的服务水平所对应的$z = 1.65$，则相应的安全库存为

$$SS = z\sigma_D = z\sqrt{L\sigma^2 + \delta_L^2 d^2} = 1.65 \times \sqrt{7 \times 30^2 + 400^2 \times 3^2} = 1\,985(\text{台})$$

4.3 需求不确定下的安全库存

当企业面对需求和提前期服从正态分布时，按照 4.2 节可以确定安全库存水平。但实际应用中，由于产品的特性、顾客的喜好、生产商的技术水平不同，不同的产品的市场需求也是不同的，所呈现出来的分布也就各异。产品的需求具有明显的季节性特征时如何合理地确定安全库存水平，以及如何通过历史数据和预测的数据进行安全库存的设置。

4.3.1 季节性需求显著的产品的安全库存

一些产品的特性决定了市场对该产品的需求不是连续的，可能会出现在某个时期对该产品的需求多一些，订单急剧增加，而另一些时间需求很低，两种情况下的需求绝对值相差很多的现象。也就是说这类产品具有明显的季节性特征，如时装、空调、冰箱等。对于此类产品，很难用正态分布来正确表示它的需求趋势。再者，随着营销手段、气候、竞争对手策略、新产品的出现等因素的不同，需求也会产生很大的差异。此时的临近月份的需求数据对未来的库存策略的制定具有相当重要的作用。

虽然前面的公式能够很好地表示出当需求和提前期均为随机的情况下安全库存的计算方法，但是却不能够表现出季节性需求下，安全库存的设定与临近月份的需求之间的关系。为此，接下来将介绍季节性需求情况下的安全库存计算方法。

1. APICS 推荐的标准安全库存计算方法

美国生产与库存管理委员会(APICS)推荐了一种安全库存的方法。这种方法在 ERP 系统中被认为是标准的计算安全库存的方法，应用很广泛。该方法基于预计的客户服务水平和最近历史销售数据的预测误差的差距上计算出最小的安全库存需求量，满足在下一次补货到来之前的市场需求。当然，假定提前期是稳定的，该方法分为以下 4 个步骤。

(1) 计算出每个月的预测误差，衡量预测值与实际值的偏离程度。

(2) 为了准确地衡量预测准确程度，对步骤(1)的结果取平方并进行加总，记为总方差 D。

(3) 计算标准偏差 $\sigma=\sqrt{\dfrac{D}{N-1}}$， (4.8)

式中：D 为步骤(2)计算的方差结果，N 为所观察的月数。

(4) 利用式(4.6)计算安全库存。

下面引用一个具体的例子来说明安全库存的计算方法。

【例 4.6】 TCL 公司的某种型号的彩电的市场需求具有季节性，表 4-3 是 2002 年的市场实际需求数据和预测数据，由此数据计算安全库存。

表 4-3 TCL 某型号彩电 2002 年的安全库存计算方法　　单位：台

月 份	实际销售数据	预测值	偏 差	方 差	SS 占实际销售的比例/%
1	826	745	−81	6 561	106
2	415	295	−120	14 400	211
3	1 346	2 427	1 081	1 168 561	65
4	4 550	3 091	−1 459	2 128 681	19
5	4 558	3 773	−785	616 225	19
6	6 492	6 072	−420	176 400	13
7	6 026	8 058	2 032	4 129 024	15
8	1 437	1 756	319	101 761	61
9	340	342	2	4	257
10	287	512	225	50 625	304
11	324	367	43	1 849	270
12	631	501	−130	16 900	139
总计	27 232	27 939	—	8 410 991	—

解：根据步骤(1)计算误差(见表 4-3 的第 4 列)，并计算出方差。

根据式(4.8)，计算出标准偏差为 $\sigma=\sqrt{\dfrac{D}{N-1}}=\sqrt{\dfrac{8\,410\,991}{12-1}}=874$

假定 TCL 公司，根据需要把服务水平设定为 95%，即 $z=1.65$，则所需设置的安全库存量为 $SS=z\sigma\sqrt{L}=1.65\times874\times\sqrt{1}=1\,443$ (台)

显然，表 4-3 中的数据说明了 TCL 这种型号的彩电具有显著的季节性特点，冬、春两季市场需求相对较低，夏、秋两季急剧上升。用这个方法计算出来的安全库存量显然在需求低迷的时候是过高估计了，如 10 月份的市场实际需求是 287，而 874 的安全库存量则是实际需求的 3.04 倍，这对企业来讲是极大的成本浪费。

2. *改进的标准安全库存计算方法*

前面介绍了 APICS 所推荐的标准的安全库存计算方法，该方法能够根据预测数据和实际的偏差，在一定的服务水平目标下确定安全库存量。然而，该方法也具有自身的缺陷，由于是根据这个预测周期(如例 4.6 中是 1 年)的预测数据来确定安全库存的，当市场需求比较稳定、波动不大时，此方法能够发挥很好的作用，安全库存的设置既能够保持一定服务水平，又能够确保成本最小化。而当市场需求具有明显的季节性差别时，要做到准确的预测比较困难，需要根据产品特征，历史经验，尽可能获得最新的生产信息，整合利用恰当的预测方法缩小预测误差。然而，即便如此，由于安全库存的计算是在整合一个周期的预测误差的基础上获得的，产品的市场需求又存在淡季和旺季之分，就很容易出现这样一种现象：在淡季，由于市场需求比较小，相对的与预测值的偏差不大，而安全库存量远远大于所需商品而出现浪费；相反，在旺季，由于市场需求比较大，波动幅度也比较大，单一的安全库存量或许对于淡季时大大剩余，在旺季时往往会出现加上安全库存也不能完全满足市场需求的状况。鉴于此，Richard Herrin 在 2005 年的一篇论文中针对高季节性产品的安全库存的计算进行了改进。

改进后的安全库存的计算思路是以更多以往的历史数据作为参考，放弃通过整年的预测误差来计算单一的安全库存量，而是在一个周期内，对每一时间段分别求出对应的安全库存量，其计算步骤如下。

(1) 在以往各年的销售数据和预测值的基础上，计算出相应月份的预测误差平方值。

(2) 利用式(4.8)计算标准偏差值。

(3) 利用式(4.6)计算一定服务水平下的安全库存。

下面将用一个具体的例子来说明改进后的方法的应用。

【例 4.7】 TCL 公司的某种型号的彩电的市场需求具有季节性，表 4-4 是 2002 年、2003 年和 2004 年的市场实际需求数据和预测数据，根据此数据计算 2005 年的安全库存。

表 4-4 TCL 的某型号彩电各年数据

月 份	2002 年		2003 年		2004 年	
	销售数据	预测值	销售数据	预测值	销售数据	预测值
1	826	745	785	78	567	546
2	415	295	177	247	2 967	2 954
3	1 346	2 427	2 046	989	5 488	9 537
4	4 550	3 091	1 656	4 795	6 002	6 717
5	4 558	3 773	2 832	5 762	10 374	8 995
6	6 492	6 072	5 534	9 665		
7	6 026	8 058	10 892	13 574		
8	1 437	1 756	2 668	3 528		
9	340	342	486	796		
10	287	512	1 121	1 126		
11	324	367	1 686	1 946		
12	631	501	5 139	5 412		

解：假设要求出 2005 年第 4 个月的安全库存量，令提前期为 1 个月，服务水平为 95%，即 $z=1.65$。首先计算各个年份 4 月份的预测误差及平方值(见表 4-5)。

表 4-5　各个年份 4 月份的实际销售值和预测值

年　份	实际销售值	预测值	预测误差	误差平方值
2002 年	4 550	3 091	−1 459	2 128 681
2003 年	1 656	4 795	3 139	9 853 321
2004 年	6 002	6 717	715	511 225
总计	12 208	14 603	—	12 493 227

$$\text{标准差}\ \sigma=\sqrt{\frac{D}{N-1}}=\sqrt{\frac{12\,493\,227}{3-1}}=2\,499$$

$$SS=z\sigma\sqrt{L}=1.65\times 2\,499\times\sqrt{1}=4\,123(\text{台})$$

4.3.2　平均绝对离差的统计方法

在市场需求不确定的条件下，安全库存只能根据历史数据得出的预测值进行设置，由于所用的预测方法的局限性，常常使所设置的安全库存水平不恰当，要么安全库存过多，要么安全库存过少而发生缺货。此时就需要有一种能够随着时间的推移、需求的变化来进行安全库存水平的调整方法。

James A. G. Krupp 于 1997 年提出了基于时间的 MAD 安全库存计算方法，James 是 Echlin Inc 公司负责原材料的副总裁，拥有超过 30 年的原材料管理、系统涉及和实现、质量保证、工业工程等领域的相关行业经验。

1. 平均绝对离差

平均绝对离差(Mean Absolute Deviation，MAD)定义为各个时期绝对离差的平均值，即各个时期预测值与实际值离差绝对值的平均值，具体表示为

$$\text{MAD}_n=\frac{\sum_{i=1}^{n}|F_i-A_i|}{n}\qquad(i=1,2,\cdots,n)\tag{4.9}$$

式中：F_i——第 i 期的预测值；A_i——第 i 期的实际值；n——所考虑的总时期数。

当随机需求部分是正态分布时，MAD 可以用来预测随机需求部分的标准差，此时平均绝对离差与标准差之间的关系为

$$1\text{倍标准差}=\sqrt{\frac{\pi}{2}}\text{MAD 或 }\sigma\approx 1.25\text{MAD}\tag{4.10}$$

反之，有

$$1\text{MAD}=0.8\text{倍标准差}\tag{4.11}$$

表 4-2 中已用标准方差来表示满足一定服务水平下所对应的安全系数，而在本方法中，将其转化为以 MAD 为标准的相关系数。表 4-6 列出了每个服务水平所对应的 MAD 系数和标准方差下的安全系数。

表 4-6　一定的服务水平所对应的 MAD 系数和安全系数

存货周期内的服务水平/%	MAD	安全系数
50.00	0.00	0.00
75.00	0.84	0.68
80.00	1.05	0.84
85.00	1.30	1.04
90.00	1.60	1.28
95.00	2.06	1.65
96.00	2.19	1.75
97.00	2.35	1.88
98.00	2.56	2.05
99.00	2.91	2.33
99.50	3.20	2.57
99.90	3.76	3.01
99.99	3.85	3.08
100.00	3.86	3.09

2. 用 MAD 计算的安全库存

企业安全库存的设定都是根据历史销售数据对未来周期的需求进行预测而确定的，此时，预测精度的大小影响到所持的安全库存是否过多或不足的问题。前文介绍的改进的 APICS 的安全库存计算方法主要侧重从预测标准差的角度来计算安全库存，这里将用 MAD 来计算安全库存。

当 k 表示用 MAD 计量的相应的服务水平系数，L 表示订货提前期，所需的安全库存量为

$$SS = k \cdot \text{MAD} \cdot \sqrt{L} \tag{4.12}$$

【例 4.8】 已知某公司生产的 B 产品具有明显的季节性需求，2003 年的销售和预测数据见表 4-7。根据此数据计算安全库存。

表 4-7　某公司产品 B 的相关数据

时间	预测值	销售值	绝对偏差	MAD	基于时间的绝对偏差	TBM
2003.01	850	808	42	—	0.049	—
2003.02	900	986	86	—	0.096	—
2003.03	920	864	56	—	0.061	—
2003.04	950	1 017	67	—	0.074	—
2003.05	990	882	108	—	0.109	—
2003.06	1 000	1 126	126	—	0.126	—
2003.07	1 020	1 104	84	—	0.082	—
2003.08	1 040	901	139	—	0.134	—
2003.09	1 050	1 064	14	—	0.013	—
2003.10	950	738	212	—	0.223	—
2003.11	1 080	947	133	—	0.123	—
2003.12	1 200	1 383	183	104.2	0.153	0.103

解：从表 4-7 可以看出，对于 2004 年的销售预测计划中，可以利用 2003 年 12 月得到的 MAD(此数值是通过 12 个月的滚动数据计算得到的)值，即 104.2 来计算所需的安全库存。当该公司的采购提前期为两个月，公司所期望提供的客户服务水平为 95%时，则所需的安全库存量为

$$SS = k \cdot \text{MAD} \cdot \sqrt{L} = (2.06 \times 104.2 \times \sqrt{2})\text{个单位}=304\text{个单位}$$

由例 4.8 可知，通过使用 MAD 参数企业可以对未来的销售周期制订安全库存计划，通过计算可以得到，当提前期为两个月时，在预订服务水平要求下，该公司 2004 年的安全库存水平设定为 304 个单位。

式(4.12)虽然可以通过历史数据所获得的 MAD 值来对未来销售周期内的库存做计划，特别是安全库存的设定，这有利于缓解由于预测数据的不准确而造成的企业损失，一定程度上可以帮助企业有效实现预定的客户服务水平。然而，管理者应当看到此种计算方法的不足之处，即在未来销售期内的安全库存是固定不变的，无法随着需求趋势的变化而变化，当产品具有明显的季节性需求时，就会造成在销售淡季所设的安全库存过多，企业需要支付大量的库存成本；而当销售旺季到来时，原有的安全库存量无法弥补预测误差造成的企业实际生产量与市场需求量之间的差额，企业必须为此支付赔偿成本以至于企业的销售损失。针对以上情况，可以采用 James A. G. Krupp 提出的基于时间的 MAD 安全库存计算方法。该方法可以随着销售趋势的变化调整所需的安全库存量，实现安全库存水平与实际市场需求相适应，尽量减少安全库存量过多或过少的现象。

3. TBM 计算的安全库存

为了使通过 MAD 计算得到的安全库存量能够随着需求的波动而变化，通过对 MAD 参数进行修改，使得能够体现出时间的影响效果。为此 James A. G. Krupp 提出了基于时间的 MAD 方法，即 TBM(Time-Based MAD)，表达式为

$$\text{TBM}_n = \frac{\sum_{i=1}^{n} \left| 1 - \frac{A_i}{F_i} \right|}{n} \qquad (i = 1,2,\cdots,n) \tag{4.13}$$

式中：F_i——第 i 期的预测值；A_i——第 i 期的实际值；n——所考虑的总期数。

同 MAD 的计算方法类似，表 4-7 中的第 7 列的 TBM 值也是通过 12 个月的滚动数据计算得到的。例如，2003 年 12 月的 TBM 值 0.103 是累计了 2003 年 1 月～12 月的相关数据得到的。

此时，安全库存的计算公式为

$$SS_i = k \cdot \text{TBM}_n \cdot F_{i+1} \cdot \sqrt{L} \qquad (i = 1,2,\cdots,n) \tag{4.14}$$

式中：SS_i——第 i 期的安全库存量；TBM_n——累积到第 n 期的 TBM 值；F_{i+1}——预测第 i+1 期的需求量；k——用 MAD 计量的相应的服务水平系数；L——订货提前期。

【例 4.9】 已知某公司生产的 B 产品具有明显的季节性需求，公司 2004 年 1～6 月的预测销售数据分别为：1 370，1 450，1 540，1 620，1 550，1 730。根据此数据计算安全库存。

解：根据表 4-7 中计算得到的 MAD 和 TBM 数据，当服务水平为 96%时，分别利用 MAD 和 TBM 方法计算得到的安全库存量见表 4-8。

表 4-8 MAD 与 TBM 对比

月 份	0	1	2	3	4	5	6
预测值	—	1 370	1 450	1 540	1 620	1 550	1 730
安全库存(MAD)	229	229	229	229	229	229	229
安全库存(TBM)	309	327	348	366	350	391	391

表 4-8 中，所计算的安全库存是指为了满足下一期的市场需求，企业所持有的安全库存量。例如，月份 0 的 TBM 计算得到的安全库存 336 是指为了满足 2004 年 1 月份的市场需求，根据 2004 年 1 月的预测数据计算得到的安全库存量，查表 96%的服务水平所对应的$z = 2.19$，则相应的安全库存为

$$SS_0 = k \cdot \text{TBM}_{12} \cdot F_1 \cdot \sqrt{L} = 2.19 \times 0.103 \times 1370 = 309$$

对比表 4-8 的第 3 行、第 4 行可知，通过 MAD 参数得到的安全库存量在未来的销售周期内(如 2004 年 1～6 月)是固定不变的，不管市场实际的需求量是如何变化，企业所持有的安全库存保持恒定不变。而由 TBM 参数得到的安全库存量比较灵活，能够根据预测的市场需求趋势的变化，对安全库存持有量做成相应的调整，能使企业的库存决策更适合市场的需求变化，对于提高企业的利润水平和快速响应市场需求具有很大的优势。

4.4 提前期不确定下的安全库存

4.4.1 提前期对安全库存的影响

1. 提前期变化对安全库存的影响

安全库存的存在一部分是由于订货提前期的不确定性，造成交货延迟，不能满足到达的订单需求，此时可以通过启用安全库存来缓解缺货现象。可见，提前期的变化与安全库存水平的设定存在着关联。

戴尔公司的直销模式使得它在同类行业中具有无法被模仿的竞争优势，而这种优势又以灵活的供应链管理为基础。戴尔公司采取推/拉式的供应链运作模式，即根据顾客的需求进行装配计算机，由顾客的需求来拉动生产，而在零部件层，则采取推动的模式，即根据历史的需求数据来预测各种型号的零部件的需求量，并存储在仓库中，这样，生产线可以在顾客订单到达时就进行装配。此时，戴尔公司就需要考虑需求的不确定性，然而，供应商可能由于产品质量问题或设备故障等原因不能将订单及时交付，因此在确定安全库存量时就必须考虑到提前期的不确定性。

在 4.2 节仅仅讨论了需求和提前期随机情况下的安全库存计算，接下来将通过例 4.10 具体说明供给不确定性在安全库存的设置方面所发挥的重要作用。

【例 4.10】 假设 C 公司要生产产品 A 需要有某种型号的硬盘驱动器，已知 C 公司的产品 A 每天的需求服从均值为 320 台、标准差为 40 台的正态分布。由于更换供应商或技术改进，提前期也服从均值为 6 天、标准差为 3 天的正态分布，问要想保证 95%的服务水平，需要设定什么样的订购策略？此时的安全库存水平为多少？

解：由题设条件可知以下结论：单位时间的市场需求量为$d=320$；单位时间内的市场需求标准差为$\sigma=40$；产品 A 的平均交付期为$L=6$；货物交付期标准差为$\delta_L=3$。

查表得 95%的服务水平所对应的$z=1.65$，则相应的安全库存为

$$SS=z\sigma_D=z\sqrt{L\sigma^2+\delta_L^2d^2}=1.65\times\sqrt{6\times40^2+320^2\times3^2}=1\,592(\text{台})$$

当零部件供应商的交付提前期的标准差为 3 天时，C 公司必须保有 1 592 台硬盘驱动器的安全库存量，这相当于大约 5 天的硬盘驱动器市场需求量。

当 C 公司协助其硬盘驱动器的供应商共同努力将其交付提前期的标准差从 5 天降低到 0 天时，表 4-9 列出了各个阶段的安全库存量。

表 4-9　供应商提前期不确定下的安全库存量

提前期标准差 δ_L	提前期内需求的标准差 σ_D	安全库存 SS/台	平均交货期 L/天
5	1 603	2 629	8.22
4	1 284	2 105	6.58
3	965	1 583	4.95
2	647	1 062	3.32
1	335	549	1.72
0	98	161	0.50

从表 4-9 可知，当供应商的交付提前期的不确定性下降时，C 公司的安全库存需求量也明显下降。随着交付提前期的标准差从 5 天降低到 0 天，安全库存量也相应地从可以满足约 8 天的市场需求量降为不到 1 天的市场需求量。

例 4.10 说明，供应商的交付提前期(无论从原材料、零部件等)的变化程度对安全库存的影响。同时也指出了通过降低交付提前期的不确定性或提高按时交货次数可获得绝大的潜在利润。通过减少供给的不确定性，可以在不降低服务水平的基础上减少必备的安全库存量。

实践中，供应商的交付提前期的变动，是由于供应商和接受订单的机构的运作行为造成的，供应商由于原材料、设备故障、运输延迟等原因而造成无法准时交付产品，使得对下游企业的交付提前期有波动。此时，下游企业可以通过协助供应商进行改造，如采用配套的信息系统进行订单信息的传递；或者帮助改进供应商的生产技术；让供应商在下游企业的制造厂附近设厂，防止运输造成的延迟。随着信息系统的发展，先进的专业软件的应用，大多数供应链的计划体系都有良好的生产计划手段，允许供应商承诺可以确保的货物交付期，这也有助于减少货物交付期的变动性。在接受订单方面，通过将多次订购的货物平均分配在一周内，避免所有的订货在一周的同一天到达，给厂家的货物接收工作增加困难，造成虽然供应商已经把货物运达，但由于厂家未能把到货及时入库以致无法立即使用。

2. 提前期长度的影响

提前期的不确定程度对安全库存的确定存在着影响，也起着重要的作用，提前期的长短影响着信息流的准确性。当供应商能够提供较短的提前期甚至提前期为零时，企业就可以根据实时的订单状况安排生产，对市场需求做出准确的反应，这样就减少了不必要的产品库存。然而这只是一种理想的状况，现实中企业下订单给供应商能够马上交货的情况是

不可能发生的，即使没有供应商的生产准备周期，也存在着运输时间，供应链中的上下游企业只能通过采用先进的信息系统或管理方法去最大限度地压缩提前期。

现实中，由于提前期的存在，企业为了能够达到高标准的服务水平，往往需要通过对市场需求进行预测来安排生产，储存一定的原材料、零部件、成品等。而提前期越短，企业就能够把这些生产活动推迟至需求信息达到，掌握的生产信息越多，越有利于企业安排生产，降低成本；反之，企业就必须付出库存过多或缺货的代价。

在复杂多变的市场环境下，对市场需求的预测来说，预测的时间跨度越大，预测的误差越大，压缩提前期缩短了事件跨度。因此，压缩供应链的提前期就成了降低不确定性的有效技术方法。根据美国最大的零售公司沃尔玛的调查，如果提前 26 周进货，需求预测误差为 40%；如果提前 16 周进货，则需求预测误差为 20%；如果在销售时期初进货，则需求预测的误差为 10%。通过压缩提前期，实现预测精度的提高降低供应链中的不确定性，实现安全库存水平的下降。因此，压缩供应链的提前期可以提升供应链的利润，以及整个供应链的竞争力。

为了降低安全库存，企业就必须尽可能地缩短供应商的产品交付提前期。从 $SS = z\sigma_D = z\sqrt{L\sigma^2} = z\sigma\sqrt{L}$ 可知，如果交付提前期下降到 L，则必备的安全库存量就下降到 $\sqrt{L}$。然而，也必须看到要缩短交付提前期，需要供应商做出很大的努力，投入资金、人力等，而引起的安全库存的降低则是发生在下游的客户企业领域。此时，就需要下游企业将一部分由此产生的利润与供应商分享，这一点很重要，沃尔玛、日本的 7-11 公司、DELL 等都对他们的供应商施加极大的压力，以缩短补给货物的提前期。

4.4.2 提前期均值和方差同时变化下的安全库存

前面几节从定性的角度分别讨论了提前期长度及其不确定性对安全库存的影响，然而，实际运作中，当企业处于随机的市场需求环境时，如何通过对提前期(均值和方差)的变化来有效控制安全库存是一个不得不重视的问题。

假定提前期和需求的分布相互独立，客户服务水平用订货周期内的缺货率来衡量。在 $SS = z\sigma_D = z\sqrt{L\sigma^2 + \delta_L^2 d^2}$ 式中分别对 L 和 σ_L 求导，可得

$$\frac{\partial SS}{\partial L} = \frac{z\sigma^2}{2\sqrt{L\sigma^2 + \delta_L^2 d^2}} \tag{4.15}$$

$$\frac{\partial SS}{\partial \delta_L} = \frac{z\delta_L d^2}{\sqrt{L\sigma^2 + \delta_L^2 d^2}} \tag{4.16}$$

显然，提前期变量对安全库存的影响受到几个参数的影响，随着提前期变量的增加，安全库存也增加(而如果客户服务水平是用满足率来衡量，结果是不一样的)。

令式(4.15)等于式(4.16)，则有

$$\beta_D = \sqrt{2\delta_L} \tag{4.17}$$

这里，$\beta_D = \dfrac{\sigma}{d}$(需求方差系数)。

(1) 如果 $\beta_D = \sqrt{2\delta_L}$ 成立，在管理中企业面临这样的进退两难的境界：一方面管理者可以降低平均提前期或提前期标准方差，由此企业可以通过缩短平均提前期(而不是提前期方

差)来降低安全库存，因为提前期均值对安全库存的影响远远大于提前期标准方差对安全库存的影响；另一方面，如果企业不得不(或者只能)延迟平均提前期，企业也只能增加提前期的均值而不是方差来实现安全库存的变化，因为提供平均提前期对安全库存的副作用大于提前期方差的作用。

因此，在 $\beta_D=\sqrt{2\delta_L}$ 成立的情况下，企业在改变平均提前期和方差的时候就必须同等地进行变化，从而保证安全库存一直维持在最低的水平。

(2) 如果 $\beta_D\neq\sqrt{2\delta_L}$ 不成立，即 $\beta_D>\sqrt{2\delta_L}$ 或 $\beta_D<\sqrt{2\delta_L}$

对应地有 $\dfrac{\partial SS}{\partial L}>\dfrac{\partial SS}{\partial \delta_L}$ 和 $\dfrac{\partial SS}{\partial L}<\dfrac{\partial SS}{\partial \delta_L}$

当 $\beta_D>\sqrt{2\delta_L}$ 时，要降低同等程度的安全库存水平，提前期标准方差的减少量就应该大于平均提前期的减少量，因此，在同等降低这两个变量的情况下，应该选择平均提前期的降低；另一方面，要增加同等程度的安全库存水平，提前期标准方差的增加量就应该小于平均提前期的增加量，在选择同等增加这两个变量的时候，就应该选择对提前期标准方差进行增加，直到 $\beta_D=\sqrt{2\delta_L}$ 。一旦达到这个点，增加平均提前期对安全库存增加的作用就会小于同等变化提前期方差所产生的作用，在这种情况下，就要选择增加平均提前期。

当 $\beta_D<\sqrt{2\delta_L}$ 时，情况正好相反。要降低同等程度的安全库存水平，平均提前期的减少量就应该大于提前期方差的减少量，在同等降低这两个变量的情况下，应该选择降低提前期方差直到 $\beta_D=\sqrt{2\delta_L}$ ，一旦达到这个点，平均提前期减少对降低安全库存水平的效果就会大于同等变化提前期方差所产生的效果。在这种情况下，就应该选择降低平均提前期，而对提前期标准方差的较小增加，对安全库存水平同等增加的效果强于平均提前期的增加，在选择同等增加两个变量的情况下，就应该选择增加平均提前期。以上决策规则的总结见表 4-10。

表 4-10　提前期对安全库存影响的决策规则

选择同等程度降低平均提前期和提前期方差的情况		选择同等程度增加平均提前期和提前期方差的情况	
条　件	决　策	条　件	决　策
$\beta_D>\sqrt{2\delta_L}$	降低平均提前期	$\beta_D>\sqrt{2\delta_L}$	增加提前期标准方差(直到 $\beta_D=\sqrt{2\delta_L}$)
$\beta_D=\sqrt{2\delta_L}$	降低平均提前期	$\beta_D=\sqrt{2\delta_L}$	增加平均提前期
$\beta_D<\sqrt{2\delta_L}$	降低提前期标准方差(直到 $\beta_D=\sqrt{2\delta_L}$)	$\beta_D<\sqrt{2\delta_L}$	增加平均提前期

前面仅仅讨论了提前期均值和方差同等变化下如何对安全库存进行管理，然而在实际操作中，企业可能考虑对提前期的均值和方差同时变化，甚至是按相反的方向变化的情况。显然，如果其中的一个选择使得平均提前期和标准方差对安全库存的作用小于或等于另外一个选择，前一个选择无疑是最优的。但是，决策可能同时在降低平均提前期和降低提前期方差之间选择。例如，企业可能会有两个相对的选择：一方面企业可以提高平均提前期

一天而降低标准方差两天；另一方面，企业也可以降低平均提前期两天而降低标准方差一天。在这种情况下，两种选择对于使得安全库存最低的效果很不明显。

提前期对于最小化安全库存的效果可以用式(4.18)来表示

$$\beta_D < \sqrt{\frac{(\delta_L + \lambda_2)^2 - (\delta_L + \lambda_1)^2}{(L + \Lambda_1) - (L + \Lambda_2)}} \tag{4.18}$$

式中：$(L + \Lambda_1) > (L + \Lambda_2)$；$\Lambda_i$——第$i$种选择下平均提前期的实际变化值；$\lambda_i$——第$i$种选择下提前期标准方差的实际变化值。

尽管平均提前期L可以从式(4.18)中省略，但是为了表示清楚而需要保留。

指定第一种选择的有更大的平均提前期，在式(4.18)中加入适当的参数值，如果不等式成立，选择第一种，否则选择第二种；如果使得式(4.18)成为等式，那么两种选择的作用是一样的，将会达到一样的安全库存水平，选择是任意的。如果其中一个选择的作用明显强于另外一个选择，那么就没有必要用式(4.18)来进行评价。

4.5 供应链安全库存与聚集效应

提高安全库存可以增加供应链中产品的供给能力，但另一方面，提高安全库存会增加供应链的库存成本。后者在高科技产业中的影响尤为显著，因为高科技产品生命周期短，且产品市场需求极其不稳定。库存过多可以抵挡需求狂潮，但如果新产品投放市场，那么在库存中的旧产品的市场需求就会萎缩，企业的利益就会受到损害。在这种情况下，现有库存就毫无价值了。所以，供应链管理成功的关键是在不损害产品供给水平的情况下，找到降低安全库存水平的有效途径。

在实践中，供应链上的库存有效地聚集是降低安全库存的重要途径。当做出库存聚集决策时，必须考虑在聚集效应下安全库存的减少量。如果聚集能使必备的安全库存下降很多，那么最好是设立一个中心仓库；如果聚集使某种产品的必备安全库存下降有限，那么最好是设立多个分散的库存点，从而降低对市场的反应时间和运输成本。

4.5.1 聚集效应对供应链安全库存的影响

1. 供应链同级库存的聚集效应对安全库存的影响

(1) 供应链同级库存的聚集效应。分散式库存系统(图 4.1)中的库存点分布在靠近顾客的地方，对市场有快速反应能力和运输成本优势，但要保有很大的安全库存量。而基于分销中心的聚集式库存系统(图 4.2)是把供应链上同一级中多个库存点聚集成一个中心仓库(或分销中心)，大量的库存放在分销中心，进行集中存储和配送，提高了需求预测的准确性，并有效地降低安全库存量，相应也降低库存成本和产品积压风险，增强了企业的竞争力。

(2) 聚集效应对安全库存的影响。把多个库存点聚集成一个中心仓库的同时，把原库存点所在地区的市场需求在空间上聚集在一个分销中心。假设提前期不变，在需求不确定的条件下，安全库存量SS与提前期内需求的标准差σ_D、安全库存因子k成正比(k与提前期内产品现货供给水平有关)。

$$SS = k\sigma_D \tag{4.19}$$

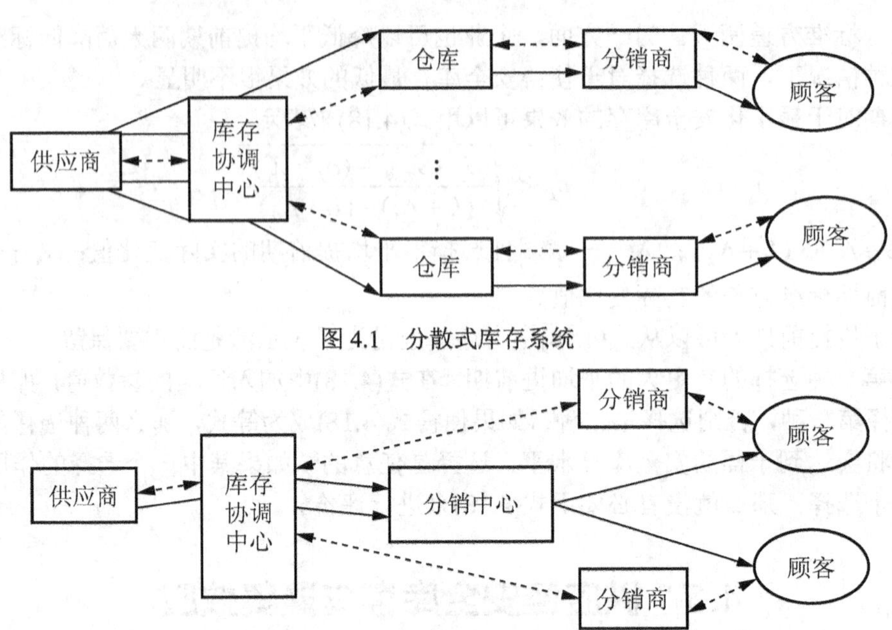

图 4.1　分散式库存系统

图 4.2　基于分销中心的聚集式库存系统

注：————→表示物流；- - - - - - - - - →表示信息流。

因此，需求的空间聚集必然会对安全库存量有影响。如果各个库存点产品的需求量都呈正态分布，那么聚集的总需求也呈正态分布，各个库存点均值、标准差与库存聚集后的均值、标准差的关系如下。

$$D = \sum_{i=1}^{n} D_i \quad (i = 1,2,\cdots,n) \tag{4.20}$$

式中：D——库存聚集后的需求均值；D_i——各个库存需求均值。

$$\sigma_D = \sqrt{\sum_{i=1}^{n} \sigma_{D_i}^2 + 2\sum_{i \neq j} \mathrm{cov}(i,j)} \quad (i、j = 1,2,\cdots,n) \tag{4.21}$$

式中：σ_D——库存聚集后的需求标准差；σ_{D_i}——各个库存需求标准差。

协方差公式可表示如下。

$$\mathrm{cov}(i,j) = \rho_{ij}\sigma_{D_i}\sigma_{D_j}$$

如果 $\rho_{ij}=1$，则不同库存点市场需求呈完全正相关。

如果 $\rho_{ij}=0$，则不同库存点市场需求不相关。

如果 $\rho_{ij}=-1$，则不同库存点市场需求呈完全负相关。

(1) 当 $\rho_{ij}=1$ 时，$\sigma_D = \sqrt{\sum_{i=1}^{n} \sigma_{D_i}^2 + 2\sum_{i \neq j} \sigma_{D_i}\sigma_{D_j}}$ 。

即 $\sigma_D = \sum_{i=1}^{n} \sigma_{Di}$ ，表示不同库存点市场需求呈完全正相关时，聚集后的需求标准差等于单个库存点需求标准差之和，聚集后的安全库存量等于单个库存点的安全库存量之和。

(2) 当 $\rho_{ij}<1$ 时，$\sigma_D=\sqrt{\sum_{i=1}^{n}\sigma_{D_i}^2+2\sum_{i\neq j}\rho_{ij}\sigma_{D_i}\sigma_{D_j}}<\sum_{i=1}^{n}\sigma_{D_i}$ 。

当聚集分布在不同库存点的需求量之间并不完全正相关时，聚集效应才会降低需求的标准差，并且需求的标准差随着不同库存点之间需求的相关度的减小而减小。由于必备的安全库存量与需求标准差之间成正比，所以，非完全正相关的需求量的聚集可以降低必备的安全库存量，又不损害产品的供给水平。

2. 供应链多级库存的聚集效应对安全库存的影响

(1) 供应链多级库存的聚集效应。供应链上同级库存的聚集是对供应链的局部优化控制，而要进行供应链的全局优化与控制，则必须采用多级库存优化与控制方法。供应链的层次从原材料供应商到最终用户可以分很多层，但并不是层次越多越好，而是聚集成为供应—生产—分销这样的典型三级库存模式。在多级库存系统中，应采用中心化库存控制策略，即把控制中心放在核心企业上，各个库存点不再自己决定订货，而是聚集起来由核心企业统一做出决定。

(2) 聚集效应对安全库存的影响。核心企业制定库存决策时，与同级库存的聚集效应不同的是必须充分考虑各个节点提前期的聚集对安全库存的影响。假设各节点提前期也服从正态分布，且与需求相互独立，那么提前期聚集的计算方法和需求聚集的计算方法相同。

$$L=\sum_{i=1}^{n}L_i \quad (i=1,2,\cdots,\ n) \tag{4.22}$$

式中：L——库存聚集后的提前期均值；L_i——各个库存提前期均值。

$$\sigma_L=\sqrt{\sum_{i=1}^{n}\sigma_{L_i}^2+2\sum_{i\neq j}\rho_{ij}\sigma_{L_i}\sigma_{L_j}} \quad (i、j=1,2,\cdots,\ n) \tag{4.23}$$

式中：σ_L——库存聚集后的提前期标准差；σ_{L_i}——各个库存提前期标准差。

由上式可知，当 $\rho_{ij}\leqslant 1$ 时，$\sigma_L\leqslant\sum_{i=1}^{n}\sigma_{L_i}$ 。当需求和提前期都不确定时，安全库存可以定义为与提前期内客户服务水平以及需求波动和提前期波动有关的函数关系式。

$$SS=k\sqrt{L\sigma_D^2+\sigma_L^2D^2} \tag{4.24}$$

由式(4.24)，可知提前期的聚集对安全库存量的影响与需求的聚集对安全库存量有相似的影响，即各级库存的提前期不完全正相关时，通过对提前期的聚集可以减少必备的安全库存量。

【例 4.11】 某公司通过 3 个库存点(分散库存)向西部地区分拨产品，每个库存点提前期内的需求量呈正态分布，各库存点的平均需求量分别为 210、300、280 单位，需求的方差分别为 50、60、55。现在公司考虑在不降低产品原有供给水平(0.93)的前提下建立一个中心仓库(聚集库存)对产品进行集中储存和分拨的可能性。当相关系数在 0 和 1 之间变化时，分散库存和聚集库存所需的安全库存水平 *SS* 见表 4-11。从表 4-11 可知不同库存点提前期内需求量的相关系数越小，聚集库存保有的安全库存量越少。即当需求不完全相关时，公司通过建立一个中心仓库可以减少总的安全库存量，从而增加企业利润。

库存的聚集效应对安全库存带来的影响是显而易见的，但同时也存在不利之处，比如延长了顾客对订单的反应时间，增加了顾客的出行成本。因此，在进行库存聚集时，中心仓库的选址和信息集中化就显得尤为重要。

表 4-11　分散库存和聚集库存的安全库存量表

相关系数	分散库存的安全库存量	聚集库存的安全库存量
0	244.2	141.4
0.2	244.2	167.1
0.4	244.2	189.3
0.6	244.2	209.2
0.8	244.2	227.4
1	244.2	244.2

4.5.2　供应链安全库存与信息集中化

美国麦克马斯特—卡尔公司是一家提供维护、修理和经营用产品的分销商，通过美国联合包裹递送公司将产品送到顾客手中。由于运费的高低取决于产品的产地与目的地，因此一个集中分布的仓库会增加平均运输成本和对顾客的响应时间。所以，麦克马斯特—卡尔公司设立了 5 个仓库，以确保向美国的大部分地区提供隔天送货服务。如果麦克马斯特—卡尔公司只设立一个供货仓库，那么通过美国联合包裹递送公司以合理的价格向全美提供隔天送货服务就不可能实现。聚集方式给安全库存带来的利益是显而易见的。但是如果通过运用信息集中化，它在实质上实现了所有库存的聚集。该公司建立了一个信息系统，从中能方便地了解各仓库当期的库存记录，例如，一张来自芝加哥的顾客订单订购了发动机和抽水机各一台；当顾客订单到达时，麦克马斯特—卡尔公司首先检查芝加哥的库存，确认那里的库存是否能够满足订单的全部要求，如果芝加哥的库存可以满足顾客的订单要求，那么顾客的订货就由芝加哥发出，从而使运输成本最小化；如果芝加哥的仓库只有发动机的现货，而抽水机缺货，麦克马斯特—卡尔公司就从有现货且距离最近的仓库中提取抽水机，再将抽水机运送到芝加哥，连同发动机一起交付给顾客。这样，不管仓库设在哪个地区，所有的订单都可以调用所有地区的库存商品。信息集中化使得麦克马斯特—卡尔公司通过实质上的库存聚集，既降低了必备安全库存水平，又确保了高水平的产品供给。

信息集中化的好处来自大多数的订单从顾客最近的仓库调出并满足顾客需求，从而使运输成本维持低水平。在库存缺货的情况下，由其他仓库来完成订单，从而提高了产品的供给水平。结果，麦克马斯特—卡尔公司可以在不削弱产品供给水平的情况下，降低安全库存水平。

零售商嘉普也采取信息集中化方式来管理库存。如果某一个店铺没有顾客想要的规格或颜色的产品，店员就可以通过共享信息系统获得相关的信息，将拥有该产品的距离最近的店铺通知顾客。那么顾客可以自己去有现货的商店购买，也可以让商店把所需产品送货上门。这样，嘉普公司通过信息集中化，实质上实现了所有零售商店的库存聚集，虽然各个库存在实体上是各自分开的。通过这种管理方法，嘉普公司在确保产品供给水平的同时降低了安全库存量。

沃尔玛公司拥有这样一个信息系统，它允许商店经理查看在其他店铺过剩但在本店有可能热卖的产品。公司为各个店铺之间调换产品提供运输服务，使产品在最需要的地方出售。因此，沃尔玛公司利用信息集中化和反应型运输系统，在确保高水平的产品供应的同时，降低了公司的安全库存量。

大多数供应链向顾客提供多种产品。当公司拥有多个库存点时，供应链管理者就会面临这样一个关键性决策：是否每个库存点都应该储存所有的商品，显然，一个地区的仓库或零售店不应保存在本地区销售不出去的产品。

当企业做出库存决策时，另一个必须考虑的重要因素是在聚集效应下安全库存量的减少。如果聚集使某种产品必备的安全库存下降很多，那么最好是设立一个中心仓库来储存该类产品。如果聚集使某种产品的必备安全库存量下降有限，那么最好是设立多个分散的库存点来存储该产品，从而降低反应时间和运输成本。

在聚集效应下安全库存量下降，受到需求变异系数的强烈影响。对于需求量变异系数很低的产品来说，可以准确预测其分散的需求，因而其聚集的效果非常小。对于需求变异系数较高的产品而言，我们很难预测其分散的需求。聚集对于预测精确度的提高作用十分明显，企业因此可以获得巨大利益。

【例 4.12】 格雷杰公司是一家提供维护、修理和经营用产品的供应商，拥有遍布全美的 1 600 家分店。假设有两种产品：大型发动机和工业用清洁剂。每台发动机的价格为 500 美元，每罐清洁剂的价格为 30 美元。每个店铺每周的发动机需求量呈正态分布，均值为 20，标准差为 40。每个店铺每周的清洁剂需求量也呈正态分布，均值为 1 000，标准差为 100。每个店铺的需求量互不影响，发动机和清洁剂的货物供给交付期为 4 周。格雷杰公司的存储成本为 25%。假设立项的补给周期供给水平 CSL=0.95。当这两种产品的库存从各个零售店运到一个集中配送中心(DC)时，求安全库存量下降了多少？

解：表 4-12 列出了两种产品的安全库存量的各项指标值以及聚集给两种产品所带来的价值收益。所有计算结果都是通过前文以及例 4.12 中论述的方法得出的。

表 4-12 格雷杰公司聚集的价值

单位：美元

各项指标	发动机	清洁剂
每个商店各自储备库存		
每个商店的每周需求量均值	20	1 000
标准差	40	100
变异系数	2.0	0.1
每个商店的安全库存量	132	329
总安全库存量	211 200	526 400
安全库存的价值	105 600 000	15 792 000
库存集中在配送中心	32 000	1 600 000
每周聚集需求量的均值	1 600	4 000
聚集需求的标准差变异系数	0.05	0.002 5
集中的安全库存量	5 264	13 159
总安全库存量	211 200	526 400
安全库存的价值	2 632 000	394 770
聚集的总安全库存节约	102 968 000	15 397 230
聚集的总库存成本节约	25 742 000	3 849 308
售出单位产品的仓储成本节约	7.74	0.046
节约所占产品成本的百分比	1.55%	0.15%

由表 4-12 可知，发动机集中储存所得的收益比清洁剂多得多。因此，可以建议格雷杰公司在零售店储存清洁剂，在配送中心储存发动机。假设清洁剂是高需求商品，那么顾客当天就可以在商店买到；假设发动机是低需求商品，那么顾客也许愿意多等一天，以获得所需商品，这一天是商家将货物从配送中心运送到顾客手里所必需的时间。

通常称需求量非常小的商品为滞销商品，该商品通常具有很高的变异系数；称需求量非常大的商品为畅销商品，该商品通常具有较低的变异系数。在许多供应链的专业化配送网络中，畅销商品储存在多个靠近顾客的分散库存点，滞销商品储存在一个集中仓储中心，这样既可以大幅度地降低整个系统所保有的安全库存量，又不损害对顾客的反应时间，也不增加商品的运输成本。

当然，决定产品库存位置时，还需考虑一些其他因素。因此，某种商品由于顾客急需而被认为是急需品，即使该商品具有较高的变异系数，也应该将其存储在零售店。另一个需要考虑的因素是商品的价格。高价商品采用聚集储存方式会比低价商品获益更多。

当一家公司制定电子商务战略时，采用专业化的经营理念非常重要。例如，一家图书连锁店，每个零售店的图书拥有量不超过十万种，其库存所有图书分为两大类：一是需求量大的畅销书，二是需求量很小的其他图书。因此该公司电子商务战略设计为如下方式。

零售书店的库存以存储畅销书为主，当然也可以保存其他图书，但每部图书仅保存 1 册、最多不超过 2 册，以方便顾客浏览。顾客可以通过书店的电子阅览室而不是实际书库来获得所有的书目，电子阅览室可以通过网站为顾客提供所有的库存图书，这种策略可以使顾客从书店接触到更多种类的图书。这样，顾客就可以在网上书店订购书店里存量少的图书，直接在书店购买存量大的图书，通过这种专业化分工策略将所有滞销图书集中储存，并在网上出售；将所有畅销书分散在各零售书店，使之更接近于读者便于销售。

嘉普公司也采取了类似的库存策略：将网上销售与零售点结合起来。在零售店里为顾客提供终端设备，使顾客可以上网订购商品。零售店出售热销商品，顾客可以上网订购颜色或规格滞销的商品。这样，嘉普公司就可以为顾客提供更多品种的商品，而供应链的库存水平也会持续下降。

这样，滞销商品的供应链以运输成本的少许提高为代价，降低了库存成本；而热销商品通过将其储存于接近顾客的零售店而降低了运输成本，缩短了反应时间。

本章小结

供应链库存管理是供应链管理的重要内容之一，而供应链安全库存是指为了防止由于不确定因素(如突发性大量订货或供应商延期交货)影响订货需求而准备的缓冲库存，安全库存用于满足实际提前期超过期望提前期所产生的需求。服务水平是一个以顾客为导向的术语，指从订货到收到货物的提前期内，用库存来能满足顾客需求所占的比率。这也反映一个公司的产品供给能力。主要度量方法有补给周期供给水平、订单满足率和累计服务水平。然而在实践中，这两个目标经常发生冲突：一方面，该客户服务水平要求保有大量的库存，而大量的库存往往会增加供应链总成本；另一方面，为降低供应链成本，尤其是库存成本，又要求减少库存，然而盲目地减少库存容易导致客户服务水平的下降。

在确定性条件下，企业的库存决策问题比较简单，不确定条件下的随机库存问题却相对复杂，需要考虑到企业的安全库存。安全库存能够减少提前期内的缺货风险。因此，持有安全库存可以避免因不确定因素出现缺货导致供应不足。

关键术语

安全库存	服务水平	订单满足率	补给周期供给水平
累计服务水平	平均绝对离差	安全因子	服务水平系数
提前期	分散式库存系统	聚集效应	

习　题

1. 选择题

(1) 采用安全库存的原因是_______。

A. 需求量预测的不确定　　B. 需求量预测的确定性

C. 产品盈余　　D. 产品的实际需求量小于预测值

(2) 下列关于安全库存的理解错误的是_______。

A. 安全库存是指在给定时期，为了满足顾客需求而保有的超过预测数量的库存

B. 采用安全库存的主要原因是需求预测不确定

C. 供应链管理者在制定安全库存计划时必须进行收益和成本权衡比较

D. 对企业来说安全库存越小越好

(3) 供应链的成本管理应该体现在_______。

A. 供应链的资金流转过程　　B. 供应链的资金分配过程

C. 供应链的价值增值过程　　D. 供应链的为了管理过程

(4) 下列关于服务水平的描述，正确的是_______。

A. 如服务水平为95%，说明需求量的95%将得到满足，这时的缺货风险为5%

B. 如服务水平为95%，表示提前期内需求以95%的概率不超过供给量，也就是满足需求的概率为95%

C. 安全库存和服务水平成正比例关系

D. 服务水平一般定义为在提前期内供给不超过需求的概率

(5) 既是安全库存水平的决定因素，又是自动确定每次订货批量基础的指标是_______。

A. 订货周期　　B. 订货点

C. 产品需求量　　D. 最大库存水平

(6) 订单满足率是指_______。

A. 在所有的订单需求中，用库存来满足订单需求所占的比率

B. 补给周期供给水平是指在所有的补给周期中，能满足顾客所有需求的补给周期所占的比率

C. 指所有产品中能够满足所有需求的比例。也就是满足所有需求的概率

D. 指企业从订货到收到货物的提前期内，用库存来满足顾客需求所占的比率

(7) 聚集效应体现的思想是________。

A. 供应链库存分散化管理思想　　B. 供应链库存的集成化管理思想

C. 批量库存　　D. 循环库存

2. 简答题

(1) 安全库存的基本概念是什么？

(2) 简述服务水平的三种度量方法。

(3) 简述影响安全库存的因素。

(4) 如何理解安全库存与服务水平的关系？

(5) 简述聚集效应对安全库存的作用。

3. 判断题

(1) 安全库存量越小越好。 (　　)

(2) 利用安全库存作为缓冲，吸收供应链中需求和供应的不确定性。 (　　)

(3) 影响安全库存的因素只有服务水平。 (　　)

(4) 在服务水平较低时，稍稍增加一点安全库存，服务水平提高的效果不会明显。(　　)

(5) 对于需求是确定的，即库存需求率不发生变化，订货提前期也是确定的，订货点就等于订货提前期与需求率之积。 (　　)

(6) 计算安全库存的 TBM 方法能够体现出时间的影响效果。 (　　)

(7) 市场需求具有明显的季节性差别时，可利用改进的标准安全库存计算方法。(　　)

(8) 聚集效应下安全库存量不会受到需求变异系数的影响。 (　　)

4. 计算题

(1) 某超市婴儿奶粉日需求量为 65 罐，标准差为 12 罐/天，平均提前期为 3 天，标准差为 1 天。如果客户服务水平不低于 97.7%，若需求量、提前期均服从正态分布，则该超市婴儿奶粉的安全库存量为多少？(服务水平 0.977，安全系数为 2)。

(2) 某超市的某种食用油平均日需求量为 1 000 瓶，并且食用油的需求情况服从标准差为 20 瓶/天的正态分布，如果提前期是固定常数 5 天，如果该超市确定的客户服务水平不低于 95%，结合所提供的客户服务水平与安全系数对应关系的常数数据，计算出该食用油的安全库存量是多少？(服务水平 0.95，安全系数 1.65)

5. 思考题

(1) 利用本章理论，解释为什么货物交付期的缩短，在降低产品服务水平的同时，有助于安全库存量的减少？

(2) 企业应如何确定自身的安全库存水平和服务水平？

(3) 讨论安全库存对供应链的作用。

案例分析

艾尔科公司的库存管理[①]

艾尔科(ALKO)公司始建于1943年，它是由约翰·威廉斯在其家乡克里夫兰创办的一家汽车修配厂发展起来的。约翰一直酷爱修配工作，在1948年，他发明了一种照明设备获得了专利。他便决定在自己的修配厂生产该产品，并尝试在克里夫兰地区销售。照明设备的销售状况良好，截至1957年为止，艾尔科已经发展成为资产达300万美元的公司。公司的照明设备以其卓越的质量而著称。那时，艾尔科公司共销售5种产品。

1963年，约翰将公司实行股份制。从此以后，艾尔科公司的经营十分成功，并且开始在全美范围内经销其产品。随着企业之间的竞争在20世纪80年代增强，艾尔科公司开始引进许多新式照明设备。然而，公司煞费苦心以确保产品质量，但是公司的利润水平开始下降。问题的关键在于，随着市场竞争加剧，公司所获的边际效益开始下滑。在这种情况下，公司董事会决定要从公司上层入手，对公司进行全面改组。加里·费雪在此时受聘，负责进行改组和重构。

当费雪1999年到艾尔科公司上任时，他发现呈现在他面前的是一家因背负荣誉而摇摇欲坠的公司。他一开始先花费几个月的时间，着手了解公司的业务以及公司的组织方式，最终发现，公司经营状况不佳的关键在于经营业绩。尽管艾尔科公司在研制生产新产品方面出色，但是公司长期以来忽视了产品销售系统的建设。公司内部存在着这样一种错误理念：一旦公司设计并生产出好的产品，那么其他的事情就顺其自然。费雪设立了一个特别工作组，任务是对公司当前的销售系统进行检查并拿出相应的解决方案。

特别工作组发现，艾尔科公司1999年经营100种产品。所有产品都是通过位于克里夫兰地区的3家工厂生产的。为了促销，公司将美国大陆划分为5个区域，每个区域都设有一个归艾尔科公司所属的独立配送中心。顾客向配送中心订货，配送中心则利用库存，努力为顾客提供所需产品。当任何一种产品的库存量减少时，配送中心又向工厂订货。工厂按照配送中心的订单制订生产计划。由于订单上的订货数量往往很大，公司用满载卡车把工厂生产出来的货物整车运往配送中心。然而，从配送中心到顾客的货运量通常小于整车运载量。艾尔科公司雇用第三方货运公司来承担两条线路的运输任务。1996年，从工厂到配送中心的整车货物的运费平均为0.09美元/件，从配送中心到顾客的非整车运费平均为0.10美元/件。从配送中心向工厂发出订单到该工厂向配送中心发货平均需要14天的时间。

当时的库存策略是在每个配送中心储存每种产品。对生产线的详细研究表明：按照销售量可以将产品分为三大类：高需求产品、中等需求产品和低需求产品。每类中的代表性产品的市场需求量见表4-13。

表4-13 艾尔科公司日需求量分布表

产品类型	销售区1	销售区2	销售区3	销售区4	销售区5
Part1 Mean	35.48	22.61	17.66	11.81	3.36
Part1 SD	6.98	6.48	5.26	3.48	4.49
Part3 Mean	2.48	4.15	6.15	6.16	7.49
Part3 SD	3.16	6.20	6.39	6.76	3.56
Part7 Mean	0.48	0.73	0.80	1.94	2.54
Part7 SD	1.98	1.42	2.39	3.76	3.98

① 资料来源：[美]森尼尔·乔普瑞.《供应链管理——战略、规划与营运》，社会科学文献出版社，2003.

产品1、产品3和产品7分别为高需求产品、中等需求产品和低需求产品的代表。在艾尔科公司销售100种产品中，有10种属于高需求产品，有20种属于中等需求产品，有70种属于低需求产品。每种产品的市场需求量分别与它们的代表性产品——产品1、产品3和产品7的市场需求量相等。

特别工作组发现，工厂的生产能力可以保证任何合理的订单在一天之内完成。这样，工厂就可以在接到订单一天后发货，经过4天的运输到达订货的配送中心，配送中心全部采用周期性检查策略，不管产品是在运输过程中还是处于库存状态，每件货物每天的库存成本是0.15美元。所有配送中心保有的安全库存量都能确保补给周期供给水平达到95%。

特别工作组建议艾尔科公司在芝加哥地区的郊区建立一个全国性的配送中心(NDC)，关闭现有的5个配送中心，并将它们的库存转移到全国性配送中心去。仓储容量按照每年经营的产品的品种数来衡量。艾尔科公司预期可从每个关闭的仓库中获得50 000美元的收益。全国性配送中心的补给周期供给水平仍将维持在95%。由于芝加哥与克里夫兰地区的距离很近，因此从工厂运往全国性配送中心的运费降到0.05美元/件。然而，由于平均运输距离的增加，从全国性配送中心到顾客的运费将增加到0.24美元/件。

经过考虑，特别工作组提出的另一种选择是在保留区域性配送中心的同时，建立一个全国性配送中心。在这种情况下，一些产品可以储存在区域性配送中心，而另一些产品可以储存在全国性配送中心。

加里·费雪仔细考虑了特别工作组提出的报告。由于工作组成员没有提供任何支持其结论的详细数据。于是，费雪决定在得出具体数据之后再作决定。

讨论题

(1) 依据案例提出改善库存管理的其他方案。

(2) 如果按照特别工作组的建议建立全国配送中心，讨论该方案的合理性。

通过改善库存管理提高敏捷性[①]

为改善存货管理和采购预测，增加赢利能力，许多贴牌生产或原始设备制造商(Original Equipment Manufacturer，OEM)厂家正通过构造新的业务模式，重新定义他们同分销商和CEM的关系。

思科、惠普和Artesyn等公司正进行战略转变，以确保他们的准时交货和按订单生产不会因最终产品销售或关键零部件采购而失灵。CEM正越来越多地扮演库存管理者的角色。他们用于原材料、零部件以及成品的库存达数十亿美元或更多。这些公司已经深入到OEM的库存管理业务中。而一些顶级分销商也将从库存管理中解放出来，更专注于销售和技术支持业务。

1. 思科公司增加库存数量

思科公司正在酝酿关键元件采购方式的重大转变。这个通信业巨头已经开始自己采购更多的元件。

思科公司现有的采购模式对分销商(主要是安富利和艾睿两家)有严重的依赖。思科现正在考虑一种纯粹的“交钥匙”模式，在这种模式中CEM(如Solectron或Celestica等)可以自行采购关键元件并制造单板级产品。思科公司承认他们已经积累了一些库存。他们提高了库存量，以更好地适应市场变化。思科公司目前仍然从供应商、两个主要的分销商以及外包厂家那里采购物料。

分销商行业有些主要公司正采用一种较新的财务核算方法，即“流动资金回报”核算法。这种核算方法可提供一种指引，判断对于一种业务模式，分销商可以投入多少流动资金来进行冒险。有人提出与库存管理相关的风险正在增加。

许多复杂的供应链战略需要更多的库存投入，比分销商以前投入的还要多，为了做到这一点，计算投资回报时需要考虑总体情况。

2. 惠普集中管理后端库存

惠普公司开始探索一种零库存业务体系，并且从此改变了他们的二级分销渠道模式。在北美，惠普公

① 资料来源：蒋长兵，白丽君. 《供应链理论技术与建模》，中国物资出版社，2009.

司实施了其集成伙伴计划(HIP)以改进与二级分销商的关系。

根据该计划，惠普同安富利的电脑市场部和艾睿的电脑产品分部(SBM)合作，惠普提供他们的 UNIX 服务器以及存储系统等产品的库存及后勤支持，而分销商则负责市场销售、财务及技术服务等业务。

通过集中管理库存并承诺物流服务，惠普改善了库存周转率。安富利公司计划以每年投入 4 千万美元的服务投入取代每年 4 亿美元的库存投入。惠普这样做的驱动力来自于该行业产品生命周期较短以及库存问题，如某一分销商备有库存而另一分销商需要销售，或者库存在分销商手里而销售是直接进行的。

HIP 计划是一种新型模式，分销商与惠普是一种服务的关系，而不是传统的充当库存管理者的角色。安富利和艾睿只是在提供他们的传统业务。有所改变的是，实际的产品直接从惠普发运到二级分销商那里。

可以预见，无库存业务虽然处在初探阶段，但由于其巨大的效益，这一模式很可能成为行业未来的发展趋势。

3. Artesyn 借助分销商管理库存

因为产品制造的低效率和原材料成本增加等原因，Artesyn 科技公司被迫调整 2003 年第一季度的财政盈利预测，从原来的 8.55 亿美元降到 7.80 亿美元，降幅达 9%。

为了应付钽电容以及磁性元件在 2003 年度的预期短缺，这家电源产品制造商转向同安富利的集成材料业务(IMS)分部合作。安富利的 IMS 准备在中国、欧洲和美国的 Artesyn 生产厂开设 6 个厂内仓库。通过这种合作，Artesyn 希望最终能够将运营和物料采购成本降低 20%以上。通过合理预测，安富利能够将交货期由几周降至一到两天。

IMS 将与 Artesyn 的 MRP 系统相连接，监视物料需求情况，自动补充库存。该分销商还将承担将物料从仓库发送到 OEM 的生产厂之间的运输费用。厂内库存以及库存积压所占用的资金由分销商承担，并且安富利对存货进行管理。

艾睿也为用户管理着几十个厂内仓库。该公司在 2003 年前三季度，通过厂内库存的销售额增长了 50%。不过，尽管分销商提供的增值业务有所提升，但其核心竞争力还在于管理库存的能力。

事实上，安富利过去认为厂内库存业务在其总体业务中的比例将缩小，因为涉及初始成本的增加。但是，现在的情况正好相反。这部分业务在安富利总体业务中所占的比例正在增加，因为最终用户意识到，分销是处理物料问题和提高库存反应速度的最好途径，从长远来看还能降低成本。

讨论题

(1) 思科为摆脱对分销商的依赖采用了哪些方法？

(2) 惠普是怎样集中管理后端库存的？

(3) Artesyn 是怎样借助分销商管理库存的？

第 5 章 库存控制的基本模型

【本章教学要点】

知识要点	掌握程度	相关知识	应用方向
单周期库存需求的概念	熟悉	单周期需求常见的两种情况，订货量和实际需求量的关系	运用单周期库存需求的知识对易腐品以及有效期短的产品可确定最佳订货量
确定最佳订货量的方法	熟悉	期望损失最小法、期望利润最大法和边际分析法	
与库存有关的费用	熟悉	随库存量增加而增加(减少)的费用	库存决策中最重要的是确定最佳订货量，掌握这几个模型能够很好地解决库存决策问题
基本经济订货批量模型	重点掌握	模型的假设、构建、公式	
经济生产批量模型	重点掌握	模型的假设、构建、公式	
有数量折扣的经济订货批量模型	重点掌握	模型的假设、构建、公式	
允许缺货的经济订货批量模型	重点掌握	模型的假设、构建、公式	
确定性非均匀需求库存问题的基本模型	了解	W-W 法	

惠普台式打印机供应链的构建[①]

1. 惠普公司及台式打印机概况

惠普公司成立于1939年。惠普台式打印机于1988年开始进入市场，并成为惠普公司的主要成功产品之一。随着台式打印机销售量的稳步上升，库存的增长也紧随其后。在实施供应链管理之后，这种情况得到改善。

DeskJet打印机是惠普的主要产品之一。该公司有5个位于不同地点的分支机构负责该种打印机的生产、装配和运输。从原材料到最终产品，生产周期为6个月。在以往的生产和管理方式下，各成品厂装配好通用打印机之后直接进行客户化包装，为了保证顾客订单98%的即时满足率，各成品配送中心需要保证大量的安全库存(一般需要7周的库存量)。

2. 存在的问题

惠普打印机的生产、研究开发节点分布在16个国家，销售服务部门节点分布在110个国家，而其总产品超过22 000类。欧洲和亚洲地区对于台式打印机电源供应(电压110V和220V的区别，以及插件的不同)、语言(操作手册)等有不同的要求。过去这些都由温哥华的公司完成，北美、欧洲和亚太地区是它的3个分销中心，这样一种生产组织策略称为工厂本地化。惠普的分销商都希望尽可能降低库存，同时尽可能快地满足客户的需求。这样导致惠普公司感到保证供货及时性的压力很大，从而不得不采用备货生产(Make-To-Stock)的模式提高对分销商供货准时的可靠性，从而分销中心成为有大量安全库存的库存点。制造中心是一种拉动式的，计划的生成是为了通过JIT模式满足分销中心的目标安全库存，同时它本身也必须拥有一定的零部件和原材料安全库存。

零部件原材料的交货质量(到货时间推迟、错误到货等问题是否存在)、内部业务流程、需求等的不确定性是影响供应链运作的主要因素。这些因素导致不能及时补充分销中心的库存，需求的不确定性导致库存堆积或者分销中心的重复订货。

需要大约一个月的时间将产品海运到欧洲和亚太分销中心，这么长的提前期导致分销中心没有足够的时间去对快速变化的市场需求做出反应，这样欧洲和亚太地区就只能以大量的安全库存来保证对用户需求的满足。

3. 任务

减少库存和同时提供高质量的服务成为温哥华惠普公司管理的重点，并着重于供应商管理以降低供应的不确定性，减少机器的闲置时间。企业管理者希望在不牺牲顾客服务水平前提下改善这一状况。

4. 解决方案

供应商、制造点、分销中心、经销商和消费者组成惠普台式打印机供应链的各个节点，供应链是一个由采购原材料、转化为中间产品和最终产品、最后交到用户手中的过程所组成的网络。重新设计供应链，在新的供应链中，主要的生产制造过程由在温哥华的惠普公司完成，包括印制电路板组装与测试(Printed Circuit Board Assembly and Test，PCAT)和总机装配(Final Assembly and Test，FAT)。

PCAT过程中，电子组件(诸如ASICS、ROM和粗印制电路板)组装成打印头驱动板，并进行相关的测试；FAT过程中，电动机、电缆、塑料底盘和外壳、齿轮、印制电路板总装成打印机，并进行测试。其中的各种零部件原材料由惠普的子公司或分布在世界各地的供应商供应。在温哥华生产通用打印机，通用打印机运输到欧洲和亚洲后，再由当地分销中心或代理商加上与地区需求一致的变压器、电源插头和用当地语言写成的说明书，完成整机包装后由当地经销商送到消费者手中，通过将定制化工作推

① 资料来源：蒋长兵，白丽君.《供应链理论技术与建模》，中国物资出版社，2009.

迟到分销中心进行(延迟策略)，实现了根据不同用户需求生产不同型号产品的目的，这种生产组织策略称为分销中心本地化，并且，在产品设计上做出了一定变化，电源等客户化需求的部件设计成了即插即用的组件，从而改变了由温哥华的总机装配厂生产不同型号的产品，保持大量的库存以满足不同需求的情况。为了达到98%的订货服务目标，原来需要7周的成品库存量现在只需要5周的库存量，一年大约可以节约3 000万美元，电路板组装与总装厂之间也基本实现无库存生产。同时，打印机总装厂对分销中心实施JIT供应，以使分销中心保持目标库存量(预测销售量+安全库存量)。通过供应链管理，惠普公司实现了降低打印机库存量的目标。通过改进供应商管理，减少了因原材料供应而导致的生产不确定性和停工等待时间。

5. 效果

惠普公司对台式打印机采取供应链流程再造后，安全库存周期减少为5周，从而减少了库存总投资的18%。仅这一项改进就可以每年节省3 000万美元的存储费用。由于通用打印机的价格低于同类客户化产品，从而又进一步节省了运输、关税等项费用。除了降低成本，客户化延迟使得产品在企业内的生命周期缩短，从而对需求预测不准确性或是外界的需求变化都具有很好的适应性，一旦发现决策错误，可以在不影响顾客利益的情况下以较小的损失较快地加以纠正。

讨论题

(1) 为了保证顾客订单98%的即时满足率，在改建供应链之前，惠普做了哪些工作？

(2) 备货生产为什么约束了惠普对客户需求的保证？

(3) 什么是延迟策略？在本案例中是怎样实现的？

库存管理是企业生产过程中的重要组成部分，其主要功能是在供需之间建立缓冲区。合理的库存可以满足不确定的顾客需求，调节对生产能力的需求，缓解运营过程中不可预测的问题，降低单位订购费用和生产准备费用。但是，过多的库存会占用企业大量的资金，使企业的资金周转受到限制，降低企业的市场运作能力。因此，库存管理与控制的目的是，既要维持适量的库存，又能合理运用资金，即订货点、订货量及订货提前期的确定。下面将进行详细介绍。

5.1 单周期库存的基本模型

5.1.1 单周期库存问题的描述

单周期订货模型也称为单一订货库存模型，主要用于对容易腐烂的物品以及有效期短的产品的订货。这些产品的库存存储问题称为单周期订货问题。

单周期库存控制的关键是要妥善地管理好单周期需求。单周期需求也叫一次性订货，是指仅仅发生在短时间内或库存较少的需求。单周期需求在企业中一般出现在以下两种情况：一是“报童问题”，指经常发生的某种生命周期短、易过时的、需求不定量的商品，如易腐物品中的水果、蔬菜、水产和鲜花、日报、期刊等；二是“圣诞树问题”，指偶尔发生的某种物品的需求，如圣诞卡、结婚纪念卡、生日卡等。这些未售出或未使用的单周期需求的产品，过期后其残余价值极小，处置单周期需求的产品会发生一定的费用，甚至是数额不小的费用。

单周期库存问题决策侧重于订货量，没有订货时间决策问题，订货量等于需求预测量。库存控制的关键是确定或预测需求量。

对单周期库存来说，订货量和实际需求量的关系有两种。

(1) 根据预测确定的订货量和实际需求量一致(理想的巧合状态)。

(2) 根据预测确定的订货量和实际需求量不一致(预测误差的客观存在)。

① 如果需求量大于订货量，就会失去潜在的销售机会，导致机会成本(缺货成本)。

② 如果需求量小于订货量，所有未销售出去的物品可能以低于成本的价格出售，甚至可能报损时还需要另外付出处理费用形成陈旧成本(超储成本)。

为了确定最佳的订货量，需要考虑由订货引起的各种费用。因为单周期需求物品的现实需求无法准确预测，而且只能通过一次性订货满足，即使有库存，其费用的变化也不会很大。也正是由于仅发出一次订货和只发生一次性订货费用，所以订货费用可以视为是一种沉没成本，与决策无关。因此对最佳订货量的确定起决定性作用的是机会成本和陈旧成本。

确定最佳订货量可采用期望损失最小法、期望利润最大法和边际分析法。这 3 种方法都是以具备较为完整的历史记录为前提的。因而，在单周期库存模型中，对历史数据的收集、保存和整理具有非常重要的意义。

5.1.2 单周期库存的基本模型

1. 期望损失最小法

期望损失最小法就是比较不同订货量下的期望损失，取期望损失最小的订货量作为最佳订货量。

期望损失=超储损失之和+缺货损失之和

已知库存物品的单位成本为C，单位售价为P。若在预定的时间内卖不出去，则单价只能降低至S $(S<C)$卖出，若为负表示剩余物品处置需要的费用，单位超储损失为$C_0=C-S$；若需求超过存货，则单位缺货损失$C_u=P-C$。设订货量为Q时的期望损失为$\mathrm{E}_L(Q)$，则取使$\mathrm{E}_L(Q)$最小的Q作为最佳订货量。

$$\mathrm{E}_L(Q)=\sum_{d>Q}C_u(d-Q)P(d)+\sum_{d<Q}C_0(Q-d)P(d) \tag{5.1}$$

式中：$P(d)$为需求量为d时的概率。

【例 5.1】 按过去的记录，新年期间对某商店挂历的需求分布见表 5-1。

表 5-1 某商店挂历的需求分布

需求 d/份	0	10	20	30	40	50
概率 $p(d)$	0.05	0.15	0.20	0.25	0.20	0.15

已知，每份挂历的进价$C=50$元，售价$P=80$元。若在 1 个月内卖不出去，则每份挂历只能按$S=30$元卖出，求该商店应该进多少挂历为好？

解：设该商店买进挂历的数量为Q，当实际需求$d<Q$时，将有一部分挂历卖不出去，每份超储损失为

$$C_0=C-S=50-30=20\,(元)$$

当实际需求$d>Q$时，将有机会损失，每份欠储损失为

$$C_u=P-C=80-50=30\,(元)$$

当 $Q=30$ 时，则

$$\begin{aligned}E_L(Q)&=[30\times(40-30)\times0.20+30\times(50-30)\times0.15]\\&\quad+[20\times(30-0)\times0.05+20\times(30-10)\times0.15+20\times(30-20)\times0.20]\\&=280\text{(元)}\end{aligned}$$

当 Q 取其他值时，可按同样方法计算出 $E_L(Q)$，结果见表 5-2。

表 5-2　期望损失计算表

订货量 Q	实际需求 d						期望损失 $E_L(Q)$ /元
	0	10	20	30	40	50	
	P (D=d)						
	0.05	0.15	0.20	0.25	0.20	0.15	
0	0	300	600	900	1 200	1 500	855
10	200	0	300	600	900	1 200	580
20	400	200	0	300	600	900	380
30	600	400	200	0	300	600	280
40	800	600	400	200	0	300	305
50	1 000	800	600	400	200	0	430

由表 5-2 可以得出期望损失最小的订货量为 30 份，即 30 份为最佳订货量。

2. 期望利润最大法

期望利润最大法就是比较不同订货量下的期望利润，取期望利润最大的订货量作为最佳订货量。设订货量为 Q 时的期望利润为 $E_P(Q)$，则

$$E_P(Q)=\sum_{d<Q}[C_u d-C_0(Q-d)]P(d)+\sum_{d>Q}C_u QP(d) \tag{5.2}$$

以例 5.1 的数据为资料，用期望利润最大法求最佳订货量。

当 $Q=30$ 时，则

$$\begin{aligned}E_p(30)&=[30\times(0-20)\times(30-0)]\times0.05+[30\times10-20\times(30-10)]\times0.15\\&\quad+[30\times20-20\times(30-20)]\times0.20+30\times30\times0.25+30\times30\times0.20\\&\quad+30\times30\times0.15\\&=575\text{(元)}\end{aligned}$$

当 Q 取其他值时，可按同样方法计算出 $E_P(Q)$，结果见表 5-3。

表 5-3　期望利润计算表

订货量 Q	实际需求 d						期望利润 $E_P(Q)$ /元
	0	10	20	30	40	50	
	P (D=d)						
	0.05	0.15	0.20	0.25	0.20	0.15	
0	0	0	0	0	0	0	0
10	-200	300	300	300	300	300	275
20	-400	100	600	600	600	600	475
30	-600	-100	400	900	900	900	575
40	-800	-300	200	700	1 200	1 200	550
50	-1 000	-500	0	500	1 000	1 500	425

由表 5-3 可以得出期望利润最大的订货量为 30 份，即 30 份为最佳订货量。这与期望损失最小法得出的结果相同。

3. 边际分析法

对于单周期库存决策问题，除了用上述基于概率决策准则的期望损失最小法和期望利润最大法来求解最佳订货量之外，还可以用边际分析法。

边际分析法的主要着眼点是如果增加一个单位订货(多生产或多购买一个单位)，那么此单位订货最后只有两种可能：卖出或不能卖出。增加的这一单位订货何时能够售出由市场需求决定。在无法确定的情况下，市场需求仅能以销售概率来表示。于是考虑是否要增加这一单位订货，应评估该单位订货可能售出的概率。若其能售出的概率高，则可增加此单位订货，否则不宜增加该单位订货。

增加一单位的订货，其出售所得的利润称为边际利润(Marginal Profit，MP)，边际利润乘上该增加单位订货售出的概率，则为期望边际利润；未能售出所受的损失称为边际损失(Marginal Loss，ML)，乘上该增加单位订货不能售出的概率，则为期望边际损失。

用边际分析法进行库存决策，最佳订货量是指：当订货量再增加一个单位时，该单位订货的期望边际利润小于其期望边际损失，或者说销售最后一件商品所得的期望收益大于或等于最后一件商品未被售出时所带来的期望损失。这一条件可用式(5.3)表示。

$$P \times MP \geqslant (1-P) \times ML \tag{5.3}$$

式中，P 表示该件产品售出的概率。按上式求解 P 可得

$$P \geqslant ML/(MP+ML) \tag{5.4}$$

式(5.4)表明订货量应当增加到最后一件商品的售出概率等于或大于比值 $ML/(MP+ML)$。

未出售商品的处理收益作为残值，可用于抵扣边际损失。

【例 5.2】 某超市销售某种品牌的月饼，每盒进价 70 元，零售价为 100 元，过了中秋节，未售出的月饼每盒以 20 元的价格退回生产厂家。最后两天的需求量估计为 35～40 盒，35 盒肯定能够售出，40 盒以上一定卖不出去。需求概率以及相关的累积概率分布见表 5-4。试问超市应该订购多少盒月饼？

表 5-4 需求概率与累积概率

需求件数	需求的概率分布	第几盒	售出的概率
35	0.01	1～35	1.00
36	0.15	36	0.90
37	0.25	37	0.75
38	0.25	38	0.50
39	0.15	39	0.25
40	0.10	40	0.10
41	0	41 或更多	0

解：每盒月饼的边际收益等于售价减去成本，即

$$MP = 100 - 70 = 30\ (\text{元})$$

月饼未售出时每盒的边际损失等于单位成本减去残值，即

$$ML = 70 - 20 = 50\,(元)$$

因此，最后一盒月饼的售出概率 P 应满足以下关系

$$P \geqslant ML/(MP + ML) = 50/(30 + 50) = 0.625$$

由累积概率表可知，月饼售出概率大于或等于 0.625 时应该订购 37 盒。第 37 盒月饼售出的概率是 0.75。订购第 37 盒月饼的净收益等于期望边际收益减去相应的期望边际损失。

表 5-5 列出了所有决策方案的情况，从该表的最后一列可知，最佳订货量是 37 盒。

表 5-5 含残值的边际存储分析

需求件数(N)	需求的概率分布	第 N 盒售出的概率(P)	第 N 盒的期望边际收益($P\times MP$)	第 N 盒的期望边际损失$(1-P)\times ML$	第 N 盒的净收益 $MP-ML$
35	0.10	1.00	30	0	30
36	0.15	0.90	27	5	22
37	0.25	0.75	22.5	12.5	10
38	0.25	0.50	15	25	-10
39	0.15	0.25	7.5	37.5	-30
40	0.10	0.10	3	45	-42
41	0	0	0	50	-50

5.2 确定性均匀需求库存问题的基本模型

多周期需求指在足够长的时间里对某种物品的重复的、连续的需求，其库存需要不断地补充。与单周期需求相比，多周期需求问题比较普遍，人们研究的也比较多。

需求率(单位时间内的需求量)和订货提前期(发出订货与订货到达之间的时间)是影响订货系统的重要变量。在现实生活中，这两个变量都是随机变量。在这里，讨论的重点是需求率与订货提前期不相关，并且都是确定的情况，即确定性问题。

对于确定性多周期库存模型，可分为均匀需求情况下的经济订货批量模型、经济生产批量模型和价格折扣模型，以及非均匀需求情况下的动态批量模型。本节讨论均匀需求情况下的库存批量优化问题。

5.2.1 与库存有关的费用

与库存有关的费用分为两类：一类是随着库存量的增加而增加的费用；另一类是随着库存量的增加而减少的费用。正是因为这两类库存费用相互作用的结果，才有最佳订货批量。

随库存量增加而增加的费用包括以下几项。

(1) 资金的成本：库存的资源本身是有价值的，占用了资金。这些资金本可以用于其他活动以创造新的价值，库存使这部分资金闲置起来，造成机会损失。资金成本是维持库存物品本身所必需的花费。

(2) 仓储空间费用：要维持库存必须建造仓库、配备设备，还有供暖、照明、修理、

保管等开支。仓储空间费用是维持仓储空间的费用。

(3) 物品变质和陈旧：在闲置过程中，物品会发生变质和陈旧，如金属生锈、药品过期、油漆褪色、鲜货变质等，这又会造成一部分的损失。

(4) 税收和保险。

以上费用都随库存量增加而增加。如果只有随着库存费用增加而增加的费用，则库存量越少越好。但也有随着库存量增加而减少的费用，使得库存量既不能太低，也不能太高。

随库存量增加而减少的费用包括以下几项。

(1) 订货费：订购货物在整个订货过程中发生的全部费用，包括差旅费、通信费、各种手续费、招待费以及因为订货而支付给订货人员的费用等。它一般与订货次数有关，而与一次订货量无关。一次订货量大，分摊在每项物资上的订货费就少。

(2) 调整准备费：在生产过程中，工人加工零件，一般需要准备图纸、工艺和工具，需要调整机床、安装工艺装备，这些活动都需要时间和费用。如果花费一次调整准备费，多加工一些零件，则分摊到每个零件上的调整准备费就少。

(3) 购买费和加工费：采购或加工的批量大，可能会有价格折扣。

(4) 生产管理费：加工批量大，为每批工件安排的工作量就会少。

(5) 缺货损失成本：批量大则发生缺货的情况就少，缺货损失就少。

计算库存总费用，一般以年为时间单位。归纳起来，年库存总费用包括以下 4 项。

(1) 年维持成本(Holding Cost)，以 C_h 表示，是维持库存所必需的费用，包括资金成本、仓库及设备折旧、税金、保险、陈旧化损失等，这部分费用与物品平均价值和平均库存量有关。

(2) 年订货成本(Ordering Cost)，以 C_r 表示，与全年发生的订货次数有关，一般与一次订货多少无关。

(3) 年购买费(加工费)(Purchasing Cost)，以 C_p 表示，与价格和订货数量有关。

(4) 年缺货损失费(Shortage Cost)，以 C_s 表示，反映失去销售机会带来的损失、信誉损失以及影响生产造成的损失。它与缺货多少、缺货次数有关。

所以，年库存总费用(TC)可表示为

$$TC = C_h + C_r + C_p + C_s \tag{5.5}$$

5.2.2 基本经济订货批量模型

在了解了与库存有关的费用之后，首先要研究基本经济订货批量(Economic Order Quantity，EOQ)模型。早在 1915 年，哈里斯(F.W.Harris)对银行货币的储备进行了详细地研究，建立了一个确定性的库存费用模型，并确定了最优解，即最佳批量。1934 年，威尔逊(Wilson.R.H)重新得出了哈里斯的公式，即经济订货批量公式或称威尔逊公式，经济订货批量模型研究了如何从经济的角度确定最佳库存数量，从根本上改变了人们对库存决策问题的传统认识，是对库存理论研究的一个重大突破。

模型假设如下。

(1) 只涉及一种产品。

(2) 需求是已知的常数，即需求是均匀的。年需求率以 D 表示，单位时间需求率以 d 表示。

(3) 不允许发生缺货，即当库存量降为零时，就应进行货物补充。

(4) 订货提前期是已知的，且为常量。

(5) 交货提前期为零，即发出补货请求后货物补充到位。

(6) 一次订货量无最大最小限制。

(7) 订货费与订货批量无关。

(8) 产品成本不随批量而变化，即没有数量折扣。

在以上假设下，经济订货批量图解模型如图 5.1 所示。系统的最大库存量为Q，最小库存量为 0，不发生缺货，库存按固定需求率D减少。当库存降低到订货点R时，就发出订货Q，经过一个固定的订货提前期L_T，新的一批订货Q到达(订货刚好在库存变为 0 时到达)，库存量立即达到Q。显然，平均库存量为$\dfrac{Q}{2}$。

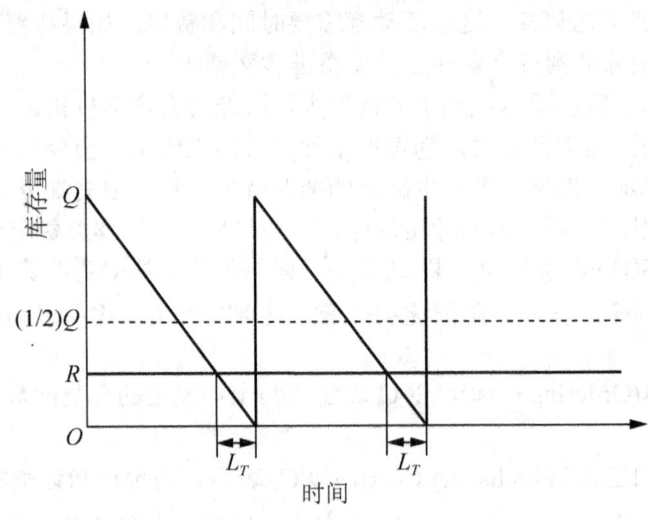

图 5.1　经济订货批量假设条件下的库存变化

为简单起见，考虑一个年度内的总费用，其基本公式为

年总费用=库存维持费用+订货费用+购买费用

其中，库存维持费用(库存保管费用)是维护一定数量库存所支付的管理人员工资、场地租金、保险费、利息等的总和，其计算公式为

$$C_h = \frac{1}{2}QH \tag{5.6}$$

式中：Q——订货量；C_h——单位产品成本(产品购买价格)；H——单位库存维持费。

订货费用是订购一批货物所必须支出的费用，如与供应商的信函联系费用、采购人员的差旅费等。设年需求量为D，每次订货的费用为S，则每年订货费用为

$$C_R = \frac{DS}{Q} \tag{5.7}$$

购买费用为

$$C_p = CD \tag{5.8}$$

所以年总费用 TC 为

$$TC = \frac{1}{2}QH + \frac{DS}{Q} + CD \tag{5.9}$$

图 5.2 表示了总费用随订货量的变化情况。

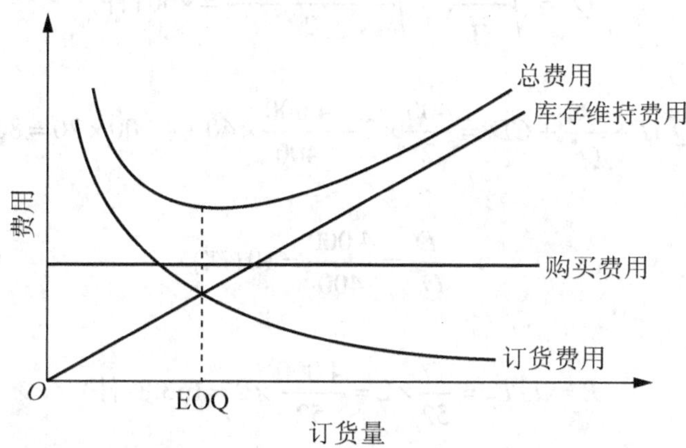

图 5.2　库存成本曲线

总费用曲线为库存维持费用曲线、订货费用曲线、购买费用曲线的叠加。库存维持费用曲线与订货费用曲线有一个交点，其对应的订货量就是最佳订货量。为了求出使得年总费用最小的订货量，将式(5.9)对 Q 求导，并令其一阶导数等于零，即

$$\frac{\mathrm{d}TC}{\mathrm{d}Q} = \frac{1}{2}H - \frac{DS}{Q^2} = 0 \tag{5.10}$$

由式(5.10)可得经济订货批量 Q^*

$$Q^* = \sqrt{\frac{2DS}{H}} \tag{5.11}$$

最优订货周期

$$T^* = \frac{Q^*}{D} \tag{5.12}$$

在经济订货批量为 Q^* 时的年订货次数 n 为

$$n = \frac{D}{Q^*} \tag{5.13}$$

将式(5.11)代入式(5.9)，得年总费用的最优值为

$$TC^* = \sqrt{2DSH} + CD \tag{5.14}$$

订货点 R 为

$$R = dL_T \tag{5.15}$$

【例 5.3】 根据生产需要，某企业每年以 20 元的单价购入一种零件 4 000 件。每次订货费用为 40 元，资金年利息率为 6%，单位维持库存费按库存物价值的 4%计算。若每次订货的提前期为 2 周，试求经济订货批量、最低年总费用、年订购次数和订货点。

解：由题意可得

$C = 20$ 元/件，$D = 4\,000$ 件/年，$S = 40$ 元，$L_T = 2$ 周，H 则由两部分组成，一是资金

利息，一是仓储费用，即

$$H = 20 \times 6\% + 20 \times 4\% = 2\text{元/(件·年)}$$

因此经济订货批量为

$$Q^* = \sqrt{\frac{2DS}{H}} = \sqrt{\frac{2 \times 4\,000 \times 40}{2}} = 400\,(\text{件})$$

最低年总费用为

$$TC^* = \frac{1}{2}Q^*H + \frac{DS}{Q^*} + CD = \frac{400}{2} \times 2 + \frac{4\,000}{400} \times 40 + 4\,000 \times 20 = 80\,800\,(\text{元})$$

年订购次数为

$$n = \frac{D}{Q^*} = \frac{4\,000}{400} = 10\,(\text{次})$$

订货点为

$$R = d \cdot L_T = \frac{D}{52} \times 2 = \frac{4\,000}{52} \times 2 = 153.8\,(\text{件})$$

5.2.3 经济生产批量模型

EOQ 模型假设库存的补货是瞬时到货，这种假设不符合企业生产过程的实际，显然是一种理想状态。一般来说，在进行某种产品生产时，成品是逐渐生产出来的。也就是说，当生产率大于需求率时，库存是逐渐增加的，不是一瞬间补上去的。要使库存不致无限增加，当库存达到一定量时，应该停止生产一段时间。由于生产系统调整准备时间的存在，在补充成品库存的生产中，也有一个一次生产多少的最经济的问题，这就是经济生产批量问题。经济生产批量(Economic Production Lot，EPL)模型又称经济生产量(Economic Production Quantity，EPQ)模型。

图 5.3 描述了在经济生产批量模型下库存量随时间变化的过程。

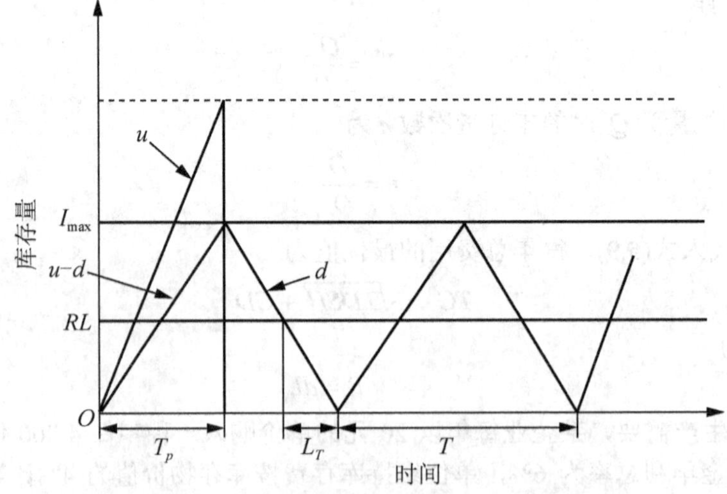

图 5.3 经济生产批量模型下的库存量变化

生产在库存为 0 时开始进行，由于生产率 u 大于需求率 d，库存将以 $u-d$ 的速率上升。

经过时间 T_p，库存达到最大($I_{\max}$)。生产停止后，库存按需求率 d 下降，经过时间 T 库存减少到 0，生产重新开始，就这样周而复始地循环变化。

经济生产批量模型与经济订货批量模型不同之处在于：①产品是逐渐生产出来的，所以不是瞬时交货而是连续补充库存；②在生产过程中用生产准备费用替代采购中的订货费用。其他假设条件与经济订货批量模型相同。模型用到的部分符号及其含义见表 5-6，其余符号同 EOQ 模型。

表 5-6　模型的符号及其含义

符　号	含　义	符　号	含　义
Q	生产批量	T	生产间隔期
$I_{\max}$	生产结束时的实际库存量	R_L	订货点
u	生产率	L_T	订货提前期
d	需求率	S	每次生产的调整准备费用
T_p	每周期生产时间		

若不允许缺货，参照对 EOQ 模型的分析，年总费用可表示为

$$年总费用 TC=库存维持费用 C_h+生产准备费用 C_R+货物费用 C_p$$

其中

$$C_R=\frac{DS}{Q}，\quad C_p=CD \tag{5.16}$$

EPQ 模型与 EOQ 模型不同的是，由于补货率不是无限大， 平均库存量不是 $\frac{Q}{2}$，而是 $\frac{I_{\max}}{2}$。由图 5.3 可以看出

$$I_{\max}=T_p(u-d) \tag{5.17}$$

又因为 $Q=uT_p$，所以 $T_p=\frac{Q}{u}$。

因此年总费用的数学表达式为

$$TC=C_H+C_R+C_p=\frac{HQ}{2}\left(1-\frac{d}{u}\right)+\frac{SD}{Q}+CD \tag{5.18}$$

将式(5.18)对 Q 求导，并令其一阶导数等于零，即

$$\frac{\mathrm{d}TC}{\mathrm{d}Q}=\frac{u-d}{2u}Ch-\frac{DS}{Q^2}=0 \tag{5.19}$$

解式(5.19)，可得经济订货批量 Q^* 为

$$Q^*=\sqrt{\frac{2DS}{H\left(1-\frac{d}{u}\right)}} \tag{5.20}$$

经济生产批量下订货间隔时间是关于订货量与需求率的函数。

$$订货间隔时间=\frac{Q^*}{d} \tag{5.21}$$

生产时间是关于订货量与生产率的函数。

$$生产时间 = \frac{Q^*}{u} \tag{5.22}$$

由式(5.20)可得：当生产率 u 趋于无穷大时，EPQ 模型与 EOQ 模型是一样的，所以可以将 EOQ 模型看作 EPQ 模型的特例。另外也可将该模型应用到以一定速率连续补货与消耗的库存模型中。

【例 5.4】 一家玩具制造厂每年使用 48 000 个橡胶轮子制造深受大众喜爱的自动装卸卡车系列玩具。这家工厂自己制造轮子，以每天 800 个的速度生产。玩具卡车一律都是全年生产。每个轮子的年库存成本为 1 美元，每一次生产运作的备货成本是 45 美元。工厂每年运营 240 天，试求。

(1) 经济生产批量。

(2) 最大库存水平。

(3) 订货间隔时间。

(4) 生产时间。

解：已知 $D = 48\,000$ 个/年，$S = 45$ 美元/次，$H = 1$ 美元/(个 • 年)，$u = 800$ 个/天，$d = 48\,000/240 = 200$ 个/天。

(1) 经济生产批量为

$$Q^* = \sqrt{\frac{2DS}{H\left(1-\frac{d}{u}\right)}} = \sqrt{\frac{2\times 48\,000\times 45}{1\times\left(1-\frac{200}{800}\right)}} = 2\,400\,(个)$$

(2) 最大库存水平为

$$I_{\max} = Q(u-d)/u = 2\,400\times(800-200)/800 = 1\,800\,(个)$$

(3) 订货间隔时间为

$$T = \frac{Q^*}{d} = \frac{2\,400}{200} = 12\,(天)$$

(4) 生产时间为

$$T_p = \frac{Q^*}{u} = \frac{2\,400}{800} = 3\,(天)$$

5.2.4 有数量折扣的经济订货批量模型

在经典的经济订货批量(EOQ)模型中，第 8 条假设：产品成本不随批量而变化，即没有数量折扣。但在现实生活中，数量折扣是司空见惯的事情。为了诱发更大的购买行为，供应商往往在订购数量大于某个固定值时提供价格优惠。例如，芝加哥的一家手术用品公司印发的绷带价目表见表 5-7，每箱绷带的价格随着订货数量的增加而降低。

表 5-7 绷带价目表

订货数量/箱	每箱价格/美元
1～44	2.00
45～69	1.70
70 以上	1.40

价格折扣对于供应商是有利的。因为生产批量越大，生产成本越低，扩大销售可以占领市场，获取更大利润。价格对于客户是否有利，要做具体分析。

如果订购量大于供应商规定的折扣数量，购货厂家自然会愿意接受优惠价格，但当订货量小于这一订货量时，购买者是否愿意接受这一价格优惠就要分析，因为购货厂家争取数量折扣时，一方面可以使库存的单位成本下降，订货费用减少，运输费用降低，缺货损失减少，抵御涨价的能力增强，但在另一方面又使库存量增大，库存管理费也可能因此上升，流动资金的周转减慢，库存货物可能老化、陈旧。因此，问题的关键在于增加订货后是否有净收益，若接受折扣所产生的费用小于订购 EOQ 所产生的总费用，就应该增加订货而接受价格折扣。

由于有价格折扣，物资的单价不再固定，因而传统的 EOQ 公式不能简单地套用。年订货费用与价格折扣无关，其费用曲线与 EOQ 模型的费用曲线相同。由于库存维持费用和购买费用与物品的单位价格有关，所以不同价格水平的库存维持费用和购买费用不同，导致年总费用也不同，如图 5.4 所示，年总费用是一条不连续的曲线。但是无论怎样变化，最经济的订货批量仍然是年总费用曲线上最低点所对应的数量。由于价格折扣模型的年总费用曲线不连续，所以成本最低点是一阶导数为零的点(切线水平的点)或是曲线的间断点。

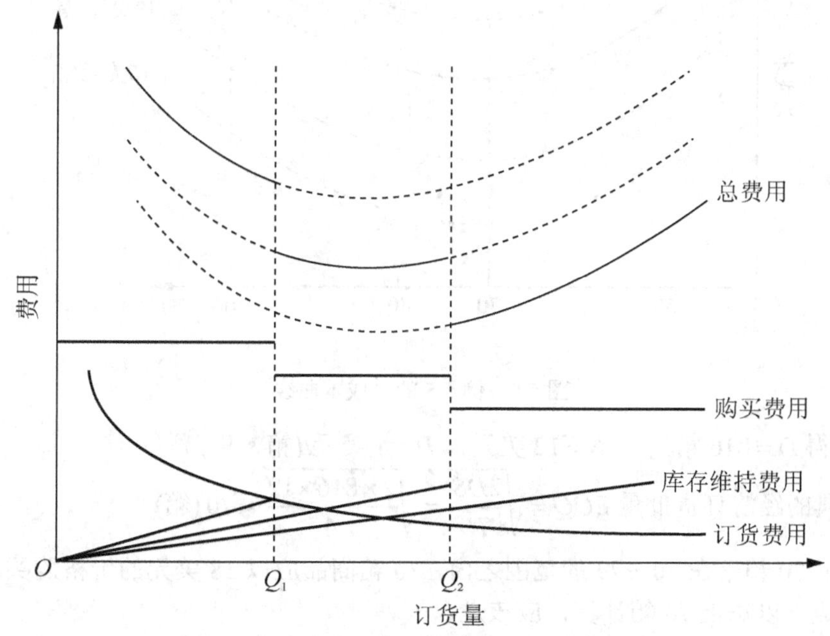

图 5.4　有价格折扣的费用曲线

整个经济订货批量的确定过程根据库存维持费用的不同形式而确定。

1. *库存维持费用为常数*

经济订货批量的确定步骤如下。

(1) 计算经典的经济订货批量 EOQ。

(2) 每个单位价格只在各自的可行范围内有一个经济订货批量，因为各范围不重叠。

如果可行经济订货批量在最低价格范围内，即为最优订货批量；如果可行经济订货批量在其他范围内，为各最低单位价格的价格间断计算经济订货批量总费用，其中最低总费用对应的数量(经济订货批量或价格间断)便是最优订货批量。

【例 5.5】 一家大医院的维修部每年使用大约 816 箱液体清洁剂。订货成本是 12 美元，持有成本是每年每箱 4 美元，新价目表见表 5-8。试确定最优订货量与总成本。

表 5-8 清洁剂价目表

订货数量/箱	美元/箱
1～49	20
50～79	18
80～99	17
100 以上	16

解：总成本曲线如图 5.5 所示。

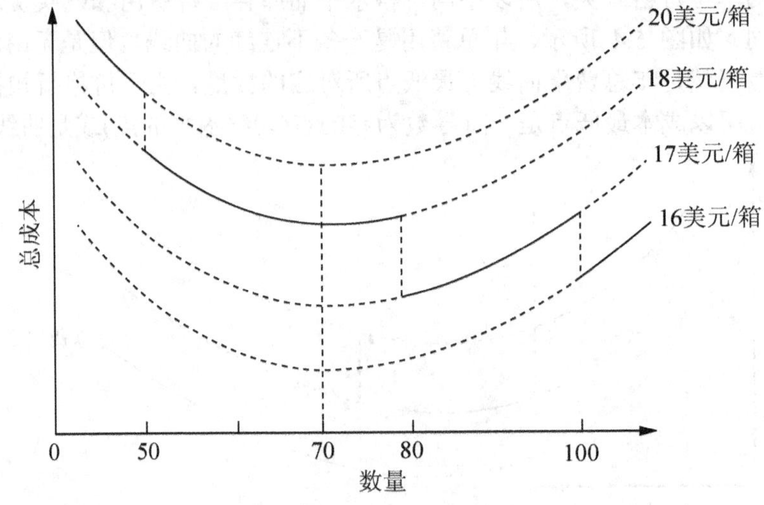

图 5.5 例 5.5 的总成本曲线

由题意得 $D=816$ 箱/年， $S=12$ 美元， $H=4$ 美元/(箱·年)

(1) 经典的经济订货批量 $EOQ=\sqrt{\dfrac{2DS}{H}}=\sqrt{\dfrac{2\times816\times12}{4}}\approx70$ (箱)

(2) 由于 70 箱落在 50～79 的范围之内，70 箱商品应以 18 美元的价格购买。一年购买 816 箱的总成本以每批 70 箱计算，应该是

$$
\begin{aligned}
TC_{70} &= \text{库存维持费用+订货费用+购买费用} \\
&= \frac{1}{2}QH+\frac{DS}{Q}+CD \\
&= (70/2)\times4+(816/70)\times12+18\times816=14\,968\ (\text{美元})
\end{aligned}
$$

由于存在更低的成本范围，应该再检查一下是否还有比每单位 18 美元、每批 70 箱成本更低的订货方式存在。为了以 17 美元每箱的成本购买，至少需要每批 80 箱。(因为总成本曲线是上升的，80 箱在其相应范围内应存在最低总成本。)80 箱的总成本为

$$TC_{80}=(80/2)\times4+(816/80)\times12+17\times816=14\,154\ (\text{美元})$$

为得到16美元每箱的成本，每批至少需要100箱，总成本为

$$TC_{100}=(100/2)\times 4+(816/100)\times 12+16\times 816=13\,354\ (美元)$$

综合上面分析可知，每批100箱时的总成本最低，100箱是整个可行范围内的最优订货批量。

2. 库存维持费用以价格百分比形式表达

经济订货批量的确定步骤如下。

(1) 取最低价格带入经济订货批量模型公式，求出最优订货批量Q^*，若Q^*可行(即所求点在曲线上)，Q^*即为最优订货批量，否则转步骤(2)。

(2) 取次低价格带入经济订货批量模型公式，求出最优订货批量Q^*，若Q^*可行，计算订货量为Q^*时的总费用，并与价格更低范围的间断点的总费用进行比较，取其最低费用对应的数值，便是最优订货批量。

(3) 如果Q^*不可行，重复步骤(2)。

【例5.6】 某电器公司每年需要4000只开关。开关的价格为：购买数量为1～499个，每个开关0.90元；购买数量为500～999个，每个开关0.85元；购买数量在1 000个以上时，每个开关0.82元。每次订货费用为18元，库存保管费用率为18%，求经济订货批量和年总费用。

解：由题意知，$D=4\,000$只/年，$S=18$元/次，$I=18\%$，单位产品库存保管费随其单价而变，具体结果见表5-9。

表5-9 开关的价目表和库存保管费

订货范围	单价/元	单位产品库存保管费用/元
1～499	0.90	0.18×0.90=0.162
500～999	0.85	0.18×0.85=0.153
1 000以上	0.82	0.18×0.82=0.147 6

(1) 从最低价格开始，为各种价格寻找经济订货批量，直到确定出可行的经济订货批量为止。

$$EOQ_{0.82}=\sqrt{\frac{2DS}{Ch}}=\sqrt{\frac{2\times 4\,000\times 18}{0.147\,6}}=988\ (个)$$

因为$EOQ_{0.82}=988$落在500～999区间内，不是每只0.82元的优惠范围内，所以不是可行解，再取单价为0.85元计算

$$EOQ_{0.85}=\sqrt{\frac{2DS}{Ch}}=\sqrt{\frac{2\times 4\,000\times 18}{0.153}}=970\ (个)$$

$EOQ_{0.85}=970$落在500～999区间内，是可行解，进入第二步。

(2) 计算$EOQ_{0.85}=970$的总费用，并且与取得最低价格折扣的最小数量的总费用比较。

$$TC_{970}=\frac{1}{2}QCh+\frac{DS}{Q}+CD=(1/2)\times 970\times 0.153+(4\,000/970)\times 18+0.85\times 4\,000$$
$$=3\,548\ (元)$$

$$TC_{1\,000} = \frac{1}{2}QCh + \frac{DS}{Q} + CD = (1/2)\times 1\,000 \times 0.147\,6 + (4\,000/1\,000)\times 18 + 0.85\times 4\,000$$
$$= 3\,426\,(\text{元})$$

因为$TC_{1\,000} < TC_{970}$，所以总费用最低的最佳订货批量为 1 000 只开关。

5.2.5 允许缺货的经济订货批量模型

在某种情况下，只要不影响到企业的信誉，可以允许“缺货”现象存在。允许缺货比不允许缺货时的库存量要小，且保管费要少。但是，由于缺货要支付一定的缺货损失费，当缺货损失费太大而使缺货不合算时，此模型为不允许缺货的经典的经济订货批量模型。

图 5.6 给出了允许缺货的经济订货批量模型中存储量与时间的关系，其中Q_s为一周期内的最大缺货量。每批的订货量为

$$Q = Q_1 + Q_s \tag{5.23}$$

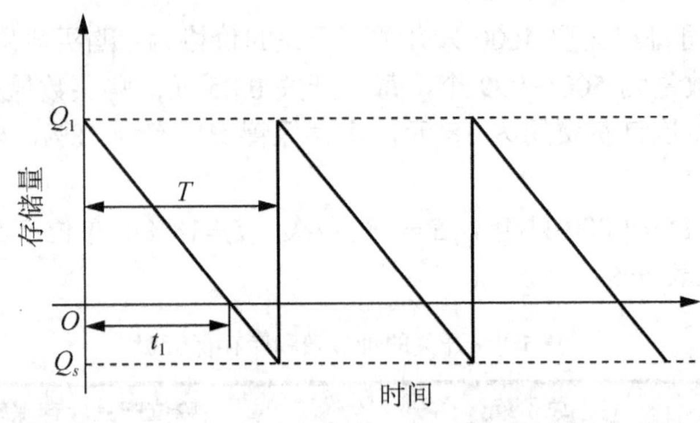

图 5.6 存储量与时间的关系

假定采用“缺货预约”的方法，即将未能满足的需求量作为缺货予以登记，待进货后立即进行补偿。由图 5.6 可知，在$[0,T]$时间内的平均存储量为$\frac{Q_1 t_1}{2T}$，平均缺货量为$Q_s(T-t_1)/2T$，所以在$[0,T]$时间内

库存维持费用$=\frac{1}{2}HQ_1t_1$

缺货损失费$=\frac{1}{2}C_{\text{lost}}Q_s(T-t_1)=\frac{1}{2}C_{\text{lost}}(Q-Q_1)(T-t_1)$，式中，$C_{\text{lost}}$——单位时间单位缺货损失。

订货费$=S$

生产成本$=CQ$

总费用
$$TC = \frac{1}{2}HQ_1t_1 + \frac{1}{2}C_{\text{lost}}(Q-Q_1)(T-t_1) + S + CQ \tag{5.24}$$

于是单位时间内存储货物所需总费用的平均值为

$$\overline{TC} = \frac{HQ_1t_1}{2T} + \frac{C_{\text{lost}}(Q-Q_1)(T-t_1)}{2T} + \frac{S}{T} + \frac{CQ}{T} \tag{5.25}$$

其中Q，Q_1，T，t_1为决策变量，且满足

$$Q = DT, \qquad Q_1 = Dt_1 \tag{5.26}$$

于是总费用的模型为

$$\begin{aligned} \min \overline{TC} &= \frac{HQ_1 t_1}{2T} + \frac{C_{\text{lost}}(Q-Q_1)(T-t_1)}{2T} + \frac{S}{T} + \frac{CQ}{T} \\ s.t. \quad & Q = DT, \\ & Q_1 = Dt_1, \\ & Q \geqslant 0,\ Q_1 \geqslant 0,\ T \geqslant 0,\ t_1 \geqslant 0。 \end{aligned} \tag{5.27}$$

由式(5.26)可得

$$T = \frac{Q}{D}, \quad t_1 = \frac{Q_1}{D} \tag{5.28}$$

将式(5.28)代入式(5.25)便得

$$\overline{TC} = \frac{HQ_1^2}{2Q} + \frac{C_{\text{lost}}(Q-Q_1)^2}{2Q} + \frac{SD}{Q} + CD \tag{5.29}$$

式(5.29)中关于Q和Q_1的偏导数分别为

$$\frac{\partial \overline{TC}}{\partial Q} = \frac{C_{\text{lost}}}{2} - \frac{(H + C_{\text{lost}})Q_1^2}{2Q} - \frac{DS}{Q^2} \tag{5.30}$$

$$\frac{\partial \overline{TC}}{\partial Q_1} = \frac{(H + C_{\text{lost}})Q_1}{Q} - C_{\text{lost}} \tag{5.31}$$

由方程组

$$\begin{cases} \dfrac{\partial \overline{TC}}{\partial Q} = 0 \\ \dfrac{\partial \overline{TC}}{\partial Q_1} = 0 \end{cases}$$

可解得模型的最优解为

$$Q^* = \sqrt{\frac{2DS(H + C_{\text{lost}})}{HC_{\text{lost}}}} \tag{5.32}$$

$$Q_1^* = \frac{C_{\text{lost}} Q^*}{H + C_{\text{lost}}} = \sqrt{\frac{2DSC_{\text{lost}}}{H(H + C_{\text{lost}})}} \tag{5.33}$$

$$T^* = \frac{Q^*}{D} = \sqrt{\frac{2S(H + C_{\text{lost}})}{HC_{\text{lost}} D}} \tag{5.34}$$

$$t_1^* = \frac{Q_1^*}{D} = \sqrt{\frac{2CS}{HD(H + C_{\text{lost}})}} \tag{5.35}$$

最优值为

$$TC^* = \sqrt{\frac{2SHC_{\text{lost}} D}{H + C_{\text{lost}}}} + DC \tag{5.36}$$

最大的缺货量为

$$Q_s^* = Q^* - Q_1^* = \frac{H}{H + C_{\text{lost}}} \cdot Q^* = \sqrt{\frac{2SHD}{C_{\text{lost}}(H + C_{\text{lost}})}} \tag{5.37}$$

当 $C_{\text{lost}} \to +\infty$ (不允许缺货)时，$\frac{C_{\text{lost}}}{H + C_{\text{lost}}} \to 1$，故有

$$Q^* \to \sqrt{\frac{2DS}{H}} \tag{5.38}$$

$$Q_1^* \to \sqrt{\frac{2DS}{H}} \tag{5.39}$$

$$T^* \to \sqrt{\frac{2S}{HD}} \tag{5.40}$$

$$t_1^* \to \sqrt{\frac{2S}{HD}} \tag{5.41}$$

该结果与 5.2.2 节的经典经济订货批量模型的结果是一致的。

又已知，在经典经济订货批量模型中，平均存储量为

$$\frac{1}{2}Q^* = \frac{1}{2}\sqrt{\frac{2DS}{H}} \tag{5.42}$$

现在考虑允许缺货后，平均存储量为

$$\frac{Q_1^* t_1^*}{2T^*} = \frac{1}{2}\sqrt{\frac{2DS}{H}}\left(\frac{C_{\text{lost}}}{H + C_{\text{lost}}}\right)^{\frac{3}{2}} < \frac{1}{2}\sqrt{\frac{2DS}{H}} \tag{5.43}$$

因此，考虑缺货后平均存储量得到降低，从而减少了库存维持费用。

允许缺货时，订货周期为

$$\sqrt{\frac{2S(H + C_{\text{lost}})}{HC_{\text{lost}}D}} = \sqrt{\frac{2S}{HD}} \cdot \sqrt{\frac{H + C_{\text{lost}}}{C_{\text{lost}}}} > \sqrt{\frac{2S}{HD}} \tag{5.44}$$

因此，允许缺货时，订货周期延长了。

【例 5.7】 某厂对某种材料的全年需要量为 1 040 吨，其单价为 1 200 元/吨。每次采购该种材料的订货费为 2 040 元，每年保管费为 170 元/吨，考虑缺货，并且缺货损失为每年每吨 500 元，试问每次最优订货批量为多少？每年应订货多少次？每年存储总费用为多少？

解：由题意可得

$D = 1\,040$ 吨/年，$H = 170$ 元/(吨·年)，$S = 2\,040$ 元，$C = 1\,200$ 元/吨，$C_{\text{lost}} = 500$ 元/(吨·年)。由式(5.32)～式(5.37)可得

$$Q^* = \sqrt{\frac{2 \times 2\,040 \times (170 + 500)}{170 \times 500}} \approx 183\ (\text{吨})$$

$$Q_1^* = \frac{500}{170 + 500} \times 183 \approx 137\ (\text{吨})$$

$$Q_s^* = 183 - 137 = 46\ (\text{吨})$$

$$T^* = \frac{183}{1\,040} \approx 0.176\ (\text{年})$$

$$t_1^* = \frac{137}{1\,040} \approx 0.132\ (\text{年})$$

$$TC^{*}=\sqrt{\frac{2\times 2\,040\times 170\times 500\times 1\,040}{170\times 500}}+1\,200\times 1\,040$$
$$\approx 23\,202+1\,248\,000=1\,271\,202\,(\text{元})$$

那么每年订货次数为

$$n^{*}=\frac{1\,040}{183}\approx 5.68\,(\text{次})$$

由于订货次数应为正整数，故可分别比较订货系数为 5 次和 6 次的费用。若每年订货 6 次，则订货周期和订货量分别为

$$T=\frac{1}{6}\,(\text{年}),\qquad Q=\frac{1\,040}{6}\,(\text{吨})$$

由式(5.29)知，当 Q 为常数时，TC 是 Q_1 的一元函数。这时式(5.31)的偏导数 $\frac{\partial \overline{TC}}{\partial Q_1}$ 即为导数 $\frac{\mathrm{d}\overline{TC}}{\mathrm{d}Q_1}$。

由方程 $\frac{\mathrm{d}\overline{TC}}{\mathrm{d}Q_1}=0$，可解得 $Q_1=\frac{C_{\text{lost}}Q}{H+C_{\text{lost}}}=\frac{500}{170+500}\times\frac{1\,040}{6}\approx 129\,(\text{吨})$

代入式(5.29)，可得 $TC=23\,235+1\,248\,000=1\,271\,235\,(\text{元})$。

若每年订货 5 次，则订货周期和订货量分别为

$$T=\frac{1}{5}\,(\text{年}),\qquad Q=\frac{1\,040}{5}\,(\text{吨})$$

同样可得 $Q_1=\frac{C_{\text{lost}}Q}{H+C_{\text{lost}}}=\frac{500}{170+500}\times\frac{1\,040}{5}\approx 155\,(\text{吨})$

代入式(5.29)，可得 $TC=23\,394+1\,248\,000=1\,271\,394\,(\text{元})$。

所以选择每年订货 6 次，每次订货 1 040/6 吨，每年的总费用为 1 271 235 元。

5.3 确定性非均匀需求库存问题的基本模型

以上所讨论的都是库存管理中均匀需求的订货批量问题。然而，在现实生产中遇到更多的是非均匀需求问题，即需求率随时间的变化而改变。如果需求是已知的并且是确定的，就是确定性非均匀需求，如表 5-10 所示的例子，全年 12 个月的需求都是已知的，但每个月的需求量不同，在这种情况下，如何确定使库存总费用最低的订货批量，是非均匀需求问题要解决的订货批量问题。由于需求率随时间而变，所以不能简单地像处理 EOQ 模型那样，按平均成本和库存量来解决非均匀需求的订货批量问题。

表 5-10 产品各月需求情况

月　份	1	2	3	4	5	6	7	8	9	10	11	12
需求量/箱	10	62	12	130	154	129	88	52	124	160	238	41

国内外的许多学者在这个问题上进行了卓有成效地研究，其中美国的 Wagner-Whitin 提出的方法(简称 W-W 法)最具有代表性，为解决非均匀需求问题提供了一个新思路。

W-W 法的出发点是在总费用最低的情况下，确定各个时期的订货批量。以表 5-9 的数据为例，管理者可以分月订货，每次只订本月需要量，则全年要订货 12 次。由于 W-W 法假设当月消耗掉的产品不计算库存保管费，所以只发生订货费用；管理者也可以一次订满足几个月需要量的物品，这样全年订货次数少了，订货费用就降低了，但当月未消耗完的产品又增加了库存保管费。W-W 法就是在两者之间寻求平衡，找出最佳订货量。

符号及含义如下。

$(r_1,r_2,\cdots,r_n)$——n 个时段的需求量。

$(y_1,y_2,\cdots,y_n)$——n 个时段的订货量。

$x_t=\sum(y_t-r_t)$——时段 t 的期末库存量。

$h(x_t)$——时段 t 上的库存保管费用。

$c(y_t)$——时段 t 上的订货费用。

$F(t)$——时段 t 上的总费用。

目标函数为

$$\begin{aligned}&\min\ \sum_{t=1}^{n}[c_t(y_t)+h_t(x_t)]\\&s.t.\ \ x_t=\sum_{j=1}^{t}(y_j-r_j)\,,\\&x_t\geqslant 0\,,\\&x_0=0,\ \ t=1,2,\cdots,n\ 。\end{aligned}\tag{5.45}$$

这里不加证明地引用 W-W 法的最优订货策略。当满足式(5.46)时，在时段 t 发生一次批量为 y_t 的订货，即

$$y_t\cdot x_{t-1}=0\qquad(t=1,2,\cdots,n)\tag{5.46}$$

因为 y_t 不为 0，否则没有订货量，这就意味着只有 $x_{t-1}=0$ 且 $y_t>0$，即当时段 t 的期初库存为零时，才在第 t 期发生订货。下面结合算例将其基本思想做一简要介绍。

【例 5.8】 一公司全年 12 个月对某产品的需求见表 5-10。已知订货费用是 S=54 元/次，$h=0.02$ 元/月，该产品的单位成本是 C=20 元/箱。求经济订货批量策略。

解：设 $F(t)$——时段 t 上的总费用，期初库存等于零，本期消耗掉的库存不计算库存保管费用。假定 1 月份的期初库存等于零，本月需要 10 箱的货物，首先在 1 月初订购 10 箱产品，则 1 月份的总费用 $F(1)$只与订货费用有关，即 $F(1)=0+S=54$ (元)。

满足 2 月份需求的方案有两种。

方案 1：1 月初订 10 箱，1 月份用完；2 月初订 62 箱，2 月份用完。

方案 2：1 月初订 72 箱，包括 1 月份的 10 箱和 2 月份的 62 箱。

方案 1 的总费用为 $C_1=F(1)+S=54+54=108$ (元)

方案 2 的总费用为 $C_2=54+62\times0.02\times20\times1=78.60$ (元)

因为 $C_2<C_1$，所以最佳选择应是方案 2，即一次订购满足 1、2 月份的需求量，此时 $F(2)=78.60$(元)。

满足 3 月份需求的方案有三种。

方案 1：2 月底 3 月初订 12 箱，3 月份用完。

方案2：2月初订74箱，包括2月份的62箱和3月的12箱。

方案3：1月初订84箱，包括1月份的10箱、2月的62箱和3月份的12箱。

方案1的总费用为$C_1 = F(2) + S = 78.60 + 54 = 132.60$(元)

方案2的总费用为$C_2 = 54 + 54 + (12 \times 0.02 \times 20 \times 1) = 112.8$(元)

方案3的总费用为$C_3 = 54 + (62 \times 0.02 \times 20 \times 1) + (12 \times 0.02 \times 20 \times 2) = 88.40$(元)

因为$C_3 < C_2 < C_1$，所以最佳选择应是方案3，即一次订购满足1～3月份的需求量，此时$F(3) = 88.40$(元)。

如此继续进行下去，直到12个月全部计算完毕。从以上计算过程可以看出，对任意第t个月，都有t个方案。最后结果见表5-11和图5.7。

表5-11 W-W法求出的最佳订货批量策略

月份	1	2	3	4	5	6	7	8	9	10	11	12	总计
期初库存	0	74	12	0	0	129	0	52	0	0	0	41	—
进货量	84	0	0	130	283	0	140	0	124	160	279	0	1 200
需求量	10	62	12	130	154	129	88	52	124	160	238	41	1 200
期末库存	74	12	0	0	129	0	52	0	0	0	41	0	308

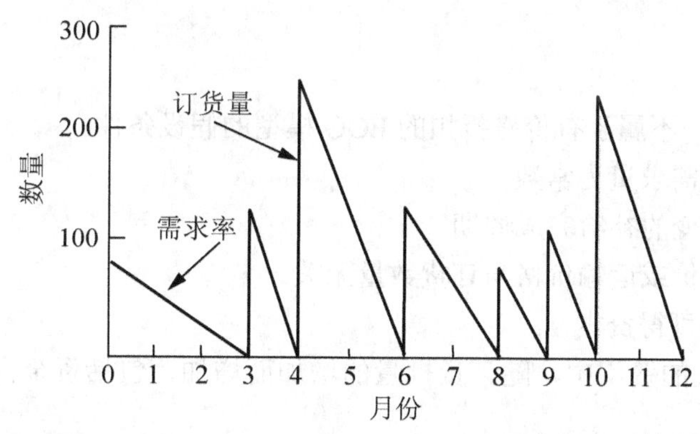

图5.7 W-W法求出的最佳订货量策略

总订货费用=7×54=378.00(元)

总库存保管费用=308箱/月×20元/箱×0.02元/月=123.20(元)

总费用=378.00+123.20=501.20(元)

由图5.7可以看出，分别在1月初、4月初、5月初、7月初、9月初、10月初、11月初发生订货。订货量如图中的垂线所示，需求量变化如图中的斜线(均匀需求率)所示。例如，1月份订货84箱，这84箱货物在1、2、3三个月均匀消耗，到3月底正好用完；4月初补充订货130箱，到4月底用完；然后在5月初订货283箱，到6月底用完，……，以此类推。

本章小结

本章分析了库存问题的基本模型，分别从单周期模型、多周期模型方面进行了讨论。

单周期库存的基本模型主要有 3 种：期望损失最小法、期望利润最大法和边际分析法。多周期库存模型根据需求率和订货提前期是否为随机变量分为确定性和不确定性库存问题。对确定性问题，本章从均匀需求和非均匀需求两个方面进行分析。确定性均匀需求的库存问题着重分析了基本的经济订货批量模型、经济生产批量模型、有数量折扣的经济订货批量模型和允许缺货的经济订货批量模型。虽然根据不同的条件，经济订货批量的模型有所不同，但它们的分析原理和方法基本相似。对非均匀需求库存问题的解决方法，本章主要介绍了 W-W 法。

关键术语

缺货成本	过期成本	经济订货批量	经济生产批量
提前期	订货点	库存维持费用	数量折扣

习　题

1. 选择题

(1) 以下_______不属于有价格折扣的 EOQ 模型的假设条件。

A. 每天的需求量为常数

B. 已知不变的补给完成周期

C. 购买单价或运输价格与订货数量无关

D. 不限制可得资本

(2) 与库存相关的费用中，随订货批量的增加而增加，包括资金占用、货物保管、仓库建设等费用的是_______。

A. 订货费用　B. 采购成本　C. 运输成本　D. 维持库存用

(3) 资金占用成本、存储空间成本、库存服务成本和库存风险成本属_______。

A. 库存成本　B. 固定成本　C. 变动成本　D. 订购成本

(4) 下列_______属于经济订货批量模型 EOQ 考虑的成本。

A. 库存持有成本　B. 补货成本

C. 运输成本　D. 缺货成本

(5) 下列关于多周期库存描述，正确的是_______。

A. 也叫一次性订货，很少重复订货

B. 在很长时间内需求反复发生，库存需要不断补充

C. 这种需求的特征是偶发性和物品生命期短

D. 只有订货量为其决策变量

2. 简答题

(1) 基本的 EOQ 模型有哪些假设条件？

(2) 对单周期需求来说，库存决策的关键是什么？这个关键可通过哪些方法实现？

(3) 单周期库存模型适用于什么场合？

3. 判断题

(1) 确定订货点实际上就是确定订货提前期内的需求。 (　　)

(2) 对单周期需求来说，只有机会成本和陈旧成本对最佳订货量的确定起决定作用。 (　　)

(3) 经典的 EOQ 模型中货物的价值越高，经济订货量就越大，订货频率也会越低。 (　　)

(4) 过期成本属于期末剩余物品发生的成本，是单位销售额与单位成本之差。 (　　)

(5) 库存总成本最小的订购量称为经济订货批量，简称 EOQ。 (　　)

(6) 使用 EOQ 经济订货批量模型时必须满足的假设条件是允许缺货。 (　　)

(7) 库存持有成本是指为保持库存而发生的成本，它可以分为固定成本和变动成本。其中变动成本与库存数量的多少无关。 (　　)

(8) 订购成本是指企业向外部供应商发出采购订单的成本，包括订购次数、常设采购机构的基本开支等。 (　　)

4. 计算题

(1) 某超市在采购灭蚊器时，统计了以前灭蚊器的销售情况，并且了解了其需求的概率分布，见表 5-12。

表 5-12　灭蚊器需求的概率分布

需求(d)	0	15	30	45	60	75
概率 $p(d)$	0.05	0.15	0.20	0.30	0.20	0.10

已知，每个灭蚊器的进价是 $C=15$ 元，售价是 $P=20$ 元。若在夏秋季未能销完，则需将剩余的灭蚊器退回经销商，退回运费每个 2 元由超市承担，求该超市应该采购多少灭蚊器合适。

(2) 某单位 2008 年某物资的单位价格为 100 元，单位物资产生的年持有成本为其价格的 25%，单位订货费用为 100 元，通过预测，预计 2009 年该物资的总需求量为 1 800 单位。若 2009 年单位物资的价格、持有成本和单次订货费维持在 2008 年的水平。试求 2009 年的经济订货批量、订货周期和年总费用。

(3) 根据预测，市场每年对某公司生产的产品的需求量为 9 000 台，一年按 300 个工作日计算。生产率为每天 50 台，生产提前期为 4 天。单位产品的生产成本为 60 元，单位产品的年维修库存费为 30 元，每次生产的生产准备费用为 40 元。试求经济生产批量、年生产次数、订货点和最低年总费用。

(4) 已知某部件的需求量为10 000件，每次订货费用为40元，单位年库存保管费用为0.20元，单位物品年缺货损失费为0.3元，试求经济生产批量。

5. 思考题

(1) 哪些费用随库存量增加而增加，哪些费用随库存量增加而减少？

(2) 基本的EOQ模型与EPQ模型有哪些差异？

案例分析

上海通用公司通过库存环节有效降低物流成本①

据统计数据显示，在发达国家，全年流通费用的支出占GDP的10%。而我国由于流通技术水平低，流通效率低、物流成本高，全社会全年支出的流通费用约占GDP的20%，约17 880亿元。因此通过库存环节降低物流成本就成为各公司的工作重点。

如何实现减低库存，不同企业有着不同的库存政策。而各家企业为了获得竞争优势，也纷纷推出独一无二的绝招。下面列举了上海通用公司的库存政策。

1. 利用“牛奶取货”方式降低库存成本

上海通用以前有4种车型，不包括一种刚刚上市的车型在内，另外3种车型零部件总量有5 400多种。上海通用在国内外拥有180家供应商，还有北美和巴西两大进口零部件基地。那么，上海通用是如何提高供应链效率、减少新产品的导入和上市时间并降低库存成本的呢？

通用汽车的传统做法是有自己的运输队，这种方式并不是根据需要来供给的。有的零件根据体积或数量的不同，并不一定正好能装满一卡车，但为了节省物流成本，经常装满一卡车才发货，这样就造成了存货成本高、占地面积大的现象。因为不同供货商送货缺乏标准化的管理，所以带来了同样的问题。

通用就改变了这种做法，聘请一家第三方物流供应商，由他们来设计配送路线，然后到不同的供应商处取货，再直接送到上海通用，利用“牛奶取货”或叫“循环取货”的方式解决了这些难题。通过循环取货，其零部件运输成本可以降低30%以上，这种做法的优点是显而易见的。同时，这也体现了上海通用的一贯思想，即把低附加价值的东西外包出去，集中精力做好制造和销售汽车的主营业务。

2. 与供应商共赢，建立供应链预警机制

上海通用所有的车型国产化都达到了40%以上，有些车型已达到60%甚至更高。这样可以充分利用国际和国内的资源优势，在短时间内形成自己的核心竞争力。因此，上海通用非常注意协调与供应商之间的关系。

上海通用采取的是“柔性化生产”，随时与供应商时刻保持着信息沟通。该公司的生产计划是滚动式的，基本上每个星期都有一次滚动，在滚动生产方式的前提下，公司对产量进行不断的调整，让供应商能根据通用的生产计划安排自己的存货和生产计划，从而减少对存货资金的占用。如果供应商在原材料、零部件方面由于种种原因造成问题，它也要给我公司提供预警，这是一种双向的信息。万一某个零件预测出现了问题，在什么时候跟不上需求了，上海通用就会利用该公司的资源，甚至全球的资源作出响应。供应链归根结底就是要贯彻一个共赢的概念。

① 资料来源：中国交通运输协会.《供应链管理——应试指南》，电子工业出版社，2007.

讨论题

(1) 库存会导致哪些成本？

(2) 上海通用公司是如何节省库存成本的？和传统的汽车厂有什么不同？

(3) 怎样理解“供应链归根结底就是要贯彻共赢的概念”？

第 6 章　基于供应链提前期的库存模型

【本章教学要点】

知识要点	掌握程度	相关知识	应用方向
供应链多阶响应周期的概念	熟悉	多阶响应周期的结构模型	建立基于供应链提前期库存模型的基本知识，在掌握基础知识的基础之上才能建立模型
供应链提前期的构成	熟悉	流程分类的两种分类方式	
供应链提前期压缩的意义	熟悉	从 4 个方面理解	
供应链提前期压缩的突破口	熟悉	从 4 个方面理解	
供应链提前期压缩的措施	熟悉	从 5 个方面理解	
提前期是唯一决策变量的库存模型	重点掌握	模型假设，模型构建及模型的求解	通过模型能够很好地解决供应链库存问题，提高产品的供应链在最终用户市场上的竞争力
提前期和订货量为决策变量的库存模型	重点掌握	模型假设，模型构建及模型的求解	
基于随机提前期的 (Q, r) 库存模型	掌握	需求率是常量的库存模型和需求随机分布的库存模型	

导入案例

上海通用汽车公司的困境[①]

上海通用(SGM)汽车公司是一家中美合资的汽车公司，拥有世界上最先进的弹性生产线，能在一条流水线上同时生产不同型号、不同颜色的车辆，每小时可生产27辆汽车，在国内首创订单生产模式，即根据市场需求控制产量；同时生产供应采用JIT运作模式。为此该公司需实行零库存管理，所有汽车零部件的库存在运输途中，不占用大型仓库，仅在生产线旁设立小型配送中心，维持最低安全库存。这就要求公司在采购、包装、海运、港口报关、检疫、陆路运输等一系列操作之间的衔接必须十分密切，不能有丝毫差错。

在实际执行过程中，SGM公司的市场计划为一周，而运输周期为4个月。这样一来，市场计划无法知道运输的安排，为了确保生产的连续性，该公司只能扩大其零配件的储备量，此举势必造成大量到港的集装箱积压。结果形成以下状态：加大库存量，不得不另租用集装箱场地；为解决部分零部件的供应，在库存饱和状态下，只能采取人工拆箱，工人们24小时拆箱仍跟不上生产计划的进度；由于拆箱次数的增加，SGM公司的信息管理系统混乱，无法确定集装箱的实际状态，造成了该公司物流总成本的增加。

讨论题

(1) 试分析该公司的瓶颈何在？

(2) 你认为如何才能解决公司的困境？

自20世纪80年代，企业竞争和经营环境的变化，促使竞争模式从基于价格的竞争向基于质量、品种的竞争转移，现在又进一步转移到基于时间的竞争，时间成为竞争优势最有力的资源。“时间竞争”最早由Stalk于1988年提出，其在《哈佛商业评论》发表了一篇具有里程碑意义的文章——《时间：下一个竞争优势资源》。在这篇文章里，Stalk从日本企业竞争优势的演进过程中看到了时间对于企业的“前景”，提出了基于时间竞争的概念。基于时间的竞争是一种获取竞争优势的战略，其竞争重点是压缩产品研发、生产和销售在内的整个生产运作中每个环节的时间，以获取竞争优势。在市场竞争日益激烈的今天，产品生命周期越来越短，顾客要求的响应速度越来越快，因此基于时间的竞争也就显得越来越重要。美国麻省理工学院管理学教授查尔斯·法恩在《时钟速度》中提出：企业最根本、最核心的竞争力在于对供应链的管理。速度制胜的关键在于缩短供应链响应周期。通过压缩提前期可以使企业减少库存，降低成本。英国著名经济学家马丁·克里斯多夫有句名言：“市场上只有供应链而没有企业。”真正的竞争不是企业之间的竞争，而是供应链之间的竞争。因此，必须从整个供应链的角度出发研究面向缩短多阶响应周期的库存管理模式，建立有效的库存管理和决策支持模型，这样才有可能真正提高某种产品的供应链在最终用户市场上的竞争力。

① 资料来源：金圣才．《物流管理[中级]过关必做习题集》，中国石化出版社，2009.

6.1 供应链运作中的时间因素

6.1.1 供应链多阶响应周期

响应周期(Response Time)通常是针对单一企业和组织的，即企业的产品或服务由生产到提交给用户的时间。但是，在现在的市场环境下，单个企业往往难以单独完成对市场需求变化的快速响应。在市场要求日益趋向个性化的小批量快速生产的条件下，越来越多的企业主动接受供应链这一先进的管理思想，运用链的思路管理整个产品的生产和开发。

在供应链管理这一新的管理模式下，管理的焦点在于从整个链的角度进行综合战略考虑，一切目标都是围绕着对整个链的优化。研究发现：产品对最终用户的响应周期是全过程的累积效应，而不是单指某一个环节；消耗在物流过程中的时间远大于消耗在制造过程中的时间，而且供应链越长，这种现象越明显。因此必须从供应链的全过程来探讨供应链响应时间的问题，其中的关键问题是必须研究如何从整个供应链的角度去缩短响应时间。

多阶响应的供应链系统如图 6.1 所示，这是一个包括供应商、制造商、分销商、零售商等在内的供应链。每一个具有独立功能的节点企业所消耗的时间为一个子周期，如某制造企业消耗的时间为生产周期、某物流企业消耗的时间为物流周期；一个供应链的不同层次上有许多不同的企业，从满足最终用户需求的角度看，要经过整个供应链的所有阶段才能向最终用户提供其所需要的产品。因此，多阶响应周期就是由供应链上不同阶段的子周期所构成的整个供应链的周期。

在界定供应链角色的基础上，可以针对不同供应链群体的角色建立不同的多阶响应周期模型。

对于某个客户来说，从他向供应商下达订单到收到订货的时间间隔就是供应商对于他的响应周期，如图 6.2 所示。AT 是客户下订单的时间，DD 是订单上要求的交货期，DT 是供应商实际交货的时间。在供应链管理模式下，一般供应商和客户都希望能实现 $DD = AT$，即准时供货，而 $RT(DT - AT)$ 是供应商相对于客户的响应周期。

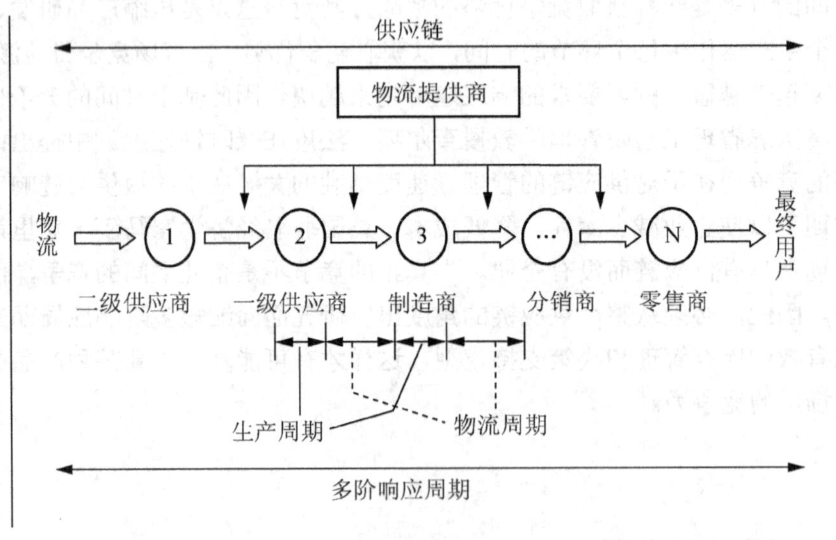

图 6.1 供应链多阶响应周期模型

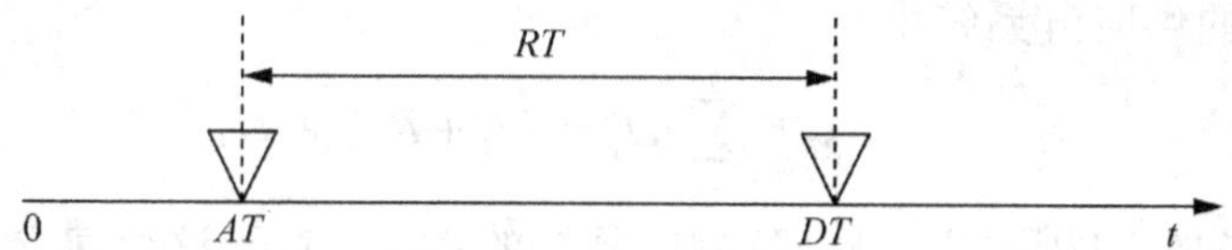

图 6.2 供应链单阶响应周期模型

在图 6.2 所示的单阶响应周期模型的基础上，从供应链整体的角度出发，可以建立一个图 6.3 所示的三阶响应周期的结构模型。该模型可以扩展到多阶响应周期的情况。

在图 6.3 所示的结构模型中，订货合同签订以后，供应商根据合同规定时间将原材料运送到制造商的时间称为一阶响应周期(RT_1)，制造商经过加工后运送到分销商的时间称为二阶响应周期(RT_2)，然后通过分销配送渠道将相应的产品发送给客户称为三阶响应周期(RT_3)。各阶响应周期的计算公式如下。

(1) 一阶响应周期(RT_1)。

$$RT_1 = LT_s + T_{s-m}^{tr}$$

式中：LT_s——供应商内部的响应周期(如制造提前期、加工时间、包装时间等)；T_{s-m}^{tr}——从供应商到制造商的运输时间；s——供应商；m——制造商；$s-m$——从供应商到制造商；tr——运输。

(2) 二阶响应周期(RT_2)。

$$RT_2 = T_m^{mp} + T_{m-r}^{tr}$$

式中：T_m^{mp}——制造商内部运作的时间(包括加工时间、包装时间、储存时间等)；T_{m-r}^{tr}——将货物从仓库运送到分销商的运输时间；r——分销商；$m-r$——从制造商到分销商。

(3) 三阶响应周期(RT_3)。

$$RT_3 = T_r^p + T_{r-c}^{tr}$$

式中：T_r^p——分销商进行包装和仓储的时间；T_{r-c}^{tr}——分销商将货物运送到客户的时间；p——包装和仓储；c——客户；$r-c$——从分销商到客户。

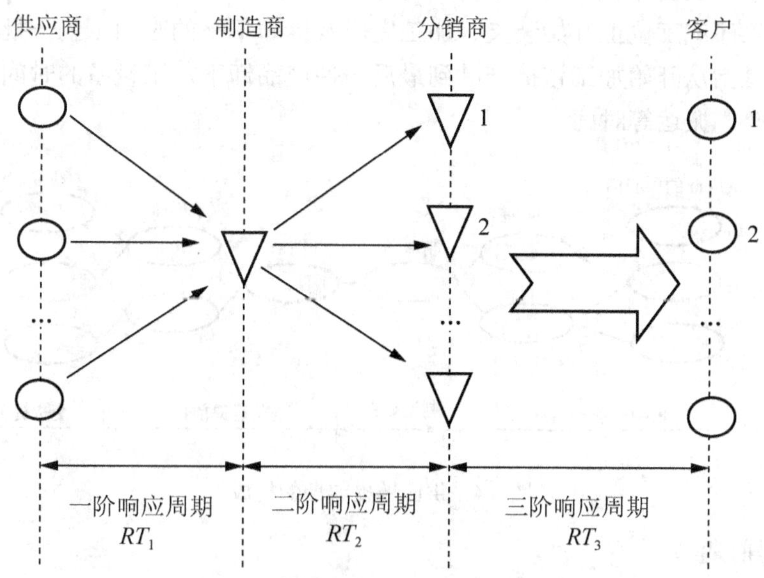

图 6.3 供应链三阶响应周期结构模型

在图 6.3 所示的供应链系统中

$$T_{RT}=\sum_{i=1}^{3}RT_i=RT_1+RT_2+RT_3 \tag{6.1}$$

式中，T_{RT} 是供应链的总响周期，是多阶响应周期的累加。对于这里建立的多阶响应周期模型，可以分析比较相同产品不同供应链之间的多阶响应周期的差别，从而比较它们的竞争能力。

6.1.2 供应链提前期构成

提前期是指供应链的供需环节中，下游顾客需要某种项目时，需上游供应商提前准备该项目的时间。提前期包括准备时间、加工时间、排队时间、运输时间、等待时间等，项目包括产品、零件、原材料、服务等。

1. 按流程分类

一般来说，供应链提前期被分成了采购提前期、制造提前期、发运提前期和交货提前期这几个部分，如图 6.4 所示。

1) 采购提前期

采购提前期一般由采购预处理提前期、采购处理提前期、采购后处理提前期组成。采购预处理提前期是在采购订单发出之前处理订单消耗的时间，包括报价、确定供应商、商务谈判、签订订单、审批合同等过程。采购处理提前期是从供应商接受订单及发货到指定地点的时间，一般包括采购、制造、发运等过程。采购后处理提前期是从接收地收货、点数、检验到接受入库的时间。

2) 制造提前期

制造提前期一般由制造预处理提前期、制造处理提前期和制造后处理提前期构成。制造预处理提前期一般由库存时间、备料时间等构成。就一个工序或工位而言，制造处理提前期是在某个工序或工位上开始装夹、加工完成及拆卸下来的时间。就一批产品而言，制造处理提前期是指从开始加工该批产品到最后一件产品卸下加工设备的时间。制造后处理提前期是指检验、搬运等时间。

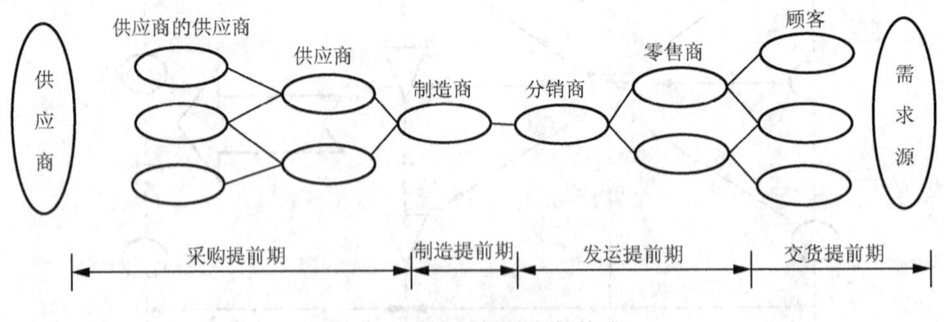

图 6.4　供应链提前期的构成

3) 发运提前期

发运提前期是指从产品装车至运到目的地的时间。

4) 交货提前期

交货提前期是指从顾客订货到获得商品的时间。

从供应链提前期的构成中可以看到，在具体的每个提前期部分，又包括两种提前期：物流提前期和信息提前期。从整个供应链的角度来看，物流提前期表现为从原材料到产成品并流向最终客户的时间，而信息提前期表现为向供应链上游反向传递信息的时间。

2. 按生产方式分类

在不同的生产方式下，供应链提前期的构成又有所不同，具体阐述如下。

1) 按存货生产方式(Make To Stocks，MTS)

按存货生产方式生产就是按照预测量进行生产。在供应链管理中，交货提前期非常短，客户可以直接从商场或仓库中及时得到货物，可以说，交货提前期趋于零。零售商、分销商、制造商按最大—最小库存进行库存商品的控制和采购，提前期与采购、制造和发运有关，并影响库存成本；客户服务水平与安全库存的设置有关。

2) 按订单装配生产方式(Assemble To Order，ATO)

按订单装配生产方式就是根据客户订单进行装配生产。产品的零部件中的标准件、通用件和专用件的生产和采购按预测库存生产方式进行。产品的交货提前期取决于最终装配件的制造提前期和发运提前期。

3) 按订单配置生产方式(Configure To Order，CTO)

按订单配置生产方式与按订单装配生产方式相似，它为客户在零部件方面提供了多种选择的组合。

4) 按订单制造生产方式(Make To Order，MTO)

按订单制造生产方式就是根据客户订单进行制造和装配，一般是设计工作已经完成，原材料尚未采购，交货提前期比较长。商品的交货提前期取决于原材料的采购提前期、零件制造提前期、零件装配提前期和发运提前期；库存费用较低；客户服务水平取决于产品的交货提前期、质量和价格。

5) 按工程订单生产方式(Engineering To Order，ETO)

按工程订单生产方式就是根据客户要求进行产品设计、制造和装配。交货提前期包括设计提前期、原材料采购提前期、制造提前期和发运提前期。

6.1.3 供应链运作中提前期的压缩

在当今的市场竞争中，时间已经成为影响企业竞争成败最重要的要素之一，提前期的压缩已经成为成功获取订单的主要因素。当今的市场竞争是供应链之间的竞争。从某种意义上来说，供应链之间的竞争实质上是时间的竞争，即必须实现快速有效的客户反应，最大限度地缩短从客户发出订单到获得满意交货的整个供应链的总时间周期。通过压缩订单提前期可以减少供应链的反应时间。压缩订单提前期是一项重要的措施，也是企业获得竞争优势的主要源泉，可直接提高顾客满意水平。因此，供应链中的时间策略对许多企业来说都是战略性的问题，有效解决供应链提前期压缩问题具有重要的战略意义。

1. 供应链提前期压缩的意义

供应链提前期的压缩有着巨大的潜在价值和实际价值，可以带来供应链绩效的全面提高。供应链提前期压缩带来的效益主要体现在以下几个方面。

1) 更好地实现供应链管理

供应链管理的目标是提高用户服务水平和降低总的交易成本，并且寻求两者之间的平衡。但现实的情况是这两个目标经常发生冲突：一方面，供应商为了保证在客户要求的时间内完成交货，不得不维持大量的库存，占用庞大的资金，一旦产品过时，又面临削价的损失，从而加大了供应链的成本；另一方面，企业为了降低成本，尤其是库存成本，被迫释放库存占用的资金，降低库存水平，这给准时交货带来了很大风险，容易发生缺货损失，甚至会失去客户。

因此，通过压缩供应链的时间来提高整个供应链的反应能力可以打破服务与成本之间的传统平衡，摆脱两难境地。这样，不仅能够更快地为客户服务，而且由于时间的压缩，物流渠道长度也跟着缩短，从而降低成本。

2) 提高供应链预测的准确性

一般来讲，距离销售的时间越近，对市场需求量的预测就越准确。因此，如果整个供应链从最上端到最下端的流通周期越短，距离销售时间越近，对市场需求量的预测就会越准确。按照需求预测精度漏斗理论，如果供应链的提前期为 40 周，需求误差可能高达 42%；如果供应链的提前期为 30 周，需求误差可能达 18%；如果供应链的提前期为 20 周，需求误差可能达 12%。因此，缩短供应链提前期，可以有效地提高需求预测精度。这样，整个供应链上的企业就可以根据对实际需求的预测进行生产，从而一方面可以减少库存积压；另一方面可以减少销售损失，降低机会成本。

3) 减轻供应链中的牛鞭效应

由于提前期对安全库存水平和订货点有着很重要的影响作用，提前期的长短会直接影响到订货量的变化，而且提前期的微小变化会带来订货量较大幅度的变化。所以，提前期也是导致牛鞭效应的因素之一。在实际运作中，供应链上各成员企业由于对交货期不能保证，都希望有一定的缓冲余地，因此逐渐拉长了整个提前期，同时也逐级放大了需求信息，从而造成了牛鞭效应。而缩短提前期可以有效地提高预测的准确度，使得订货量更加准确，也会减少各阶段的需求变动，这不仅可以降低安全库存水平，提高客户服务水平，同时还可以减轻牛鞭效应，降低成本，达到供应链管理的目标。

4) 减少供应链中的非增值过程

供应链从原材料到产品的转换、销售过程中，有些是增值过程，有些是非增值过程。时间的压缩就意味着尽可能减少供应链整个活动中的非增值过程。据波士顿咨询集团(Boston Consultancy Group，BCG)的一项调查表明：如果供应链物资流动的周期时间为 71 天，则其中只有 19 天为增值过程(图 6.5)。这意味着供应链中的时间压缩余地很大。在这项研究中，采用一系列的技术和方法改造流程后，提前期压缩了 38 天。38 天非增值过程的压缩，不仅意味着时间压缩的巨大潜力，更重要的是节约了物资、时间、资金，极大地提高了顾客满意度，也增强了供应链的敏捷性。

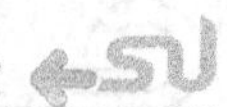

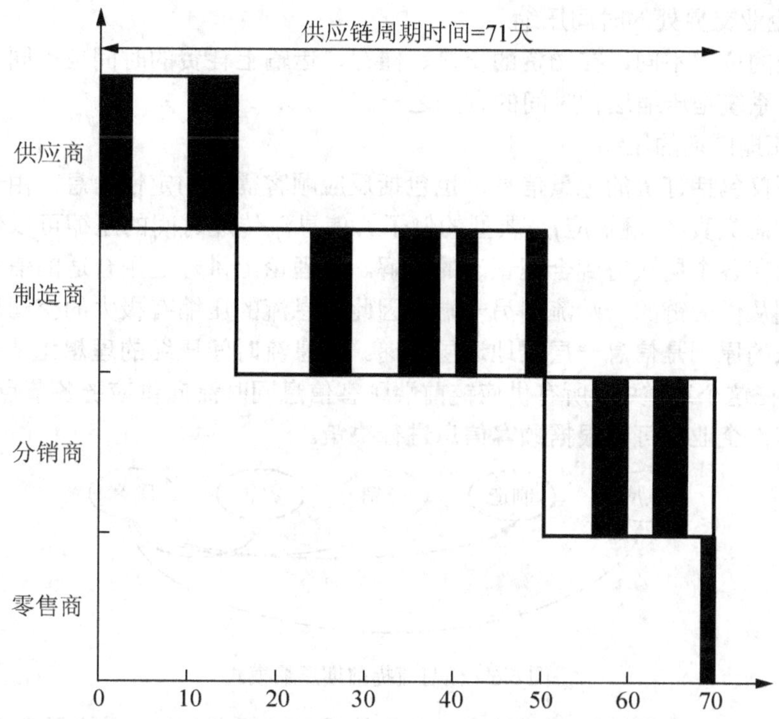

图 6.5 某企业供应链周期时间中的增值时间和非增值时间

注：非价值增加时间=52 天；价值增加时间=19 天。

2. 供应链提前期压缩的突破口

供应链是由各自利益独立的企业组成的联合体，对供应链提前期的压缩包括对各个节点企业内部物资流动时间的压缩和对两个企业交界处时间的压缩。所以，供应链提前期的压缩应该从以下 4 个方面考虑。

1) 各节点企业内部的时间压缩

在每个企业，虽然物资状态、物资应用特点和流动方式都不相同，但是有一个普遍适用的压缩时间的方法——准时制，其管理思想是减少浪费，减少不增加价值的活动。实施准时制可以在节点企业内部各个环节压缩时间。

2) 生产时间的压缩

生产时间压缩的起点是产品设计，即产品在最初设计时就应该考虑多种产品在物流管理、生产、分销、实际使用中的优化问题。产品的优化设计能有效地促进供应链中的时间压缩，如产品标准化设计可以大量减少生产过程中的改动。对于生产时间的压缩，生产过程中时间的压缩是最关键的。在生产过程中，压缩时间可以从以下 4 个方面考虑。

(1) 消除物流中无用的工序。

(2) 压缩工序中冗余的时间。

(3) 实行并行地运行流程。

(4) 在连续的流程中再造工序的连接过程。

3) 节点企业交界处的时间压缩

企业所处的位置不同，在物资的交接、储存、运输上耗费的时间也不同，建立一个合理的物流网络系统是压缩这种时间的方法之一。

4) 信息流提前期的压缩

信息流不仅包括订货的定量信息，也包括反应顾客需求的定性信息。由于信息流的延迟而导致的信息失真(牛鞭效应)是典型的例子。信息流传递时间的压缩可以保持信息的及时性，使信息在各个层次得到合理正确的理解。从理论上讲，运用合适的信息技术，信息流动可以即刻从供应链的一端流向另一端，因此信息流的压缩有极大的空间。造成信息流传递时间过长的原因是信息一层层地逐层传递。信息流时间压缩的理想化结果是：建立一个信息通道，在这个通道中，所有供应链前端顾客信息同时流向供应链各节点企业(图 6.6)，这样每一个节点企业都可以根据顾客信息进行决策。

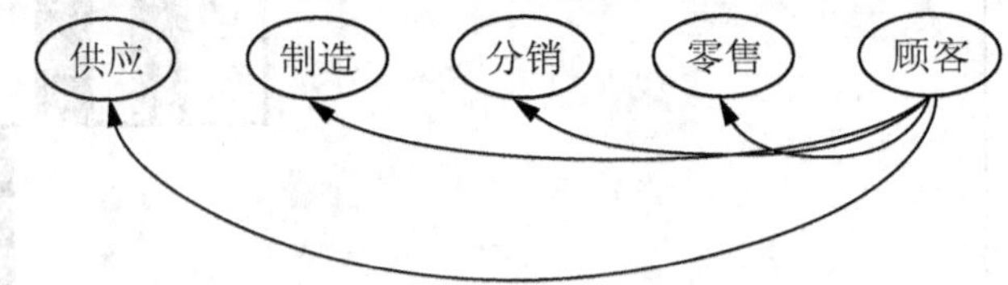

图 6.6 信息流提前期压缩模式

建立这样一个信息通道的主要技术目前仍然是 EDI 系统。EDI 系统不仅能够提供快速、准确地信息共享，而且能够提供比较高的信息保密水平，是目前比较合适的信息技术。

但是，在信息流提前期压缩过程中，会存在以下障碍。

(1) 信息技术的建设投入大。

(2) 各节点企业间对于信息共享的意识淡薄，各个企业从自己的投入产出出发，缺乏系统、整体性的思考，对于建立信息流时间压缩的价值缺乏认识。

3. 压缩供应链提前期的措施

供应链提前期的压缩就是针对物流提前期和信息提前期所进行的时间压缩，但这两者并不是孤立进行的，而是相互交织在一起而采取的综合措施。常见的有效的供应链提前期的压缩措施有以下几种。

1) 改善业务流程

物流提前期和信息提前期与业务流程密切相关，改善业务流程可以大大压缩提前期。例如，利用“交叉理货”和“定时货运班车”的物流流程取代传统“运输+仓储+配送”的物流流程，可实现在较低的库存水平下满足小批量、快捷、准时的货物供应需求，从而大大压缩物流时间。

改善业务流程常常遵循的一些原则，包括并行处理、分批处理、交叉处理、删除非增值工序、减少等待、在瓶颈处添加额外资源等。该方法不仅简单易学，而且对于缩短订货处理周期效果显著。

2) 采用延迟化策略

延迟化策略主要包括生产延迟和物流延迟。生产延迟的基本原理是准时化，即在获得客户确切的需求和购买意向之前，不过早地做准备工作，严格按订单生产合格产品。但在现实的生产中，生产批量的经济性又是不容忽视的，因此，如果需求比较稳定，产品品种有限，那么，丰田式的准时化生产已经解决了这个问题，其基本思想是只在需要的时候按需要的数量生产所需要的产品，也就是追求建立一种无库存或库存最小的生产系统。更一般的生产延迟手段是，尽量使产品保持在半成品状态(或进行模块化生产)，在得到订单后，立即完成后面的工序。这样做的好处是：以较大的批量生产标准化的零部件，可获取规模生产的经济性，最后的工序按订单完成，可以满足需求的多样化和缩短交货期。

物流延迟是指在物流网络的几个主要的中央仓库中，根据预测结果储存必要的物品，尤其是价格高的物品。一旦接到用户的订单，从中央仓库处启动物流程序，委托第三方物流公司把物品运送到位于客户所在地的仓库或直接快运给客户。这样做的优点是不需要在每个消费地点冒预测的风险建立过多的库存，在中央仓库层次上又可以获得规模经济优势，以较少的总体库存投资提高服务水平。由于将物流业务外包，所以可以使公司更集中于自身核心业务的发展，充分利用第三方物流公司的物流网络，提高服务质量、降低风险。这种策略特别适合关键的高价值的物品的库存，即在整个物流网络中，只在少数的中央仓库保持必要的最低的库存以确保所有潜在的需求，一旦发生需求，订单通过电子网络传到中央仓库，然后委托第三方物流公司快速送到客户手中，从而大大压缩物流提前期。

3) 运用各种物流供应链管理模式

随着供应链管理理论的发展与实践的深入，以及信息技术的广泛应用，具有整合性和全局色彩的各种供应链管理模式，如快速反应和合作计划、预测与补给等应运而生。通过实施 QR，建立起按供应链上下游企业之间垂直型的合作机制可以大大压缩整个供应链的运作时间(从原材料、产品至销售)。实证研究结果表明，利用快速反应系统，零售商可以把 8 个月的订货时间压缩减至 4 个月，使 65%的预测误差减少至 35%。而通过实施 CPFR，能够使合作伙伴之间的功能密切合作，显著改善预测准确度，使合作伙伴都能做好充分的准备，赢得主动，争取时间。美国的 Kurt Salmon 公司通过调查、研究和分析认为，通过实施 CPFR，可以把新产品开发的前导时间减少 2/3。

4) 利用并行工程技术

供应链是一个由多个节点企业构成的网链结构，各阶段节点企业间的同步运作必然影响供应链整体的市场响应周期。供应链整体响应周期从系统论的角度来看，是由各阶段节点企业构成的一个非线性系统，受供应链每个企业的响应周期、企业间的协调以及供应链的同步运作机制这 3 个因素的影响。因而，实现和谐的同步运作能带来供应链多阶段响应周期的有效降低，从而达到压缩提前期的目的。为此，供应链各阶段节点企业可以利用先进的并行工程技术，把项目分解成若干个模块，再根据各企业技术优势来承担相应地研制、开发工作。模块的研制、开发、运行在“任务—时间—空间”各位置上是三维并行和同步的，改善了传统上按时间先后顺序串行研制、开发的方式，大大缩短了研制、开发(或生产服务)时间，从而压缩了提前期。

5) 充分利用信息技术

到目前为止，减少供应链的响应周期主要集中在大量缩减物流提前期方面。缩短物流提前期和减少信息提前期是减少响应周期的两个必要条件。理论上，通过信息技术，需求信息可即刻从供应链的一端流向另一端，没有提前期，但实际上由于主观原因常常出现信息滞后，从而产生信息提前期。这种信息提前期可能导致信息的过时失效，而过时失效的信息不仅对任何成员没有多大价值，而且还会进一步扭曲供应链上的需求，使库存增加，产生不必要的损失。因此压缩信息提前期的有效方法之一就是充分利用电子销售点系统、电子数据交换系统和条形码、射频识别系统等信息技术将市场销售数据、订单、货物等信息实时提供给供应链上的每一个成员，确保供应链中信息的真实性、及时性和有用性，实现供应链上各成员间的信息共享。

6.2 基于可控提前期的基本库存模型

提前期的控制，特别是采购提前期的控制，在生产企业库存管理中有着不可忽视的作用。众所周知，日本的生产企业通过与其供应商建立稳固持久的合作伙伴关系来实现对提前期的有效控制，从而保证了其 JIT 思想的实施。日本企业采用 JIT 生产方式的成功经验表明：压缩提前期将会给企业带来巨大的好处和强有力的竞争优势。因此，在企业的库存管理决策中，对提前期的研究越来越受到重视。

在前文中曾提到，提前期一般由订货准备时间、订单传输时间、供应商提前期、货物运送时间 4 部分组成，压缩提前期可以减少安全库存量和库存占用资金，提高企业的服务水平和企业的竞争力，但是会增大订货频率，从而增加设置成本，所以应该权衡考虑。在最近的有关库存模型的研究中，大多数将提前期视为不可控的常数或者说随机变量，然而在实际生产活动中，提前期可以通过追加额外的赶工成本来压缩和控制。通过对提前期的控制，可以提高客户服务水平，降低安全库存，改进对生产计划变动的响应能力。

6.2.1 压缩提前期的额外赶工成本的构成

压缩提前期的额外赶工成本包括以下 3 个部分。

1. 管理成本

管理成本通常包括与压缩订货准备时间相关的成本。例如，企业可以通过让工人加班或雇佣临时工来缩短这些管理时间，那么工人的加工工资或支付给临时工的报酬就属于管理成本的范畴。

2. 运送成本

运送成本是指为缩短订单传输时间和货物运送时间而增加的额外成本。货物运送时间是提前期的主要组成部分。一般地，采取不同的运送方式所需要的运送时间是不同的，当然费用也不同。较快的运输方式所需的成本往往比较慢的运输方式所需的成本要高。例如，美国西海岸的某公司向费城的一个公司订购机器部件，可以采用水运、公路运输、铁路运输或者联合运输的方式。采用公路运输大约需要 11 天，而采用水运却需要 20 多天，但是水运的费率仅为公路运输的 20%～50%。可见，货物的运输时间可以通过对运输成本的投入来进行控制。

3. 供应商加速成本

供应商加速成本是指为缩短供应商提前期而增加的额外成本。对于大部分订单来说，产品的生产加工时间实际上只是供应商提前期的一小部分，而用于非制造过程的等待时间才是最主要的。等待的形式有多种原因，如等待具有更高优先权的订单处理完毕，等待类似产品的订单形成批量，等待生产所需的原材料或零部件的到达等。从供应商的立场来看，缩短其提前期必然需要加大对原材料、零部件的投资及其增加其库存成本；如果购买者需要缩短等待时间，获得较短的提前期，那么就必须支付更高的购买费用，从而分担供应商的加速成本。例如，供应商可以通过支付较高的价格来换取一个更高的优先权从而减少等待时间。因此，供应商的提前期也是可以通过对供应商加速成本的投入来控制。

当然，这里虽然将额外的赶工成本分为以上 3 个部分，但是根据实际情况的不同可以将每一部分继续划分成更小的部分，每个小部分都有着不同的成本描述。值得注意的是，通过上面的分析描述可知，提前期是可以通过对赶工成本的额外投入来压缩，可以通过对供应商的谈判协商在一定的范围内变化。对于供应商来说，提前期的压缩使其具有更大的竞争优势；而对于购买者来说，提前期的压缩也可以使其总成本得到降低，从而形成双赢。

6.2.2 提前期是唯一决策变量的库存模型

本节模型用到的符号及其含义见表 6-1。

表 6-1 模型的符号及含义

符 号	含 义	符 号	含 义
r	再订货点	a_i	提前期的第 i 个成分充分赶工下的最短作业时间
Q	订货量	c_i	单位赶工成本
SS	安全库存	L	提前期的长度
k	安全库存因子	L_i	有 i 个成分充分赶工时的提前期的长度
D	每年的平均需求	A	每次订货的固定成本
μ	单位时间内的平均需求	π	每单位产品的缺货成本
σ	单位时间内的需求的标准差	π_0	每单位产品的缺货损失或者说边际收益
h	每年每单位产品的库存成本	β	缺货期间缺货量允许欠拨比例
q	提前期内允许缺货的概率	X	提前期内的需求量
b_i	提前期的第 i 个成分正常作业的时间		

1. 模型假设

(1) 假设每天的需求服从均值为 μ、标准差为 σ 的正态分布，那么对于确定的提前期 L 内的需求 X 应服从均值为 μL、标准差为 $\sigma\sqrt{L}$ 的正态分布。

(2) 以连续检查的方式监控库存水平，当库存降至再订货点 r 时则立即发出订货，且补货能力没有限制。

(3) 再订货点 $r=\mu L+k\sigma\sqrt{L}$，其中 μL 为提前期内的需求期望，$k\sigma\sqrt{L}$ 为安全库存，即 SS，k 为安全库存因子，且满足 $P(X>r)=P(Z>k)=q$（Z 为标准正态分布随机变量，k 可以由标准正态分布表直接求得）。

(4) 提前期内的作业由 n 个相互独立的成分组成。第 i 个成分在充分赶工下的最短作业时间为 a_i，所需正常作业时间为 b_i，单位产品的赶工成本为 c_i，为便于讨论，进一步假定

$c_1 \leqslant c_2 \leqslant \cdots \leqslant c_n$，赶工时，优先考虑第 1 个成分(有最小单位时间赶工成本的成分)，其次是第 2 个成分……以此类推。

令 $L_0 = \sum_{j=1}^{n} b_j$，并以 L_i 表示有 i 个成分在充分赶工的情形下提前期的长度，因此可以表示为 $L_i = \sum_{j=1}^{n} b_j - \sum_{j=1}^{i} (b_j - a_j)$ $(i = 1,2,\cdots,n)$，且在已知提前期 $L \in [L_i, L_{i-1}]$ 下，一个周期的总赶工成本 $C(L) = c_i(L_{i-1} - L) + \sum_{j=1}^{i-1} c_j(b_j - a_j)$；当 $L = L_0$ 时，则所需花费的提前期总赶工成本为 $C(L_0) = 0$。

(5) 不考虑缺货成本的发生，即不考虑欠拨和失销的情况。

(6) 订货量是预先确定的。

2. 模型构成

根据以上假设，可以构建出如下的总成本函数。

全年期望总成本=全年订货成本+全年库存持有成本+全年提前期赶工成本，即

$$\begin{aligned} EAC(L) &= A\frac{D}{Q} + h\left(\frac{Q}{2} + r - \mu L\right) + \frac{D}{Q}C(L) \\ &= A\frac{D}{Q} + h\left(\frac{Q}{2} + k\sigma\sqrt{L}\right) + \frac{D}{Q}\left[c_i(L_{i-1} - L) + \sum_{j=1}^{i-1} c_j(b_j - a_j)\right] \end{aligned} \tag{6.2}$$

式中：$L \in [L_i, L_{i-1}]$。

3. 模型求解

对于一个企业来说，压缩提前期虽然会产生赶工成本，但是也能够使期望总成本得到降低，因此，采取多长时间的提前期才能使期望总成本最小，是模型要解决的关键问题。

首先，将式(6.2)对 L 分别求一阶导数和二阶导数。

$$\frac{\mathrm{d}EAC(L)}{\mathrm{d}L} = \frac{1}{2}hk\sigma L^{-\frac{1}{2}} - \frac{D}{Q}c_i \tag{6.3}$$

$$\frac{\mathrm{d}^2 EAC(L)}{\mathrm{d}L^2} = -\frac{1}{4}hk\sigma L^{-\frac{3}{2}} < 0 \tag{6.4}$$

由式(6.2)可知，在每个 $[L_i, L_{i-1}]$ 区间内，全年的期望总成本 $EAC(L)$ 为凹函数，这就意味着目标的最优值只可能在 $n+1$ 个区间的端点处取得。下面将模型的解法归纳如下。

(1) 将所有的 $L_0, L_1, L_2, \cdots, L_n$ 分别代入式(6.2)，算出相对应的全年期望总成本 $EAC(L_i)$，$i = 0,1,2,\cdots,n$。

(2) 比较这 $n+1$ 个 $EAC(L_i)$，则最小的全年期望总成本为 $EAC(L^*) = \min EAC(L_i)$，$i = 0,1,2,\cdots,n$，且相应的 L^* 为最优提前期。

【例 6.1】 一个制造企业的平均年需求 $D = 600$ 件，每次订货成本 $A = 200$ 元，$h = 20$ 元，$\sigma = 6$ 件/周，$k = 2.3$，每次订货量 $Q = 100$ 件，提前期有 3 个独立的作业成分构成，见表 6-2，试求使得企业全年期望总成本最小的提前期和订货量组合。

表 6-2 提前期数据

提前期的成分 i	正常作业时间 b_i/天	充分赶工时作业时间 a_i/天	单位赶工成本 c_i/元
1	16	2	0.40
2	16	2	1.20
3	10	3	5.00

解：根据求解步骤，有

$$L_0 = b_1 + b_2 + b_3 = 16 + 16 + 10 = 42\,(\text{天})$$

$$L_1 = \sum_{j=1}^{3} b_j - (b_1 - a_1) = 42 - 14 = 28\,(\text{天})$$

$$L_2 = 42 - 14 - 14 = 14\,(\text{天})$$

$$L_3 = 7\,(\text{天})$$

然后代入式(6.2)，求解结果见表 6-3。

表 6-3 求解结果

赶工 i 个成分	L_i/周	$C(L_i)$/元	Q_i/件	$EAC(Q_i, L_i)$/元
0	6	0	100	2 875.92
1	4	5.6	100	2 785.60
2	2	22.4	100	2 724.66
3	1	57.4	100	2 820.40

由表 6-3 可知，最小的年期望平均总成本为 2 724.66 元，最优提前期为两周。

6.2.3 提前期和订货量同时为决策变量的库存模型

1. 模型假设

如果把 6.2.2 节的假设(6)中的订货量 Q 视为决策变量，而不是固定值，其他假设仍成立，那么原模型就变成了将提前期和订货量同时视为决策变量的可控提前期库存模型。此模型更为普遍，但是求解更为复杂。

2. 模型构成

用 $EAC(Q,L)$ 表示此模型中全年的期望总成本，则

全年期望总成本=全年订货成本+全年库存持有成本+全年提前期赶工成本

即

$$\begin{aligned} EAC(Q,L) &= A\frac{D}{Q} + h\left(\frac{Q}{2} + r - \mu L\right) + \frac{D}{Q}C(L) \\ &= A\frac{D}{Q} + h\left(\frac{Q}{2} + k\sigma\sqrt{L}\right) + \frac{D}{Q}\left[c_i(L_{i-1} - L) + \sum_{j=1}^{i-1} c_j(b_j - a_j)\right] \end{aligned} \tag{6.5}$$

式中：$L \in [L_i, L_{i-1}]$。

3. 模型求解

首先，式(6.5)对Q分别求一阶偏导数和二阶偏导数。

$$\frac{\partial EAC(Q,L)}{\partial Q}=-\frac{AD}{Q^2}+\frac{h}{2}-\frac{DC(L)}{Q^2} \tag{6.6}$$

$$\frac{\partial^2 EAC(Q,L)}{\partial Q^2}=\frac{2AD}{Q^3}+\frac{2DC(L)}{Q^3}>0 \tag{6.7}$$

令$\frac{\partial EAC(Q,L)}{\partial Q}=0$，可得

$$Q=\sqrt{\frac{2D[A+C(L)]}{h}} \tag{6.8}$$

本模型的求解方法归纳如下。

(1) 将所有的$[L_i,L_{i-1}]$区间的端点$L_0,L_1,L_2,\cdots,L_n$分别代入式(6.8)，算出相对应的$Q_i\ (i=0,1,2,\cdots,n)$。

(2) 将每对$(Q_i,L_i)\ (i=0,1,2,\cdots,n)$组合代入式(6.5)，计算出相应的全年期望总成本$EAC(Q_i,L_i)\ (i=0,1,2,\cdots,n)$。

(3) 比较这$n+1$个全年期望总成本$EAC(Q_i,L_i)\ (i=0,1,2,\cdots,n)$，则最小的全年期望总成本为$EAC(Q^*,L^*)=\min EAC(Q_i,L_i)\ (i=0,1,2,\cdots,n)$，其中$Q^*,L^*$为最优的订货量和提前期。

【例 6.2】 一个制造企业的平均年需求$D=600$件，每次订货成本$A=200$元，$h=20$元，$\sigma=6$件/周，$k=2.3$，提前期有 3 个独立的作业成分构成，见表 6-4，试求使得企业全年期望总成本最小的提前期和订货量组合。

表 6-4 提前期数据

提前期的成分 i	正常作业时间 b_i/天	充分赶工时作业时间 a_i/天	单位赶工成本 c_i/元
1	16	2	0.40
2	16	2	1.20
3	10	3	5.00

解：根据求解方法，可依次算出每个$[L_i,L_{i-1}]$区间的端点处的订货量和期望总成本，见表 6-5。

表 6-5 求解结果

赶工 i 个成分	L_i/周	$C(L_i)$/元	Q_i/件	$EAC(Q_i,L_i)$/元
0	6	0	110	2 866.95
1	4	5.6	111	2 773.35
2	2	22.4	116	2 700.65
3	1	57.4	125	2 761.48

由表 6-5 可明显地看出：最小年期望总成本为 2 700.65 元，所对应的最优策略Q^*为 116 件，L^*为 2 周；最优策略下的总成本比完全不赶工时缩小了 116.30 元。

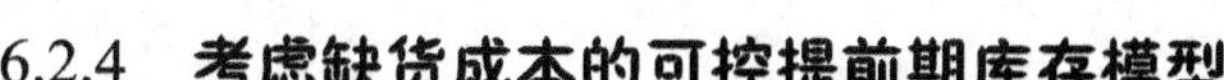

6.2.4 考虑缺货成本的可控提前期库存模型

在实际生活中，缺货的发生是不可避免的，本节给出了在上述模型的基础上考虑缺货成本的情况下的库存模型，把缺货分为失销和欠拨两种情况。失销意味着一旦发生缺货，缺货的部分就完全损失掉了，在下个周期也不会补上；而欠拨则表示本周期所缺的货在下个周期的订货到达时便立即补上。

1. 模型假设

6.2.2 节模型的假设(1)～(4)不变，假设(5)改为：有缺货的情况存在，且每个周期的期望缺货量为 $B(r)=\int_r^{\infty}(x-r)f(x)\mathrm{d}x=\sigma\sqrt{r}\psi(k)$，其中 $f(x)$ 为提前期内需求的概率密度函数，服从正态分布；$\varPsi(k)=\phi(k)-k[1-\varPhi(k)]$，其中 $\phi(k)$ 为标准正态分布的密度函数，$\varPhi(k)$ 为标准正态分布的累积分布函数，且 $\varPsi(k)>0$。假设(6)为：每个周期发生缺货时，期望欠拨量为 $\beta B(r)$，期望失销量为 $(1-\beta)B(r)$，$0\leqslant\beta\leqslant 1$。

2. 模型构成

根据上述假设，可以算出全年的期望缺货成本为 $\dfrac{D}{Q}\left[\pi+\pi_0(1-\beta)\right]B(r)$，全年的库存维持成本为 $h\left[\dfrac{Q}{2}+r-\mu L+(1-\beta)B(r)\right]$。所以

全年的期望成本=订货成本+库存维持成本+缺货成本+提前期赶工成本，即

$$
\begin{aligned}
EAC(Q,L)&=A\frac{D}{Q}+h\left[\frac{Q}{2}+r-\mu L+(1-\beta)B(r)\right]\\
&\quad+\frac{D}{Q}\left[\pi+\pi_0(1-\beta)\right]B(r)+\frac{D}{Q}C(L)\\
&=A\frac{D}{Q}+h\left(\frac{Q}{2}+k\sigma\sqrt{L}\right)+\left\{h(1-\beta)+\frac{D}{Q}\left[\pi+\pi_0(1-\beta)\right]\right\}\sigma\sqrt{L}\varPsi(k)\\
&\quad+\frac{D}{Q}\left[c_i(L_{i-1}-L)+\sum_{j=1}^{i-1}c_j(b_j-a_j)\right]
\end{aligned}
\tag{6.9}
$$

式中：$L\in[L_i,L_{i-1}]$。

3. 模型求解

通过对式(6.9)分别求一阶偏导数和二阶偏导数可知，对于确定的 $L\in[L_i,L_{i-1}]$，$EAC(Q,L)$ 是 Q 的凸函数；而对于确定的 Q，$EAC(Q,L)$ 是 L 的凹函数。因此，对于确定的 Q，全年期望总成本的最小值总是在每个 $[L_i,L_{i-1}]$ 区间的端点处取得。将式(6.9)对 Q 求一阶偏导数且令其等于零，可得

$$
Q=\sqrt{\frac{2D\{A+[\pi+\pi_0(1-\beta)\sigma\sqrt{L}\varPsi(k)+C(L)]\}}{h}},\quad L\in[L_i,L_{i-1}] \tag{6.10}
$$

模型求解方法归纳如下。

(1) 将所有的 $[L_i,L_{i-1}]$ 区间的端点 $L_0,L_1,L_2,\cdots,L_n$ 分别代入式(6.10)，算出相对应的

Q_i $(i = 0,1,2,\cdots,n)$。

(2) 将每对(Q_i, L_i) $(i = 0,1,2,\cdots,n)$组合代入式(6.9)，计算出相应的全年期望总成本$EAC(Q_i, L_i)$ $(i = 0,1,2,\cdots,n)$。

(3) 比较这$n+1$个全年期望总成本$EAC(Q_i, L_i)$ $(i = 0,1,2,\cdots,n)$，则最小的全年期望总成本为$EAC(Q^*, L^*) = \min EAC(Q_i, L_i)$ $(i = 0,1,2,\cdots,n)$，其中Q^*，L^*分别为最优的订货量和提前期。

【例 6.3】 已知供应链上一个制造企业的年平均需求$D = 600$件，每次订货成本$A = 200$元，$h = 20$元，$\sigma = 7$件/周，允许缺货的概率$q = 0.2$，单位产品的缺货成本$\pi = 50$元，单位产品的销售损失$\pi_0 = 150$元，提前期有 3 个独立的作业成分构成，见表 6-6，试讨论缺货量允许欠拨的比例β分别为 0、0.5、0.8、1 时，使得企业全年期望总成本最小的最优提前期和订货量组合。

表 6-6　提前期数据

提前期的成分 i	正常作业时间 b_i /天	充分赶工时作业时间 a_i /天	单位赶工成本 c_i /元
1	20	6	0.40
2	20	6	1.20
3	16	9	5.00

解：根据允许缺货的概率$q = 0.2$，由$P(Z > k) = q$可以直接从正态分布表中查到$k = 0.845$，然后根据求解步骤，将求解过程归纳于表 6-7 中。

表 6-7　求解过程

i	L_i	$C(L_i)$	$B(r)$	$\beta = 0$		$\beta = 0.5$		$\beta = 0.8$		$\beta = 1$	
				Q_i	EAC	Q_i	EAC	Q_i	EAC	Q_i	EAC
0	8	0	2.182	195	4 286.27	168	3 724.72	150	3 341.51	136	3 058.24
1	6	5.6	1.890	187	4 069.76	163	3 564.88	146	3 223.47	134	2 973.39
2	4	22.4	1.543	178	3 837.21	158	3 408.93	144	3 123.70	134	2 917.82
3	3	57.4	1.336	177	3 780.00	160	3 409.81	148	3 167.09	139	2 994.35

注：表中 L_i 单位为周。

β分别为 0、0.5、0.8、1 时，企业应采取的最优决策方案及相应的最小全年期望总成本见表 6-8。

表 6-8　β不同时的最优决策方案

β	(Q^*,L^*)	$EAC(Q^*,L^*)$
0.0	(177,3)	3 780.00
0.5	(158,4)	3 408.93
0.8	(144,4)	3 123.70
1.0	(134,4)	2 917.82

6.3 基于随机提前期的(Q,r)库存模型

下面建立一个两级供应链库存模型来研究基于随机提前期的(Q, r)库存模型，在此基础上可以扩展到多级的库存模型。考虑的是连续检查型库存控制决策，决策变量是订货批量、再订货点和提前期。

6.3.1 需求率是常量的库存模型

在库存系统中仓库(或分销商)向上层的供应商(或制造商)采购产品(图 6.7)，并采用(Q, r)库存控制策略(图 6.8)，即当库存水平降到r(再订货水平)时，仓库进行采购，采购量为Q(经济采购量)。在本模型研究中，首先假定需求率是一个常量，把提前期L_T(订货与到货之间的时间间隔)作为一个随机变量来处理。

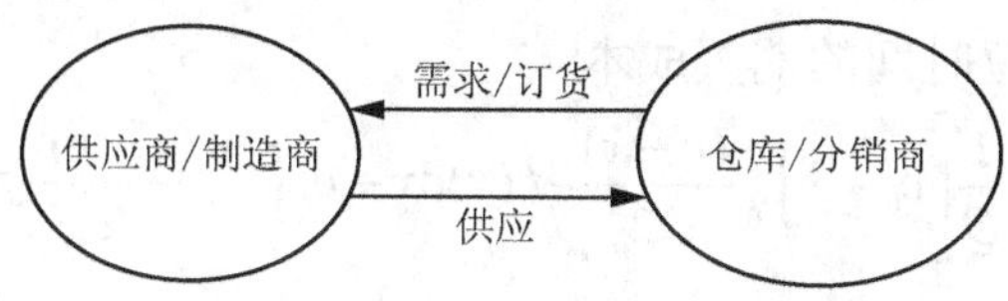

图 6.7 两级供应链库存模型

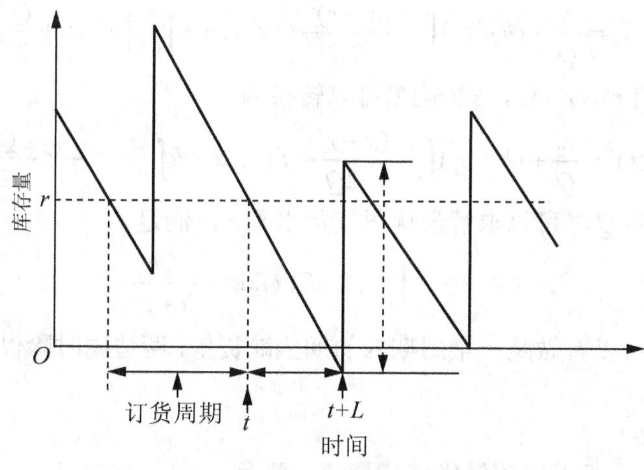

图 6.8 (Q, r)库存模型

(Q, r)库存模型包括以下假设。

(1) 假定在一个批量Q到达仓库后，现有库存水平总是高于再订货水平r，因此在一个提前期内只会有一个订货，即不会发生合同交叉的问题。

(2) 连续的随机提前期是相互独立的，订货合同之间不发生交叉。

(3) 需求率是一个常量。

(4) 再订货水平是非负的，即$r \geqslant 0$。

本模型中常用的符号及含义如下。

h——单位库存维持成本。

c_0——固定订货成本。

c_s——单位缺货成本。

本模型的目标是确定最优订货量Q和再订货水平r。

假定提前期需求密度函数为$f(x)$，分布函数为$F(x)$，根据图 6.8 可知，从订货点t到到货点$t+L$这个时间段内，期望库存维持成本和缺货成本为

$$\begin{aligned}E(C_{h+c_s}) &= h\int_0^r \frac{r^2-(r-x)^2}{2}f(x)\mathrm{d}x+\int_r^{+\infty}\left[\frac{hr^2}{2}+\frac{c_s(x-r)^2}{2}\right]f(x)\mathrm{d}x\\&\quad +h\int_0^{+\infty}\frac{(r-x+Q)^2}{2}f(x)\mathrm{d}x-\frac{hr^2}{2}\\&= -h\int_0^r\frac{(r-x)^2}{2}f(x)\mathrm{d}x+c_s\int_r^{+\infty}\frac{(x-r)^2}{2}f(x)\mathrm{d}x\\&\quad +h\int_0^{+\infty}\frac{(r-x+Q)^2}{2}f(x)\mathrm{d}x\end{aligned} \tag{6.11}$$

由式(6.11)可得到单位时间的期望成本

$$\begin{aligned}E[C(Q,r)] &= \frac{1}{Q}\left[c_0-h\int_0^r\frac{(r-x)^2}{2}f(x)\mathrm{d}x+c_s\int_r^{+\infty}\frac{(x-r)^2}{2}f(x)\mathrm{d}x\right.\\&\quad \left.+h\int_0^{+\infty}\frac{(r-x+Q)^2}{2}f(x)\mathrm{d}x\right]\\&= \frac{c_0}{Q}+(h+c_s)\int_r^{+\infty}\frac{(x-r)^2}{2Q}f(x)\mathrm{d}x+h\int_0^{+\infty}\left(r-x+\frac{Q}{2}\right)f(x)\mathrm{d}x\end{aligned} \tag{6.12}$$

设$x'=x+t_0$，有$r'=r-t_0$，式(6-12)可以转换为

$$E[C(Q,r)] = \frac{c_0}{Q}+(h+c_s)\int_{r'}^{+\infty}\frac{(x-r')^2}{2Q}f(x)\mathrm{d}x+h\int_0^{+\infty}\left(r'-x+\frac{Q}{2}\right)f(x)\mathrm{d}x \tag{6.13}$$

对式(6.13)，固定Q，可以求解最优再订货水平r，满足

$$\int_r^{+\infty}[1-F(x)]\mathrm{d}x=\frac{Qh}{h+c_s} \tag{6.14}$$

式(6.14)的左边可以看做是一个周期内的期望缺货量，两边同时除以Q可以得到单位时间的缺货率为$\dfrac{h}{h+c_s}$。

同样地，固定r，可以求解最优订货量Q，满足

$$Q^*=\sqrt{\frac{2c_0+(h+c_s)\int_r^{+\infty}(x-r)^2f(x)\mathrm{d}x}{h}} \tag{6.15}$$

如果$\dfrac{h}{c_s}$很小，式(6.14)和式(6.15)就变成了典型的(Q,r)库存模型(随机需求，固定提前期)的最优解。

6.3.2 需求随机分布的库存模型

在需求率为常量的库存模型的基础上，改变假设条件(3)为单位时间需求是期望为D、

标准方差为δ的分布，那么提前期需求密度函数就是$f(x,DL,\delta\sqrt{L})$，期望值为DL，方差为$\delta\sqrt{L}$。

$$\begin{aligned}\mathrm{E}[TC(Q,r)]=&\frac{c_0D}{Q}+\left(h+c_s\frac{D}{Q}\right)\int_r^{+\infty}\frac{(x-r)^2}{2Q}f(x,DL,\delta\sqrt{L})\mathrm{d}x\\&+h\int_0^{+\infty}\left(r-x+\frac{Q}{2}\right)f(x,DL,\delta\sqrt{L})\mathrm{d}x\end{aligned}\tag{6.16}$$

其中，$L<\dfrac{Q}{D}$。

求得最优订货量为

$$Q^*=\sqrt{2D\frac{c_0+(h+c_s)\int_r^{+\infty}(x-r)^2f(x,DL,\delta\sqrt{L})\mathrm{d}x}{h}}\tag{6.17}$$

同时可以求得再订货水平r满足

$$\int_r^{+\infty}f(x,DL,\delta\sqrt{L})\mathrm{d}x=\frac{Qh}{h+Dc_s/Q}\tag{6.18}$$

6.3.3　案例分析

假定$D=600$单位/年，$c_0=200$元/订单，$h=20$元/单位，$\delta=7$单位/周，$c_s=50$元/单位，根据式(6.16)和式(6.17)进行计算，其结果见表 6-9。

表 6-9　计算结果

L	Q	r	E(C(Q,r))	成本节约/%
8	41	120	985.6	—
	45	117	962.1	—
	52	114	956.2	97.46
	66	110	1 025.2	—
	128	95	1 298.4	—
	168	90	1 582.4	—
4	83	50	987.1	—
	43	60	815.5	—
	39	61	801.2	97.87
	32	65	812.9	—
	24	70	854.5	—
	101	80	1 736.5	—
2	92	20	873.7	—
	42	30	603.5	—
	32	33	584.0	98.45
	25	37	621.8	—
	22	40	652.8	—
	80	50	1 341.7	—

表 6-9 中，“成本节约”是与 EOQ 模型求解结果相比较得到的结果，其中 EOQ=16，TC=37 660。从表中可以清楚地看到：在考虑到提前期的情况下，可以更加清楚地定义最优订货量和再订货水平，并且保证了成本的优化，更经济。

本章小结

在强调基于时间的竞争和供应链管理的今天，如何缩短提前期、快速响应客户成立制约企业竞争力提前期的瓶颈因素，基于压缩整个供应链提前期的竞争作为一种新的竞争模式出现在人们面前，得到广泛的关注。所以本章一开始对供应链运作中的时间瓶颈进行了分析，由此引出多阶响应周期的概念及其构成，并阐述了压缩供应链提前期的意义及可采取的措施和突破口。

根据目前理论界关于这一领域研究，基于供应链提前期的库存模型可分为基于可控提前期的库存模型和基于随机提前期的库存模型，并对这两类模型分别选取了典型的库存模型进行了详细的介绍和分析。这些模型虽然侧重不同，但对于企业在实际的供应链运作中如何针对提前期压缩进行合理的库存管理有一定的帮助作用。

关键术语

提前期	响应周期	赶工成本	订货量
再订货点	(Q,r)模型		

习题

1. 选择题

(1) 再订货点是指_______。

A. 物流设施中储备的材料、零部件、在制品和产成品

B. 正在转移或等待转移的、储备在运输工具中的存货

C. 是用来明确启动补给订货策略的货品单位数

D. 当不确定因素已导致更高的预期需求或导致完成周期更长时的缓冲存货

(2) 下列关于缺货成本的理解，正确的是_______。

A. 缺货成本是指在订货过程中所发生的各项费用

B. 缺货成本指发生缺货时所带来的销售损失及顾客的良好愿望损失

C. 缺货成本用单位产品的订货费用乘以订货批量来表示

D. 缺货成本是克服空间距离所产生的一种成本

(3) 从供应商接受订单及发货到指定地点的时间是_______。

A. 采购处理提前期　　B. 交货提前期

C. 发运提前期　　D. 采购后处理提前

(4) 下面关于供应链提前期压缩带来的效益的描述，错误的是_______。

A. 可以更好地实现供应链管理

B. 可以提高供应链预测的准确性

C. 可以有效减轻供应链中的牛鞭效应

D. 可以增加供应链非增值过程

(5) 下列不属于压缩提前期的额外赶工成本的是_______。

A. 管理成本　　B. 运送成本

C. 缺货成本　　D. 供应商加速成本

2. 简答题

(1) 简述供应链提前期压缩的意义。

(2) 供应链提前期若按流程分类，被分成了几部分？

(3) 简述供应链提前期压缩的措施。

(4) 简述压缩提前期的额外赶工成本的构成。

(5) 简述生产过程中压缩时间的方法。

3. 判断题

(1) 供应链中产品对最终用户的响应周期是全过程的累积效应。 ( )

(2) 物流提前期是指从接受到顾客订单，到信息向上传递并被各级企业接受、理解和处理所耗费的时间。 ( )

(3) 采购提前期一般由采购处理提前期和采购后处理提前期两部分组成。 ( )

(4) 按订单装配生产方式就是根据客户订单进行装配生产。 ( )

(5) 提前期通常包括订单准备、订单传送、供货商提前期和交货准备期。 ( )

(6) 对于减少响应周期，缩短物流提前期是唯一的方法。 ( )

(7) 按工程订单生产方式就是根据客户要求进行产品设计、制造和装配。 ( )

(8) 缺货中的失销表示本周期所缺的货在下个周期的订货到达时便立即补上。 ( )

案例分析

压缩时间：宝洁公司供应链优化①

宝洁供应链优化总体思路就是通过压缩供应链时间提高供应链反应速度，来降低运作成本，最终提高企业竞争能力。从宝洁供应链上下游之间的紧密配合方式进行分析，寻找可以压缩时间的改进点，从细节入手，以时间的压缩换取市场更大的空间。

1. 供应商管理时间的压缩

供应链合作伙伴关系不应该仅仅考虑企业之间的交易价格本身，还有很多方面值得关注，比如完善的服务、技术创新、产品的优化设计等。宝洁和供应商一起探讨供应链中非价值增值点以及改进的机会，压缩材料采购提前期，开发供应商伙伴关系，建立相互信任关系。压缩供应商时间管理分为以下4点。

① 资料来源：林勇.《供应链库存管理》，人民交通出版社，2008.

1) 材料不同制订的时间不同

香波生产原材料供应最长时间 105 天，最短 7 天，平均 68 天。根据原材料的特点，宝洁公司将其分为 A、B、C 三类分别进行管理：A 类品种占总数 5%～20%，资金占 60%～70%；C 类品种占总数 60%～70%，资金占 15%；B 类介于两者之间。对不同的材料管理策略分为全面合作、压缩时间和库存管理 3 类。

对材料供应部分的供应链进行优化，将时间减少和库存管理结合起来。比如，原材料 A 供应提前期为 105 天，但是订货价值只占总价值的 0.07%，不值得花费很多精力讨论缩短提前期。而原材料 B 虽然提前期只有 50 天，但是年用量却高达总价值的 24%，因此对这样的材料应该重点考虑。

2) 原材料的库存由供应商管理

宝洁的材料库存管理策略是供应商管理库存(VMI)。对于价值低、用量大、占用存储空间不大的材料，在供应链中时间减少的机会很少，这类材料占香波材料的 80%，他们适合采用供应商管理库存的方式来下达采购订单和管理库存。库存状态的透明性是实施 VMI 的关键。首先双方一起确定供应商订单业务处理过程所需要的信息和库存控制参数；其次改变订单处理方式，建立基于标准的托付订单处理模式；最后把订货交货和票据处理各个业务处理功能集成在供应商一边。

以广州黄埔工厂为例，黄埔工厂将后面 6 个月的销售预测和生产计划周期性地和供应商分享。供应商根据宝洁的计划制订自己的材料采购计划，并根据宝洁生产计划要求提前 12 天送到宝洁工厂，宝洁使用材料之后付款。对供应商来说，不必为宝洁生产多余的安全库存，自己内部计划安排更有灵活性；对宝洁来说，节省了材料的下单和采购成本。实际的材料采购提前期只是检测周期，至于原材料 A，采购提前期由 81 天缩短到 11 天，库存由 30 天减少到 0。

3) 压缩材料库存的时间

对于价值不高、用量大且占用存储空间很大的材料，以及价值不高但存储空间很大的材料，适合采用压缩供应链时间的方法来管理。这类材料大概占所有材料的 15%。对这类材料，不能只采取传统的库存方法，因为高频率、小批量、多变的生产方式对材料供应的要求更高。如果供应时间长，则要求工厂备有很大的安全库存。只有通过压缩时间的方法，才能保持材料的及时供应和库存不变或者降低。

对香波材料进行分析，原材料 B 属于 A 类材料，用量大，但是存储空间不是很大，适宜采取压缩供应时间的管理方式。对无价值时间消除，对有价值时间改进。材料 AE03 由国外制订供应商提供 CFA，在北京生产为 AE03，再运到广州，采购提前期为 72 天。供应链活动可以分为 5 种，分别为：T—运输；S—存储；P—生产；I—检测；D—延迟。AE03 这 5 类活动的总时间分别为：34.9 天、12.5 天、2.0 天、7.8 天、14.6 天。真正有价值的时间只有生产和运输两种，检测存储以及延迟都是无价值时间。

通过考察供应商的质量方面的日常表现，对材料实施免检放行。结合对存储时间和运输时间的有些改变，以及延迟时间和检测时间的减少，总体时间最后减少了 18 天。材料库存从 30 天减少到 20 天，库存价值每个月减少了 2 万美元。

4) 与供应商进行全面合作

在香波供应链中，总会有一两个供应商提供应用量大、材料占据空间大、价值高的 A 类材料，比如在黄埔工厂主要是香波瓶供应商。这类供应商的供应提前期已经很短，已经找不到时间压缩空间，所以宝洁和供应商一起同步进行供应链优化，寻找在操作和管理系统中存在的机会。

首先是供应商的内部改进。瓶形之间转产时间 1 小时，为不同品种的香波瓶制定不同的生产周期。对于个别品种，以建立少量库存的方式保证供货，在生产能力有闲暇的时候生产这些品种补充库存。

其次是供应商和宝洁的合作改进。将 100 多种印刷版面合并成 80 多种，减少了转产频率。在材料送货方面，为适应多品种小批量的要求，宝洁雇佣专门的运输商每天将同一区域的材料收集运送到宝洁。与供应商各自做运输相比，运输成本明显降低，更好地满足了客户要求。

2. 内部供应链时间压缩

除了加强与供应商之间的紧密合作和共享信息之外，宝洁还对企业内部供应链时间压缩进行了改进。

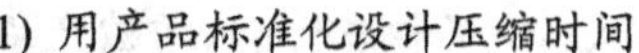

1) 用产品标准化设计压缩时间

摒弃原来不同品牌香波使用不同形状的包装设计，改为所有香波品牌对于同一种规格采用性质完全一样的瓶盖，不同的产品由不同的瓶盖颜色和印刷图案区分。这样一来，减少了包装车间转产次数。例如旧的设计方案，海飞丝 200ml 转产到飘柔 200ml，转线操作需要 25 分钟。统一包装设计之后，包装车间无需机器转线，只需要进行 5 分钟的包装材料清理转换即可。这项改进减少了包装车间 20%的转线操作，从原来的每月 112 小时减少到每月 90 小时。

2) 用日计划来缩短计划时间

宝洁的香波生产最短的循环周期是 7 天，平均 14 天，最长 30 天。由于香波生产循环周期太长，需要在几天之内增加/减少产量时，工厂没有时间快速调整。

现在宝洁公司推行每日生产计划，从每周制订下周的生产计划变化为每日制订第二日的生产计划。这样大大缩短了供应链反应时间，加快了产品对市场变化的反应。

3) 用工艺对生产过程改进压缩时间

宝洁香波产品制造车间有 8 个储缸，生产 16 种不同配方的香波。宝洁公司要求公司内部生产部门保证 85%以上的工艺可靠性。其中，香波配方和品种的区别如下：一个香波配方对应多个品种，品种之间的不同是一些添加剂(如香精、色素)以及一些特殊的营养成分等。

通过对现状分析，制造部门进行了如下的改进：香波生产部门和技术部门合作，制订了储缸分配计划来减少转产并减少生产批量，分别生产 5 种 A 类配方产品，制造车间每次生产 12 吨，即一个储缸的量。包装车间可以根据每笔订单需求量的大小，选择不同的批量大小包装产品。即使 6～16 号配方每天都在车间生产一遍，转产的损失也只有 5%，远远低于 15%的上限。

4) 缩减不增值过程以缩短包装时间

包装部门的改进策略主要考虑以下 3 点：减少转产时间、减少非计划停机时间、提高人员技能。

包装部门提出“减少转产时间”的两点策略：配方之间的转换洗线，不同包装形式之间的转换洗线。生产部和工程部成立了转产改进小组，合作进行香波的管道改进项目，来减少洗线时间以及洗线过程香液的浪费。在香波输送管道中，增加一种类似活动活塞的器件，洗线时活塞可以快速地把香液从储缸送到包装线，这个过程非常迅速，相对于正常的输送时间可以忽略不计。这种洗线方式可以减少香液在洗线过程中的浪费(原来损耗 5%)。通过这些改进，洗线时间由 40 分钟下降到 25 分钟。

减少包装尺寸的转换时间。对于一些不同尺寸转换时必须更换的零件，设计一个可以同时包容两个到三个包装尺寸的零部件，只是在转线时更换一下相位就可以了，其效果使转线时间从原来的 25 分钟降低到 15 分钟。

减少非计划停机时间。原来包装部门在 15%的生产可靠性损失中，有 9%是非计划停机时间，如机器故障、临时的机器维修等。而今非计划停机的时间损失由原来的 9%降低到 4%。

人员技能的提高。由于采用每日计划，生产部对人员安排的可预见性大大降低，这对生产部人员管理是一个巨大的挑战。针对这一现状，宝洁公司实施“人员技能提高”策略，改变相应的人员管理和培训制度，使员工在任务紧的时候，可以在不同生产线随意调配；在生产任务不紧的时候，员工可以自主做一些自我培训或者改进项目。

包装部门改进后的总体效果是：在每日计划模式下，转产频率比以前提高 3 倍，转线损失由原来的 5%上升到 8%，非计划停机时间由原来的 9%降低到 4%。人员技能更全面，对生产计划的改变更灵活，生产可靠性仍然保持了超过 85%的水平。平均每天生产的品种从原来的 10 种增加到 30 种，反应能力大大提高，库存大大降低。

5) 优化仓储管理缩减货物存取时间

以黄埔工厂管理为例，黄埔工厂的仓储在开始实施每日计划时也同步进行了改进。原来的情况是有两种货架：一是叉车可以从提货通道提取任何一个地台板的选择式货架，适合产量不大的品种；另一种叉车开入式的 3 层货架集中设计，每次出货入货的最小单位都是 12 个地台板，大约相当于 6 吨香波产品，即一个最小的生产批量。

宝洁公司做了如下改进：增加一个货架设计，仍然是 3 层开入式提取和存放货物。但是通过改进，每一层是一个单独的产品品种，即每次出货入货的最小单位是 4 个地台板，相当于最小批量是 2 吨的香波成品，使得产品能够根据规模在合适的货架进行存放和提取。

3. 供应链下游优化

运输环节的优化与管理：采用第三方物流运送从工厂到全国仓库，与物流供应商签订详细的运输协议，衡量运输商的可靠性和灵活性。每天跟踪运输业绩，考察由供应商造成的货物损坏率，以及由于运输不及时造成的客户订单损失。利用统计模型分析不同类型产品的运输调货频率，进行最优化设计，找到保留库存、卡车利用率和满载率的平衡点。

与客户之间的订单处理与信息共享：与大客户建立电子订单处理系统比传统的电话传真更快捷；与个别客户统一产品订货收货平台，及时了解客户的销售活动信息，如开店促销等，并反馈回工厂，保证客户有新的市场活动时，宝洁有充足的产品供应。

宝洁公司通过对供应链上下游伙伴的合作，不断挖掘自身生产过程中的时间压缩机会，以实现对客户需求的快速响应，不断提高作为公司竞争力的供应链的反应速度。

讨论题

(1) 宝洁公司是如何缩短提前期的？

(2) 宝洁公司是如何降低库存的？

(3) 宝洁公司的供应链通过优化后缩短了提前期内的哪些时间？

第7章　供应链多级库存管理

【本章教学要点】

知识要点	掌握程度	相关知识	应用方向
多级供应链库存系统基本结构及其存在的问题	了解	5种网络结构；多级库存控制应考虑的几个问题	多级供应链库存系统的基本知识，在掌握的基础上才能根据实际情况做出正确的库存决策
多级供应链的需求放大效应	熟悉	产生原因和解决措施	
多级供应链库存系统控制策略	掌握	两种控制方法：非中心化和中心化	
供应链多级库存模型	了解	从供应链的角度考虑产品的多级库存问题	
基于成本优化的多级库存控制	熟悉	供应链的库存成本结构	从基于成本和时间优化两个方面建立相应的库存模型，可解决一般的库存控制问题
需求确定的多级库存系统的库存策略	重点掌握	不允许缺货和允许缺货两种模型的固定策略	
需求随机的多级串行系统的库存策略优化	掌握	基本库存策略和批量订货(R, Q)策略	
基于时间优化的多级库存控制	重点掌握	时间优化的多级库存控制模型及实施要点	

导入案例

通用汽车(巴西)公司的服务运营①

通用汽车公司(GM)在巴西拥有 472 个经销商，9 个授权的汽车修理厂，10 个零部件配送企业，总共 491 个销售服务网点。通用汽车(巴西)公司和它在巴西的经销商是分别独立运作的，GM 在巴西的网络节点也是单独管理的，这样就形成了零和博弈的结果，导致了不太合作的关系和分散管理带来的不良后果。

1. 牛鞭效应

一个不良的后果就是在下游需求中一个很小的变化就会导致上游一个很大的变化。GM 配送中心的需求来自于库存管理系统的计算并受到经销商库存战略的影响。针对每个部件，如果有再订货点的要求，经销商会通过 EOQ 系统采购最经济的订货批量。这就意味着它们会等到某个部件的需求达到再订货点的时候再通过 EOQ 系统进行补货。其结果就是最终消费者的需求只有汇聚成大块的需求才会传递到配送中心。因为经销商是从终端客户那里接到连续的订单，而经销商只有等到一定的需求量才会向配送中心订货，所以配送中心平时接到的订单为零，直到经销商的经济订货批量达到了才进行订货。

具有库存管理系统的销售点有 483 家，它们会在没有约定的不同时刻发出补货订单，这些订单的数量也是没有约定的。这样的一个体系就会导致传递到配送中心的需求随机性很大，具有很强的牛鞭效应。假设 10 家配送中心都有自己的库存管理系统和独立定义的库存方法和参数，那么牛鞭效应会得到增强并传递到它们的供应商以及供应商的供应商。因为这些增强的影响是随机的，所以它给企业带来的结果就是增加安全库存。对于上游的制造企业来说，极度不确定的生产安排会导致供应链效率的下降。当牛鞭效应带来的需求增加时，工厂不得不加班加点地工作，而当需求减少时，工厂则无事可做。这给所有供应链成员的部件都增加了成本，而这增加的成本最终传递给了最终消费者。

2. GM 的解决方案——AutoGiro

针对上述问题，GM 决定在巴西全国范围内调整供应网络的管理方式，该项目名为 AutoGiro。该项目实施的思路很简单，可以用下面的几个原则来说明。

(1) 它是一个 VMI 系统。VMI 系统之所以有效是因为 GM 作为营销网络的主导者，它可以看到所有 472 个经销商汇总之后的需求。GM 还可以在全国范围内找到满足需求的合作伙伴，并与合作伙伴一起对经销商的需求进行预测。VMI 系统存在的另一个意义在于它可以向一组经销商运送上千种不同的部件，这就意味着如果安排好合理的运送路线，几家经销商可以分担一个送货车的成本。

(2) GM 承诺对部件缺货和积压采取对策。AutoGiro 保证，凡接受 VMI 计划的经销商，如果有超过 9 个月都没有销售的部件，则 GM 会以现在或购买时较高的那个价格进行回收。这就表示 GM 愿意为不准确的预测承担费用。另外，如果客户的某种部件缺货，GM 负责安排紧急运输并不收额外费用。

(3) GM 提供一个基于因特网的“部件定位仪”，GM 为了能够管理经销商的库存并提供自动补货，它们需要经销商在第一时间更新每种产品的最新库存数据。在某个经销商缺货并需要给客户紧急服务的时候，可以搜索 GM 的外部网络找到最近的有这个配件的经销商，在最短的时间内拿到这个部件。

(4) 给经销商的补货频率取决于经销商的需求数量。经销商目前使用的再订货系统用于分别处理某个部件。AutoGiro 系统认为降低运输成本的方法不见得非要每个部件订购大批数量，还可以采用每个部件的数量不多但订购的品种很多的方法。系统可以实现不同的部件在同一批进行补货。这就可以实现即使每种部件的数量不多也可以降低运送成本，除了不同部件的同一批补货所产生的经济运输外，每个地区的经销商都按配送巡回路线逻辑分别在周三和周五收到补货。

(5) 使用一个库存定期检验系统。AutoGiro 系统根据检查时某个部件的库存状态，会自动产生一个

① 资料来源：中国交通运输协会.《供应链管理应试指南》，电子工业出版社，2007.

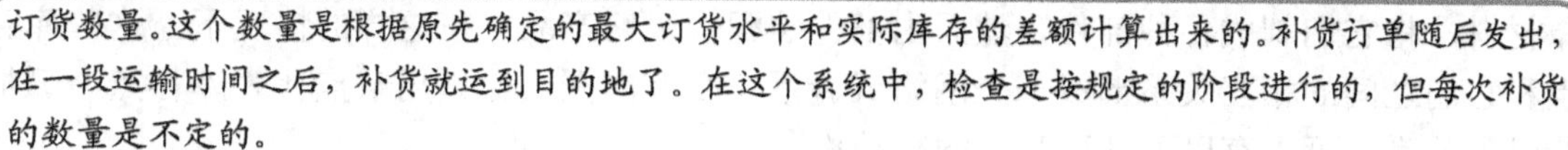

订货数量。这个数量是根据原先确定的最大订货水平和实际库存的差额计算出来的。补货订单随后发出，在一段运输时间之后，补货就运到目的地了。在这个系统中，检查是按规定的阶段进行的，但每次补货的数量是不定的。

讨论题

(1) 何谓牛鞭效应？牛鞭效应产生的动因是什么？

(2) 理论上缓解牛鞭效应的措施有哪些？

(3) GM是采用什么方法来消除牛鞭效应的？请进行评价。

供应链是围绕核心企业，通过对信息流、物流、资金流的控制，从采购原材料开始到制成中间制品以及最终产品，最后由销售网络把产品送到消费者手中的将供应商、制造商、分销商、零售商，直到最终用户连成一个整体的多级网链结构模式。它包含所有加盟的节点企业，从原材料的供应开始，经过链中不同企业的加工、组装、分销等过程直到最终用户。因此在供应链的各个阶级，都需要保持一定的库存以保证生产、供应的连续性，这就需要多级库存来保证。现代竞争已不是企业之间的竞争，而是供应链之间的竞争，单个节点的优化并不等同于整个供应链的全局优化，多级库存就要求从全局的角度考虑供应链效率的问题，而需求信息的准确性是多级库存系统优化控制的基础。

在供应链多级库存环境下，由于各节点企业需求信息的不真实性会产生需求信息放大效应，采用传统的库存管理模式不可能解决诸如需求放大现象这样一些新的库存问题。所以，需要深入了解需求放大现象的本质特征，掌握供应链管理中库存波动的渊源和库存管理的新特点，并通过定量的分析深入讨论库存波动的原因，选择合理的库存控制策略，从成本和时间上对供应链多级库存进行全局优化，进而探讨适应供应链多级库存管理的新模式。

7.1 供应链多级库存控制概述

供应链管理把供应链中所有节点企业看作一个整体，供应链管理涵盖整个物流的从供应商到最终用户的采购、制造、分销、零售等职能领域过程。供应链管理环境下的库存问题和传统的企业库存问题有许多不同之处，这些不同点体现出供应链管理思想对库存的影响。传统的企业库存管理侧重于优化单一的库存成本，从存储成本和订货成本出发确定经济订货量和订货点。从单一的库存角度看，这种库存管理方法有一定的适用性，但是从供应链整体的角度看，单一企业库存管理的方法显然是不够的。在供应链管理环境下，企业不再仅仅从本企业的模型也不再仅仅局限在基本的库存模型，供应链中不同层次的企业之间的库存存在相互的影响关系，因而应该更注重多级库存问题的研究。供应链库存管理策略有很多种，VMI以及联合库存管理策略都是对供应链库存的局部优化控制，而要实现对供应链库存的全局优化与控制，则必须采用多级库存优化与控制方法。

7.1.1 供应链多级库存系统基本构成

多级库存优化与控制是在单级库存控制的基础上形成的，各库存点通过各种不同的供需关系连接起来，可形成不同的配置方式。比如，一个大型的零售商会集中采购货物，将货物存放在某个中心仓库，并且从该仓库供应其他的几个商店，或者一个生产商可能需要原材料，将它们制成各种部件，然后由部件装配成最终产品。在这样的情况下，这些库存点和它们之间的相互关系形成一个网络或者是一个有向图。如果用节点代表库存点，弧描绘供需关系，可以有以下几种基本网络结构。

1. 系列系统

系列系统(Series System)是最简单的结构，如图 7.1 所示，节点代表连续的生产阶段的输出或供应链的存货点。也就是说，每个节点的库存作为输入用来产生下一个节点的库存或每个节点供应下一个节点。仅第一个节点接收系统外部的供应，仅最后一个节点满足外部的顾客需求。

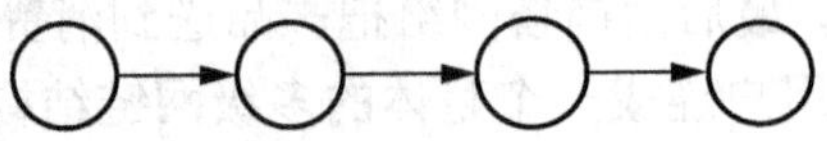

图 7.1　系列系统结构

2. 装配系统

另一种简单的结构是装配系统(Assembly System)，如图 7.2 所示，用弧代表生产活动。与串行系统相同，它仅有一种最终产品。但是有好几种原材料，且都是外部供应。这些原材料经过加工或组合(装配)成部件，而部件进一步经过装配，形成最终产品。网络中的有些弧可能表示运输，即将原材料、部件或最终产品从一个节点转移到另一个节点。

3. 配送系统

配送系统(Distribution System)看起来像是一个倒过来的装配系统，如图 7.3 所示。从生产角度看，有一种原材料、几种最终产品。当原材料通过生产阶段移动时，被连续地加工。从运输的角度看，第一个节点代表一个中心仓库，终点代表零售点，中间节点代表中转存货点，比如地方仓库。可以说，串行系统是装配系统和配送系统的特例。

4. 树形系统

树形系统(Tree System)如图 7.4 所示，结合了装配系统和配送系统的特征。

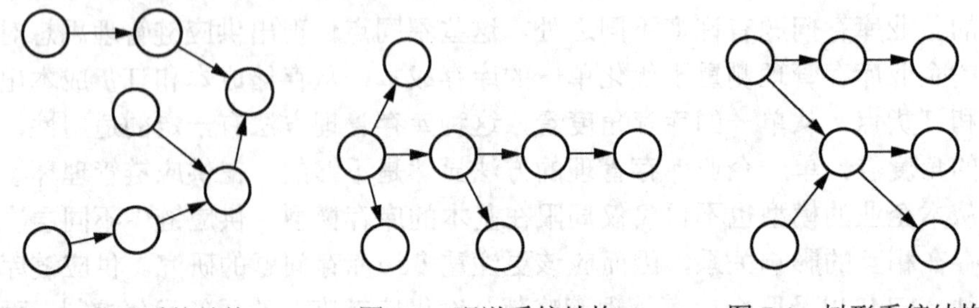

图 7.2　装配系统结构　　图 7.3　配送系统结构　　图 7.4　树形系统结构

5. 一般系统

一般系统(General System)如图 7.5 所示，代表更复杂的关系。比较图 7.4 和图 7.5，一般系统包括类似配送活动，其输出最终以装配形式结合，而树形系统不这样。这就使得一般系统比树形系统更复杂。

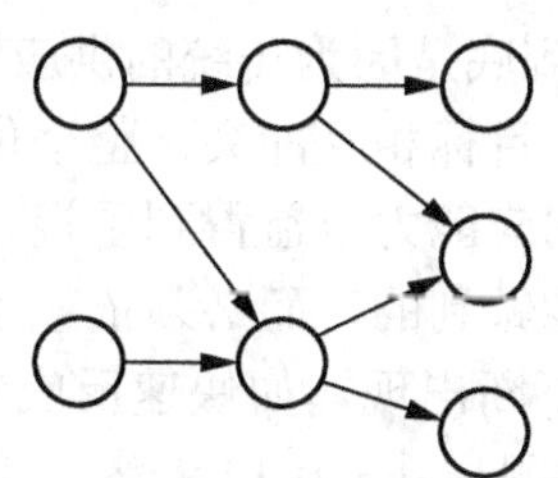

图 7.5 一般系统结构

7.1.2 多级供应链库存问题

供应链的多级库存控制应考虑以下几个问题。

1. 多级库存系统的需求信息放大效应

当供应链的各节点企业只根据来自其相邻的下级企业的需求息，进行生产或供应决策时，需求信息的不真实性会沿着供应链逆流而上，产生逐级放大的现象，达到最源头的供应商时，其获得的需求信息和实际消费市场中的顾客需求信息发生了很大的偏差，需求变异系数比分销商和零售商的需求变异系数大得多。为了应付这种需求的放大，上游供应商不得不维持比下游供应商更大的库存水平，尤其在供应链多级库存环境下，同级累加的需求信息同样在上级会产生放大效应，并且其中各级之间的提前期对于需求信息放大效应有着非常重要的影响。

2. 多级库存基本控制策略

理论来讲，如果所有的相关信息都是可获得的，并把所有的管理策略都考虑到目标函数中去，中心化的多级库存优化要比基于单级库存优化的策略(非中心化策略)要好。但是，现实情况未必如此，当把组织与管理问题考虑进去时，管理控制的幅度常常是下放给各个供应链的部门独立进行，因此多级库存控制策略的好处也许会被下层组织与管理产生的问题所抵消。简单的多级库存优化并不能真正产生优化的效果，需要对供应链的组织、管理的进行优化，否则多级库存优化策略效率是低下的。此外，在库存优化中，一定要明确所优化的库存范围。在多级库存优化模型中，绝大多数的库存优化模型是下游供应链，即关于制造商(产品供应商)—分销中心(批发商)—零售商的 3 级库存优化。

3. 供应链多级库存优化的目标

传统的库存优化问题无不例外地进行库存成本优化，在强调敏捷制造、基于时间的竞争的条件下，这种成本优化策略是否适宜？因此在实施供应链库存优化时要明确库存优化的目标是什么，成本还是时间？成本是库存控制中必须考虑的因素，但是，在现代市场竞争的环境下，仅优化成本这样一个参数显然是不够的，应该把时间(库存周转时间)的优化也作为库存优化的主要目标来考虑。

4. 供应链多级库存的协同管理

在市场竞争日益激烈的环境下，传统的库存管理方法已暴露出一定的缺陷，如牛鞭效应、库存积压、制造商与上下游企业的关系恶化、企业间的集成度较低、交货提前期长、服务水平低等。追究其原因，归根到底是因为传统的供应链中各节点企业之间形成的是“敌对博弈”的关系，信息不能共享，目标相互冲突，整个供应链运作效率低下。在基于时间竞争的今天，对顾客需求的快速响应能力日益得到重视。从整个供应链的角度来看，快速响应的实现已经不是单个企业所能做到的，而必须依赖于供应链中各个企业之间的相互合作和协调。新的供应链管理策略不断出现，如快速反应(QR)，有效客户反应(ECR)，供应商管理库存(VMI)，合作计划、预测与补充(CPFR)等，都集中体现了顾客响应能力的基本要求，有效地解决了上述问题。

5. 多级供应链库存的推拉运作模式

在供应链多级库存环境下，传统的推动式(Push)和拉动式(Pull)运作模式都有着各自的可取之处，又都面临着难以解决的问题。若能将两者有机地结合起来，把握好多级供应链中的 Push 与 Pull 分界点(CODP 延迟分界点)，取其所长，避其所短，就可能取得“1+1>2”的效果，从根本上缩短供应链上的多阶响应周期，降低供应链运作成本，提供运作效率。

6. 基于提前期的供应链库存模型

在实施和运行供应链管理时，提前期是一个十分重要的基础数据，甚至可以说它是供应链管理中的一块基石。在基于时间竞争的环境下，提前期的压缩更是成为获取订单的主要成功因素，是获取竞争优势的主要源泉。在多级供应链环境下，强调从整体角度出发缩短供应链多阶响应周期，提高产品在最终用户市场上的竞争力，提前期是其中最主要的制约因素。多级供应链上各级库存水平是相互影响的，尤其提前期的影响导致了多级供应链中库存的需求信息放大效应。建立基于多级提前期的多级库存模型进行库存水平的优化就有利于增强企业之间的信息透明度，避免了信息放大现象，也可以实现供应链库存的全局优化与控制。

7.1.3 供应链多级库存系统的需求信息放大效应

1. 多级供应链需求信息放大效应产生的原因

1997 年美国斯坦福大学的李教授对需求放大现象进行了深入的研究，把其产生的原因归纳为 4 个方面：需求预测修正、订货批量决策、价格波动、短缺博弈。根据 7.1.2 节的分析，综合需求放大效应的产生机理，可得出产生需求放大效应的原因主要有需求预测修正、批量订货决策、提前期的变动、价格波动和理性短缺博弈。

1) 需求预测修正

需求预测修正是指当供应链的成员采用其直接的下游订货数据作为市场需求信号时，产生需求放大。供应链中的每个公司都在做产品需求预测，以便在此基础上安排生产调度、协调生产能力、控制库存和生产资源，而预测往往是建立在直接顾客历史上购买产品的订单数据的基础上的。例如，一个业务经理常常用简单的方法决定向供应商订货的数量，如用指数平滑方法作需求预测，在指数平滑法中，根据新的来自下游企业的订单不断地调整未来库存补给量，安全库存也是这样。当产品准备时间很长时，这会造成订货量随时间波动，从而超出需求数额。对于上游企业的经理来说，如果他仍然采取指数平滑的方法调整需求预测和安全库存，那么，他向供应商订货的数量可能会发生更大的波动。

另外，在实践中供应链各阶段经常采用的库存控制策略为(*R*，*S*)库存策略，即无论何时只要库存量低于某一给定的数值(订货点*R*)，就进行补充订货，把库存水平提高到最高库存水平 *S*。订货点通常按公式 $R = L \times \overline{r} + \lambda\sigma_r\sqrt{L}$ 确定。由于平均需求和需求的方差是预测的，且具有波动性，而安全库存和最高库存水平都取决于这些估计值，使用者被迫变化订货数量，因此增大了需求的变动性。

2) 批量订货决策

批量订货是指当公司向供应商订货时，不是来一个需求下一个订单，而是考虑库存的原因采用周期性分批订货，比如一周、一月订一次，或是通过监控库存水平来向上游企业订货。当市场需求增加时，由于有安全库存，并不立即向供应商订货，而常常等需求累计增加到一定程度时才按批量订货。分批订货在企业普遍存在，MRP 系统是分批订货，DRP 也是如此。用 MRP 批量订货出现的需求放大现象，称为“MRP 紧张”。批量订货有两种形式：推进式订货和分期订货。

在推进式订货中，把来自顾客的订单推向公司，往往每季一次或每年一次，这导致季末或年终出现订货高峰。卖方为了完成配额，可代销预先签署订货合同，这时很容易导致需求信息放大效应。如果顾客每周订货一次，那么放大效应会小些。分期订货时需求量的变化对上游企业影响不大。然而，理想情况很少出现，分销商、零售商往往随机订货，甚至同一地区的多个零售商重复订货。这种现象越显著，需求信息放大效应就会越明显。

3) 提前期的变动

在计算安全库存水平和订货点时，将平均需求和日顾客需求的标准差乘上了一个提前期 L。因此，提前期越长，需求变动性的微小变化意味着安全库存和订货点的很大的变化，所以订货量就会发生很大变化，从而导致需求变动性的增大。

4) 价格波动

价格波动反映了一种商业行为“预告购买”。价格波动，如价格折扣、数量折扣、赠票等，是由于一些促销手段造成的。这种商业促销行为使许多推销人员预先采购的订货量大于实际的需求量。因为如果库存成本小于由于价格折扣所获得的利益，销售人员当然愿意预先多购买，这样订货没有真实反映需求的变化，从而产生需求放大现象。

据统计，约 80%的公司提前向制造商和分销商订货，这主要是由于市场中的价格波动引起的。不同时期、不同的销售量，出售的商品折价不同，赠货券、退款等也导致实际价格的变化，尽管这些不属于直接折扣而可以看作促销手段，但这时供应链中关于市场需求变化的信息流与实际不一致。各成员如何理解这些信息显得尤其重要。

上述情况导致当产品价格很低时顾客可能买了未必需求的产品，一旦市场上价格恢复原来的水平，顾客将不再购买这些产品，一直到库存降到合适的水平才思考补充订货问题。尽管这种决策从买方来看是合理的，但这仅当买方增加的持货成本小于市场价格波动时才有意义，否则得不偿失，这是公司各自为政的现象。但各自独立进行市场预测的准确性下降之后，局部最优会导致更大的需求信息放大效应。

5) 理性短缺博弈

当产品需求量增加时，制造商应该理性地评价需求的增加量，尤其产量远远小于需求时。当需求大于供应量时，理性的决策是按照用户的订货量比例分配现有的库存供应量，比如，总的供应量只有订货量的 50%，合理的配给办法是所有的用户获得其订货的 50%。

但此时，如果用户仅能拿到 50%订单数量的产品，他们就为了不致缺货，并获得最大份额的配给量，故意夸大其订货需求，很可能把订货量增大一倍，等后来取货时订单再取消一半。若市场供给增大，订单数量会突然大幅降低。其结果是顾客订单只给制造商很少的信息，这不是真实的市场需求信息，给制造商的生产带来极为严重的影响。这种理性对策极为普遍，但会由于个体参与组织的完全理性经济决策导致的需求信息的扭曲，最终导致需求放大。

2. 多级供应链需求信息放大效应的解决措施

常用的减小多级供应链需求信息放大效应的措施主要有以下几条。

1) 集中顾客需求信息

最常用的减小需求信息放大效应的方法是在供应链内部集中顾客的需求信息，即为供应链每一阶段提供有关顾客实际需求的全部信息。因为需求信息集中起来了，供应链的每一阶段都可使用顾客的实际需求数据来进行更加准确的预测，而不是依据前一阶段发出的订单来预测。为了实现需求信息的高度集中和避免信息失真的存在，可以采用图 7.6 所示的信息强化的供应链。

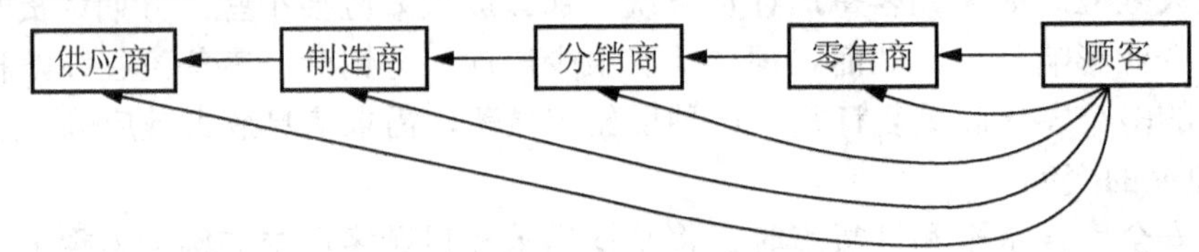

图 7.6　信息强化的供应链

通过需求信息的集中，可以构造出信息强化的供应链，从而实现对市场信息的加深理解，减少信息的不确定性，减少获得信息的时间延迟和保持信息的价值。

但是，必须指出，即使当需求信息完全集中并且供应链所有阶段都使用同样的预测技术和库存策略时，需求信息放大效应仍然存在。然而，相关分析表明如果信息没有集中，那么需求变动性的增大是非常大的。因此，可以得出结论：集中需求信息能够显著地减小需求信息放大效应，仍不能消除需求信息放大效应。

2) 减少顾客需求过程的变动程度

通过减少顾客需求过程内在的变化性，可以缩小需求信息放大效应。如果能够减小零售商所观察到的顾客需求的变化性，那么即使需求信息放大效应出现，批发商所观察到的需求的变化性也会减小。

例如，可以通过利用“天天平价”等策略来减小顾客需求的变动性。当零售商使用“天天平价”时，它以单一的价格出售商品，而不是以带来周期性价格促销的常规价格出售商品。通过消除价格促销，零售商可以消除与这些促销一起产生的需求的急剧变化。因此，“天天低价”策略能够产生更稳定的、变动性更小的顾客需求模式。

3) 缩短提前期

前面给出的结果很清晰地表明提前期的延长对供应链各阶段的需求变动性具有显著的影响。因此，缩短提前期能够显著减小整个供应链的需求信息放大效应。提前期通常包括两个组成部分：信息提前期和订货提前期。信息提前期是信息自形成时刻开始到传递到各需求成员所用的时间。信息一经形成，随着时间的推移逐渐失去价值。所以，应通过提高供应链各成员之间的信任程度、使用电子数据交换(EDI)等，压缩信息传递的时间。订货提前期是生产和运输物品的时间，可通过使用直接转运缩短订货提前期。

4) 建立战略伙伴关系

建立战略伙伴关系改变了信息共享和库存控制的方式，可以消除库存放大效应的影响。例如，在供应商管理库存中(VMI)，制造商管理其在零售店的库存，从而为其自身确定每一期维持多少库存和向零售商运输多少商品。因此，在 VMI 中，制造商并不依赖零售商发出的订单，因而彻底避免了需求信息放大效应。其他种类的伙伴关系也能用此来减少需求信息放大效应。

5) 减少供应链系统的级数

供应链中的级数越多，则需求信息放大效应越显著。因此，减少供应链系统的级数将弱化放大效应。另外，如果供应链中有某些级不稳定，则可以考虑通过整个供应链的重构来消除这些不稳定的子系统，从而保证整个供应链系统的稳定。

6) 供货方式由一次性大批量向多批量转变

当供应链中的各级子系统采用多批次小批量的供货方式时，这将大大增强系统的稳定性，同时弱化需求信息放大效应。

7.1.4 供应链多级库存系统控制方法

多级库存优化与控制是一种对供应链资源全局性优化的库存管理模式，主要有两种库存控制方法：一种是非中心化(分布式)策略，另一种是中心化(集中式)策略。这两种控制方法各有优缺点。非中心化策略是各个库存点独立地采取各自的库存策略，这种库存策略思想类似于传统的纵向一体化企业各下属企业的库存控制，在管理上比较简单，但是并不能保证产生整体的供应链优化。通常只有在信息完全共享才能充分利用供应链资源，在实际应用中多数情况产生的是次优的结果，往往达不到最理想的效果。而中心化库存策略，通过建立库存目标函数，同时确定所有库存点的控制参数，在降低库存总体成本的基础上通过协调的办法来实现库存的优化。中心化库存策略的缺点是只以库存动作总成本作为唯一目标，忽略了供应链的客户服务水平以及对市场的快速反应能力，并且在库存总成本最低时，考虑各个库存点的相互关系，对供应链各个节点库存进行协调和调整，在管理上协调的难度大，特别是供应链的层次比较多，即供应链的长度增加了协调控制的难度。

1. 非中心化的控制策略

非中心化库存是把供应链的库存控制分为 3 个成本归结中心，即制造商成本中心、分销商成本中心和零售商的成本中心，各自根据自己的库存成本优化做出优化的控制策略，如图 7.7 所示。非中心化的库存控制要取得整体的供应链优化效果，需要增加供应链的信息共享程度，使供应链的各个部门都共享统一的市场信息。非中心化多级库存控制策略能够使企业根据自己的实际情况独立做出快速决策，有利于发挥企业自己的独立自主性和灵活机动性。

非中心化库存订货点的确定可完全按照单点库存的订货策略进行，即每个库存点根据库存的变化独立地决定库存控制策略。非中心化的多级库存优化策略需要企业之间的协调性比较好，如果协调性差，有可能导致各自为政的局面。

2. 中心化库存控制策略

目前关于多级库存的中心化控制的策略探讨不多，采用中心控制的优势在于能够对整个供应链系统的运行有一个较全面的掌握，能够协调各个节点企业的库存活动。

中心化控制是将控制中心放在核心企业上，由核心企业对供应链系统的库存进行控制、协调上游与下游企业的库存活动。这样核心企业也就成了供应链上的数据中心(数据仓库)，担负着数据的集成、协调功能，如图 7.8 所示。

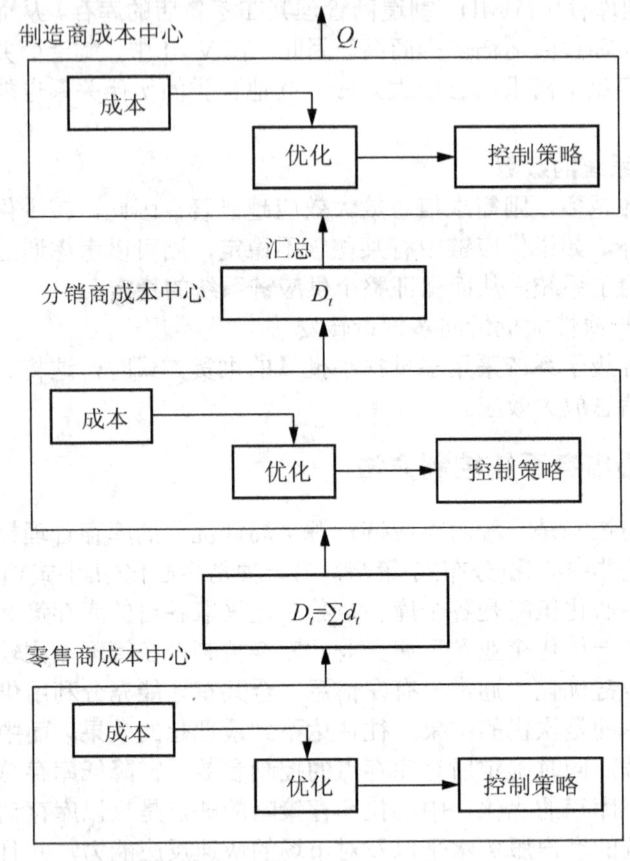

图 7.7　供应链非中心化库存控制模型

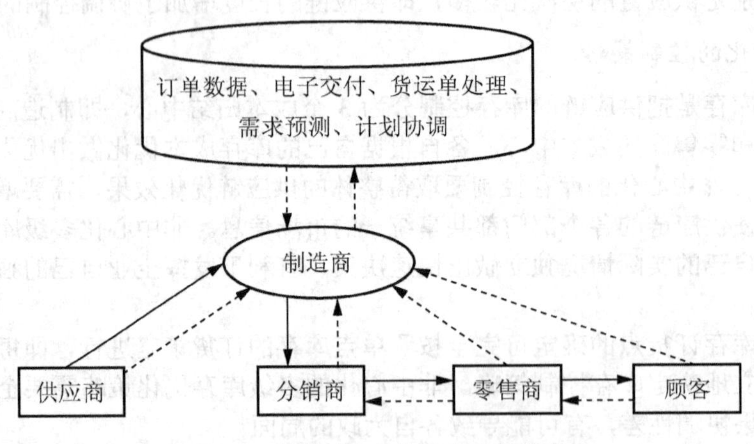

图 7.8　供应链中心化库存控制模型

注：——→表示物流；- - - -→表示信息流。

中心化库存优化控制的目标是使供应链上总的库存成本最低，即

$$\min TC=\sum_{i=1}^{m}\left\{C_{hi}+C_{ti}+C_{st}\right\}$$

理论上讲，供应链的层次是可以无限的，即从用户到原材料供应商，整个供应链是 n 个层次的供应链网络模型，分一级供应商，二级供应商，……，k 级供应商，然后到核心企业(组装厂)；分销商也可以是多层次的，分一级分销商，二级分销商，三级分销商等，最后才到用户。但是，现实的供应链的层次并不是越多越好，而是越少越好，因此实际供应链的层次并不很长，采用“供应—生产—分销”这样的典型三层模型足够说明供应链的运作问题。三级库存控制的供应链模型如图 7.9 所示。

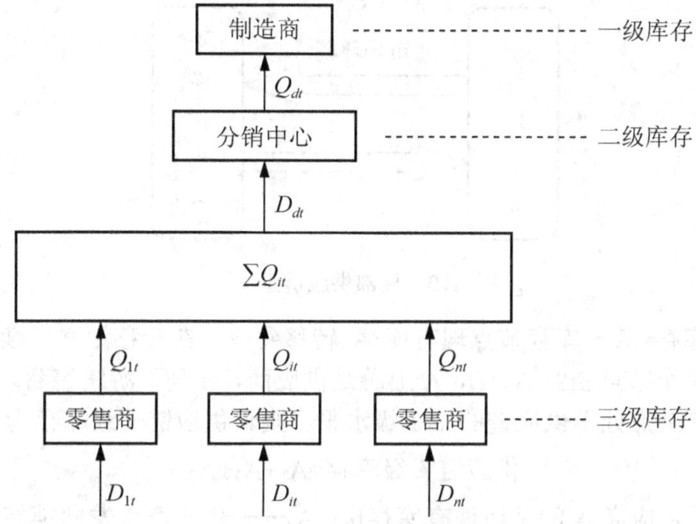

图 7.9　三级库存供应链

各个零售商的需求 D_{it} 是独立的，根据需求的变化做出的订货量为 Q_{it}，各个零售商总的订货汇总到分销中心，分销中心产生一个订货给制造商，制造商根据产品决定生产计划，同时对上游供应商产生物料需求。整个供应链在制造商、分销商、零售商 3 个地方存在 3 个库存，这就是三级库存。这里假设各零售商的需求为独立需求，需求率 d_i 与提前期 LT_i 为同一分布的随机变量，同时系统销售同一产品，即为单产品供应链。对这样一个三级库存控制系统，这是一个串行与并行相结合的混合型供应链模型，建立如下的控制模型。

$$\min\left\{C_{mfg}+C_{cd}+C_{rd}\right\}$$

这里，第一项为制造商的库存成本，第二项为分销商的库存成本，第三项为零售商的库存成本。

关于订货策略采用连续检查还是周期性检查的问题，原则上讲两者都是适用的，但各有特点。问题在于采用传统的订货策略使有关参数的确定和供应链环境下的库存参数应有所不同，否则不能反映多级库存控制的思想，所以，不能按照传统的单点库存控制策略进行库存优化，必须寻找新的方法。

按照传统的固定量订货系统，其经济订货量为

$$Q_i^*=\sqrt{\frac{2D_iC_{s_i}}{h_i}}$$

如果按照这个算法作为多级库存的各个阶段的供应商或分销商的订货策略，那么就没有体现供应链的中心化控制的思想。因为这样计算实际的库存信息是单点库存信息而没有考虑供应链的整体库存状态，因此采用这样的计算方法实际上是优化单一库存点的成本而不是整体供应链的成本。

那么，如何体现供应链这种集成的控制思想呢？可以采用级库存取代点库存解决这个问题。因为点库存控制没有考虑多级供应链中相邻的节点的库存信息，所以容易造成需求放大现象。采用级库存控制策略后，每个库存点不再仅检查本库存点的库存数据，而是检查处于供应链整体环境下的某一级库存状态。这个级库存和点库存不同，重新定义供应链上节点企业的库存数据，采用"级库存"这个概念，如图 7.10 所示。

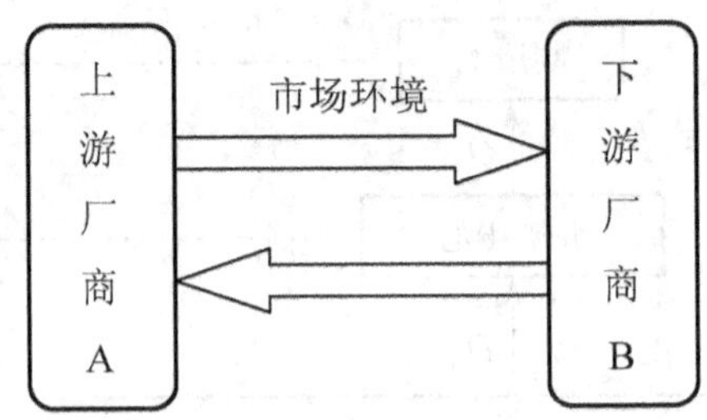

图 7.10　局部供应链系统图

供应链的级库存=某一库存节点现有库存+转移到或正在转移给其后续点的库存

假设有相邻两个节点企业 A、B，A 上游是供应商，B 是下游销售商。A 节点处于供应链的 k 级水平，B 节点处于供应链的 k+1 级水平，则该供应链 k 级库存为

$$\text{供应链 } k \text{ 级库存} = A_1 + A_2 + A_3$$

式中：A_1——上游供应商 A 的手边现有库存量；A_2——供应商 A 发向销售商 B 的在途库存量；A_3——考察周期内销售商 B 已经接受到的来自供应商 A 的库存量。

这样检查库存状态时不但要检查本库存点的库存数据，还要检查其下游需求方的库存数据。级库存策略的库存决策是基于完全对其下游企业的库存状态掌握的基础上的，因此避免了信息扭曲现象。建立在 Internet 和 EDI 技术基础上的全球供应链信息系统为企业之间的快速信息传递提供了保证，因此，实现供应链的多级库存控制是有技术保证的。

7.1.5　供应链多级库存模型

产品的基本库存模型是供应链单节点单一层次的库存模型，但是多数的产品库存系统涉及多节点、多层次，需要从整个供应链的角度来考虑产品的库存问题。

考虑一个由"制造商—区域分销中心—经销商"之间的三级库存模型，系统由一个制造商、一个区域分销中心和 m 个经销商组成，如图 7.11 所示。第一级经销商的库存由第一级的区域分销中心补给，第二级的区域分销中心由第三级的制造中心补给，因此区域分销中心的库存需求信息受到第一级节点的经销商库存需求信息的影响，三级库存之间的需求信息是相关的(基本库存模型里是假设节点之间的库存需求信息是相关的)，因而也导致了这个供应链库存系统管理的复杂性。多级库存系统的目标是平衡制造商、区域分销中心与各经销商之间的效率，同时控制库存成本。

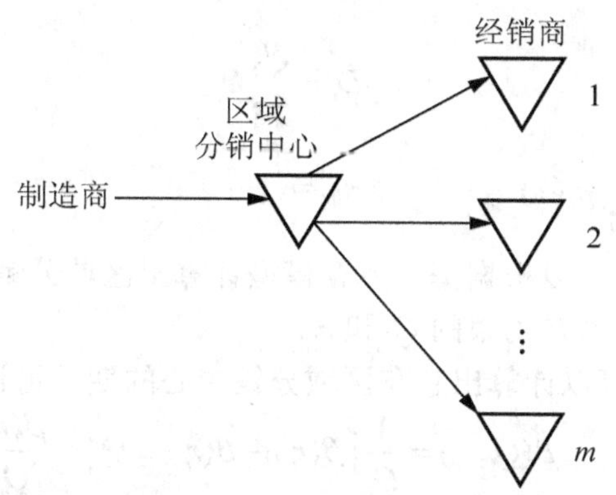

图 7.11 供应链多级库存模型

假定区域分销中心和经销商都采用连续周期库存控制策略，区域分销中心采用(Q, r)库存策略，而经销商采用基础库存策略，也就是再订货量为 1。经销商上产品的需求信息直接的反馈给区域分销中心，如果在经销商上的产品需求是服从泊松分布的，那么在区域分销中心点累加的产品需求也是服从泊松分布的，因此，可以首先在固定服务水平的基础上，应用单阶段的(Q, r)模型计算每一个产品在区域分销中心点的订货量和再订货点；然后可以计算经销商上产品的期望再订货点和订货的延迟时间，从而估算出提前期，再计算出经销商上每一个产品的再订货点。

假定如下。

N——系统中不同产品的总数。

M——系统中的经销商总数。

D_{im}——经销商 m 的产品 i 的年需求量(单位/年)。

D_i——所有产品的年需求量(单位/年)。

c_i——产品 i 的单位成本。

l_i——产品 i 相对区域分销中心的提前期(年)。

l_{im}——产品 i 从区域分销中心到经销商 m 的提前期(年)。

θ_i——产品 i 在提前期内的需求期望值。

$p_i(k)$——产品 i 在提前期内需求为 k 的概率(假定为泊松分布)。

$G_i(x)$——产品 i 在提前期内的累加需求函数。

W_i——产品 i 在提前期内等待时间(年)。

L_{im}——经销商 m 的产品 i 从区域分销中心得到满足的提前期(年)，包括再订货的延迟。

S——区域分销中心的满意平均服务水平。

F——区域分销中心产品满意平均订货频率。

Q_i——区域分销中心中产品 i 的订货量(决策变量)。

r_i——区域分销中心中产品 i 的订货量(决策变量)。

r_{im}——经销商 m 的产品 i 的再订货点(决策变量)。

R_{im}——经销商 m 上产品 i 的基本库存水平(决策变量)。

其中：

$$\theta_i = D_i l_i \qquad D_i = \sum_{m=1}^{M} D_{im} \qquad p_i(k) = \frac{\theta_i^k e^{-\theta_i}}{k!}$$

$$G_i(x) = \sum_{k=0}^{x} p_i(k) \qquad R_{im}=r_{im}+1$$

显然，通过 D_i、l_i、θ_i 可以根据基本库存模型计算出区域分销中心中每个产品满足平均服务水平 S 和平均订货频率 F 约束的 Q_i 和 r_i。

对于每一个产品 i，可以计算出它在区域分销中心的期望再订货量

$$B(Q_i, r_i) = \frac{1}{Q_i}\left[\beta(r_i) - \beta(r_i + Q_i)\right] \approx \frac{\beta(r_i)}{Q_i}$$

其中，$\beta(r_i) = \frac{\theta_i^2}{2}\left[1 - G_i(r_i - 2)\right] - \theta_i r_i \left[1 - G_i(r_i)\right] + \frac{r_i(1-r_i)}{2}\left[1 - G_i(r_i)\right]$

如果 x=0，那么 $G_i(x)$=0，即不考虑前期内需求量小于零的情况。因此，经销商 m 上产品 i 的等待时间为

$$W_i = \frac{B(Q_i, r_i)}{D_i}$$

还可计算出它相应的提前期为 $L_{im} = l_{im} + W_i$

这是一个随机变量，它取决于区域分销中心的再订货水平变量，不同经销商的同一产品的提前期是相关的。

对于不同的经销商来说，产品 i 的需求率、单位成本、补充提前期分别是 D_{im}、c_i、L_{im}，经销商 m 上产品 i 在补充提前期内的期望需求量是

$$\theta_{im} = D_{im} L_{im}$$

因此，经销商 m 上产品 i 在补充提前期内需求的累加分布函数为

$$G_{im}(x) = \sum_{k=0}^{x} p_{im}(k) = \sum_{k=0}^{x} \frac{\theta_{im}^k e^{-\theta_{im}}}{k!}$$

在给定经销商 m 上产品 i 的服务水平 $G_i(r_i)$的前提下，可以通过这个公式求解产品 i 的基本库存水平，从而设置经销商的合理的安全库存量；也可以采用基本库存模型的方法通过设置经销商 m 有平均服务水平来建立总投入最小化的优化模型进行求解。

必须说明的是，以上所建立的两级库存模型的有效性受到区域分销中心服务水平的约束。如果选择 S 值太低，区域分销中心的再订货水平就会比较高；如果 S 过高，那么在区域分销中心的库存就会比实际需要高。这就是为什么多级库存在层级之间的相互影响关系，必须在层级之间选择合适的服务水平约束。

供应链是一个整体，需要协调各方活动才能取得最佳的动作效果，供应链的各个节点企业(尤其是全球化的供应链企业)为了应付不确定性，都设有一定的产品安全库存量，传统的单级产品库存模型没有考虑供应链中相邻节点企业的产品库存信息，容易在相互之间造成需求信息放大现象，而供应链的多级库存模型协调涉及了更多的利益群体，对不同级别的库存进行协调与控制，增强了企业之间的信息透明度，避免信息扭曲现象，也实现了供应链库存的全局优化与控制。

例如：一汽大众企业物流库存管理优化模型分析。

从制造业企业自身的特点出发，选用中心化的多数库存优化控制的库存管理模式建立

一汽大众库存管理系统模型。

制造企业中的库存分为独立需求库存和相关需求库存两种模式。一般情况下，产品库存管理属于独立需求库存管理，而在制品、零部件和原材料则属于相关需求库存管理，应当针对这两种库存问题分别进行分析，如产品的需求量需要通过销售预测来确定，而原材料的需求量则通过主生产计划、产品结构等来确定。从供应链中库存管理的范围来说，产品的库存管理属于下游供应链，即“制造商—分销商—零售商”的三级库存优化；零部件和原材料的库存管理则属于上游供应链，即“供应商—制造商”的库存优化；而在制品则属于企业内部供应链库存管理问题。

现以产品库存成本的优化为例建立数学模型，产品的库存是一个三级库存问题，所以一汽大众在制订库存计划时必须考虑整个供应链上的成本优化，即

$$\min C_{\text{total}} = \min\{C_m + C_d + C_r\}$$

C_m、C_d、C_r分别为制造商、分销商和零售商库存成本。

此模型参照运筹学存储论中的“瞬间进货、允许缺货”模型，假设缺货损失是可以定量测算的，缺货时存货量为0。模型应用情况为：设单位存储成本为h(单位时间)，交易成本为k(交易一次所需的总费用，这里是指供应链中每次交易的平均费用)，缺货成本为s(假设在整个供应链中是一致的)，初始库存量为y。若假设每个零售商单位时间的产品需求量为β，每个分销商负责m个零售商，共有n个分销商，则单位时间的产品需求量为$nm\beta$。t为时间函数，则$y/nm\beta$时间后，库存量为0，可得

$$\text{平均库存量}=\frac{1}{2}\frac{y^2}{n\cdot m\cdot \beta}$$

$$\text{平均缺货量}=\frac{1}{2}\frac{n\cdot m\cdot \beta - y}{t}\left[t-\frac{y}{n\cdot m\cdot \beta}\right]$$

由此可得到单位时间平均总成本的函数式

$$T_{cu}(t,y)=\frac{1}{t}\left[\frac{1}{2}\frac{h\cdot y^2}{b\cdot m\cdot \beta}+\frac{1}{2}\frac{s\cdot(n\cdot m\cdot \beta\cdot t-y^2)}{t}+k\right]$$

分别对变量t，y求偏导数，解方程组可得最优库存量

$$y^* = \sqrt{\frac{2\cdot n\cdot m\cdot \beta\cdot k}{h}}\sqrt{\frac{s}{h+s}}$$

$$\text{最优订货周期}\ t^* = \sqrt{\frac{2\cdot k}{h\cdot n\cdot \beta\cdot m}}\sqrt{\frac{s}{h+s}}$$

$$\text{最优订货批量}\ L^* = \sqrt{\frac{2\cdot n\cdot m\cdot \beta\cdot k}{h}}\sqrt{\frac{s}{h+s}}$$

这里是针对一汽大众(制造商)进行计算的。分销商和零售商以及零部件和原材料最优库存计算的数学模型与此类似。

根据一汽大众宝来(BORA)2001 年每月生产、销售和库存的数据(资料来源于一汽大众汽车有限公司)，可算出平均缺货量、最优库存量、平均库存量、最优订货周期、最优订货批量，见表 7-1。

表 7-1 最优订货批量表

平均库存量	3 963 辆/月	最优订货周期	7 天
平均缺货量	15 辆/月	最优订货批量	242 辆
最优库存量	1 820 辆/月		

和原有的订货周期、订货批量相比，订货周期缩短，订货批量缩小。起到的作用如下。

(1) 车辆供应更加精确、准时。

(2) 使现金流动加快，提高了资金的利用率。

7.2 基于成本优化的多级库存控制

基于成本优化的多级库存控制实际上就是确定库存控制的有关参数：库存检查期、订货点、订货量。在传统的多级库存优化方法中，主要考虑的供应链模式是生产分销模式，也就是供应链模式是生产分销模式，供应链的下游部分。下面进一步把问题推广到整个供应链一般性情形，如图 7.12 所示的供应链模型。

在库存控制中，考虑中心化(集中式)和非中心化(分布式)两种库存控制策略情形。在分析之前，首先要确定库存成本结构。

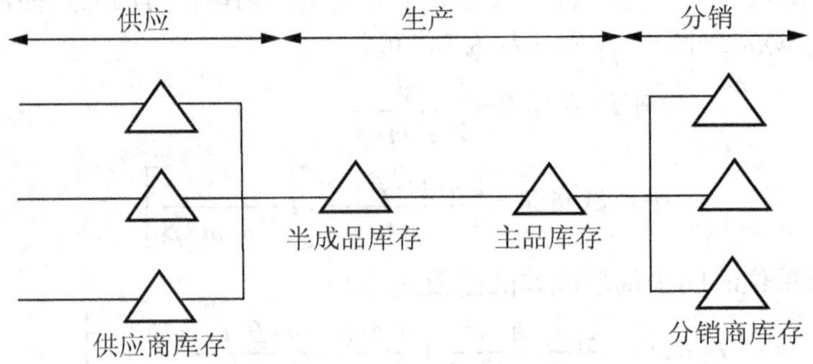

图 7.12 多级供应链库存模型

7.2.1 供应链库存成本结构

1. 维持库存费用 C_h

在供应链的每个阶段都维持一定的库存，以保证生产、供应的连续性。这些库存维持费用包括奖金成本、仓库及设备折旧费、税收、保险金等。维持库存费用与库存价值和库存量的大小有关。维持库存费用(Holding Cost)沿着供应链从上游到下游有一个累积的过程，如图 7.13 所示。

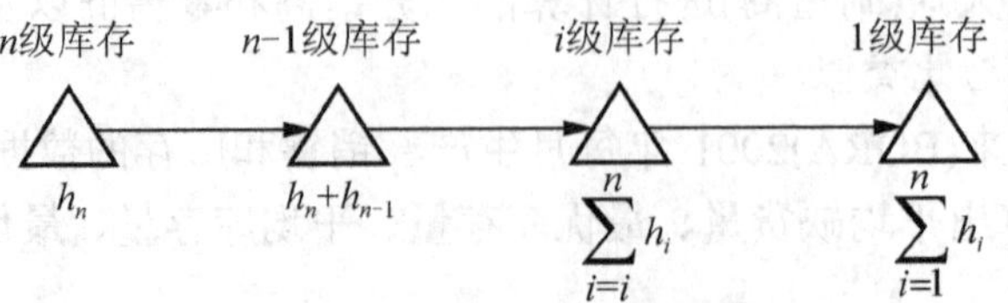

图 7.13 供应链维持库存费的累积过程

h_i为单位周期内单位产品(零件)的维持库存费用。如果v_i表示i级库存量，那么整个供应链的库存维持费用为

$$C_h = \sum_{i=1}^{n} h_i v_i$$

如果是上游供应链，则维持库存费用是一个汇合的过程，而在下游供应链，则是分散的过程。

2. 交易成本C_t

在供应链企业之间的交易合作过程中产生的各种费用，包括谈判要价、准备订单、商品检验费用、佣金等。交易成本(Transaction Cost)随交易量的增加而减少。

3. 缺货损失成本C_s

缺货损失成本(Shortage Cost)是供不应求，即库存v_i小于零的时候，造成市场机会以及用户罚款等。

缺货损失成本与库存大小有关。库存量大，缺货损失成本低，反之，缺货损失成本高。为了减少缺货损失成本，维持一定量的库存是必要的，但是库存过多将增加维持库存费用。

在多级供应链中，通过提高信息的共享程度，增加供需双方的协调与沟通，有利于减少缺货带来的损失。

总的库存成本为

$$C = C_h + C_t + C_s$$

对多级库存控制的目标就是优化总的库存成本C，使其达到最小。

7.2.2 需求确定的多级库存系统的库存策略

1. 不允许缺货模型的固定策略

1) 假设条件

J阶段的多级串行系统结构如图7.14所示，圈(节点)代表库存点，弧描绘了供需关系。需求仅在节点1发生，外部供应商供应节点J。所有其他联系是系统内部的：节点J供应节点J–1，节点J–1供应节点J–2，依次下去。这里节点代表阶段，串行系统有时也称为多阶段系统。

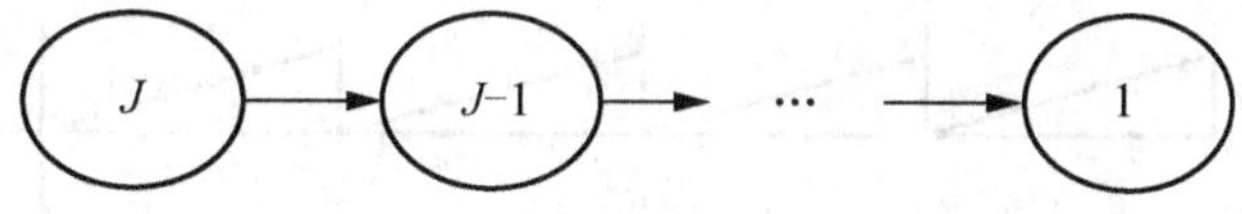

图7.14 多级串行系统结构

假设外部供应商总有充足存货满足第J阶段的订货。

节点j(j=J，J–1，…，1)订货存在固定备货期L_j^*，为简单起见，假设$L_j^*=0$。

与EOQ模型相同，存货以批量移动。订货决定移动一个批量到任何阶段，无论批量是来自供应商还是上一阶段。阶段并不是自己决定订货，因为信息和控制完全中心化。订货决策必须互相协调，如果前一阶段没有充足存货，对后一阶段批量订货就没有意义。

需求以固定的速度λ(单位时间的需求数量)连续发生，当需求发生时必须全部满足，不

允许缺货。所有订货发生固定订购费 k_j，因此订货存在规模经济。所以，与 EOQ 模型类似，需要解决的问题是找到订货费与存储费之间的平衡。

2) 策略特征

网状策略：对所有 j 订货，节点 $j-1$ 也订货；一个节点的订货引发所有下游点的订货，结果是节点 1 在所有阶段中订货最频繁，而节点 J 订货最少。

另一个重要的策略特征是零库存性质，在零库存策略下，每个节点仅在其库存 $I_j^*(t^*)$(指时刻 t 发生前的一瞬间)为零时订货。

固定间隔策略：对每个节点，订货间隔是相同的。

具有上面 3 个性质的固定策略，定义：u_j 为节点 j 的订货间隔；u 为向量 $(u_j)_j$；k_j=节点 j 的订购费用；h_j^*为节点 j 的单位库存费用；h_j 为节点 j 的单位级库存费用；$I_j^*(t)$为时刻 t 阶段 j 的库存；$I_j(t)$为时刻 t 节点 j 的库存；$I_j(t)$为时刻 t 节点 j 的级库存；$C(u)$为由 u 决定的固定策略的平均费用。

$$h_j=h_j^*-h_{j+1}^*, \qquad I_j(t)=\sum_{i\leq j} I_j^*(t), \qquad g_j=h_j\lambda$$

图 7.15 描述了一个两点库存系统的固定策略模型，其中 $I_2^*(t)$是节点 2 的当地库存，呈楼梯状，$I_2(t)$包括节点 1 和 2 的当地库存。从图 7.15 可以看出，当地库存与级库存的区别。因为每个节点的级库存 $I_j(t)$描述与 EOQ 模型相似的周期性模式，所以每个节点运用 EOQ 模型相似的周期性模式，所以每个节点可以运用 EOQ 模型来计算库存。

节点 j 平均订购费为k_j/u_j；节点 j 周期内平均库存量为$\frac{1}{2}\lambda u_j$；节点 j 周期内存储费为$\frac{1}{2}\lambda u_j h_j u_j=\frac{1}{2}g_j u_j^2$；节点 j 平均存储费为$\frac{1}{2}g_j u_j$。

所以$C(u)=\sum_j\left[k_j/u_j+g_j u_j/2\right]$，其中，每个 u_j 是 u_{j-1} 的正整数倍。该模型叙述如下

$$\text{Minimize} \quad C(u) \quad s.t. \quad u_j=\zeta_j u_{j-1}\text{，(}\zeta_j\text{ 为一个正整数，}j>1\text{)} \tag{7.1}$$

由于式(7.1)是非线性混合整数规划，很难直接求解。但已有文献描述了一种优化解法：首先解决一个较简单的问题，称为松弛的问题，其优化费用是实际最小费用的下界；然后利用松弛问题的解，构建一个可行解。已经证明，可行解是良好的解，下界是优化费用的较准确的期望值。

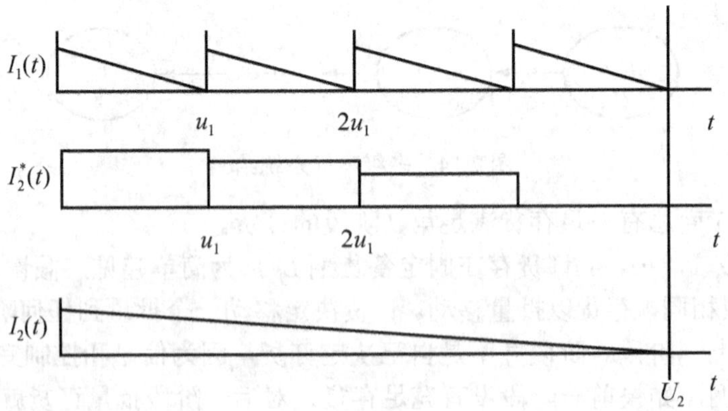

图 7.15　需求确定的不允许缺货模型

3) 松弛问题

显然，式(7.1)中任何可行 u 满足 $u_j \geqslant u_{j-1}$。定义下面的优化问题

$$C = \text{Minimize} \quad C(u) \quad s.t. \quad u_j \geqslant u_{j-1} \quad (j>1) \tag{7.2}$$

这就是松弛问题，因为它的约束条件较式(7.1)中的有所放松，因此其优化费用是式(7.1)最小费用的下界。解决式(7.2)的主要思想是区分哪些条件约束了优化解。令 $N=\{1, 2, \cdots, J\}$表示节点集，令 $A=(1, 2, \cdots, J-1)$表示约束条件。

对任意子集 $A_= \subseteq A$，构建下面的优化问题。

$$\text{Minimize} \quad C(u) \quad s.t. \quad u_j=u_{j-1} \quad j \in A_= (2[A_=])$$

首先，解决给定予子集 $A_=$的优化问题。一些 $A_=$将节点 N 分成组成或几圈，其中每个圈内的节点有相同的 u_j，令 N_m 表示 1 个独立的圈，设置下标 m 表示圈中最小的节点数 j。

图 7.16 显示了一个可行的划分，椭圆代表了圈。

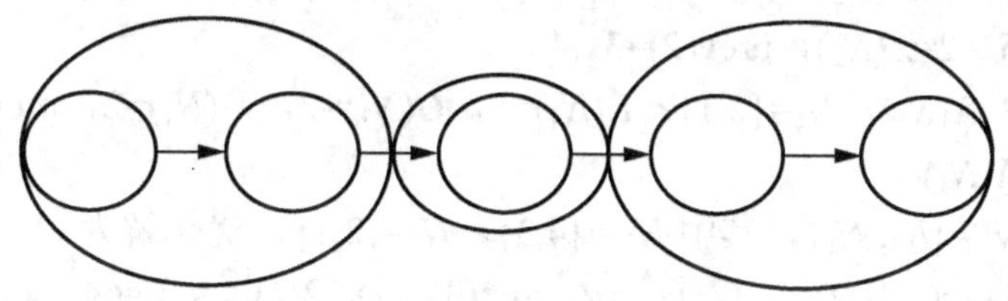

图 7.16 可行的划分

定义：prev(m)=紧跟在 m 所在的圈之前的下标；next(m)=紧跟在 m 所在的圈之后的圈的下标。

其中 next(1)=0，对最大的下标 m，prev(m)=0，对所有 m，$N_m=\{\text{prev}(m)-1, \cdots, m\}$。

(2[A=])将式(7.2)分成几个独立子问题，每个圈一个问题，圈的子问题为

$$\text{Minimize} \quad \sum\nolimits_{j\in N_m}[k_j/u_j + g_j u_j/2] \qquad s.t. \quad u_j=u_{j-1}, \quad (j\in N_m, \ j>m)$$

或者使用一个变量 u

$$\text{Minimize} \quad \sum_{j\in N_m}[k_j/u_j + g_j u/2] \qquad s.t. \quad u_j=u, \quad (j\in N_m, \ j>m)$$

对任何子集 $M \subseteq N$，定义

$$K(M)=\sum\nolimits_{j\in M} k_j\,,\quad G(M)=\sum\nolimits_{j\in M} g_j\,,\quad X(M)=K(M)/G(M)$$

上面的目标函数可写成 $C_m(u)=K(N_m)/u+G(N_m)u/2$，这是 EOQ 模型的费用函数，其优化解 $u=u(m)=[2K(N_m)/G(N_m)]^{1/2}=[2X(N_m)]^{1/2}$，因此，(2[A=])的解是

$$u(m)=[2X(N_m)]^{1/2}, u_j=u(m) \qquad (j\in N_m)$$

该解还必须满足条件：$X(N_m) \geqslant X(N_{\text{next}(m)}), m>1$。

此外，对任何 $A_=$，进行下面的工作：选择任何 j，prev(m)>j>m，从 $A_=$中划出 j，或将 N_m 分成两部分 (N_m^-, N_m^+)，其中 $N_m^-=\{\text{prev}(m)-1,\cdots,j\}$，$N_m^+=\{j-1,\cdots,m\}$；根据优化要求，每个选择 j，$X(N_m^-) \leqslant X(N_m^+)$。

至此，可以归纳出下面的系列松弛算法。

(1) 令 $N_j=\{j\}$，$j=1, 2, \cdots, J$，prev(j)=j+1，$X(N_j)=k_j/g_j$。

(2) 对 j=1，2，…，J，如果 $\text{prev}(j)\neq 0$，且 $X(N_{\text{prev}(j)})\leqslant X(N_j)$，则重新设置。

$N_j = N_{\text{prev}(j)} \cup N_j$，计算 $K(N_j) = K(N_{\text{prev}(j)}) + k(N_j)$

$G(N_j) = G(N_{\text{prev}(j)}) + g(N_j), X(N_j) = K(N_j)/G(N_j), \text{prev}(j) = \text{prev}(\text{prev}(j))$

【例 7.1】 一个多级串行系统，J=4，λ=1，所有 h_j=1，g_j=1(j=1，2，…，4)。另外，k_1=2，k_2=2，k_3=8，k_4=4。求该系统的最佳订货策略。

解：运用系列松弛算法。

N_4={1}，N_3={2}，N_2={3}，N_1={4}

X(N_4)=4，X(N_3)=8，X(N_2)=8，X(N_1)=2

prev(4)=0，prev(3)=4，prev(2)=3，prev(1)=2

J=4：prev(4)=0

J=3：$X(N_4)$=4＜8=$X(N_3)$，N_3= {4,3}；$K(N_3)$=12，$G(N_3)$=2，$X(N_3)$=6，prev(3)=0

J=2：$X(N_3)$=6＞2=$X(N_2)$，prev(2)=3

J=1：$X(N_2)$=2=$X(N_1)$，N_1={2,1}；$K(N_1)$=4，$G(N_1)$=2，$X(N_1)$=2，prev(1)=3

$X(N_3)$=6＞2=$X(N_1)$

优化划分为 N^*={N_3, N_1}，其中 N_3={4,3}，N_1={2,1}，优化解为

$u_1^* = u_2^* = u^*(1)=(2\times4/2)^{1/2}=2$，$u_3^* = u_4^* = u^*(3)=(2\times12/2)^{1/2}\approx 3.464$

费用 C^-=10.928。

4) 构建一个可行解

下面使用松弛问题的解，构建式(7.1)的可行解。

选择固定值 u_0，可以是任何方便的时间间隔，如 1 天或 1 周，本书构建 1 个解，其中 u_j 是 u_0 的 2 的整数幂倍数(即 u_0，$2u_0$，$4u_0$，或$(1/2)u_0$，$(1/4)u_0$等)，称为 2 的整数幂倍数解。给定 u_0，按下面的规则构建可行策略，用 u^+表示。

$n(m)$与 $\log_2(u^*(m)/u_0)$ 最接近的整数，$u^+(m) = 2^{n(m)}u_0$，$u_j^+ = u^+(m)(j\in N_m)$，

$$u^+ = (u_j^+)_j,\quad C^+ = C(u^+)$$

【例 7.2】 继续例 7.1 的计算，取 u_0=1，则

$$\log_2(u^*(1)/u_0) = 1 = n(1),\quad \log_2(u^*(3)/u_0) = 1.79,\quad n(3)=2$$

$$u^+(1) = 2, u^+(3) = 4$$

$$C^+ = [4/2 + (1/2)(2)(2)] + [12/4 + (1/2)(2)(4)] = 11$$

可知 2 的整数幂倍数解的费用与下界非常接近。

2. 允许缺货模型的固定策略

1) 假设条件

考虑串行系统结构；各节点订货时发生固定订货费 k_j；需求在点 1 连续发生，需求率为λ，外部需求系统允许缺货，缺货费用为 b 每单位；补货是瞬时的，备货期是 0；目标是最小化系统长期平均费用。

2) 策略特征

在固定策略下，节点 j 每间隔 u_j 从节点 j+1 接收固定批量，j=1，2，…，J。固定策略也是网状策略，即当 1 个节点接受存货，立即往下游运送 1 个批量。

因此，$u_j = m_j u_{j-1}, j = 2,3,\cdots,J$，其中 m_j 是正整数。同样，优化策略一定具有零库存性质：节点 j 在每次到货之前是零在库库存。

定义：h_j^*为节点 j 的点存储费率

$$h_j^* = \sum_{i=j}^{J} h_i \qquad h_0^* = bh_i^* /(b + h_1^*)$$

库存变化情况如图 7.17 所示，与不允许缺货模型相似，该模型中系统缺货等于节点 1 的缺货。

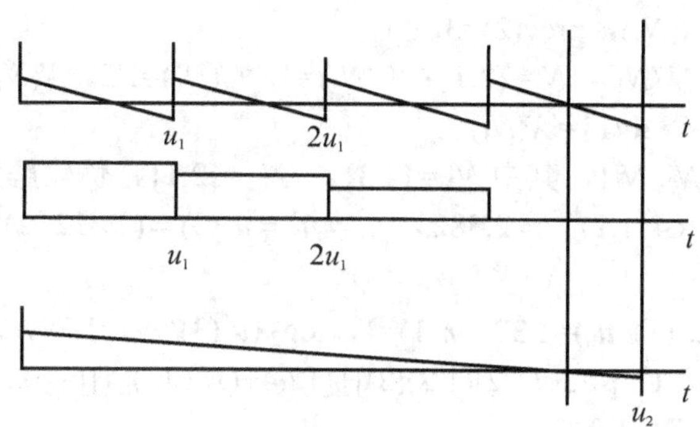

图 7.17　需求确定的允许缺货模型

(1) 节点 $j \geqslant 2$ 的点存储费。在补货周期开始时，节点 j 接收点 λ_{u_j} 的批量，在接收之前，节点 j 是零在库库存。因为存货是以 m_j 个相同的批量 $\lambda_{u_{j-1}}$ 分批运往节点 j–1，节点 j 的在库库存变化有点类似楼梯的形状。因此，节点 j 在周期内总存储费是

$$\begin{aligned} C_{hj} &= h_j^* \lambda[(u_j - u_{j-1})u_{j-1} + (u_j - 2u_{j-1})u_{j-1} + \cdots + u_{j-1}u_{j-1}] \\ &= h_j^* \lambda u_{j-1}^2 (m_j - 1 + m_j - 2 + \cdots + 1) = h_j^* \lambda (1/2) u_j (u_j - u_{j-1}) (\text{因为} u_j = m_j u_{j-1}) \end{aligned}$$

周期内的平均值是 $h_j^* \lambda (1/2) u_j (u_j - u_{j-1}), j = 2,3,\cdots,J$

(2) 节点 1 的点存储和缺货费。节点 1 是存储费率为 h_1^*、缺货费率为 b 的单点库存。从允许缺货的 EOQ 模型可知，节点 1 的最小平均存储缺货费是 $h_0^* \lambda (1/2) u_1$。

节点 j 的平均固定订购费是 $k_j / u_j, j = 1,2,\cdots,J$。因此，系统的平均总费用的下界是

$$\begin{aligned} C(u) &= \sum_{j=1}^{J} k_j / u_j + \sum_{j=2}^{J} h_j^* \lambda (u_j - u_{j-1})/2 + h_0^* \lambda u_1 /2 \\ &= \sum_{j=1}^{J} k_j / u_j + [(h_2^* - h_3^*) u_2 + (h_3^* - h_4^*) u_3 + \Lambda + h_J^* u_J] \lambda /2 + \left(h_0^* - h_2^*\right) \lambda u_1 /2 \\ &= \sum_{j=2}^{J} [k_j / u_j + h_j \lambda u_j /2] + [k_1 / u_1 + (h_0^* - h_2^*) \lambda u_1 /2], u = (u_j)_j \end{aligned}$$

该模型描述如下。

$$\text{Minimize} \quad \text{C(u)} \qquad s.t. \quad u_j = m_j / u_{j-1}, m_j = \text{正整数} \tag{7.3}$$

3) 优化问题

因为式(7.3)的费用函数与前面的不允许缺货的费用函数有相同的形式，可以直接运用该解法。

【例 7.3】 仍以例 7.1 的数据为基础，设单位缺货费 b=16。求：该串行系统的最佳订货策略。

解：$h_0^* = bh_1^* / \left(b + h_1^*\right) = 16 \times 4/(16+4) = 3.2$，$h_2^* = 3$，$h_0^* - h_2^* = 0.2$，$g_1 = 0.2$

首先：$N_4 = \{1\}$，$N_3 = \{2\}$，$N_2 = \{3\}$，$N_1 = \{4\}$

$X(N_4) = 4$，$X(N_3) = 8$，$X(N_2) = 8$，$X(N_1) = 2/0.2 = 10$

prev(4)=0，prev(3)=4，prev(2)=3，prev(1)=2

J=4：prev(4)=0

J=3：$X(N_4)=4<8=X(N_3)$，$N_3=\{4,3\}$；$K(N_3)=12$，$G(N_3)=2$，$X(N_3)=6$，prev(3)=0

J=2：$X(N_3)=6>2=X(N_2)$，prev(2)=3

J=1：$X(N_2)=2<10=X(N_1)$，$N_1=\{2,1\}$；$K(N_1)=4$，$G(N_1)=1.2$，$X(N_1)=20/11$，prev(1)=3，$X(N_3)=6>20/11=X(N_1)$

优化划分为 $N^* =\{N_3, N_1\}$，其中 $N_3 =\{4,3\}$，$N_1 =\{2,1\}$，优化解为

$u_1^* = u_2^* = u^*(1) = (2\times 4/1.2)^{1/2} = 2.582$，$u_3^* = u_4^* = u^*(3) = (2\times 12/2)^{1/2} \approx 3.464$，

费用 C^-=10.027。

取 u_0=1，则 $\log_2 (u^*(1)/u_0)$=1.37，$n(1)$=1，$\log_2 (u^*(3)/u_0)$=1.79，$n(3)$=2，

$u^+(1)$=2，$u^+(3)$=4，C^+ [4/2+(1/2)(1.2)(2)]+[12/4+(1/2)(2)(4)]=10.2，

$C^+ / C^- \approx 10.2/10.027 \approx 1.017$

7.2.3 需求随机的多级库存系统的库存策略

1. 基本库存策略(Base Stock Policy)

1) 模型及符号说明

考虑一个多阶段系列结构的库存系统，其中每个阶段代表存货点，如图 7.18 所示。

图 7.18 多阶段串行系统

假设如下。

(1) 点 J 从系统外部订货，点 J−1 从点 J 订货，称点 J 是点 J−1 的前继点，而点 J−1 是点 J 的后继点，这样依次下去，仅点 1 发生客户需求。

(2) 供应中没有规模经济，即后继点向前继点订货，不计算订购费，k_j=0，j=1，2，…，J，因此无须批量订货或运输。

(3) 未满足的需求发生缺货。

(4) 需求是简单的泊松过程，时期 t 内的需求量服从期望值为 λt 的泊松分布。

(5) 每个点 J 的供应系统或前继点产生固定的备货期 Lj^*(非负数)。

(6) 目标是最小化系统的长期平均总费用。

有关参数定义如下。

k_j 为点 j 的固定订购费。

h_j^* 为点 j 的(当地)单位库存费。

h_j 为点 j 的(级)单位库存费，$h_j = h_j^* - h_{j+1}^*$。

b 为点 1 的单位缺货费。

考虑基本库存策略，在单个库存点时，假设采用 q=1 的(R, Q)固定订货点策略，因为 q=1，只有一个变量 r，即 s=基本库存水平=r+1，称为基本库存策略。该策略是将库存点保持在常数 s，每 1 个单位需求产生 1 次订货。

在多点系统中，考虑级库存基本库存策略。级基本库存策略是中心化控制策略。监视各点的级库存订货点，决定订货和各点之间的运送以保持该级库存订货点为常数。也就是说，每个点运用基本库存策略，其策略参数如下。

s_j——点 j 的级基本库存策略水平，其全体以向量描述 $s=(s_j)$。

t——级库存的状态变量($t\geqslant 0$)。

$B(t)$——时间 t 系统缺货，它仅指点 1 的当地缺货。

$I_j(t)$——时间 t 点 j 的级库存，$I_j(t)=I_j^*(t)+\sum\limits_{i<j}[IT(t)+I_i^*(t)]$，即点 j 现有库存加上转移到或正在转移给其给其后续节点的库存。

$IN_j(t)$——时间 t 点 j 的级净库存，$IN_j(t)=I_j(t)-B(t)$。

$IO_j(t)$——时间 t 点 j 的订货。

$IOP_j(t)$——时间 t 点 j 的订货的级库存订货点，$IOP_j(t)=IN_j(t)+IO_j(t)$。

$IT_j(t)$——时间 t 运往点 j 的存货。

$ITP_j(t)$——时间 t 点 j 的级库存运输点，$ITP_j(t)=IN_j(t)+IT_j(t)$。

注意 $IO_j(t)$的存货与 $IT_j(t)$的存货的区别：$IO_j(t)$包括所有点 j 未完成的订货，但 $IT_j(t)$仅包括那些点 j+1 能满足的订货，其差值是点 j+1 的当地缺货。当然，$IT_j(t)= IO_j(t)$，因为外部资源充足能对点 J 立即反应。

由于 $IN(t+L_j^*)=IN_j(t)+IT_j(t)-D(t,t+L_j^*)$，其中 $D(t,t+L_j^*)$ 表示从时间 t 到 $t+L_j^*$的需求。

由状态变量的定义可知

$$ITP_j(t)=\min\left\{s_j,IN_{j+1}(t)\right\}$$

令 $L_j=\sum\limits_{i\geqslant j}L_f^*$ 这是点 j 的级备货期。可以得到下面的循环。

$$ITP_j(t)=s_j$$
$$IN_j(t+L_j)=ITP_j(t+L_{j+1})-D(t+L_{j+1},t+L_j)$$
$$ITP_j(t+L_{j+1})=\min\left\{s_j,IN_{j+1}(t+L_{j+1})\right\}$$

将时间忽略，得到各参数的期望值。

$$ITP_j=s_j$$
$$IN_j=ITP_j-D_j$$
$$ITP_j=\min\{s_j,IN_{j+1}\}$$

其中 D_f表示点 j 的备货期需求，它服从参数是 λL_f^* 的泊松分布。

总费用包括各点的存储费和点 1 的缺货费，因此总平均费用为

$$C(s)=E\left(\sum_{j=1}^{J}h_jI_j+bB\right)$$

又因为$IN_j = I_j - B$，可得

$$C(s) = E\left(\sum_{j=1}^{J}[h_j I_j + (b + h_1^*)]\right)$$

$$h_f^* = \sum_{j=1}^{J} h_f$$

2) 优化问题

定义下列函数。

(1) $\overline{C}_j(x|s) = E[\sum_{i\leqslant j} h_i IN_i + (b + h_1^*)B|IN_j = x]$

(2) $C_j(y|s) = E[\sum_{i\leqslant j} h_i IN_i + (b + h_1^*)B|ITP_j = y]$

(3) $\underline{C}_j(x|s) = E[\sum_{i\leqslant j} h_i IN_i + (b + h_1^*)B|IN_{j+1} = x]$

上面函数的含义分别如下。

(1) 当点j的级净库存为x时，从点j到1的存储缺货费用。

(2) 当点j的级库存运输点为y时，从点j到1的存储缺货费用。

(3) 当点j+1的级净库存为x时，从点j到1的存储缺货费用。这些函数可循环决定。先计算$\underline{C}_0(x|s) = (b + h_1^*)[x]^-$，其中$[x]^- = \max\{-x, 0\}$；对于$j$= J，J-1，…，1，给定$\underline{C}_{j-1}$，计算

$$\overline{C}_j(x|s) = h_j x + \underline{C}_{j-1}(x|s)$$

$$C_j(y|s) = E[c_j(y - D_j|s)]$$

$$\underline{C}_j(x|s) = C_j(\min\{s_j, x\}|s)$$

通过计算这些函数，上式可写成$C(s) = C_J(S_J|S)$。对上面的计算稍加改动可以决定最佳的级基本库存策略：令$\underline{C}_0(x|s) = (b + h_1^*)[x]^-$。对$j$=$J$，$J$-1，…，1，给定$\underline{C}_{j-1}$，计算

$$\overline{C}_j(x) = h_j x + \underline{C}_{j-1}(x)$$

$$C_j(y) = E[\overline{C}_j(y - D_j)]$$

$$s_j^* = \arg\min\{C_j(y)\}$$

$$\underline{C}_j(x) = C_j(\min\{s_j^*, x\}) \tag{7.4}$$

其中s_j^*表示$C_j(y)$函数的最小点，即令$C_j(y)$函数值最小的y值。结束时，令向量$s^* = (s_j^*)$为策略参数，$C^* = C_J(s_J^*)$为最小平均费用。

式(7.4)被称为供应链理论的基本公式。它抓住了多级系统的基本动态和经济特征。通过$\underline{C}_j(x)$这个惩罚函数，使上游库存点在没有充足存货来满足下游库存点的需求时，下游库存点按上游库存点的库存情况订货，此时费用要比其采取最佳库存策略的费用高。

【例 7.4】 假设某大型销售商有3个库存点，如图7.19所示，假设需求为泊松过程，单位时间内需求量为r的概率服从泊松分布：$P(r) = e^{-\lambda}\lambda^r / r!$。系统采用中心化控制，订购费相对较小可能忽略，其有关参数(下标表示库存点)如下。

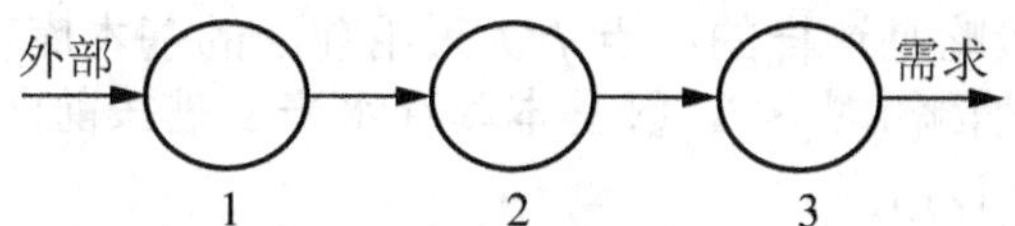

图 7.19 多阶段串行系统

级单位存储费 $h_1=1$，$h_2=1$，$h_3=1$

备货期 $L_1^*=1$，$L_2^*=2$，$L_3^*=0$

单位缺货费 $b=9$

单位时间内的需求 $\lambda=6$

求该系统如何控制库存使系统的总费用最小？

解：由于订购费为零，采用基本库存策略，即保持各库存点的库存订货点在 s_j(基本库存水平)，当低于该值时，订货；若在期初库存高于该值，不订货，一直等到库存下降到 s_j。

库存点 1、2 的备货期需求 D_1、D_2 分别服从均值为 6、12 的泊松分布。

根据供应链理论的基本公式，可得

$$\underline{C}_0(x)=(b+h_1^*)[x]^-=(9+3)[x]^-=12[x]^- \qquad (h_1^*=1+1+1=3)$$

$$\overline{C}(x)=h_1x+\underline{C}_0(x)=x+12[x]^-$$

$$C_1(y)=E[\overline{C_1}(y-D_1)]=E[y-D_1+12(y-D_1)^-]$$

根据单点基本库存策略算法可得

$$\sum_{r\leqslant y-1}P(r)<11/(11+1)=0.917\leqslant\sum_{r\leqslant y}P(r)$$

$$P(r)=e^{-6}6^r/r!,\quad \sum_{r\leqslant y}P(r)\text{记作}F(y)$$

可查统计表得 $F(9)=0.916$，$F(10)=0.957$，因此，点 1 的基本库存水平 $s_1^*=10$，其最小的平均库存成本 $C_1^*=4.928$。

$$\underline{C}_1(x)=C_1(\min\{s_1^*,x\})=C_1(\min\{10,x\})$$

$$\overline{C}_2(x)=h_2x+\underline{C}_1(x)=x+\underline{C}_1(x)$$

$$C_2(y)=E[\overline{C}_2(y-D_2)]=E[y-D_2+C_1(\min\{10,y-D_2\})]$$

利用计算机模拟的计算结果见表 7-2。

表 7-2 模拟计算结果

y_2	17	18	19	20	21	22	23	24	25	26	27
C_2	30.546	26.110	22.749	20.385	18.890	18.115	17.902	18.108	18.608	19.306	20.131

因此，点 1 与点 2 的平均总库存成本的最小值为 $C_2^*=17.902$，点 2 的级基本库存水平 $s_2^*=23$。同样可以得到，3 点(系统)平均总库存成本最小值为 $C_3^*=39.890$，点 3 的级基本库存水平 $s_3^*=21$。

2. 批量订货 (R,Q) 策略

1) 模型及符号说明

假设同前，这时考虑 $k_j>0$，$k=0(j=1, 2, \cdots, J-1)$的情况，即外部订货产生经济规模，而内部订货没有。优化策略是这样的：点 $j<J$ 采用前面的基本库存策略，点 J 监视其级库存订货点，并运用 (R,Q) 策略(对 $j<J$，级基本库存水平 s_j 是按前面定义的；对点 J，级再订货点 $R_J=s_J-Q_J$ 或 $s_J=R_J+Q_J$)。

点 J 的级库存订货点 IOP_J 与单点系统相同，但它的长期平均值在 $R+1$ 到 $R+Q$ 之间均匀分布。总费用包括各点的存储费和点 1 的缺货费，再加上点 J 的订购费。平均订购费为 $\lambda k_J/Q$，平均存储缺货费为 $\frac{1}{Q}\sum_{y=R+1}^{R+Q}C_j(y|s)$，该策略的平均费用为

$$C(R,Q,s)=\frac{1}{Q}(k_J+\sum_{y=R+1}^{R+Q}C_j(y|s)) \tag{7.5}$$

2) 优化问题

通过对式(7.5)稍加修改来决定最好的策略。计算函数 $C_j(j\leqslant J)$和 $s_j^*(j<J)$，这些 s_j^* 是优化的，此外，使用这些基本库存水平和点 J 的任意的(R,Q)策略的系统总平均费用是

$$C_J(R,Q)=\frac{1}{Q}(k_J\lambda+\sum_{y=R+1}^{R+Q}C_j(y)) \tag{7.6}$$

式(7.6)与单点(R,Q)策略的费用函数相同，根据单点的优化公式，可以得到式(7.4)的优化解。

其平均总费用为：$C(R,Q)=\frac{1}{Q}(k_J\lambda+\sum_{y=R+1}^{R+Q}C_j(y))$，其中 $G(y)$是系统平均存储缺货费用。

接着，令 y_1 为使 $G(y)$最小的整数，y_2 为使 $G(y)$次小的整数，相应地生成序列$\{y_1,y_2,\cdots,y_q\}$已生成，令 $L(Q)=\min\{y_1,y_2,\cdots,y_q\}$，$R(Q)=\max\{y_1,y_2,\cdots,y_b\}$，$R(Q)=\max\{y_1,y_2,\cdots,y_q\}$。

结论优化解(R^*,Q^*)为：Q^*是使 $C^*(Q)\leqslant G(y_{Q+1})$ 的最小整数 Q，其中

$$C^*(Q)=[k\lambda+\sum_{i=1}^{Q}G(y_i)]/Q$$

$$R^*(Q)=L(Q)-1$$

【例 7.5】 仍然用例 7.1 的结果，当库存点 3 的订购费为 10，系统应如何控制库使总费用最小？

解：库存点 1、2 仍采用前面的基本库存策略，库存点 3 采用级库存(R,Q)策略，平均总费用为

$$C_3(R,Q)=\frac{1}{Q}(k_3\lambda+\sum_{y=R+1}^{R+Q}C_3(y))$$

根据例 7.4 的计算结果，将 C_3 由小到大排列可得表 7-3，从表中可以得出，点 J 的优化订货量 $Q^*=13$，点 J 的级订货点 $R^*=L(Q^*)-1=16$，系统的平均库存成本最小值 $C_3^*(R,Q)=47.778$，$C_3{}^*(R,Q)=47.778$。

表 7-3 相关数据表

y_3	C_3	Q	$C_3^*(Q)$	$C_3(y_{Q+1})$	y_3	C_3	Q	$C_3^*(Q)$	$C_3(y_{Q+1})$
21	39.890	1	99.890	40.115	27	44.902	10	48.076	45.902
22	40.115	2	70.002	40.385	28	45.902	11	47.878	46.902

续表

y_3	C_3	Q	$C_3^*(Q)$	$C_3(y_{Q+1})$	y_3	C_3	Q	$C_3^*(Q)$	$C_3(y_{Q+1})$
20	40.385	3	60.130	40.902	29	46.902	12	47.797	47.546
23	40.902	4	55.323	41.749	17	47.546	13	47.778	47.902
19	41.749	5	52.608	41.902	30	47.902	14	47.787	48.902
24	41.902	6	50.824	42.902	31	48.902	15	47.861	49.902
25	42.902	7	49.692	43.902	32	49.902	16	47.989	50.902
26	43.902	8	48.968	44.110	33	50.902			
18	44.110	+9	48.429	44.902					

7.3 基于时间优化的多级库存控制

前面探讨的基于成本优化的多级库存优化方法是传统的做法。随着市场变化，市场竞争已从传统的简单的成本优先的竞争模式转为时间优先的竞争，这就是敏捷制造的思想。因此，供应链的库存优化不能简单地优化成本。在供应链管理环境下，库存优化还应该考虑对时间的优化，比如库存周转率的优化、供应提前期优化、平均上市时间的优化等。库存时间过长对于产品的竞争力不利。缩短库存时间，既有利于减少库存，又有利控制库存。因此供应链系统应从提高用户响应速度的角度提高供应链的库存管理水平。

7.3.1 时间优化的多级库存控制模型

应用图 7.20 所示的供应链多级库存模型先确定供应链下的库存时间结构。根据库存管理理论，供应链运行过程中的库存总时间应该包括每一级产品的搬运入库时间、保管存放时间、分拣配货时间、搬运出库时间以及缺货退货补救时间等。实际上，每一级的库存都有所不同，应分别加以分析。对供应商而言，主要是原材料的库存；对制造商来说，包括原材料库存、半成品库存或零部件库存和产成品库存；对分销商来讲，主要是指产成品库存。在此，分别给出供应商、制造商和分销商的库存时间的数学模型，具体如下所示。

供应商库存时间

$$T_g = t_{gr} + t_{gb} + t_{gf} + t_{gc} + t_{gqt}$$

制造商库存时间

$$\begin{aligned} T_z &= T_y + T_b + T_c \\ &= \left(t_{yr} + t_{yb} + t_{yf} + t_{yc} + t_{yqt}\right) + \left(t_{br} + t_{bb} + t_{bf} + t_{bc} + t_{bqt}\right) + \left(t_{cr} + t_{cb} + t_{cf} + t_{cc} + t_{cqt}\right) \end{aligned}$$

分销商库存时间

$$T_f = t_{fr} + t_{fb} + t_{ff} + t_{fc} + t_{fqt}$$

其中，第一个下脚标符号 g 代表供应商，z 代表制造商，f 代表分销商；y 代表原材料，b 代表半成品，c 代表产成品。第二个下脚标符号 r 代表入库搬运，b 代表保管存放，f 代表分拣配货，c 代表出库搬运，qt 代表缺货退货补救。因此，T_y 就表示制造商的原材料库存时间，t_{gr} 就表示供应商的产品入库搬运时间，以此类推，其他符号的意义就都可以明确了。

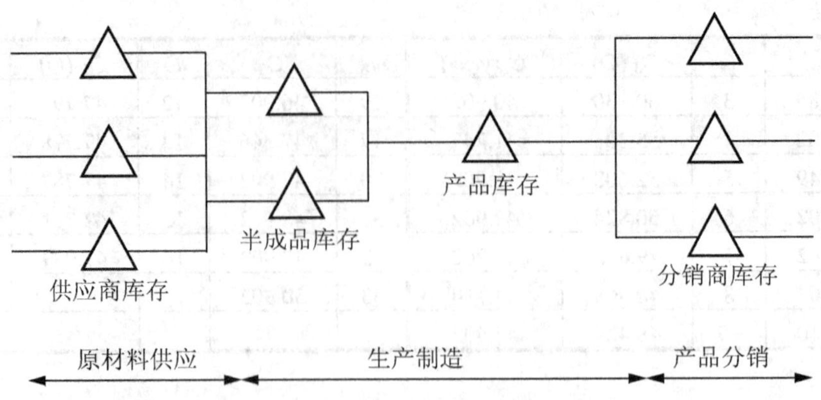

图 7.20　供应链多级库存模型

在进行优化之前，要从多个供应商中选择一个最优的合作伙伴，组成最合理有效的供应链，因此，根据上面的供应链多级模型，只有一个制造商，按照供应商和分销商的排列顺序，将多个供应商用 $i(i=1,2,3,\cdots,m)$，多个分销商用 $j(j=1,2,3,\cdots,n)$来表示其序号，则其供应链组合共有 $m\times n$ 个。

采用制造商为中心的中心化策略进行研究，即以制造商为中心点，从上游选择合适的供应商，从下游选择合适的分销商。本选择问题可以归结为最短路问题进行优化，只是在这里需要虚拟一个始点 A 和一个终点 B，可以表示为如图 7.21 所示。

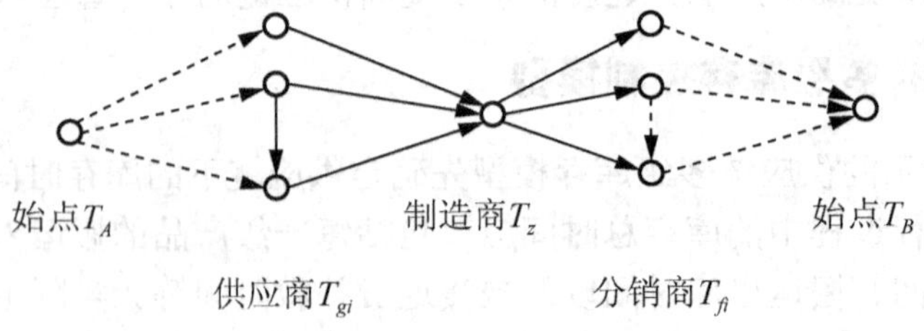

图 7.21　多级库存简化的虚拟路程

各级时间都与库存价值或库存量的大小有关，沿着供应链从上游到下游有一个延续累加的过程。由于制造商的库存时间随着选择供应商和分销商的不同而不同，所以需要计算每一条供应链总的库存时间来确定最终的决策变量。于是采用图案中的最短路算法，可以很快选出最为合理而有效的一条供应链。根据上面分析的库存时间的构成，进行细化后在此给出供应链下总的库存时间的优化模型如下。

$$\min T_{ij} = T_A + T_{gi} + T_{zij} + T_{fj} + T_B$$

式中：T_{ij}——选择第 i 个供应商和第 j 个分销商时整个供应链的库存总时间；T_A——虚拟起点的库存时间，取值为 0；T_{gi}——第 i 个供应商的库存时间；T_{zij}——选择第 i 个供应商和第 j 个分销商时制造商的库存时间；T_{fj}——第 j 个分销商的库存时间；T_B——虚拟终点的库存时间，取值为 0。

在这里就不给出具体的算法步骤了。这是从整个供应链产品的总运行时间角度进行的优化，选出了最合理有效的供应链，在时间和选择性上都体现了足够的敏捷性。

然而深入到各个具体的节点企业，也要有一个时间优化的措施，就是在进行本级企业的库存时间优化，尽量减少本企业库存时间的同时，要完全融入整个供应链之中，保持整个供应链的协调运作，以提高整个供应链的总效益。通常，库存时间的缩短将导致库存费用的降低，但是应该指出的是，在考虑库存时间优化的同时，不能一味地追求时间的最短化而忽略了成本因素。

7.3.2 多级库存时间优化实施要点

1. 信息共享

供应链中企业信息不完全和不对称、分散决策和市场需求不确定性等原因造成了供应链反应迟钝、牛鞭效应、库存费用高等问题，而信息共享对于解决上述问题，提升整个供应链的绩效(如降低平均库存水平、缩短产品库存时间、减少库存和缺货成本等)有显著作用。现在已有很多形式的信息共享模式，可依据供应链所在行业的特点进行适当的选择运用。对于以上介绍的多级库存模型，由于采用的是制造商为中心的中心化策略，所以可采用以制造企业为中心建立共享数据库存系统平台的信息共享机制，由制造商与上级和下级企业共同组成合作小组进行该数据库系统的数据更新和维护。这样既可以实现信息的充分共享，也不失公平原则。

2. 建立战略合作伙伴关系

随着供应链管理思想的不断发展，越来越多的企业已经认识到，与上游供应商建立长期的战略合作伙伴关系对企业长期发展具有不可替代的作用。因此，合作双方着眼于长期的共同发展，建立一种以合作和信任为基础的战略合作伙伴关系，使得各种信息传递快速、有效，缩短了物流的传输时间，也使得整条供应链以最低的成本向顾客传递最优的顾客价值，进而提高整个供应链的价值增值能力，以增强所在供应链的竞争力。对于以上依据时间变量选出最为有效合理的供应链，采取制造商为中心的策略就应该以制造商为中心建立与上游供应商和下游经销商的长期合作关系，建立战略同盟，始终保持所在供应链的优越性。

3. 库存设备的合理选用

具体讲，库存活动包括产品卸载入库、搬运、保管、分拣、配货、装载出库等，对于这一系列活动，应该设计一套合理的流程和设备组合，保证整个物流过程的顺利完成，采用先进的设备或合理的设备组合来协助完成，有助于该流程的快捷实现，节省人力和时间，降低费用。例如，采用自动分拣传运装置可以大大缩短活动的持续时间，也大大节省了人力，有效地提高实际操作效率。

4. 协作与监督机制

供应链的各成员是相互依赖、相互合作的关系，只有通过密切的协调与协作，才能获得最佳的供应链性能和有利的竞争优势，特别是要建立信息共享平台，建立合理的协作监督机制来约束各企业是非常必要的保证措施。采取的具体合作机制有很多种，如以签订合作协议或合约的形式，采取各级库存风险分担的协调策略等。监督惩罚等制度是有效合作的保证，因而，建立合理的收益分配机制和合同约束机制是相当必要的，也要根据供应链上各企业的具体特征来选择合适的机制形式。

随着企业之间依赖性的不断加深，企业必然要与所在供应链上的其他企业进行合作，通过信息共享实现优势互补，通过战略合作降低整个供应链的总成本和提高产品周转率来增强供应链与其他供应链的竞争力。

此外，具体应用到供应链的实际运作中，还要根据具体情况，再进行详细的分析，做出较为系统、规范的实施细则。

本 章 小 结

多级供应链上各库存点通过各种不同的供需关系连接起来，可形成不同的网络结构。各种网络结构中不同层次的企业之间的库存存在相互影响的关系，必须采用多级库存优化与控制方法来实现对供应链库存的全局优化与控制。

多级库存优化与控制是在单级库存控制的基础上形成的，是一种对供应链资源全局性优化的库存管理模式，主要有两种库存控制方式：一种是非中心化策略，另一种是中心化策略。两种控制方法各有优缺点。本章分析了在多级供应链管理环境下供应链的库存成本结构，建立了多级库存控制成本函数，并提出了多级库存优化策略，还针对敏捷供应链提出了一种从时间角度进行优化的多级库存优化方法，并给出了简化的数学模型，从供应链的全局出发，讨论对各个节点企业的库存控制和多级库存时间优化的实施要点。

关键术语

多级库存	需求放大效应	网络结构	信息共享
同步决策	成本优化	时间优化	非中心化策略

习　　题

1. 选择题

(1) 第三方物流可以表述为_______。

A. 物流的实际需求方自我提供物流服务

B. 物流的实际需求方和物流的实际供给方之外的第三方提供物流服务

C. 物流的实际供给方自我提供物流服务

D. 需求方和供给方自我满足物流服务需求

(2) 牛鞭效应产生的本质原因可以概括为_______。

A. 供应链中的库存和延期交货水平波动过大

B. 企业之间的信息不对称导致信息扭曲逐级放大现象

C. 订单的变动程度比零售数量的波动要大得多

D. 零售商和分销商对于订单的扩大订购

(3) 牛鞭效应产生的主要原因可以概括为_______。

A. 预测修正、缺少协作和提前期问题

B. 商品价格波动

C. 库存失衡

D. 环境的异常变动

(4) 消除牛鞭效应的方法包括_______。

A. 加强预测　B. 信息共享　C. 业务集成

D. 缩短提前期　E. 建立伙伴关系

(5) 为了管理库存以适应可预测的需求变动，公司可以采取的策略不包括_______。

A. 采取多种产品通用零部件，共同的零部件会形成一个比较稳定的需求，可减少库存

B. 采用多种产品通用零部件，此共同零部件需要较高的库存量

C. 对高需求产品或可预测需求的产品建立库存

D. 在淡季为可预测需求、高需求的产品建立库存

(6) 供应链管理对提前期概念、内涵的扩展不可表述为_______。

A. 把提前期作为一个静态的固定值来对待

B. 在供应链管理环境下，并不强调提前期的固定与否

C. 重要的是交货期准时交货

D. 提出了动态提前期的概念

(7) 第三方物流可以表述为_______。

A. 运输方式的选择　B. 运输线路的选择

C. 运输网络的选择　D. 运输批量的选择

(8) 第三方物流所具有的优点不包括_______。

A. 是企业集中核心竞争力　B. 可以降低企业的经营成本

C. 物流外包具有稳定性　D. 提高服务的灵活性

2. 简答题

(1) 多级供应链库存系统有哪几种基本的网络结构？

(2) 供应链的多级库存控制应考虑哪些问题？

(3) 需求放大效应的产生可能由哪些原因引起？减少需求放大效应可采取哪些措施？

(4) 多级供应链系统的控制方法有哪几种？

(5) 供应链集成的控制思想体现在哪里？如何解决？

(6) 多级供应链库存成本结构有哪些？控制的目标是什么？

(7) 基于成本优化和时间优化的多级库存控制的目标各是什么？

(8) 什么是基于时间优化的库存控制策略？其需要注意的实施要点有哪些？

3. 判断题

(1) 理论来讲，如果所有的相关信息都是可获得的，并把所有的管理策略都考虑到目标函数中去，中心化的多级库存优化要比基于单级库存优化的策略(非中心化策略)要好。

(　　)

(2) 单个企业可以做到快速响应的，没有必要依赖于供应链中各个企业之间的相互合作和协调。

(　　)

(3) 即使当需求信息完全集中并且供应链所有阶段都使用同样的预测技术和库存策略

时，需求信息放大效应仍然存在。 (　)

(4) 供应链中的级数越多，则需求信息放大效应越显著。 (　)

(5) 非中心化的库存策略比中心化的库存策略更需要企业之间的协调性好。 (　)

(6) 维持库存费用与库存价值和库存量的大小有关，缺货损失成本与供应链企业之间的合作关系有关。 (　)

(7) 多级库存考虑的是节点库存量，而不是级库存量。 (　)

(8) 供应链的库存成本不是节点企业传统库存控制策略计算出来的库存成本的简单相加，而是以该成本是否流出供应链为判断标准来确定其是否作为供应链链内成本。 (　)

(9) 在考虑库存时间优化的同时，可以在追求时间的最短化时忽略成本因素。 (　)

(10) 供应链的各成员之间建立合理的收益分配机制和合同约束机制是相当必要的。 (　)

4. 思考题

(1) 在设计供应链关系以提高增进合作与信任的可能性时，必须考虑哪些问题？

(2) 如果供应链的每一阶段将其需求视为下游阶段发来的订单，会发生什么问题？供应链内的公司如何进行沟通以促进协调？

(3) 什么是需求放大效应？它与供应链失调的关系如何？

案例分析

宝马集团供应链运作模式的启示①

面对当今的商业环境、市场机遇，企业需要建立起灵活而成熟的全球性供应链体系。这通常就意味着发挥创新思维，与第三方专业服务商组成战略伙伴关系，依靠后者的力量来提供关键的供应链能力，从而达到提升企业运作效率和效力的目的。

作为德国著名汽车制造厂商，宝马集团素以设计精良、做工优美等优势见长。然而，2001 年年末，该公司却出人意料地宣称将对其相当一部分设计任务及 X3 新款运动车型的整车生产实行外包。合作对象梅格纳斯特耶(Magna Steyr)公司是一家机动列车及汽车系统制造商。按计划，宝马 X3 车型将于 2004 年面市，因此，梅格纳公司在奥地利格拉茨市设立生产基地，计划日产 X3 车 300 辆。

实际上，这则消息说明，宝马集团已经确立外部合作伙伴，并将就其最核心的业务职能与之展开合作。毫无疑问，核心业务职能是任何企业赖以生存的关键。而这种合作之所以得以实现，究其原因就在于宝马集团将所谓“以客户为导向的销售与生产系统”与外部企业生产流程进行整合。因此，他们能围绕自身产品向消费者提供一切相关的客户服务。

宝马集团将其供应链中至关重要的环节转包给一家外部企业。仅此一点就足以清晰地证明，供应链管理这份多年来与企业生存息息相关，令人爱恨交加的苦差儿，如今已经成为企业发展的一项战略性机遇。也就是说，它不仅为企业降低成本、提高资产利用率提供了一条崭新的途径，更为重要的是，它还有助于推动企业增长，提高客户满意度。

如今，伴随市场全球化、产品生命周期不断缩短、客户预期日益增长，这些因素综合起来都需要企业

① 资料来源：中国交通运输协会.《供应链管理应试指南》，电子工业出版社，2007.

建立起更为成熟、复杂的全球性供应链体系。这无疑为企业发展开创出崭新的机遇。如今，在许多企业，一些最富创新头脑的专业人才正不懈努力，致力于研究供应链的重新配置，其根本出发点就在于，面对企业是否应保有内部关键供应链环节的问题，创新者们抱有一种"少而美"的观点。如今，上至寻求供应商、原材料采购，下至生产制造、物流及服务管理，企业诸多经营活动都可通过外包第三方专业供应商的途径来获得更高的效率、效力和灵活性。同宝马一样，许多精明的企业也向外部合作伙伴伸出了合作之手，并把它们纳入自身供应链的关键环节。如此情况下，整个供应链的开放程度高达40%～70%。

对企业高级管理层而言，全面调整传统供应链运作方式要取得最佳的效果，从心理上，首先就要作好加强专业化合作的准备。譬如，企业产品部门最终很可能出现自己的子供应链，由来自企业内外部的一系列环节贯穿其中。因此，实现供应链虚拟化，从而形成一个复杂、成熟的合作伙伴网络，不断更新，时时演变，这样的企业才是未来的赢家。

在这方面，一些最前沿的企业已经率先打造出全新的供应链运作模式。

Zara公司是西班牙规模最大的服装生产企业之一。通过供应链重构，如今，他们已经在零售商店、公司总部以及集中化生产网络之间实现了销售数据的即时共享。该公司将供应链中大部分劳动密集型的环节外包给小型厂商。同时，Zara对这些小型厂商也做出了特殊的安排，包括提供必要的信息技术手段和物流能力，以便他们与供应链其他伙伴展开协同运作。结果，从产品设计直至上柜面市，Zara公司某产品交付周期从原来的数月时间一下骤减至几个星期。

另一则例子就是微软公司，他们新开发的X-box游戏机向该行业龙头老大索尼PlayStation发起了针锋相对的竞争。然而，这家软件业巨头并未亲自动手从事新产品的生产。相反，他们与合同外包生产商Flextronics展开合作，后者不仅负责生产制造，还参与X-box产品的设计工作。

那么，面对企业自身发展，高级管理人员究竟应当如何运用革命性的思维方法呢？首先，要确立这样一个前提，即通过供应链运作方式的重新思考，从头开始，从根本上逐一构建每一环节，任何企业都能从中获得切实的收益。不过，关键还在于要摆脱已有生产设施、分销中心、仓储设施，抑或既有合作关系的思维模式。企业管理层必须重新审视这样一个问题：何为企业理想的供应链体系？也就是说，能拓展企业额外收益增长、削减成本，从而达到大幅提升运作效率的目的。

当然，面对这一问题，并没有一个固定答案，它应行业而异，随不同企业而变，甚至按实际情况，年年不同。如果企业高层管理人员愿意为此花费心力，他们会发现，其中还是有章可循的，总结起来就是要牢记以下两大原则。

1. 抛弃旧的思维模式

从历史上看，大部分美国企业遵循的是一种"万事不求人"的供应链运作模式。通常情况下，企业控制着从生产到客户服务的整个流程，拥有自己的生产手段和分销渠道，包括生产基地、仓储以及车辆等。直到10年前，美国企业的供应链当中，由外部企业拥有或运作的资产比例仅占10%～15%。

然而，在欧洲，由于传统中市场较为分散的特点，培育出强有力的外包传统，特别涉及物流和运输业等领域。不过，在欧洲，可供企业选择的外包渠道也仅有屈指可数的那么几个。

无论美国还是欧洲，供应链通常被人们视为成本中心。事实上，多年来，许多企业高层管理人员就是这么认为的，于是，便导致下属管理人员陷入一种效率怪圈，误认为改善企业运作绩效的唯一途径就是向成本要效益。结果导致企业陷入恶性循环而无法自拔，某些供应链环节根本无法发挥其应有的效力。

企业定位是否有利于其充分利用现有资产，获取利润，抑或从企业外部寻求更佳的成本途径，以获得更大的效益？对这一问题，企业领导层必须给予清楚的考量。虽然，重构供应链运作模式并非易事，其结果和影响最终将波及大批员工、触及企业已有投资项目，但是，应当认识到，此时，他们的竞争对手或许已有计划与业内最佳伙伴展开协作。

许多时候，抱着客观的态度，对企业现有供应链进行严谨、审慎的评估，便会得出这样的结果：企业供应链中，某强项环节完全有理由转变为利润中心。例如，Caterpillar下属Cat物流公司向全球各地分销母公司生产的汽车引擎、机动列车及其他零配件。与此同时，该公司也面向 Land Rover 等公司提供相同的服务。

2. 以客户需求为己任

这句话听来似乎耳熟能详。不过，在供应链这个问题上，仍值得重温它的含义。站在供应链末端，从客户的角度重新审视企业供应链，是否已经做到想方设法，以客户需求为己任？企业诸多分销渠道是否能做到最大限度地互相支持？是否不懈努力，始终为客户提供新的增值服务？

例如，通常情况下，消费者在大型零售商场购买美国通用电气公司的电冰箱、洗碗机、空调及其他家电产品，这些大型商场备有库存，直接安排向消费者发货。然而，2000 年通用电气与 Home Depot 公司合作，后者仅展示通用公司的产品而不负责仓储和商品发运。因此，每当有人来 Home Depot 订购通用公司生产的冰箱或其他产品，都将由通用公司直接送货上门，从而大幅削减了仓储成本。此外，对大型零售商家而言，由于无须保有库存，所以能够展示更多种类、型号的通用产品。

又如，在水泥生产业中，订单的不可预测性已经是司空见惯的事了。建筑施工要求延期或干脆取消的订单的概率高达半数。然而，正是在这种情况下，某水泥生产企业却能把这种被动转化为自身优势。通过 GPS 全球定位系统、卫星通信等信息技术手段的运用，该公司能够削减三分之一的车队保有量，同时还给予客户 20 分钟交货的承诺(原本需要 3 小时交货时间)。对于这种独特的服务，客户自然十分满意，也愿意为此支付额外的费用。

讨论题

(1) 简述在此案例中你得到的启示。

(2) 分析宝马集团在它的供应链管理过程中所获得的收益。

(3) 根据本案例，你认为企业在供应链变革过程中应注意些什么？

第8章　供应链库存管理中的现代控制技术

【本章教学要点】

知识要点	掌握程度	相关知识	应用方向
传统的供应链库存控制技术	了解	传统的供应链库存控制技术中存在的问题	了解常用的供应链管理中的现代库存控制技术，为采用 MRP、ERP 及 JIT 等库存控制技术进行库存管理提供指导
供应链管理中的现代库存控制技术	熟悉	MRP、ERP 及 JIT 库存控制技术的概念及背景	
MRP 的演进与发展	掌握	MRP 的概念、分类及工作过程；MRPⅡ的概念及特点	学习 MRP、ERP 以及 JIT 等现代库存控制技术的原理及实施步骤并能在实际的供应链库存控制中灵活选择并使用
MRP 与库存原理	熟悉	MRP 的基本构成及库存控制过程	
MRPⅡ中的库存控制技术	重点掌握	MRPⅡ的构成；MRPⅡ的原理及逻辑流程	
ERP 与库存管理	掌握	ERP 的概念；ERP 的原理及应用；ERP 系统的类型及特点；ERP 系统中的库存控制技术	
JIT 中的准时化采购	重点掌握	JIT 的概念与特点；准时化采购与传统采购方法的不同；影响准时化采购的关键因素	
JIT 中的库存管理	掌握	准时化生产模式的实施要点；准时化采购的实施条件及步骤	

导入案例

上海中铁快运的现代库存控制技术①

上海中铁快运借助全面的信息化管理手段，整合全球供应链资源，快速响应市场，取得了极大成功，其经验值得借鉴。上海中铁快运集团取得今天的业绩和实行全面的信息化管理是分不开的。借助先进的信息技术，上海中铁快运发动了一场管理革命：以市场链为纽带，以订单信息流为中心，带动物流和资金流的运动，通过整合全球供应链资源和用户资源，逐步向“零库存、零营运资本和(与用户)零距离”的终极目标迈进。

1. ERP+CRM：快速响应客户需求

上海中铁快运构筑了企业内部供应链系统、ERP 系统、物流配送系统、资金流管理结算系统和遍布全国的分销管理系统及客户服务响应 Call-Center 系统，并形成了以订单信息流为核心的各子系统之间无缝连接的系统集成。上海中铁快运 ERP 系统和 CRM 系统的目的是一致的，都是为了快速响应市场和客户的需求。前台的 CRM 网站作为与客户快速沟通的桥梁，将客户的需求快速收集、反馈，实现与客户的零距离；后台的 ERP 系统可以将客户需求快速触发到供应链系统、物流配送系统、财务结算系统、客户服务系统等流程系统，实现对客户需求的协同服务，大大缩短对客户需求的响应时间。

2. CIMS+JIT：上海中铁快运 E 制造

上海中铁快运的 E 制造是根据订单进行的大批量订制。上海中铁快运 ERP 系统每天准确自动地生成向生产线配送物料的 BOM，通过无线扫描、红外传输等现代物流技术的支持，实现定时、定量、定点的三定配送；上海中铁快运独创的过站式物流，实现了从大批量生产到大批量订制的转化。

实现 E 制造还需要柔性制造系统。在满足用户个性化需求的过程中，上海中铁快运采用计算机辅助设计与制造技术(CAD/CAM)建立计算机集成制造系统(CIMS)。在开发决策支持系统(DSS)的基础上，通过人机对话实施计划与控制，从物料资源规划(MRP)发展到制造资源规划(MRP Ⅱ)和企业资源规划(ERP)。还有集开发、生产和实物分销于一体的适时生产(JIT)，供应链管理中的快速响应和柔性制造，以及通过网络协调设计与生产的并行工程等。这些新的生产方式把信息技术革命和管理进步融为一体。

现在上海中铁快运在全集团范围内已经实施 CIMS(计算机集成制造系统)，生产线可以实现不同型号产品的混流生产。为了使生产线的生产模式更加灵活，上海中铁快运有针对性地开发了 EOS 商务系统、ERP 系统、JIT 即时配送系统等六大辅助系统。正是因为采用了这种 FIMS 柔性制造系统，上海中铁快运不但能够实现单台电脑客户定制，还能同时生产千余种配置的电脑，而且还可以实现 36 小时快速交货。

3. 零距离、零库存——零运营资本

上海中铁快运认为，企业之间的竞争已经从过去直接的市场竞争转向客户的竞争。上海中铁快运 CRM 联网系统就是要实现端对端的零距离销售。上海中铁快运已经实施的 ERP 系统和正在实施的 CRM 系统，都是要拆除影响信息同步沟通和准确传递的阻隔。ERP 是拆除企业内部各部门的“墙”，CRM 是拆除企业与客户之间的“墙”，从而快速获取客户订单，快速满足用户需求。

传统管理下的企业根据生产计划进行采购，由于不知道市场在哪里，增加了库存采购的成本，使得企业里有许多“水库”。上海中铁快运通过实施信息化管理，通过 3 个 JIT 打通这些水库，把它变成一条流动的河。JIT 采购就是按照计算机系统的采购计划，需要多少，采购多少。JIT 送料指各种零部件暂时存放在上海中铁快运立体库，然后由计算机进行配套，把配置好的零部件直接送到生产线。另外，上海中铁快运在全国建有物流中心系统，无论在全国什么地方，上海中铁快运都可以快速送货，实现 JIT 配送。

① 资料来源：上海中铁快运公司网站(http://www.zhong-tie-kuai-yun0.cn/news/kuaiyun12-2-090.htm).

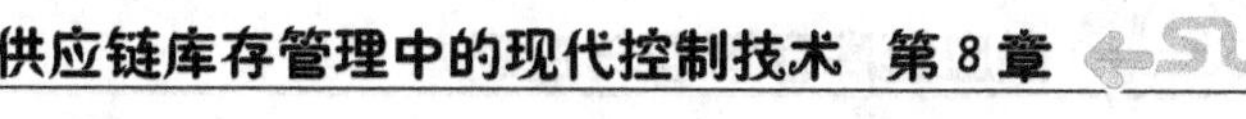

讨论题

(1) 为了整合全球供应链资源，快速响应市场，上海中铁快运采取了哪些信息化管理手段？
(2) 通过该案例分析，谈谈通过采取 MRP、ERP 和 JIT 等现代控制技术给企业带来哪些好处。
(3) 通过学习该案例，给其他行业的供应链库存控制带来哪些启示？

库存控制是供应链管理中的重要环节，它对整个供应链的高效运行起到了关键作用。由于供应链管理是一种集成的管理方式，它从全局的角度对供应链上的物流、信息流以及资金流进行控制和调度。因此，随着市场竞争的日益加剧，传统的库存控制技术已经无法适应这种高效、灵活的新型管理模式。企业有必要改革传统的库存控制方法，寻求新的库存控制模式来降低库存成本，所以与现代信息技术相结合的许多现代库存控制技术应运而生。本章介绍在供应链库存管理中几种常用的 MRP、ERP、JIT 等现代库存控制技术的特点、工作原理及具体实施步骤。

8.1 供应链库存管理中的现代控制技术概述

8.1.1 传统的供应链库存控制技术中存在的问题

在供应链管理模式下，企业之间的竞争日益加剧，传统的库存控制技术的弊病更加突出：各节点企业为了应付需求的突发性变化并保护自己的利益，往往扩大库存水平以备不时之需，从而大大增加了供应链的总体库存成本，进而提高了供应链的运作成本，降低了企业的整体竞争优势。这在企业之间的竞争日益转变为供应链之间的竞争的大环境下，无疑不利于供应链上的企业在竞争中取得主导优势地位。具体来说，传统的供应链库存控制中主要存在下述问题。

1. 供应链节点企业间供应链的整体观念不强

通常供应商、制造商及销售商都持有各自的库存，即整条供应链的各个节点企业都独立持有自己的库存。虽然各个节点采用相应的独立需求模型可以使得单个节点本身的库存成本最小化，但是从供应链整体的角度来看，这种方式并不可取。因为它仅仅是各个节点的最优化，并不是整个供应链的最优化。在企业独立管理库存的模式下，供应商只能得到粗略的周期需求预测、紧急订货信息，双方没有就联合补货策略进行战略研究，为防止缺货损失，成品及部分关键零件库存量较大，占用了大量的资金，使得资金周转率较差。另外，一些关键的信息由于企业自身利益的考虑不能实现共享，造成物流不畅，库存量过高、库存压力过大。

有的企业为了实现零库存，把库存压力全转嫁给下游企业，表面上看这些做法似乎对制造企业来说是提高了效率，降低了成本。其实从长远来看，不符合供应链管理中系统最优的原则，损害了供应商的利益，不能达到“双赢”或“多赢”的目标。另外，上下游节点相互挤压，强势节点挤压弱势节点，最终将使合作关系恶劣，致使成员之间产生信任危机。另外，没有规范的信任机制来约束供应链上的企业按照标准去提供信息、协助相邻企业完成物流衔接。上述这些情况的出现都是因为缺乏供应链整体系统的观念，从而造成库存量的失控而形成恶性循环。

2. 供应链上存在较大的不确定性因素

供应链上的不确定性因素有两种表现形式。一种是衔接不确定性，即企业之间(或部门之间)的衔接的不确定，主要表现在其合作性上。为了消除衔接的不确定性，需要加强企业或部门之间的合作机制。另一种是运作的不确定性。系统运行不稳定是因为组织内部缺乏有效的控制机制，这也是组织管理不稳定和不确定性的根源。为了消除系统运行中的不确定性需要增加组织的控制，提高系统的可靠性。

供应链中不确定性的来源主要有 3 个方面：生产者不确定性、供应商不确定性以及顾客不确定性。生产者不确定性主要源于制造商本身的生产系统的可靠性、机器的故障、计划执行的偏差等。供应商的不确定性表现在提前期的不确定，订货量的不确定等。顾客不确定性的原因主要有需求预测的偏差，购买力的波动，从众心理和个性特征等。供应链中不确定性因素的解决是一个复杂的过程，需要供应链中合作各方的共同努力。

3. 供应链库存控制中的信息技术应用不足

由于供应链中的各企业之间的信息化存在巨大的差异，在信息集成过程中信息标准不统一、系统兼容性不足等原因，使得供应链信息集成受阻，企业之间信息流通不畅，从而不能发挥出其应有的信息化优势。具体表现在以下几个方面：不准确的交货状态数据；信息传递得不及时、不准确；由于供应商信息不对称而无法及时了解企业各种物料的需求状况，从而造成库存水平过高，缺货风险提高的状况，尤其是在企业的采购过程中，由于需求信息沟通不畅，可能造成需求信息失真，从而形成牛鞭效应，导致需求放大的现象。

8.1.2　供应链库存管理中常用的现代控制技术

为了解决传统的供应链库存控制技术存在的各种问题，伴随着信息技术的发展和广泛应用，许多现代库存控制技术应运而生，库存管理开始向计算机化、网络化、系统化和零库存方向发展。常用的现代库存控制技术主要有物料需求计划 MRP、制造资源计划系统 MRPⅡ、企业资源计划 ERP、即时生产方式 JIT 等，下面将对上述几种库存控制技术做简单介绍。

1. MRP 库存控制

物料需求计划(Material Requirements Planning，MRP)的基本思想是按物料的实际需求准时进行生产和采购。早在第二次世界大战前 MRP 的思想就在欧洲出现过，但由于当时手工对大量数据处理的限制而未能得到实际的应用。直到 20 世纪 60 年代才被正式提出，随后它借助于计算机的飞速发展而得到广泛应用，并取得显著成效。

在采用 MRP 技术之前，制造业编制企业内部的生产和采购计划通常都是采用订购点法，即对各种零部件和原材料的需求进行预测，各自确定一个生产和订购批量以及再订购点，每当实际库存降至再订购点或以下，就按固定的批量进行生产和订购。

20 世纪 70 年代末期，MRP 系统得到进一步发展，把能力需求计划车间作业管理和采购管理等功能包括进来，形成了新一代的管理系统——制造资源计划系统(MRPⅡ)。MRPⅡ把企业的各个子系统有机地结合起来，形成一个面向整个企业的一体化系统。这些系统在统一的数据环境下工作，从而使企业能够进行迅速、准确、高效的管理。

MRP 以及 MRPⅡ解决的是单个企业的相关需求存货管理问题，其中的管理原理是一致的：首先通过需求预测，在主生产计划中确定独立需求物料(最终产品)的生产计划；然后，利用物料需求清单，结合存货记录，由独立需求物料的主生产计划计算出相关需求物料(原材料和零部件等)的净需求和需求时间；最后，根据相关需求物料的需求时间以及订货(生产)周期、计划提前期等确定发出订单(或开始生产)的时间。因此，可以将它们统称为MRP模式，其优点有：在安排最终产品批量的投产时就能确定其所需的各种原材料或零部件的确切数量与时间，降低了在产品存货水平并提高了生产效率。同时也存在以下缺点：MRP仍属于存货管理的推式系统；其主生产计划的一个小幅度变化将导致发出订单和下级生产计划的大幅变化，计划一旦形成就难以修改，对计划的操作精度要求也很苛刻；安全库存和安全提前期设置较多，导致库存不断累积。

MRP控制技术适用于最终产品需求能够较为准确地预测、产品品种多且物料清单层次多、批量生产的离散型多级制造环境。另外，物料需求清单的标准越多，批量越大，越适合采用MRP技术。

2. ERP中的库存控制技术

企业资源计划(Enterprise Resource Planning，ERP)是针对物质资源管理(物流)、人力资源管理(人流)、财务资源管理(财流)、信息资源管理(信息流)集成一体化的企业管理软件。1990年，美国Gartner Group Inc在当时流行的工业企业管理软件MRPⅡ的基础上，提出了评估MRPⅡ的内容和效果的软件包，这些软件包被称之为ERP。最初ERP仅是一个为企业服务的管理软件。之后，全球最大的企业管理软件公司SAP在20多年为企业服务的基础上，对ERP的定义提出了革命性的“管理+IT”的概念。

(1) ERP不只是一个软件系统，而且是一个集“组织模型、企业规范和信息技术、实施方法为一体的综合管理应用体系”。

(2) ERP使得企业的管理核心从“在正确的时间制造和销售正确的产品”转移到了“在最佳的时间和地点，获得企业的最大利润”，这种管理方法和手段的应用范围也从制造业扩展到了其他不同行业。

(3) ERP从满足动态监控发展到了商务智能的引入，使得以往简单的事务处理系统，变成了真正具有智能化的管理控制系统。

(4) 从软件结构而言，现在的ERP必须能够适应互联网，可以支持跨平台、多组织的应用，并和电子商务的应用具有广泛的数据、业务逻辑接口。因此，企业资源计划系统是建立在信息技术基础上，以系统化的管理思想，为企业决策层及员工提供决策运行手段的管理平台。

在管理事务及信息集成处理的基础上，ERP为企业作计划和决策，并提供多种模拟功能和财务决策支持系统，使之能对每天将要发生的事情进行分析；同时将设计、计划、质量管理、销售、运输等通过集成来并行地进行各种相关的作业，并通过计划的及时滚动，保证这些作业顺利执行；它的财务系统也将不断地收到来自所有业务流程、分析系统和交叉功能子系统发出的信息，去监控整个业务流程，快速做出决策。

3. JIT库存控制技术

准时生产方式(Just In Time，JIT)是日本丰田汽车公司在20世纪60年代实行的一种生产方式。它的基本思想可概括为“在需要的时候，按需要的量生产所需的产品”，也就是通过生产的计划和控制及库存的管理，追求一种无库存，或库存达到最小的生产系统。传统的库存概念往往认为库存是一种安全保障，是企业的资产，而 JIT 认为库存是一种浪费，对企业来说是负担，应尽量实现“零库存”。虽然 JIT 系统涉及面很广，但库存管理是它的核心，实际上与 MRP 系统是推动系统正相反，JIT 系统是一个拉动系统，即首先是由供应链最终端的需求拉动产品进入市场，然后由这些产品的需求决定零部件的需求和生产流程。这表现在生产制造系统上上一道工序加工的品种、数量、时间由下一道工序的需求来决定。

JIT 方式最早由日本丰田汽车以看板管理的名称开发出来，并应用于生产制造系统，其后 JIT 即时的思想被广泛应用。JIT 模式认为存货是企业的一项负债，而不是一项资产，其首要目标是存货为零或最小化。无论自制或外购原材料、零部件以及在制产品的生产都只补充最低数量，仅满足即期需要；同时尽量缩短采购和生产提前期，全面降低存货水平。

尽管 JIT 模式有很多优点，但它的实施需要长时间周密的计划和准备。在推行过程中，企业也会遇到阻力，比如，作为缓冲储备的存货减少后，工作流程变得紧密，生产工人劳动强度大幅提高，容易产生抵触情绪。而应用 J1T 采购模式的企业也经常遭到供应商抱怨将存货的包袱转嫁给了他们。这是因为要求交货时间短而服务水平高，供应商必须保持很高的存货水平或过剩的生产能力，以保证其供给随时能与采购商的需求相匹配。

JIT 采购模式适用于供应商数量较少、距离较近、采购批量小而频繁的采购环境。需要特别说明的是，JIT 采购与 JIT 生产是两种不同的存货管理模式，它无需与 JIT 生产相结合、在一家企业同时推行；即使是推行 JIT 采购的企业，也并非对每一种外购存货都应用 JIT 采购模式。但由于两者同起源于丰田汽车公司，并且存货管理思想一致，故本书将它们统称为 JIT 模式。

在产品结构和流水线复杂程度低的企业，JIT 生产比 MRP 更适用。当变化度较高、产量低、控制水平高时，MRP 比 JIT 生产更适用。复杂生产的企业也可以将 JIT 生产与 MRP 结合使用，由 MRP 输入需求预测，存货状态和物料清单，输出生产计划，由 JIT 生产控制何时生产、何时采购、何时销售。

8.2 MRP 与供应链库存管理

8.2.1 MRP 的演进与发展

1. MRP 概述

MRP 是一种工业制造企业内的物资计划管理模式，根据产品结构各层次物品的从属和数量管理，以每个物品为计划对象，以定工日期为时间基准倒排计划，按提前期长短区别各个物品下达计划时间的先后顺序。在具体实施中，根据总生产进度计划中规定的最终产品的交货日期，规定必须完成各项作业的时间，编制所有较低层次零部件的生产进度计划，对外计划各种零部件的采购时间与数量，对内确定生产部门应进行加工生产的时间和数量。一旦作业不能按计划完成时，MRP 系统可以对采购和生产进度的时间和数量加以调整，使各项作业的优先顺序符合实际情况。通过采用 MRP，企业可以通过计算物料需求量和需求时间来计划和控制生产过程，从而达到降低库存水平、节约库存成本的目的。

MRP 是一种工业制造企业内的物资计划管理模式，根据产品结构各层次物品的从属和数量管理，以每个物品为计划对象，以定工日期为时间基准倒排计划，按提前期长短区别各个物品下达计划时间的先后顺序，其工作原理示意图如图 8.1 所示。

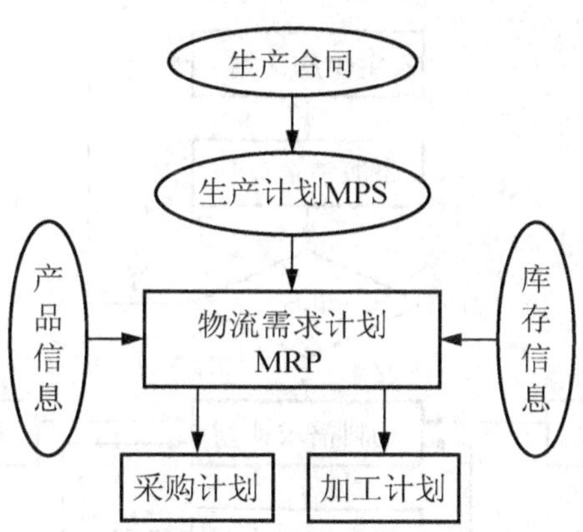

图 8.1 MRP 工作原理示意图

值得注意的是，MRP 在形成、制订过程中，考虑了产品结构相关信息和库存相关信息。但实际生产过程中的条件是变化的，如企业的制造工艺、生产设备及生产规模是发展变化的，因此，基本的 MRP 制订的采购计划可能受供货能力或运输能力的限制而无法保证物料的及时供应。另外，如果制订的生产计划未能考虑生产能力，在执行时常常会出现偏差。因此利用基本的 MRP 制订的生产计划与采购计划往往不可行。

2. 闭环 MRP 概述

在传统的 MRP 中信息是单向的，与管理思想不一致，而企业中的信息通常是闭环的信息流，由输入至输出再循环至输入端，从而形成信息回路。因此在 20 世纪 80 年代初，基本的 MRP 发展形成了闭环 MRP。

1) 闭环 MRP 的概念

闭环 MRP 是在 MRP 的基础上，增加对投入与产出的控制，也就是对企业的能力进行校检、执行和控制。闭环 MRP 理论认为，只有在考虑能力的约束或者对能力提出需求计划，并满足能力需求的前提下，物料需求计划才能保证物料需求的执行和实现。在这种思想要求下，企业必须对投入与产出进行控制，也就是对企业的能力进行校检和执行控制。

2) 闭环 MRP 的原理和结构

MRP 系统的正常运行需要有一个现实可行的主生产计划。它除了要反映市场需求和合同订单以外，还必须满足企业的生产能力约束条件。因此，除了要编制资源需求计划外，还要制订能力需求计划，同各个工作中心的能力进行平衡。只有在采取措施做到能力与资源均满足负荷需求时，才能开始执行计划。

而要保证实现计划就要控制计划，执行 MRP 时要用派工单来控制加工的优先级，用采购单来控制采购的优先级。这样，基本 MRP 系统进一步发展，把能力需求计划和执行及控制计划的功能也包括进来，形成一个环形回路，称为闭环 MRP，如图 8.2 所示。

3) 闭环 MRP 的工作过程

闭环 MRP 的工作过程为：企业根据发展的需要与市场需求来制订企业生产规划；根据生产规划制订主生产计划，同时进行生产能力与负荷的分析。该过程主要是针对关键资源的能力与负荷的分析过程。

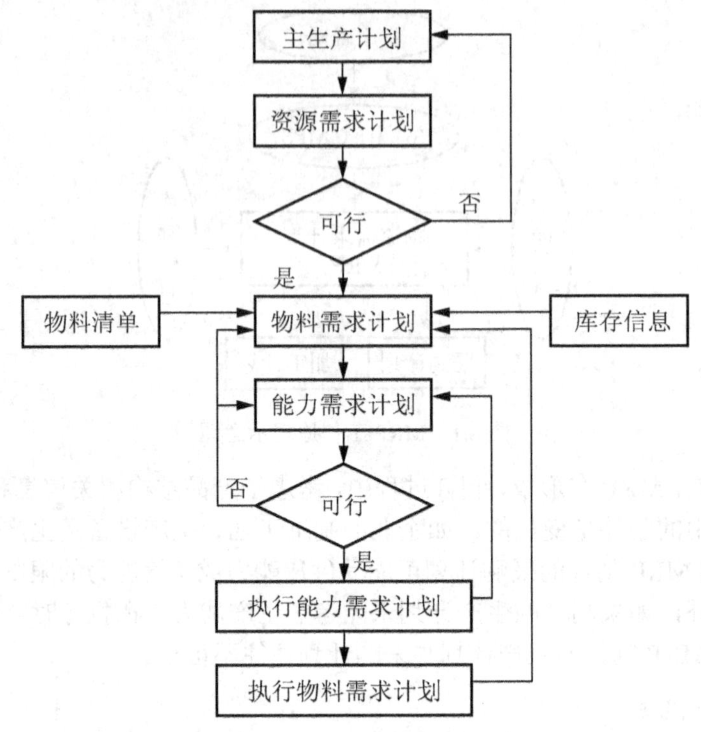

图 8.2　闭环 MRP 逻辑流程图

只有通过对该过程的分析，才能达到主生产计划基本可靠的要求。再根据主生产计划、企业的物料库存信息、产品结构清单等信息来制订物料需求计划；由物料需求计划、产品生产工艺路线和车间各加工工序能力数据生成对能力的需求计划，通过对各加工工序的能力平衡，调整物料需求计划。如果这个阶段无法平衡能力，还有可能修改主生产计划；采购与车间作业按照平衡能力后的物料需求计划执行，并进行能力的控制，即输入/输出控制，并根据作业执行结果反馈到计划层。因此，闭环 MRP 能较好地解决计划与控制问题，是计划理论的一次大飞跃。

3. MRPⅡ概述

闭环 MRP 系统的出现，使生产活动方面的各种子系统得到了统一。但这还不够，因为在企业的管理中，生产管理只是一个方面，它所涉及的仅仅是物流，而与物流密切相关的还有资金流。这在许多企业中是由财会人员另行管理的，这就造成了数据的重复录入与存储，甚至造成数据的不一致。于是，在 20 世纪 80 年代，人们把生产、财务、销售、工程技术、采购等各个子系统集成为一个一体化的系统，并称为制造资源计划(Manufacturing Resource Planning，MRP)系统，为了区别物件需求计划而记为 MRPⅡ。

1) MRPⅡ的概念

MRPⅡ是一种先进的现代企业管理模式，目的是合理配置企业的制造资源，包括财、物、产、供、销等因素，使之充分发挥效能，使企业在激烈的市场竞争中赢得优势，从而取得最佳经济效益。另外，MRPⅡ是一种生产管理的计划与控制模式，因其效益显著而被当成标准管理工具并在制造业得到普遍应用。

2) MRPⅡ的特点

MRPⅡ的特点可归纳为以下6点。

(1) 计划的一贯性与可行性。MRPⅡ是一种计划主导型的管理模式，计划层次从宏观到微观、从战略到战术、由粗到细逐层细化，但始终保持与企业经营战略目标一致。

(2) 管理系统性。MRPⅡ把企业所有与经营生产活动直接相关部门的工作联成一个整体，每个部门的工作都是整个系统的有机组成部分。

(3) 数据共享性。MRPⅡ是一种信息管理系统，企业各部门都依据同一数据库提供的信息、按照规范化的处理程序进行管理和决策；数据信息是共享的。

(4) 动态应变性。MRPⅡ是一种闭环系统，它要求不断跟踪、控制和反映瞬息万变的实际情况，使管理人员可随时根据企业内外环境条件的变化提高应变能力，迅速做出响应、满足市场不断变化着的需求，并保证生产计划正常进行。

(5) 模拟预见性。MRPⅡ是经营生产管理规律的反映，按照规律建立的信息逻辑很容易实现模拟功能。

(6) 物流和资金流的统一。MRPⅡ包括了产品成本和财务会计的功能，可以由生产活动直接生成财务数据，把实物形态的物料流动直接转化为价值形态的资金流动，保证生产和财务数据的一致性。

8.2.2 MRP的基本原理

1. MRP的基本构成

为了更好地理解MRP的基本工作原理，首先介绍MRP系统的基本构成。

1) 主生产计划(Master Production Schedule，MPS)

主生产计划是确定某最终产品在每一具体时间段内生产数量的计划。这里的最终产品是指对于企业来说最终完成、要出厂的完成品，它要具体到产品的品种和型号。这里的具体时间段，通常是以周为单位，在有些情况下，也可以是日、旬或月。主生产计划详细规定生产什么、什么时段产出，属于独立需求计划。主生产计划根据客户合同和市场预测把经营计划或生产大纲中的产品系列具体化，使之成为开展物料需求计划的主要依据，起到了从综合计划向具体计划过渡的承上启下作用。

2) 产品结构与物料清单(Bill Of Material，BOM)

MRP系统要正确计算出物料需求的时间和数量，特别是相关需求物料的数量和时间，首先要使系统能够知道企业所制造的产品结构和所有要使用到的物料。产品结构列出构成成品或装配件的所有部件、组件、零件等的组成、装配关系和数量要求。举例来说，图8.3是一个简化了的自行车产品结构图，它大体反映了自行车的构成。

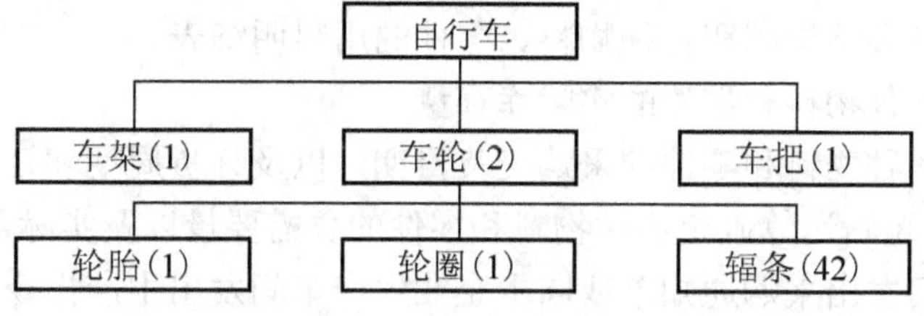

图8.3 自行车的产品结构图

为了便于计算机识别，必须把产品结构图转换成规范的数据格式，这种用规范的数据格式来描述产品结构的文件就是物料清单。它必须说明组件(部件)中各种物料需求的数量和相互之间的组成结构关系。表 8-1 就是一张简单的与自行车产品结构图相对应的物料清单。

表 8-1 自行车物料清单

层 次	物料号	物料名称	单 位	数 量	类 型	成品库	ABC 码	提前期
0	GB950	自行车	辆	1	M	1.0	A	2
1	GB120	车架	件	1	M	1.0	A	3
1	CL120	车轮	个	2	M	1.0	A	2
2	LG300	轮圈	件	1	B	1.0	A	5
2	GB890	轮胎	套	1	B	1.0	B	7
2	GBA30	辐条	根	42	B	0.9	B	4
1	113000	车把	套	1	B	1.0	A	4

3) 库存信息

库存信息是保存企业所有产品、零部件、在制品、原材料等存在状态的数据库。在 MRP 系统中，将产品、零部件、在制品、原材料甚至工装工具等统称为“物料”或“项目”。为便于计算机识别，必须对物料进行编码。物料编码是 MRP 系统识别物料的唯一标识，具体的库存信息如下。

(1) 现有库存量：是指在企业仓库中实际存放的物料的可用库存数量。

(2) 计划收到量(在途量)：是指根据正在执行中的采购订单或生产订单，在未来某个时段物料将要入库或将要完成的数量。

(3) 已分配量：是指仍保存在仓库中但已被分配掉的物料数量。

(4) 提前期：是指执行某项任务由开始到完成所消耗的时间。

(5) 订购(生产)批量：在某个时段内向供应商订购或要求生产部门生产某种物料的数量。

(6) 安全库存量：为了预防需求或供应方面的不可预测的波动，在仓库中经常应保持的最低库存数量。

2. MRP 系统的库存控制过程

MRP 系统的库存控制过程如下所述。

(1) 根据市场预测和客户订单，正确编制可靠的生产计划和生产作业计划，在计划中规定生产的品种、规格、数量和交货日期。同时，生产计划必须同现有生产能力相适应。

(2) 正确编制产品结构图和各种物料、零件的用料明细表。

(3) 正确掌握各种物料和零件的实际库存量。

(4) 正确规定各种物料和零件的采购交货日期，以及订货周期和订购批量。

(5) 通过 MRP 逻辑运算确定各种物料和零件的总需要量以及实际需要量。

(6) 向采购部门发出采购通知单或向本企业生产车间发出生产指令。

8.2.3 MRPⅡ中的库存管理技术

1. MRPⅡ的构成

MRPⅡ由5个计划层次构成，即经营计划、销售与运作计划(生产计划)、主生产计划、物料需求计划和车间作业控制。其中，经营规划和销售与运作规划带有宏观规划的性质；主生产计划是宏观向微观过渡的层次；物料需求计划是微观计划的开始，是具体的详细计划；车间作业控制是进入执行的阶段。先对各层次做简单介绍。

1) 经营规划

企业的经营规划是计划的最高层次，是企业总目标的具体体现。经营规划的目标常以货币或金额表达，是MRPⅡ系统其他各层计划的依据。所有层次的计划只是对经营规划的进一步具体细化，不允许偏离经营规划。经营规划的制订要考虑企业现有的资源情况及未来可以获得的资源情况。

2) 销售与运作规划

销售与运作规划的目标是根据经营规划的目标，确定企业的每一类产品在未来的1～3年内，每年每月生产多少及需要哪些资源等。其作用是：把经营规划中用货币表达的目标转换为用产品系列的产量来表达；制定一个均衡的月产率，以便均衡地利用资源，保持稳定生产；控制拖欠量或库存量；作为编制主生产计划的依据。

3) 主生产计划

主生产计划是以生产计划大纲为依据，按时间段计划企业应生产的最终产品的数量和交货期，并在生产需求与可用资源之间做出平衡。

4) 物料需求计划

物料需求计划根据主生产计划对最终产品的需求数量和交货期，推导出构成产品的零部件及材料的需求数量和需求日期，直至导出自制零部件的制造订单下达日期和采购件的采购订单发放日期，并进行需求资源和可用能力之间的进一步平衡。

5) 车间作业计划

车间作业计划是计划的最底层，它根据由MRP生产的零部件生产计划编制工序排产计划。

2. MRPⅡ的原理与逻辑

MRPⅡ的基本思想就是把企业作为一个有机整体，从整体最优的角度出发，通过运用科学方法对企业各种制造资源和产、供、销、财各个环节进行有效的计划、组织和控制，使它们得以协调发展，并充分地发挥作用。其逻辑流程图如图8.4所示。

图8.4的右侧是计划与控制的流程，它包括了决策层、计划层和控制执行层，可以理解为经营计划管理的流程；中间是基础数据，要储存在计算机系统的数据库中，并且反复调用。这些数据信息的集成，把企业各个部门的业务沟通起来，可以理解为计算机数据库系统；左侧是主要的财务系统，这里只列出应收账、总账和应付账。各个连线表明信息的流向及相互之间的集成关系。

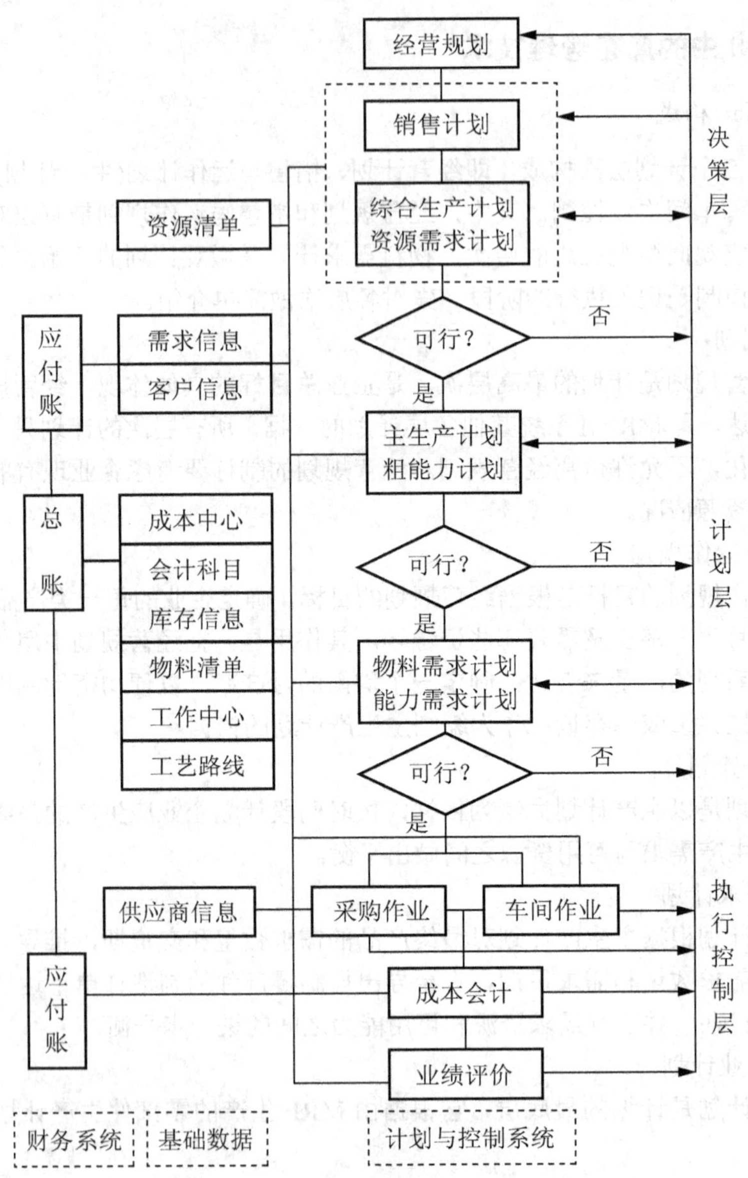

图 8.4　MRPⅡ逻辑流程图

3. MRPⅡ系统中的库存管理

根据 MRPⅡ的逻辑流程图可以将 MRPⅡ系统分为业务管理模块、技术管理模块、采购管理模块、生产管理模块、车间仓库管理、销售管理模块、财务管理模块等，各功能模块之间的关系如图 8.5 所示。

MRPⅡ中的库存管理贯穿于整个系统，通过各个部门之间的数据共享，消除了重复工作和不一致，提高了企业的整体运行效率。MRPⅡ中的采购管理和车间仓库管理是库存管理的核心内容，它能帮助企业的仓库管理人员对库存物品的入库、出库、移动、盘点、日常报表、期末报表、补充订货和生产补料等进行全面的控制管理，最大限度地降低库存占用、加速资金周转、避免物料积压或者短缺现象，保证物流畅通，从而提高客户服务水平，达到生产经营活动顺利进行的目的。这里只给出这两个模块的流程图。

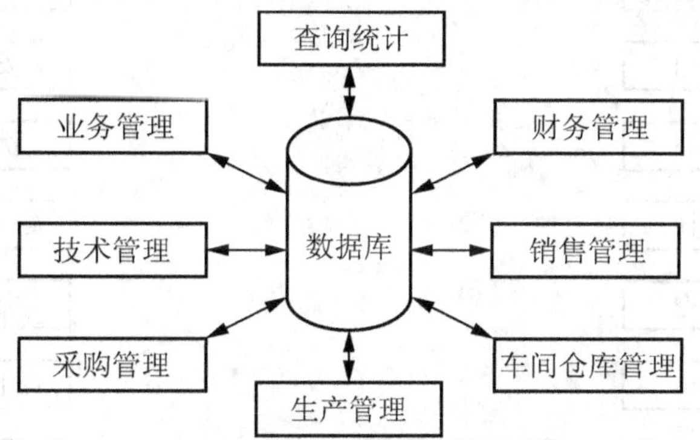

图 8.5 MRPⅡ系统功能模块之间的关系

1) 采购管理模块

根据系统自动产生的采购计划，系统自动完成采购的一系列流程，如图 8.6 所示。

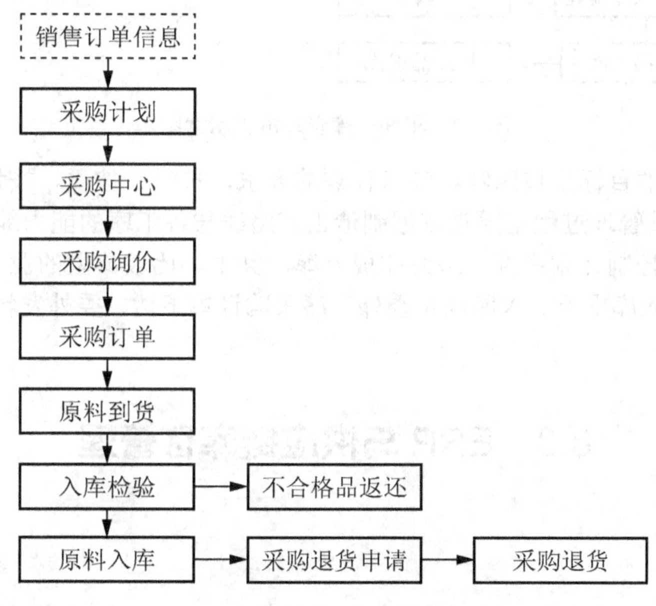

图 8.6 采购管理流程示意图

采购管理子系统能帮助采购人员控制并完成采购物料从采购计划，采购下达直到原料到货接收检验入库的全部过程，可有效地监控采购计划的实施、采购成本的变动及供应商交货履约情况，从而帮助采购人员选择最佳的供应商和采购策略，确保采购工作高质量、高效率及低成本执行。其中，销售订单信息可由生产等其他部门直接下达，无需手工录入采购订单。采购物品收货检验后可按已分配的库存货位自动入库，并及时更新库存。

2) 车间仓库管理模块

根据工令计划和委外计划，该模块自动提醒应生产的工令，并且实现根据工令进行领料。流程如图 8.7 所示。

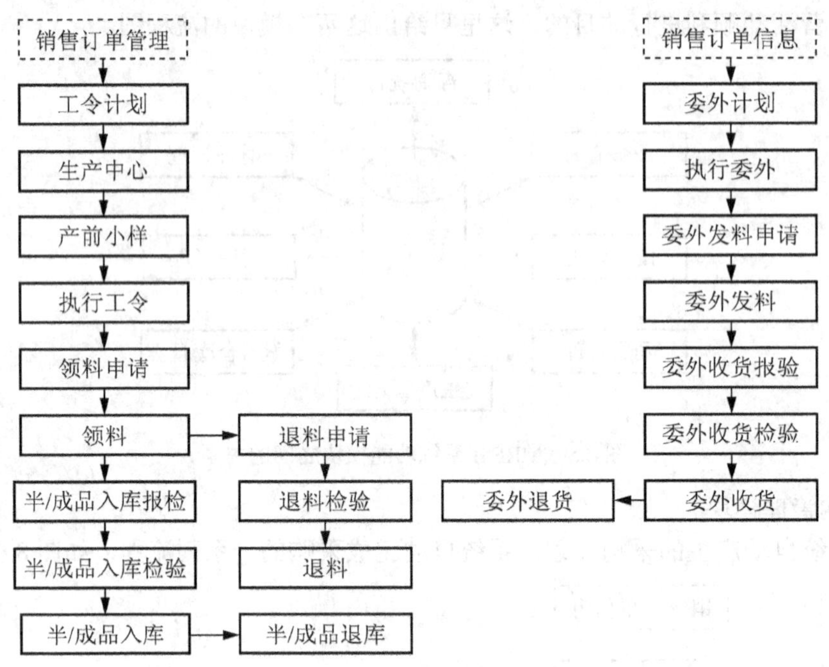

图 8.7　车间仓库管理流程示意图

车间仓库管理的目标是按照物料需求计划的要求，按时、按质、按量并且低成本地完成加工制造任务。其管理过程主要是依据制造工艺路线与各工序的能力编排工序加工计划、下达车间指令，并控制计划进度，最终完成入库。其中，比较典型的业务流程为：生产指令的下达、领料、入库报验、入库以及委外工序采购订单下达、委外发料、委外收货报验、委外收货等。

8.3　ERP 与供应链库存管理

8.3.1　ERP 概述

1. ERP 的概念

20 世纪 90 年代，美国一家 IT 公司根据当时计算机信息、IT 技术发展及企业对供应链管理的需求，预测在今后信息时代企业管理信息系统的发展趋势和即将发生变革时，提出了 ERP 这个概念。它把企业的物流、资金流、信息流统一起来进行管理，以求最大限度地利用企业现有资源，实现企业经济效益的最大化。ERP 系统不仅仅是信息系统，更是一种管理理论和管理思想。

2. ERP 的原理与应用

ERP 系统是从 MRPⅡ发展而来的，除了继承了 MRPⅡ的基本思想外，还大大扩展了管理模块，融合了离散型生产和流程型生产的特点，扩大了管理的规范，实时地响应市场需求。MRPⅡ的核心是物流，主线是计划，在物流的过程中存在资金流和信息流。虽然 ERP 的主线是计划，但 ERP 已将管理的重心转移到财务上，在企业整个经营运作过程中贯穿了财务控制的理念。ERP 的管理范围涉及企业所有的供需过程，是对整个供应链的全面管理。

ERP 与 MRPⅡ的区别主要表现在以下 5 个方面。

1) 资源管理的差别

MRPⅡ主要侧重对企业内部人、财、物等资源的管理。ERP 系统则扩展了 MRPⅡ的管理范围，把客户需求和企业内部的制造活动以及供应商的资源整合在一起，形成一个完整的供应链，并对供应链上所有的环节进行有效的管理。

2) 生产方式管理的差别

MRPⅡ系统主要对典型的单一生产方式进行管理，如重复制造、批量生产、订单生产、订单装配、库存生产等，且每一种类型都有一整套管理标准。随着市场的变化，企业的生产方式逐渐转变为多品种、小批量的混合型生产方式。ERP 系统能很好地支持和管理混合型制造环境，满足企业的多元化经营需求。

3) 管理功能的差别

除 MRPⅡ系统的制造、分销、财务管理功能外，ERP 还增加了供应链上物料流通体系中供、产、需各个环节之间的运输管理和仓库管理，支持质量管理、实验室管理、设备维修、备件备品管理及工作流管理。

4) 事务处理控制的差别

MRPⅡ通过计划的及时滚动来控制整个生产过程，它的实时性较差，一般只能实现事中控制。而 ERP 系统支持在线分析处理(On Line Analytical Processing，OLAP)和质量反馈，强调企业的事前控制能力。此外，可以将设计、制造、销售、运输等相关作业通过集成来进行并行处理，为企业提供了各种问题的实时分析能力。

总之，ERP 系统的核心仍然是 MRPⅡ，其主要工作原理是首先制订主生产计划 MPS，然后根据主生产计划 MPS 制订物料需求计划 MRP，并且通过能力需求计划 CRP 的检验和核实得以实行。主生产计划 MPS、物料需求计划 MRP、能力需求计划 CRP 构成了企业的 ERP 顶层，起到指导整个企业生产的作用，其主要关注点是企业的物流和能力问题。ERP 管理的核心是财务管理，主要思想之一便是企业一切的物流都要伴随着资金流和信息流发生，在企业整个生产制造过程中贯穿了财务管理和成本控制的思想，其逻辑流程图如图 8.8 所示。

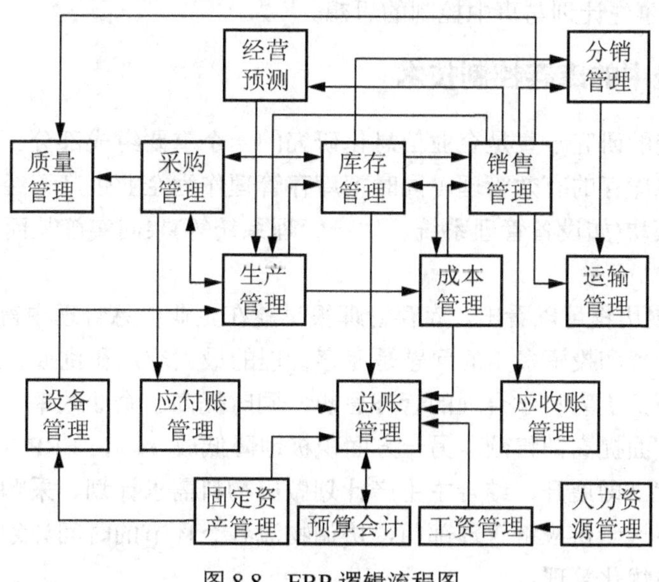

图 8.8　ERP 逻辑流程图

企业实施 ERP 后，以信息技术为核心的企业级的管理系统更为成熟，系统增加了包括财务预测、生产能力、调整资源调度等方面的功能。ERP 系统配合企业各个部门实现了从经营预测、生产管理、销售管理、库存管理，直至运输管理、质量管理和生产资源调度管理及辅助决策等功能，成为企业进行生产管理及决策的平台工具。

3. ERP 系统的类型与特点

1) ERP 系统的类型

目前，国内的 ERP 产品主要有两个来源，一个是由厂商在国外 ERP 软件的基础上直接开发；另一个是由财务软件厂商转型进行 ERP 产品的开发。目前，国内市场上的 ERP 应用软件大体上可以分为 4 大类。

(1) 以 SAP 公司的 R/3 系统为代表的 ERP 软件，该类软件无论是设计思想、技术水平、系统功能还是系统的体系结构都堪称一流，这类软件被公认为是世界的领导者。

(2) 以 TCM-EMS、MFG/PRO、SYMIX 为代表的一代中型新兴 MRPⅡ软件，该类软件较多地吸收了新的管理思想和先进的设计技术，是颇受中小企业欢迎的进口软件。

(3) 以 BPCS、CA-MANMAN/X 为代表的软件，该类软件无论从功能上还是性能上来说都具有一定的优势，但在系统的开放性和新技术的应用上略显不足。

(4) 以启明公司 MAS 和利玛公司 CAPMS 为代表的国产化 MRPⅡ软件，这些软件吸收了国外成熟 MRPⅡ软件的设计思想，以“符合中国国情”为最有力的竞争武器，为国内企业提供了较先进的集成化管理技术。

2) ERP 系统的特点

ERP 的核心管理思想是实现对整个供应链的有效管理，主要体现在以下 4 个方面。

(1) ERP 是一个面向供应链管理的管理信息系统。

(2) ERP 体现精益生产、同步工程和敏捷制造的思想。

(3) ERP 采用计算机和网络通信技术的最新成果。

(4) ERP 体现事先计划与事中控制的思想。

8.3.2 ERP 系统中的库存控制技术

库存管理系统的研究一直是企业信息化研究的一个重要组成部分。通过利用网络技术和计算机技术实现库存的有效管理，同时把库存管理作为企业生产等经营活动中的一个环节，同其他管理模块(如设备管理系统、生产管理系统等)共同实施从而实现整个企业的信息管理。

从 ERP 的发展历程可以看出，库存管理很早就在企业信息管理中得到应用。公司怎样投资库存、何时投资和投资多少的问题是库存管理的最大难点和挑战。ERP 的发展为库存管理提供了一种新的更为科学合理的管理思想，同时提高了企业效率。为了在激烈的竞争中取胜，企业一方面提高销售额，另一方面积极地降低成本。在 ERP 中，方案 BOM 确定之后，计划功能就立即展开，结合主生产计划做出物料需求计划、采购计划等，并进行综合协调，确定后下达给供应链管理部门，协调物流各个环节的时间计划和成本计划，确保整个供应链的整体优化管理。

当前的 ERP 管理软件的基本流程是企业生产计划—主生产计划—粗能力平衡—MRP 计划—能力需求计划—采购计划/车间作业计划。采购计划/车间作业计划是基于本期销售量和库存量制订的，而且下一周期的采购量也是基于本月的库存量制定的，从而大大降低了企业的库存水平并节省了企业的库存成本。ERP 系统中库存管理的逻辑流程如图 8.9 所示。

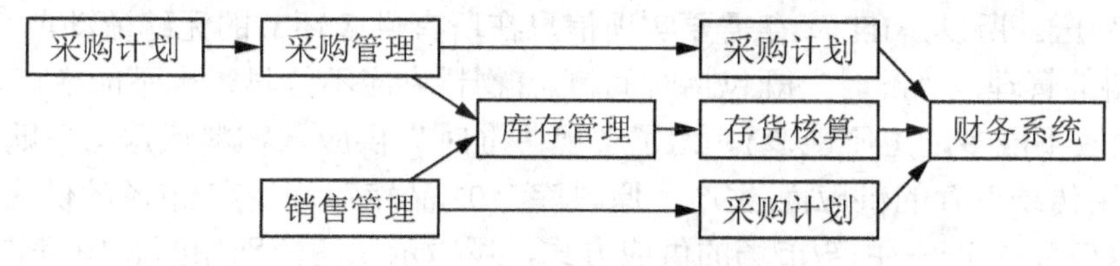

图 8.9 ERP 系统中库存管理的逻辑流程

8.4 JIT 与供应链库存管理

8.4.1 JIT 的概念与特点

1. JIT 的概念

JIT 为即时生产方式，又称为零库存生产方式。JIT 是日本丰田汽车公司在 20 世纪 60 年代实行的一种生产方式，指将必要的原材料、零部件以必要的数量在必要的时间送到特定的生产线生产必要的产品。JIT 的重点在于减少浪费、持续改进并保证物料在公司内部的流动与供应商和客户的协作保持同步。

供应链库存管理的目标就是要在成本、质量、客户服务处于最佳状况时，达到物料和客户需求的平衡。供应链库存管理还提倡互相培训、满足内部客户需求、产品在生产过程中快速流转、终端客户的需求分析、供应链范围的生产进度安排，从而实现整个供应链范围的最佳库存水平。JIT 对上述所有供应链库存管理的要素起到了重要的支持作用，是保证供应链管理成功的主要技术手段。

2. JIT 库存的特点

JIT 库存是 JIT 系统的一部分，是一个将库存管理过程中的浪费和无效率剔除掉的管理理念和管理方法的集合，JIT 库存的特点体现在其管理理念和管理方法上。JIT 库存的特点首先体现在其管理理念上，如下所述。

(1) 追求零库存的目标。JIT 管理思想认为过高的库存不仅造成库存成本的增加，还掩盖了企业管理中存在的问题。所以，JIT 库存的目标是逐步降低库存量，直至库存为零。

(2) 提升时间的价值。从获取需求信息到产品适时适地到达目的地的物流过程中，JIT 强调的是一个准确的时间点，而不是时间段。JIT 库存与传统库存的本质区别就在于时间概念。从这个意义上说，把握了 JIT 时间的价值就把握了 JIT 库存控制的关键。

(3) 强调企业内外部的协同。供应链协同是 JIT 得以实现的重要保证。内部协同强调企业内部部门之间工作的相互配合以及及时准确地交流信息；外部协同强调供应商与采购商之间的相互信任、相互配合、信息开放和利益共享。

另外，JIT 库存的特点还体现在其管理方法上，如下所述。

(1) 目标的管理。JIT 的目标是追求零库存，其库存量将逐步降低，保持在安全库存水平；为了降低库存，原材料以及产品零部件的供应采用小批量、高频率方式。

(2) 信息的管理。JIT 通过看板实现“准时”供应，是一种依赖需求信息运转的“拉动式”系统，其中任何环节的信息不畅将导致供应瓶颈的发生，要么不能及时满足需求，要么产生库存积压。所以，JIT 库存需要实现信息在所有供应环节的无缝流动。

(3) 物料的管理。“准时”既包括时间概念(物料供应不能早，也不能晚)，也包括数量概念(物料供应不能多，也不能少)。为了实现“准时”供应，物料运送与采购商生产计划同步，实现由传统库存的供应商/生产—原料库存/成品库存—生产/市场的供应方式转变为 JIT 库存的供应商/生产—生产/市场的供应方式，逻辑示意图分别如图 8.10 和图 8.11 所示。

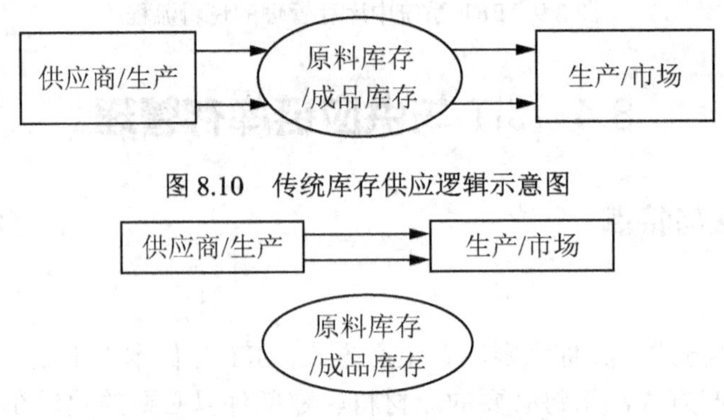

图 8.10　传统库存供应逻辑示意图

图 8.11　JIT 库存供应逻辑示意图

(4) 质量的管理。故障是影响“准时”供应的重要因素，为此，JIT 强调设备的“零故障”和产品的“零缺陷”，重视对设备和产品的质量管理，尽量消除供应过程的不确定性。

(5) 供应商的管理。供应商选择是库存管理的重要环节，JIT 库存的策略是选择较少甚至单一的供应商，强调与供应商保持长期合作的伙伴关系；物流路径对“准时”供应有很大影响，供应商的地址成为供应商选择的重要因素。

8.4.2　JIT 中的准时化采购

1. 准时化采购与传统采购的不同

准时化采购也称为 JIT 采购法，是实现 JIT 库存控制的重要环节，也是 JIT 系统的重要组成部分。它的基本思想是：在恰当的时间、恰当的地点，以恰当的数量、恰当的质量提供恰当的物品。准时化采购是从准时化生产发展而来的，是为了消除库存和不必要的浪费而进行持续性改进。

传统的采购模式是与供应商建立短期的买卖关系。采购人员以最低的采购价格选择供应商，然后将含有采购物品、价格、数量等信息的采购订单以正规的方式下达给供应商。供应商根据自身状况判断是否接单，少数供应商可能会拒绝接单，接单的供应商通常以较长的交货期、质量状况不稳定的产品交付。买方通过进料质检，将合格物料入原料库，不合格的退回供应商。买方为防止供应风险往往会采用多货源。在多变的买方市场环境下，销售预测一般是很不准确的。在这种不准确的销售预测驱动下的按周期交货模式造成的直接后果就是高库存、低周转率。在整个采购过程中，制造商需要把握好采购物资的质量检验，保持自身的安全库存。而供应商则需要先存储自己的产成品，然后集中发货到制造商的库房。整个供应链上就出现物资库存较高、环节冗余、成本居高不下的现象。

而准时采购与传统采购面向库存不同，准时采购是一种直接面向需求的采购模式，供应商直接将采购送货到制造商需求点。既做到最大限度地满足需求，又使得库存量最小。制造商不再需要设立库存，只需保持少量临时的存放，生产停止这些临时存放也就消失，真正实现制造商的零库存。准时采购模式由于大大精简了采购运作流程，极大地提高了工作效率。JIT 采购模式如图 8.12 所示。

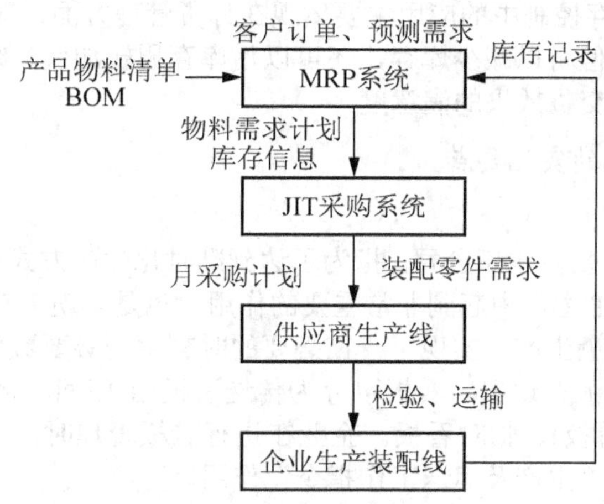

图 8.12 JIT 采购模式示意图

从图 8.12 可以看出，准时化采购可以通过不断减少原材料和外购件的库存来暴露生产中隐藏的问题，从解决深层次的问题来提高生产效率，即原材料和外购件的库存为零，缺陷为零。为了尽可能地实现这样的目标，准时采购提供了一个不断改进的途径，即降低原材料和外购件的库存—暴露物资管理问题—采取措施解决问题—降低原材料和外购件的库存。准时化采购模式不仅对企业内部的科学管理提出了严格的要求，而且也对供应商的管理水平提出了更严格的要求。准时采购模式的运作，将大大提高制造商和供应商的科学管理水平。由于准时采购可使企业的原材料和外购件的库存降低到最低水平，所以最能适应市场需求的变化，使企业能够真正具有柔性。

2. 影响准时化采购的关键因素

美国加利福尼亚州立大学的研究生做了一次对汽车、电子、机械等企业的经营者准时化采购的效果问卷调查，共调查了 67 家美国公司，包括著名的 3COM 公司、惠普公司、苹果计算机公司等。这些公司有的是制造商，有的是分销商，有的是服务业，调查的对象为公司的采购与物料管理经理。根据调查结论列出了影响准时化采购的关键因素。

(1) 准时化采购成功的关键是与供应商的关系，而最困难的问题也是缺乏供应商的合作。供应链管理所倡导的战略伙伴关系为实施准时化采购提供了基础性条件，因此，在供应链环境下实施准时化采购比传统管理模式下实施准时化采购更加有现实意义和可能性。

(2) 很难找到“好”的合作伙伴是影响准时化采购的第二个重要因素，如何选择合适的供应商、选择得是否合适就成了影响准时化采购的重要条件。在传统的采购模式下，企业之间的关系不稳定，具有风险性，影响了合作目标的实现。供应链管理模式下的企业是协作性战略伙伴，因此为准时化采购奠定了基础。

(3) 缺乏对供应商的激励是准时化采购的另外一个影响因素。要成功地实施准时化采购，必须建立一套有效的供应商激励机制，使供应商和用户一起分享准时化采购的好处。

(4) 准时化采购不单是采购部门的事情，企业的各部门都应为实施准时化采购创造有利的条件，为实施准时化采购共同努力。

8.4.3 JIT 生产方式在供应链库存控制中的应用

JIT 生产方式在库存控制中的应用主要体现在订货管理方面，即实施准时化采购。JIT 生产方式的采购模式不但可以减少库存，还可以使库存周转加快、缩短采购周期、提高进货效率，提高顾客对于交货效果的满意度。

1. 准时化生产模式的实施要点

1) 看板管理

“看板管理”来源于日本丰田公司，指为了达到准时化生产方式用于控制现场生产流程的工具。看板管理在 JIT 生产中起到非常重要的作用，也是实现 JIT 生产目标的主要手段。看板管理成功制止了过量生产，实现了“在必要的时刻生产必要数量的必要产品”，从而彻底消除生产过程中的浪费现象。看板可分为传送看板(工序间看板、外协看板)、生产看板(信号看板、工序内看板)、临时看板。企业在进行看板管理时，一定要分清不同类型的看板，正确实现看板的“生产及运送工作指令”作用。

在使用看板时也应注意以下几点：①不论是在使用传送看板还是生产看板，必须附在装有零件的容器上；②没有看板不能进行生产，也不能搬送；③要使用标准的容器，并按标准数量存放；④生产看板合理取出一个生产看板时，按标准数量生产；⑤不良品不能交给下道工序，防止造成新的浪费；⑥看板只能来源于后道工序，前道工序只能生产取走的部分。准时化生产的关键是消除浪费的同时管理价值流过程，包括快速响应、生产均衡化、同步化、追求零库存与柔性生产等。

2) 流线化生产

JIT 实现生产同步化，即工序间、部门间不设置仓库，前一工序的加工结束后，立即转到下一工序去，组装线与机械加工几乎同时进行，产品被一件一件连续地生产出来，实现“流线化生产”模式。传统的按设备功能划分车间的“水平式布局”，适合大批量、大规模生产，典型特点是集中生产、集中搬运。企业为提高生产同步化，注重整体效率，打造 JIT 生产制造单元，实行垂直布局(流线生产线)，将某类产品按生产工艺进行流线化布局，前后各工序紧密相连，搬运距离短、生产周期短、空间小、在制品数量降低，提高了整体生产线的同步化，按照生产节拍生产，提高整体的生产效率。

3) 柔性生产与生产均衡化

柔性生产与生产均衡化在实施准时化生产中起到了至关重要的作用。所谓柔性生产，即通过系统结构、人员组织、运作方式和市场营销等方面的改革，使生产系统能对市场需求变化作出快速的适应，同时消除冗余无用的损耗，力求企业获得更大的效益。要实现柔性生产，企业可以进行以下调整。

(1) 生产设备 U 型布局。传统的设备流程布局、产品布局及定位布局已经不能满足生产柔性的需求。设备的 U 型布局又称单元布局，实现生产投入点与完成品取出点尽可能靠近，以避免作业返程造成的时间和体力浪费，同时能及时发现处理各设备问题，也可以节省一定的空间。

(2) 多工序操作。多工序操作为主的单件流动生产不仅可以人员按多工序操作要求安排，实现少人化作业，也能提高员工多能化多工序操作的能力、优化人员配置。彻底将设备操作和作业方法标准化，使任一位作业者都能简单操作多台设备，消除特殊作业和例外作业，减少对作业者技能的过度依赖。

(3) 设备小型化。大型设备适合处理大量工作，但容易积压在制品，使生产流动不畅。多品种、小批量的市场需求要求生产细流快速，以提高弹性应对变化。所以，设备小型化是必然趋势，只要质量稳定、故障率低、易于维护，不必单纯追求高速度。

所谓生产均衡化是指企业采购、制造以及配送的整个过程都要与市场需求相符合。采用均衡化意味着最终供货与需求相适应，同时从需求开始进行拉动，总装配线在向前道工序领取零部件时应均衡地使用各种零部件，生产各种产品。由于市场竞争激烈，个性化要求越来越高，产品品种、样式越来越多，多品种、小批量的需求定单越来越多，要完全适应市场需要，同时最小化库存，必须实现均衡化混合生产方式。在具体实施时，JIT 方式是以天或者更小的时间单位组织生产计划并安排混合生产进行，以此保证产品的稳定供给，同时协调企业内部资源。例如将一周或一日的生产量按分秒时间进行平均，所有生产流程都按此来组织生产，这样一条流水线上每个作业环节上单位时间必须完成的作业类型就有了标准定额，所在环节都按标准定额组织生产，同时按此生产定额均衡地组织物质的供应及物品的流动。

2. 企业实施准时化采购的条件

企业要想成功实施准时化采购，需要具备以下条件。

(1) 与供应商的距离。在准时化采购中，与供应商的距离越近越好，如果与供应商的距离太远，采购的具体操作会有许多不便，其效果远不如两者距离近的好。

(2) 与供应商之间结成战略伙伴的关系。准时采购的推行有赖于与供应商建立起长期的、互利合作的新型关系，相互信任、相互支持，共同获益。

(3) 注重基础设施建设。良好的交通和运输条件是实施准时采购的重要保证，运输条件不佳，会妨碍运输的顺利进行，不利于采购物资的按时抵达，使企业生产得不到保障。

(4) 强调供应商的参与。准时采购离不开供应商的合作与支持。供应商的参与不仅体现在准时、按质、按量供应企业所需的物资，而且体现在积极参与企业的生产环节过程，在可能的情况下改进自己的产品，更好地为企业服务，达到两者的双赢。

(5) 建立准时采购的组织。企业应当建立相应负责准时采购的工作部门，负责协调供应商与组织本企业的采购，提出实施方案、具体组织实施、对实施效果进行评价并进行连续不断的改进。

(6) 供应商向企业提供综合的、稳定的生产计划和作业设计。这主要是要求企业掌握供应商的生产具体情况和供应能力，为企业进行准时采购的相关决策起到支持作用，避免企业在不了解供应商的生产情况下的订货或造成供应商不得不求助于缓冲库存而增加其供货成本。

(7) 教育与培训。通过教育与培训，使企业和供应商充分认识到实施准时化采购的意义，并使他们掌握准时化采购的技术和标准，以便对准时化采购不断进行改进。

(8) 加强信息技术的应用。信息技术是准时采购不可或缺的一个重要组成部分，通过信息技术的充分应用加强供应商与企业之间的联系，及时调整物料需求和生产进度。

3. 准时化采购的实施步骤

1) 创建准时化采购班组

准时化采购班组的作用，就是全面处理 JIT 有关事宜。制定准时化采购的操作流程，协调企业内部各有关部门的运作、协调企业与供应商之间的运作。一般应成立两个班组：一个是专门处理供应商事物的班组，该班组的任务是培训和指导供应商的准时化采购操作、衔接供应商与本企业的操作流程、认定和评估供应商的信誉、能力与供应商签订准时化订货合同、向供应商发放免检证书等；另一个班组是专门协调本企业各个部门的准时化采购操作、制定作业流程、指导和培训操作人员，并且进行操作检验、监督和评估。这些班组人员对准时化采购的方法应有充分的了解和认识，必要时要进行培训。

2) 制订采购计划

要制定采购方案以及改进当前采购方式的措施，包括如何减少供应商的数量、供应商的评价、向供应商发放签证等内容。在此过程中要保证与供应商保持经常性的信息沟通。

3) 精选少数几家供应商建立伙伴关系

JIT 采购中，企业与供应商之间的关系不应再是以眼前的短期利益为主，双方应将利益放在长远，建立起战略合作伙伴的关系。同时，供应商的数目应该不能太多，应将少数几个供应商作为合作对象。企业与供应商双方之间应当充满紧密合作、主动交流、相互信赖的和谐气氛，共同承担长期协作的义务，发展共同的目标，分享共同的利益。

4) 进行试点工作

应该先通过某些商品的采购开始进行试点，从中不断发现问题、改进问题。在企业各个部门的支持下，总结经验，为正式的准时化采购实施打下基础。

5) 培训供应商，确定共同目标

只有企业实施 JIT 采购是不够的，必须要有供应商的参与，要让供应商对 JIT 采购的策略、方法和目的有所认识，才能充分调动供应商参与的积极性。因此，需要对供应商进行教育和培训，使大家取得一致的目标，相互之间才能很好地协调。

6) 对供应商发放免检证书

JIT 采购中，对采购物品不断进行质量检验是一种浪费，本着消除不必要劳动的原则，应该要求供应商所提供的物品有 100%的合格率。为此，要对供应商进行充分的考察，要求供应商提供最新的、正确的、完整的产品质量文件，包括设计蓝图、规格、检验程序以及其他必要的关键内容。在操作上可以对供应商只发放某种单件产品的合格证，在使用过程中对其进行考察，待其余产品逐步通过检验后，可以对供应商发放采购的全部商品的合格证。

7) 实现配合节拍进度的交货方式

这是 JIT 采购中最为重要的一步，当企业正好需要某种物资时，该物资就运到企业，企业就不会因为缺乏物资而无法进行生产活动。因此，企业要和供应商就交货时间和交货具体细节进行详细交涉，确定具体的合同，保证生产的顺利进行。

8) 总结、考察和改进

JIT 采购本身就是一个不断完善和改进的过程，需要在实施中不断总结经验教训，从而不断改进，降低运输成本、提高交货的准确性、提高产品的质量、不断提高 JIT 采购的运作绩效。

本章小结

随着全球化进程的加快，传统的库存控制技术已经无法适应快速、灵活的供应链管理模式。供应链中的成员企业为了在激烈的市场竞争中赢得优势，采用有效的现代库存控制技术已势在必行。MRP、ERP 及 JIT 等现代库存控制技术的引进和使用不仅可以降低库存水平，从而减少库存积压和库存维持成本，还可以提高客户的满意度，对企业的信息化建设及有效提高企业的库存管理效率具有重要意义。

MRP 的基本思想是按物料的实际需求准时进行生产和采购。ERP 是针对物质资源管理、人力资源管理、财务资源管理、信息资源管理集成一体化的企业管理软件。准时生产方式 JIT 是在精确确定生产各工艺环节作业效率的前提下，按订单准确地计划，以消除一切无效作业与浪费为目标的一种生产模式。本章分别介绍了 MRP、ERP 与 JIT 3 种现代库存控制技术的概念及特点，并对其工作原理和实施步骤进行了详细的阐述。

关键术语

库存控制技术	物料需求计划	制造资源计划	企业资源计划
准时化采购	产品物料清单	主生产计划	看板管理

习　题

1. 选择题

(1) MRP 的中文全称为_______。

A. 物料需求计划　　B. 制造资源计划
C. 企业资源计划　　D. 物料需求订单

(2) ERP 的中文全称为_______。

A. 物料需求计划　　B. 制造资源计划
C. 企业资源计划　　D. 物料需求订单

(3) 在采用 MRP 技术之前，制造业编制企业内部的生产和采购计划以及控制方法通常都是采用_______。

A. 制造资源计划　　B. 定量预测法
C. 定性预测法　　D. 订购点法

(4) _______是在 MRP 的基础上，增加对投入与产出的控制，也就是对企业的能力进行校检、执行和控制。

A. MRPⅡ　　B. 闭环 MRP　　C. ERP　　D. CRP

(5) _______是确定某最终产品在每一具体时间段内的生产数量的计划。

A. 主生产计划　　B. 生产作业计划
C. 车间作业计划　　D. 物料需求计划

(6) R/3 系统是由_______公司生产的。

A. 启明公司　B. 利玛公司　C. IBM　D. SAP

(7) 准时化采购是从_______发展而来的，是为了消除库存和不必要的浪费而进行持续性改进的。

A. MRP　B. JIT　C. ERP　D. MRPⅡ

(8) “看板管理”一词来源于_______。

A. 日本的丰田公司　B. 日本的本田公司
C. 美国的福特公司　D. 韩国的现代公司

2. 简答题

(1) 传统的供应链库存控制技术中存在哪些问题？

(2) MRP 库存管理模式有哪些优缺点？

(3) 简述 JIT 采购与 JIT 生产的不同。

(4) 简述闭环 MRP 的工作过程。

(5) 简述 MRPⅡ的特点。

(6) 在 ERP 系统中是如何进行库存控制的？

(7) JIT 采购模式与传统采购模式有何不同？

(8) 简述准时化采购的实施步骤。

3. 判断题

(1) 供应链上的不确定性因素表现形式有两种。　(　)

(2) MRP 直到 20 世纪 70 年代才被正式提出。　(　)

(3) JIT 方式最早由美国福特汽车以“看板管理”的名称开发出来，并应用于生产制造系统。　(　)

(4) 准时生产方式 JIT 要求企业尽量实现“零库存”。　(　)

(5) ERP 只是一个软件系统。　(　)

(6) MRPⅡ是把生产、财务、销售、工程技术、采购等各个子系统集成为一个一体化的系统，并称为制造资源计划。　(　)

(7) MRPⅡ由 4 个计划层次构成，即经营计划、销售与运作计划(生产计划)、主生产计划、物料需求计划。　(　)

(8) ERP 系统的核心仍然是 MRPⅡ。　(　)

4. 思考题

(1) 采用本章介绍的几种现代库存控制技术会给供应链中的企业带来哪些好处？

(2) 企业应该如何将几种现代库存控制技术有机地结合起来以达到供应链库存管理的最优化？

(3) 作为企业的库存管理人员，应该掌握哪些现代库存管理的控制技术？

案例分析

美国福特汽车公司的JIT之路①

美国福特汽车公司是北美三大汽车制造公司之一，其工厂遍及北美。它的生产重点在汽车组装，并依赖北美许多供应商供应零配件。20世纪的最初20年，福特公司首先把泰勒科学管理原则应用于生产的组织过程，创立了流水线作业体系，从而奠定了现代大工业管理组织方式的基础。其基本特点表现为大规模批量生产以实现规模经济效益。这种最早应用于汽车工业的组织方式很快扩散到其他产业，20世纪在五六十年代创造了现代工业的“黄金时代”。进入20世纪70年代后，“福特制”出现了严重的危机，欧美企业陷入困境，其原因并非简单的生产成本问题，更重要的是它们无法对市场的多样化需求做出更快、更适宜的反应。

20世纪80年代以来，美国、西欧及其他国家开始学习和应用日本首创的JIT管理方法。福特公司也于1987年开始实施JIT，它具有以下几个特点。

(1) 厂内系统。福特公司的生产线进料储存量设计为保持全天所需的原材料外加半天的保险存货，除需要作安全库存的关键物品外，其余物料消除非生产线进料库存。大部分原料直接传递到生产线进料地点，取消了额外的物资管理，同时使用可退换容器来改进搬运效率。

(2) 包装系统。福特公司所用包装是专门设计的，采用可折叠式以便于回收和减少可消耗包装的成本，且提高了包装的保护性。另外，标签及文字记录的位置标准化使得搬运快捷、准确。与此同时，福特公司还优化了模型设计，方便运输工具及铲车作业，提高搬运效率，尤其是提高了生产线进料处的搬运效率。

(3) 运输系统。物流工作需要可靠的运输供应商。汽车和铁路运输定时到达福特工厂，采用时间窗口进行递送，使用转动式拖车卸货，而不采用倾倒和转换式卸货，这样可消除拖车连成一串的情况，使接货的人力安排更有效。同时，为了减少卸货车辆的等待时间，福特公司采用了循环收取的办法，以便一辆车能从若干个供应商那里收取物料。

(4) 供应商管理。供应商均以年度合同方式向福特公司供货。他们掌握福特公司每日生产需求的连续报表，以便做到供货计划与每天物资需求系统连接。每天晚上，通信系统将次日物资需求信息传递给运输公司。供应商必须随时将物资准备好以便装车。产品、零部件不包含保险费，因此，物流服务商的招标选择以及管理工作非常重要。

讨论题

(1) 简述在此案例中你得到的启示。

(2) 福特汽车公司采用的JIT系统由哪几部分组成？

(3) 分析福特是如何采用JIT采购模式来降低库存水平、节省物流成本的。

---

① 资料来源：东莞采购之家，http://www.dgcgzj.com/html/cgal/44.htm.

参考文献

[1] 刘伟，王文，赵刚．供应链管理教程[M]．上海：上海人民出版社，2007.
[2] 阎子刚，吕亚君．供应链管理[M]．北京：机械工业出版社，2003.
[3] 邹辉霞．供应链管理[M]．北京：清华大学出版社，2009.
[4] 林玲玲，刘华，吴霞．供应链管理[M]．2 版．北京：清华大学出版社，2008.
[5] 王道平，周叶．现代物流决策技术[M]．北京：北京大学出版社，2009.
[6] 林勇．供应链通用件库存管理[M]．武汉：华中科技大学出版社，2008.
[7] 马士华，林勇．供应链管理[M]．北京：高等教育出版社，2003.
[8] [美]森尼尔•乔普瑞，彼得•梅因德尔．供应链管理——战略、规划与营运[M]．李丽萍，等译．北京：社会科学文献出版社，2003.
[9] 马金麟，孟祥茹．供应链管理[M]．南京：东南大学出版社，2008.
[10] 张远昌．仓库管理与库存控制[M]．北京：中国纺织出版社，2004.
[11] 中国交通运输协会．供应链管理应试指南[M]．北京：电子工业出版社，2007.
[12] 现代物流管理课题组．物流库存管理[M]．广州：广东经济出版社，2002.
[13] 蒋长兵，白丽君．供应链理论技术与建模[M]．北京：中国物资出版社，2009.
[14] 刘永胜．供应链管理基础[M]．北京：中国物资出版社，2009.
[15] 赵启兰，刘宏志．生产计划与供应链中的库存管理[M]．北京：电子工业出版社，2003.
[16] 姜方桃，张敏．供应链管理[M]．北京：科学出版社，2009.
[17] 吴志华．供应链管理——战略、策略与实施[M]．重庆：重庆大学出版社，2009.
[18] 董千里．供应链管理[M]．大连：东北财经大学出版社，2009.
[19] 赵晓波，黄四民．库存管理[M]．北京：清华大学出版社，2008.
[20] 曲立．库存管理理论与应用[M]．北京：经济科学出版社，2006.
[21] 熊正平，黄君麟．库存管理[M]．北京：机械工业出版社，2007.
[22] 孙明贵，李志远．库存物流管理[M]．北京：中国社会科学出版社，2005.
[23] 周永务，王圣东．库存控制理论与方法[M]．北京：科学出版社，2009.
[24] 刘志学．现代物流手册[M]．北京：中国物资出版社，2001.
[25] 宋华．现代物流与供应链管理案例[M]．北京：经济管理出版社，2001.
[26] [美]戴夫·纳尔逊，帕特里夏·E·穆迪，乔纳森·斯特格纳．供应链管理最佳实践[M]．刘祥亚，等译．北京：机械工业出版社，2003.
[27] 侯书森，孔淑红．企业供应链管理[M]．北京：中国广播电视出版社，2002.
[28] 王焰．一体化的供应链战略、设计与管理[M]．北京：中国物资出版社，2002.
[29] 彭志忠．现代物流与供应链管理[M]．济南：山东大学出版社，2002.
[30] 赵小惠．集成化供应链管理[M]．西安：西安交通大学出版社，2002.
[31] 熊和平．供应链管理实务[M]．广州：广东经济出版社，2002.
[32] 丁慧平，俞明南．现代生产运作管理[M]．北京：中国铁道出版社，1999.
[33] 刘丽文．生产与运作管理[M]．北京：清华大学出版社，1998.
[34] 骆温平．物流与供应链管理[M]．北京：电子工业出版社，2002.
[35] 邹辉霞．供应链物流管理[M]．北京：清华大学出版社，2004.
[36] 陈兵兵．供应链管理——策略、技术与实务[M]．北京：电子工业出版社，2004.

高等院校物流专业创新规划教材

序号	书　名	书　号	编著者	定价	序号	书　名	书　号	编著者	定价
1	物流工程	7-301-15045-0	林丽华	30.00	41	物流系统优化建模与求解	7-301-22115-0	李向文	32.00
2	物流管理信息系统	7-301-16564-5	杜彦华	33.00	42	物流管理	7-301-22161-7	张佺举	49.00
3	现代物流学	7-301-16662-8	吴　健	42.00	43	运输组织学	7-301-22744-2	王小霞	30.00
4	物流英语	7-301-16807-3	阚功俭	28.00	44	物流金融	7-301-22699-5	李蔚田	39.00
5	采购管理与库存控制(第2版)	7-301-29768-1	张　浩	43.00	45	物流配送中心规划与设计(第2版)	7-301-30181-4	孔继利	54.00
6	物料学	7-301-17476-0	肖生苓	44.00	46	商品学	7-301-23067-1	王海刚	30.00
7	物流项目招投标管理	7-301-17615-3	孟祥茹	30.00	47	项目采购管理	7-301-23100-5	杨　丽	38.00
8	物流运筹学实用教程	7-301-17610-8	赵丽君	33.00	48	电子商务与现代物流	7-301-23356-6	吴　健	48.00
9	现代物流基础	7-301-17611-5	王　侃	37.00	49	国际海上运输	7-301-23486-0	张良卫	45.00
10	现代物流管理学	7-301-17672-6	丁小龙	42.00	50	物流系统集成技术	7-301-22800-5	杜彦华	40.00
11	供应链库存管理与控制	7-301-17929-1	王道平	28.00	51	运输组织学	7-301-23885-1	孟祥茹	48.00
12	物流信息系统	7-301-18500-1	修桂华	32.00	52	物流案例分析	7-301-24757-0	吴　群	29.00
13	城市物流	7-301-18523-0	张　潜	24.00	53	现代物流管理	7-301-24627-6	王道平	36.00
14	营销物流管理	7-301-18658-9	李学工	45.00	54	配送管理	7-301-24848-5	傅莉萍	48.00
15	物流信息技术概论	7-301-18670-1	张　磊	28.00	55	物流管理信息系统	7-301-24940-6	傅莉萍	40.00
16	物流配送中心运作管理	7-301-18671-8	陈　虎	40.00	56	采购管理	7-301-25207-9	傅莉萍	46.00
17	物流工程与管理	7-301-18960-3	高举红	39.00	57	现代物流管理概论	7-301-25364-9	赵跃华	43.00
18	商品检验与质量认证	7-301-10563-4	陈红丽	32.00	58	物联网基础与应用	7-301-25395-3	杨　扬	36.00
19	供应链管理	7-301-19734-9	刘永胜	49.00	59	仓储管理	7-301-25760-9	赵小柠	40.00
20	逆向物流	7-301-19809-4	甘卫华	33.00	60	采购供应管理	7-301-26924-4	沈小静	35.00
21	集装箱运输实务	7-301-16644-4	孙家庆	34.00	61	供应链管理	7-301-27144-5	陈建岭	45.00
22	供应链设计理论与方法	7-301-20018-6	王道平	32.00	62	物流质量管理	7-301-27068-4	钮建伟	42.00
23	物流管理概论	7-301-20095-7	李传荣	44.00	63	物流成本管理	7-301-28606-7	张　远	36.00
24	供应链管理	7-301-20094-0	高举红	38.00	64	供应链管理(第2版)	7-301-27313-5	曹翠珍	49.00
25	企业物流管理	7-301-20818-2	孔继利	45.00	65	现代物流信息技术(第3版)	7-301-30637-6	王道平	42.00
26	物流项目管理	7-301-20851-9	王道平	30.00	66	物流信息管理(第2版)	7-301-25632-9	王汉新	49.00
27	供应链管理	7-301-20901-1	王道平	35.00	67	物流项目管理(第2版)	7-301-26219-1	周晓晔	40.00
28	物流学概论	7-301-21098-7	李　创	44.00	68	物流运作管理(第2版)	7-301-26271-9	董千里	38.00
29	航空物流管理(第2版)	7-301-30324-5	周　叶	48.00	69	物流技术装备(第2版)	7-301-27423-1	于　英	49.00
30	物流管理实验教程	7-301-21094-9	李晓龙	25.00	70	物流运筹学(第2版)	7-301-28110-9	郝　海	45.00
31	物流系统仿真案例	7-301-21072-7	赵　宁	25.00	71	交通运输工程学(第2版)	7-301-28602-9	于　英	48.00
32	物流与供应链金融	7-301-21135-9	李向文	30.00	72	第三方物流(第2版)	7-301-28811-5	张旭辉	38.00
33	物流信息系统	7-301-20989-9	王道平	28.00	73	国际物流管理(第2版)	7-301-28927-3	柴庆春	49.00
34	现代企业物流管理实用教程	7-301-17612-2	乔志强	40.00	74	现代仓储管理与实务(第2版)	7-301-28709-5	周兴建	48.00
35	出入境商品质量检验与管理	7-301-28653-1	陈　静	32.00	75	物流配送路径优化与物流跟踪实训	7-301-28763-7	周晓光	42.00
36	物流项目管理	7-301-21676-7	张旭辉	38.00	76	智能快递柜管理系统实训	7-301-28815-3	杨萌柯	39.00
37	智能物流	7-301-22036-8	李蔚田	45.00	77	物流信息技术实训	7-301-28807-8	周晓光	38.00
38	物流决策技术	7-301-21965-2	王道平	38.00	78	电子商务网站实训	7-301-28831-3	邢　颖	45.00
39	新物流概论	7-301-22114-3	李向文	34.00	79	电子商务与快递物流	7-301-28980-8	杨萌柯	49.00
40	库存管理	7-301-22389-5	张旭凤	25.00	80	企业物流管理	7-301-29964-7	王晓艳	68.00

如您需要更多教学资源如电子课件、电子样章、习题答案等，或者需要浏览更多专业教材，请扫下面的二维码，关注北京大学出版社第六事业部官方微信(微信号：pup6book)，随时查询专业教材、浏览教材目录、内容简介等信息，并可在线申请纸质样书用于教学。

感谢您使用我们的教材，欢迎您随时与我们联系，我们将及时做好全方位的服务。联系方式：010-62750667，szheng_pup6@163.com，pup_6@163.com，欢迎来电来信。客户服务 QQ 号：1292552107，欢迎随时咨询。